BEATRICE
FABREGAS

Sterne der Karibik

BEATRICE
FABREGAS

Sterne der Karibik

Roman

Knaur

Besuchen Sie uns im Internet:
www.knaur.de

FSC
www.fsc.org
MIX
Papier aus verantwortungsvollen Quellen
FSC® C083411

Umschlaggestaltung: ZERO Werbeagentur, München
Umschlagabbildung: Botanical Lily, 1996 (w / c on paper), Delevoryas, Lillian (Contemporary Artist) / Private Collection / The Bridgeman Art Library + Cayambe, 1858 (oil on canvas), Church, Frederic Edwin (1826-1900) / © Collection of the New-York Historical Society, USA / The Bridgeman Art Library; FinePic®, München; Getty Images / © SuperStock
Satz: Adobe InDesign im Verlag
Druck und Bindung: CPI – Clausen & Bosse, Leck
Printed in Germany
ISBN 978-3-426-21365-0

2 4 5 3 1

ERSTER TEIL

TRINIDAD
IM JAHRE 1868

Erstes Kapitel

Ich sollte glücklich sein. Ich *muss* glücklich sein. Warum gelingt es mir nicht?«

Hermann Pescador trocknete mit Löschsand die Eintragungen in seinem Tagebuch und seufzte. Heute war der 15. Oktober 1868, ein ganz gewöhnlicher Tag, der sich bisher in nichts von den zweitausend vergangenen Tagen unterschied. Im Spiegel, der über dem Kamin hing, sah er sein Gesicht. Schmal, beinahe hager, mit dunklen Brauen über den viel helleren Augen. Ein gepflegter Bart verbarg die zärtlichen Lippen, die viel zu oft im Ärger zusammengepresst waren. Sein Haar trug er zurückgekämmt, und die Pomade ließ es dunkler erscheinen, als es war. Hermann suchte seinen Blick, als wolle er in seinen Augen lesen, was sein Kopf ihm nicht verriet.

Er dachte an die letzten fünf Jahre zurück und musste zugeben, dass er von Fortuna verwöhnt worden war. Es war so viel passiert in der Welt, er hatte in den Zeitungen davon gelesen. Vor drei Jahren war der Bürgerkrieg in den USA zu Ende gegangen. Die Nordstaaten, die Yankees, hatten gesiegt und die Sklaverei in den Südstaaten abgeschafft. Gleich darauf, als Antwort sozusagen, hatte sich ein Geheimbund mit dem Namen Ku-Klux-Klan gegründet, der gegen die Neger kämpfte. Hermann konnte darüber nur lächeln, und insbesondere, als er in einem Magazin aus Deutschland las, dass ein Komponist eine Oper mit dem Namen »Die Afrikanerin« geschrieben hatte. In Europa hatte es nie Sklaverei gegeben. Kein Wunder, dass die Menschen dort sentimental wurden, wenn es um Sklaven ging. Hermann selbst hatte die Abschaffung der Sklaverei weder begrüßt noch getadelt, schließlich beschäftigte er selbst eine große Anzahl von Sklaven auf seinem Ingenio. Doch er wusste, dass es ein weiter Weg von einem Gesetz bis zu dessen Umsetzung war. Und er wusste auch, dass die Sklaven in Amerikas Süden weiterhin auf den Farmen schufteten. Was sollten sie auch sonst tun? Sie mussten essen, sie mussten trinken, sie mussten irgendwo leben. Sie bekamen Kinder, sie wurden alt, sie starben. Das war auf Kuba nicht anders als in Amerika. Irgendjemand musste für die Sklaven sorgen, ihnen Arbeit geben. Unter welchem Namen das geschah, war letztendlich gleich. Da lobte er sich doch Europa. Dort geschahen die wichtigen Dinge. In Berlin, hatte er gelesen, gab es nun die erste Pferdestraßenbahn und außerdem eine Rohrpostanlage, mit der Nachrichten innerhalb eines Hauses in Windeseile befördert werden konnten. Das waren die Dinge, die Hermann beeindruckten und an denen er zu gern teilgehabt hätte. Aber er saß nun einmal in Trinidad, und wenn er es recht bedachte, dann tat er es auf gar keinen Fall ungern.

Mit seinen achtundzwanzig Jahren besaß er eine der

größten Zuckerpflanzungen auf der Insel, war mit der schönsten und klügsten Frau verheiratet, die sich denken ließ – und doch hatte er das Gefühl, dass ihm etwas Entscheidendes fehlte.

Vor zehn Jahren war er mit seiner Schwester Titine auf die Insel gekommen. Ohne Geld, ohne Zukunftspläne, einzig auf der Flucht vor der Apothekertochter Wilma, die ihm nicht nur nachstellte, sondern obendrein noch behauptete, von ihm schwanger zu sein.

Auf der Überfahrt von Hamburg nach Havanna hatte er den Kaufmann Joachim Groth kennengelernt und in dessen deutsch-kubanischer Niederlassung der Firma Groth, Jessen und Krischak alles gelernt, was es als Kaufmann zu lernen gab. Bald schon hatte er das Vertrauen Groths erworben, und auch Titine schien endlich glücklich zu sein. Nach einem Brand im Elternhaus hatte sie nicht nur Vater und Mutter verloren, sondern obendrein noch ihre Sprache. Grazia, eine alte Kreolin, hatte sich rührend um das stumme Kind gekümmert, doch auch ihr gelang es nicht einmal mit den Kräften des Voodoo, Titines Sprachlosigkeit aufzuheben. Aber etwas anderes geschah, das sich Hermann bis heute nicht erklären konnte: Titine, das schmale, blasse Mädchen mit den hellen Haaren, wurde von den Schwarzen regelrecht angebetet. Es hieß von ihr, sie sei die Tochter Yewas, einer Voodoo-Göttin, die für Keuschheit und den Tod stand. Es gab viele, die sie fürchteten; und eben das bedeutete auch Gefahr für Titine.

Die Geschwister waren noch kein Jahr auf der Insel, als sich Hermann in Marisol verliebte, die Tochter eines Brauereibesitzers. Vielleicht hätte er mit ihr glücklich werden können, doch plötzlich tauchte die Apothekertochter Wilma in Havanna auf und behauptete, dass ihr kleiner Junge Hermanns Sohn sei. Wieder stellte ihm Wilma nach, zerstörte die Liebe zwischen Marisol und ihm, so dass Hermann den Vorschlag Groths mit Begeisterung annahm, eine große Zuckerrohrplantage an der Karibikküste zu leiten und sein Zuhause in Havanna aufzugeben. Auf dem Ingenio von Don Alvaro in Trinidad lernte Hermann viel über den Zuckerrohranbau, aber auch über das Leid der Sklaven. Er verliebte sich in Mafalda, Don Alvaros junge Ehefrau, doch erst, als Don Alvaro starb, wagte er es, seine Liebe zu ihr zu bekennen. Und nun waren sie seit sieben Jahren schon Mann und Frau, besaßen einen ertragreichen Ingenio, und auch Titine schien ihr Glück gefunden zu haben. Und wenn es etwas gab, das Hermann ernstlich Anlass zur Sorge gab, dann war es Titines Glück, das er nicht teilen, ja nicht einmal ohne tiefes Unbehagen mit ansehen konnte.

»Ist es das, was mich so stört?«, überlegte Hermann laut. »Es ist wahr, Titine hat mit Felas Hilfe ihre Sprache wiedergefunden. Die Liebe hat dieses Wunder bewirkt, aber was nützt eine Liebe zwischen einer weißen Doña und einem schwarzen Sklaven? Ach, wäre Fela doch weiß und frei. Ich würde ihn Bruder nennen, würde ihn zu meinem Kompagnon machen, würde dem jungen Glück ein eigenes Heim bauen. Aber ein Sklave? Warum musste sich Titine ausgerechnet in einen Sklaven verlieben? Noch dazu in einen, der nicht einfach dröge seine Arbeit tat, sondern einen mit wildem Blut und großem Stolz, einen Mann aus dem kriegerischen Stamme der Yoruba.« Hermann wusste einiges über die Sklaven. Die meisten von ihnen hatten sich mit ihrem Schicksal arrangiert. Sie ar-

beiteten mehr oder weniger fleißig. Ihr einziger Trumpf war, dass die Weißen ein wenig Angst vor ihnen und ihren merkwürdigen Ritualen hatten. Keine weiße Frau, die auf der Insel aufgewachsen war, würde sich je in einen Sklaven verlieben. Von klein auf hätte man ihr beigebracht, dass die Schwarzen nur eine winzige Stufe über den Tieren stehen. Bei allen weißen Frauen, die Hermann kannte, war es so, dass sie Sklaven nicht einmal in ihrer Nähe duldeten, mit Ausnahme ihrer Haussklaven. Aber Titine war anders, war schon immer anders gewesen. Sie scherte sich einen feuchten Kehricht um das, was andere taten. Nur deshalb war sie in so eine Lage geraten. Die Geliebte eines Sklaven. Immer, wenn Hermann daran dachte, musste er den Kopf schütteln. Titines größter Nachteil war, fand Hermann, dass sie dachte. Nachdachte. Alles hinterfragte. Nicht immer mit Worten, sondern mit Beobachtungen. Wäre sie doch ein wenig dümmer, dachte er nun und seufzte tief auf.
Er sah aus dem Fenster und erblickte seine Schwester, die mit einem kleinen Jungen spielte. Hermann seufzte. Der kleine Junge war das Kind von Wilma, die bei einem Hurrikan ums Leben gekommen war. Das Kind, von dem Wilma behauptet hatte, es sei seinen Lenden entsprungen. Jetzt lebte der kleine Richard auf dem Ingenio und wurde sowohl von Mafalda als auch von Titine betreut. Der Junge war ein recht braves Kerlchen, der wenig Anlass zum Verdruss gab, aber Hermann wurde einfach nicht warm mit ihm. Sein spitzes Gesicht, der fadendünne Mund und die eng zusammenstehenden, dunklen Augen erinnerten ihn stets an ein hinterhältiges kleines Tier, eine Ratte am ehesten. Die etwas grelle Stimme gellte in seinen Ohren,

wie einst die Stimme seiner Mutter. Und obwohl der kleine Richard nichts Böses tat, hielt Hermann ihn für verschlagen. Es fiel ihm schwer, den Jungen auf seinen Schoß zu lassen, ihm über das Haar zu streichen oder seinen süßen Jungenduft zu riechen. Am liebsten wäre er den Jungen los. Aber was sollte er mit ihm tun? Zurückschicken nach Deutschland, zu seinen Großeltern? Einen neunjährigen Knirps? Hermann wusste ja nicht einmal, ob Wilmas Eltern überhaupt noch lebten.
Wieder seufzte er. Er stützte den Ellbogen auf seinen Schreibtisch und barg das Kinn in seiner Hand. »Was fehlt mir?«, murmelte er vor sich hin. »Was, in aller Welt, vermisse ich? Ich habe doch alles, was ich mir je gewünscht habe. Und doch kommen mir die letzten fünf Jahre einfach nur abgelebt vor.« Er tunkte den Federkiel in das Fass und schrieb: »Ich habe alles, was ich möchte, aber ich habe es nicht erkämpft, nicht mit Blut, Schweiß und Tränen zu meinem Eigen gemacht. Es ist mir in den Schoß gefallen. Fühlt es sich deshalb nicht richtig an? Ich liebe Mafalda. Doch auch mit ihr ist es, als würde etwas fehlen. Nein, ich habe nicht den geringsten Grund, mich über mein Weib zu beschweren. Sie ist mir Gefährtin, Geliebte, Freundin gar. Aber wenn ich bei ihr liege, dann ist mir, als stünde zwischen meiner Liebe und ihr eine Mauer. Wenn ich ihre Haut berühre und ihre Wärme spüre, dann wird mir nicht heiß, sondern nur lau. Das liegt an mir. Es gibt nichts, was ich Mafalda vorwerfen könnte. Es ist vielmehr so, als wären mir die Gefühle abhandengekommen, erstickt in der unerträglichen Schwüle dieser Insel. Ganz leer bin ich innen und habe den ganzen Tag über nichts Besseres zu tun, als diese Leere vor allen zu

verstecken. Oh, wie undankbar, wie grausam bin ich. Und wie sehr leide ich an mir selbst.
Und sogar, wenn ich mit Titine zusammen bin, scheint mir, als erreichte nur die Hälfte ihrer Worte mein Ohr. Es ist mir, als lebte ich in einer riesigen Seifenblase, die verhindert, dass ich mich den anderen nahe fühle. Ich bin ein Fremder in dieser Welt, und ich frage mich, ob das meine Strafe ist. Nie aus vollem Herzen lachen, niemals mit Schweiß und Tränen lieben können, sondern immer nur ein unbeteiligter Beobachter sein. Gibt es eine größere Hölle? Und doch habe ich im Grunde nichts, aber auch gar nichts auszustehen.«
Hermann legte das Schreibgerät zur Seite, klappte das gebundene Buch zu, verstaute es in der untersten Schublade seines Schreibtisches und schloss die Lade ab. Mafalda, die ihm manchmal bei der Korrespondenz half, glaubte, in dieser Schublade wären wichtige Geschäftspapiere, doch hier lagen nur sein heimliches Tagebuch und ein Revolver, von dem er hoffte, dass er ihn niemals brauchen würde.
Er hatte mit seinem Freund Andreas Winkler, einem Arzt aus Kärnten, über seine Unfähigkeit zum Glück gesprochen. Lange hatte er gezögert, ehe er sich ihm anvertraut hatte, doch dann waren die Worte wie klirrende Murmeln aus seinem Mund gerollt.
Winkler hatte zugehört, dann hatte er gelacht. »Weißt du, was du brauchst? Mir scheint, es ist das Leid. Das Leid und der Kampf. Du konntest noch nie etwas einfach so nur annehmen. Alles willst du dir verdienen, erarbeiten. Ja, so sind die Deutschen nun einmal.« Er zündete sich eine dicke Zigarre an, blies den Rauch nachdenklich

durch seinen Patio und sah Hermann, der ihm in einem Korbstuhl gegenübersaß, forschend an. »Du willst ein Mann sein, Hermann, willst dich als Mann beweisen. Ich bin zuversichtlich. Du wirst nur allzu bald die Gelegenheit dazu haben.«

»Was meinst du damit?«, hatte Hermann gefragt, aber Andreas Winkler hatte ihm nur ein dünnes, trauriges Lächeln gezeigt. Eine Antwort hatte er nicht bekommen. Dr. Winkler hatte lediglich die Schultern gezuckt und gesagt: »Ich habe Dinge gehört, die mir nicht gefallen. Aber noch immer hoffe ich, dass sich alles in Wohlgefallen auflöst, obwohl diese Hoffnung sicherlich töricht ist.«

Hinter ihm knarrte die Tür. Hermann drehte sich nicht um, denn er erkannte den leichten Schritt seiner Frau. Mafalda stellte sich hinter seinen Schreibtischstuhl, legte ihm beide Hände auf die Schultern und massierte ihn leicht. Hermann presste den Kopf gegen ihren Leib und spürte durch die Kleider hindurch Mafaldas warme Haut. Sie war noch immer so schön wie damals, als er sie kennengelernt hatte. Ihr Leib glich einem starken Zuckerohr. Biegsam, schmal, doch voller Kraft. Die dunklen Locken fielen ihr bis auf den Rücken, und in ihren braunen Augen loderte noch immer die Glut der Jugend. Und noch etwas unterschied Mafalda von den anderen Frauen, die er kannte. Mafalda war klug. Sogar so klug, dass sie ihm stets das Gefühl gab, ein wichtiger, bedeutender, großer Mann zu sein. Hermann ahnte, dass das nicht stimmte, doch er genoss Mafaldas Bewunderung.

Mafaldas erster Ehemann und einstiger Besitzer dieses Ingenios, Don Alvaro, war ein übellauniger, brutaler Bursche gewesen, der Mafalda wie eine Sklavin gehalten hatte. Nein, schlimmer noch, da er sie schlug, wann immer es ihm in den Sinn kam, sie quälte, beschimpfte und mit ihrem Körper anstellte, wozu er gerade Lust hatte. Hermann hatte Mafalda so kennengelernt, als verschüchterte junge Frau, die sich stets unter der Herrschaft ihres viel älteren Ehemannes duckte. Doch dann war Don Alvaro zu Tode gekommen, und Hermann, bis zu diesem Tage Verwalter der Pflanzung, hatte um Mafaldas Hand angehalten. Und nun, dachte er traurig, war sie vom Regen in die Traufe gekommen. Verdammt, er musste etwas tun, er musste Mafalda der Ehemann sein, den sie verdient hatte.

»Was ist?«, fragte er, schloss die Augen und überließ sich Mafaldas Zärtlichkeiten, in der Hoffnung, dass ihre Hände ihm auch das Herz wärmen könnten. Er griff nach ihrer Hand, zog sie an seinen Mund und drückte einen Kuss darauf. »Ein Kurier ist da«, erklärte sie. »Joachim Groth aus Havanna hat ihn geschickt. Ich fürchte, er hat keine guten Nachrichten.«

Zweites Kapitel

Der Kurier war über und über mit Staub bedeckt. Sein Gesicht war grau vor Erschöpfung, das Haar verfilzt.

Hermann bot ihm zuallererst ein Glas Rum aus eigener Herstellung an. Stark, süß und klar wie Wasser.

Gierig trank der Kurier, dann holte er aus seiner ledernen Satteltasche einen dicken Umschlag. Hermann erkannte den Stempel des Absenders, das Handelshaus Groth, Jessen und Krischak.

»Ich muss Ihnen etwas berichten, bevor Sie die Nachricht aus Havanna lesen«, erklärte der Kurier. »So hat es mir der Kaufmann Groth aufgetragen.«

Hermann lehnte sich in seinem Schreibtischstuhl zurück. »Bitte, fangen Sie an. Doch sagen Sie vorher rasch, ob Sie noch etwas benötigen. Einen Krug Wasser, einen kleinen Imbiss, noch etwas Rum?«

»Alles, was wir jetzt brauchen, ist ein klarer Kopf. Alle Weißen auf Kuba. Und nie haben wir dringender den Rum gebraucht. Essen kann ich später noch.«

»Also, was ist geschehen?«
Der Kurier räusperte sich, dann begann er: »Vor fünf Tagen hat Carlos Manuel de Céspedes, ein Zuckerbaron aus Manzanillo, alle seine Sklaven freigelassen. Doch damit nicht genug: Er hat die Unabhängigkeit Kubas von Spanien proklamiert und alle Sklaven aufgefordert, sich am Kampf gegen die Spanier und die anderen Weißen zu beteiligen.«
»Carlos Manuel de Céspedes?« Hermann horchte auf. »Ist das nicht derselbe, der im letzten Jahr gemeinsam mit einem anderen Zuckerbaron das ›Revolutionäre Komitee von Bayamo‹ gegründet hat?«
Der Kurier nickte. »Derselbe. Doch niemand hat ihn ernst genommen. Außer der spanischen Kolonialverwaltung. Sie nahm Céspedes' Sohn Oskar fest, um den Zuckerbaron damit dazu zu bringen, seine Unabhängigkeitsbestrebungen von der spanischen Krone ein für alle Mal einzustellen. Doch Céspedes ließ sich nicht unterwerfen. Also wurde sein Sohn von den Spaniern hingerichtet. Vor fünf Tagen nun veröffentlichte Céspedes auf seinem Ingenio das ›Manifest des 10. Oktobers‹, in dem er zum bewaffneten Kampf gegen die spanischen Kolonialmächte aufrief. Und er ließ alle seine Sklaven frei und forderte sie auf, am Kampf teilzunehmen. Man sagt, schon Hunderte hätten sich ihm angeschlossen. Und nicht nur Sklaven, auch Freigelassene, Tagelöhner, Bauern, Handwerker, Kreolen, reich oder arm, und sogar einige andere Zuckerbarone.«
Hermann winkte ab. »Das mit den anderen Zuckerbaronen muss nichts heißen. Der Osten ist immer ein wenig zu kurz gekommen. Reich geworden sind nur die Zu-

ckerbarone im Westen und in der Mitte des Landes. Kein Wunder, dass die aus dem Osten sich erheben.«

»Aber das ist noch nicht alles, Don. Die Aufstände breiten sich aus, haben von Manzanillo aus um sich gegriffen.«

Hermann rieb sich nachdenklich das Kinn. »Das heißt also, dass die Sklaven auf der ganzen Insel unruhig werden, oder nicht?«

Der Kurier nickte. »Vielleicht sollten Sie rasch noch die entsprechenden Maßnahmen ergreifen«, schlug er vor.

»Welche Maßnahmen?«

»Nun, Groth schlägt vor, bei der kleinsten Erhebung drastisch durchzugreifen. Dabei geht es ihm nicht so sehr darum, die Sklaven zu bestrafen, sondern darum, die mit Deutschland geschlossenen Verträge über die Zuckerlieferungen einzuhalten. Vielleicht könnten Sie einen Zaun um das Sklavendorf errichten? Wachhunde einsetzen? Posten mit Waffen aufstellen?«

Hermann nickte. »Groth hat recht. Die Verträge sind wichtig. Nun, da die deutschen Bauern damit begonnen haben, Zucker aus Rüben herzustellen, ist uns eine gefährliche Konkurrenz gewachsen. Allerdings betrifft das unseren Ingenio nicht in vollem Umfang. Ich habe erst kürzlich Verhandlungen mit den Vereinigten Staaten von Amerika geführt. Sie sind bereit, uns den überzähligen Zucker abzunehmen. Groth weiß davon, schließlich ist seine Gesellschaft für uns als Agent tätig.«

»Um die Verträge zu erfüllen, brauchen Sie die Sklaven. Wer sonst sollte auf den Feldern schuften?« Der Kurier wischte sich mit einem Taschentuch den staubigen Schweiß von der Stirn.

Hermann lächelte. »Natürlich brauchen wir die Sklaven auf den Pflanzungen. Doch ich werde sie nicht einsperren oder bewachen lassen. Die Sklaven brauchen auch uns. Sie benötigen Essen und Trinken, ein Dach über dem Kopf und Schutz. Wovon wollen sie sich und ihre Familien ernähren, wenn sie keine Arbeit und keinen Herrn mehr haben?«
Nachdenklich verzog der Kurier den Mund. »Im Prinzip haben Sie recht, Don Pescador. Aber das Prinzip gilt wohl in diesem Falle nicht. Weiß der Himmel, was sich die Nigger vorstellen. Am Ende glauben sie noch, sie wären die neuen Herren auf der Farm. Ich jedenfalls rate im Namen Groths dringend zur Vorsicht.«
Hermann nickte, dann schickte er den Kurier in die Küche, wo er sich stärken sollte. Er hatte im Augenblick keine Sorgen wegen der Unruhen. Im Gegenteil, er musste, nun, da der Kurier weg war, über dessen Ängste lächeln. Die Schwarzen, Herr im Himmel, wie sollten die sich erheben? Wie sollten ausgerechnet die Schwarzen, die nicht lesen und schreiben konnten, ein neues Land gründen wollen? Lächerlich. Und die paar Zuckerbarone aus dem Osten, die ließen sich sicher mit einer Geldsumme zufriedenstellen.

»Lass uns aufhören, ich habe genug.« Titine tupfte sich mit einem Spitzentaschentuch den Schweiß von der Stirn. Es war drückend heiß heute, die Kleider klebten ihr regelrecht am Körper. Sie fühlte sich schwach und erschöpft, obwohl sie kaum etwas getan hatte. Ihr Blick glitt über die ausgedehnten Zuckerrohrfelder, die in der Hitze flimmerten. Irgendwo weit draußen wurde Staub aufgewirbelt, stieg als kleine, flirrende Säule in die Luft.

»Ich möchte aber weiterspielen!« Der kleine Richard verzog weinerlich das Gesicht und stampfte sogar mit den Füßen auf. Titine ließ das Tüchlein sinken und betrachtete das Kind. Seine Augen blitzten entschlossen, der fadendünne Mund war fest zusammengepresst, die kleinen Hände zu Fäusten geballt.

»Ich habe keine Lust mehr, Richard. Komm, sei vernünftig. Es ist viel zu heiß, um Ball zu spielen.« Titine streckte die Hand nach dem Jungen aus. »Ich bin sicher, Dolores hat Limonade gemacht.«

Richard verschränkte beide Arme vor der Brust, schob die Unterlippe vor und stampfte erneut mit den Füßen auf. »Du sollst jetzt aber mit mir spielen!«, kreischte er.

Titine seufzte. Der Kleine sah seiner Mutter sehr ähnlich, und es war, als hätte er einen Teil der mütterlichen Verschlagenheit in sich. Wenn er etwas wollte, so quengelte er so lange, bis er es bekam. Titine musste sich eingestehen, dass sie zu Anfang viel zu viel Mitleid mit dem kleinen Waisenjungen gehabt hatte, doch je älter Richard wurde, umso schwerer kam sie mit ihm klar. Kein Tag verging ohne Streit. Und erst letzte Woche hatte Richard damit angefangen, seine Pflegemutter zu erpressen. »Entweder du kochst mir süßen Reisbrei, oder ich erzähle allen Leuten in der Stadt, dass du mich schlägst.«

Titine hatte den Jungen noch nicht ein einziges Mal geschlagen, und sie konnte sich auch jetzt nicht vorstellen, das jemals zu tun. Aber sie hatte es versäumt, Richard ein für alle Mal die Grenzen aufzuzeigen. Schlimmer noch: Sie hatte nachgegeben und ihm den gewünschten Reisbrei gekocht. Und das alles nur, weil sie sich in den letzten Wochen nicht wohl fühlte. Fast immer war sie müde, er-

schöpft, ausgelaugt. Dazu die Übelkeit. Es verging kein Tag, an dem sie sich nicht übergeben musste.
»Was ist denn nun?« Richard schoss ihr den Ball mit einem kräftigen Tritt vor das Schienbein. »Los, du sollst endlich mit mir spielen.«
Titine blickte ihn an und konnte ihren Überdruss nur schwer verbergen. Sie wusste, dass Hermann den Jungen nicht mochte. Und wenn sie ehrlich war, dann würde sie zugeben, dass auch sie ihn nicht leiden konnte. Sein spitzes Gesichtchen war verschlossen wie eine Kellertür. In seinen Augen blitzte die Wut, und Titine konnte sehen und hören, wie er mit den Zähnen knirschte. Sie wusste, wenn sie jetzt nachgab, würde sich das Gesicht innerhalb eines Augenblickes entspannen, seine ersten Schüsse, mit mühsam zurückgehaltener Wut, die nicht so schnell abklang, würden ihr weh tun, aber gleich darauf wäre Richard so freundlich und nett, so verspielt und kindlich, wie es ein Junge in seinem Alter nur sein konnte. Titine seufzte. Er war jetzt neun Jahre alt. Womöglich hatte Mafalda recht, wenn sie darauf drang, dass er endlich eine Schule besuchte.
Mit einem Schlag kam Übelkeit in ihr hoch. Ihre Knie wurden weich, das Licht um sie herum schillerte in dunklen Schlieren. Wie aus weiter Ferne hörte sie Richards keifende Jungenstimme, dann wurde es schwarz um sie herum. Sie spürte, dass sie fiel, doch den Aufprall bekam sie schon nicht mehr mit.

Drittes Kapitel

Mafalda hatte am Fenster gestanden und hinüber zum Verwalterhaus geschaut, als Titine zu Boden fiel. Sie war darüber so erschrocken, dass sie sich im ersten Augenblick nicht von der Stelle rühren konnte, sondern nur den Mund zu einem Aufschrei öffnete. Und so sah sie, dass Richard zu ihr rannte, sich neben sie kniete und ungläubig erschrocken ihre Wange streichelte. Dann raffte Mafalda ihre Röcke und rannte hinaus. Sie rief nach Dolores, dem schwarzen Hausmädchen, und dem Kutscher Ignazio. Dann beugte sie sich über die Schwägerin. »Titine, was ist mit dir? Kannst du mich hören?« Aber Titine gab nur ein merkwürdiges kleines Stöhnen von sich. Dolores eilte herbei, reichte Mafalda ein Riechfläschchen, und Mafalda hielt es Titine unter die Nase. Es dauerte nicht lange, da schlug Titine die Augen auf. »Was ist? Was ist mit mir passiert?«
Mafalda lächelte sie an. »Du bist ohnmächtig geworden. Wahrscheinlich die Hitze. Du solltest nicht so emsig mit dem Jungen Ball spielen.« Sie lächelte auf Titine herab

und half ihr in eine sitzende Position. »Geht es wieder? Kannst du aufstehen? Du musst ins Haus, ins Kühle, und du musst unbedingt etwas trinken.«
Titine schüttelte den Kopf, noch immer erstaunt über ihre Ohnmacht, und rappelte sich langsam hoch. Auf Mafalda und Ignazio gestützt, begab sie sich zum Herrenhaus, dessen rechten Flügel sie seit der Heirat ihres Bruders bewohnte.
Mafalda hatte Dolores nach Dr. Winkler geschickt. Nun bettete sie Titine vorsichtig auf das Bett und reichte ihr ein Glas frisches Brunnenwasser. Richard, den Ball unter dem linken Arm, stand im Türrahmen und betrachtete das Geschehen ängstlich.
»Ist dir in letzter Zeit öfter unwohl?«, wollte Mafalda wissen.
»Ich weiß es nicht«, erwiderte Titine. »Ich fühle mich müde, ganz gleich, wie lange ich schlafe. Aber mein Appetit hat zugenommen.«
Mafalda lächelte sanft.
»Was ist? Warum lächelst du?«, fragte Titine.
»Es ist nichts. Nur ein leiser Verdacht. Wir werden warten, was Dr. Winkler sagt.«
Der Arzt kam, kaum dass Mafalda den Satz zu Ende gesprochen hatte. Er fühlte Titines Puls, stellte ihr ein paar Fragen, dann stand seine Diagnose fest: »Du bist schwanger, Titine. Herzlichen Glückwunsch!«
Er blähte die Brust, als wäre das sein Verdienst. Sein Schnauzbart zitterte vor Freude, die Wangen glühten, und seine kleinen, hellen Äuglein, die vom Rum rot umrandet waren, blitzten. Dr. Winkler strich sich über sein rotes Haar und strahlte Titine dermaßen an, dass die

Sommersprossen auf seinem Nasenrücken zu tanzen schienen.
»Schwanger?« Titine schreckte hoch, als hätte sie von einem Unheil gehört. Doch dann stahl sich ein zartes Lächeln über ihr Gesicht, brachte die Augen zum Leuchten und überzog die bleichen Wangen mit einem frischen Schimmer. »Ich bekomme ein Kind!« Andächtig sprach sie diese Worte aus und strich dann sanft über ihren Bauch.
»Du brauchst jetzt Ruhe«, verordnete Dr. Winkler. »Keine Aufregung, gutes Essen.«
Mafalda stand der Schrecken über Winklers Diagnose ins Gesicht geschrieben, doch angesichts Titines Freude zwang sie sich ein Lächeln auf die Lippen. »Ich werde gut für sie sorgen, Doktor.«
Dr. Winkler wandte sich um. »Da bin ich sicher, Mafalda. Und Titine wird dich sicher auch brauchen. Ich denke, bald werden in Trinidad die Hochzeitsglocken zu hören sein.« Er drohte Titine mit dem Finger: »Du hast das Geheimnis um deinen Liebsten gut bewahrt. Ich habe nicht die leiseste Ahnung, wer von den Trinidader Männern der Glückliche ist. Und selbst die Klatschmäuler haben nichts berichtet.« Er blickte Titine mit neugierigen Augen an, doch die junge Frau schwieg. Ein Schatten legte sich über ihre Freude wie Staub über einen Sonnentag.

Nachdem der Kurier sich gestärkt auf den Heimweg gemacht hatte, entschloss sich Hermann zu einem Ritt über den Ingenio. Er wollte sich mit eigenen Augen davon überzeugen, dass mit seinen Sklaven alles in Ordnung war, dass der Alltag wie gewohnt ablief. Zwar konnte er

sich nicht vorstellen, dass die Kunde von den Geschehnissen aus Manzanillo bis zu seinem Ingenio gelangt war, aber er hatte sich in diesen Dingen schon mehrfach getäuscht. Die meisten Sklaven konnten weder lesen noch schreiben, und doch gelang es ihnen, Nachrichten von einem Ende der Insel bis zum anderen in wenigen Tagen zu schicken. Und Hermann hatte nicht die geringste Ahnung, wie sie das anstellten.
Zuerst ritt er zur Rinderherde. Vor fünf Jahren hatte er den Sklaven zwei Muttertiere und einen Bullen für den eigenen Bedarf geschenkt. Inzwischen war die Herde auf acht Milchkühe und drei Bullen angewachsen, und wenn Hermann nicht alles täuschte, so waren bereits wieder drei Kühe trächtig. Mit Wohlgefallen betrachtete er die weiß-bräunlichen Tiere, die stumpf die gehäckselten Zuckerrohrrückstände fraßen. Auch die Tiere auf der größeren Weide, die Zugochsen, Maultiere, Pferde und Esel standen prächtig da. Obwohl es Arbeitstiere waren, die auf dem Ingenio nicht geschont wurden, glänzte deren Fell und sie waren wohlgenährt.
Ach, dachte er. Wäre ich doch nur auch ein Tier auf der Weide. Ein Tier, von dem niemand etwas erwartet.
Ein paar Meter vor ihm tauchte plötzlich ein hochgewachsener Sklave auf, und Hermann zuckte ein wenig zusammen. Obwohl er schon so lange auf der Insel war, hatte er sich noch immer nicht daran gewöhnen können, dass man die Sklaven weder sah noch hörte, wenn sie nicht gesehen oder gehört werden wollten. Sie schlichen auf leisen Sohlen ohne den geringsten Laut. Und in der Dunkelheit verschmolzen ihre schwarzen Leiber mit der Umgebung, so dass Hermann es nachts kaum wagte, sich

bei einem Geräusch umzuwenden. Immer wieder gab es Gerüchte, dass Sklaven ihren Herrn in der Dunkelheit einfach niederschlugen und ermordeten. Im Grunde hatte Hermann bei seinen Männern davor die geringste Angst, doch er wollte auch nicht das Risiko eingehen, nachts mit einem anderen Sklavenhalter verwechselt zu werden.

Fela aber, der Viehwirt, war ein ganz spezieller Fall. Hermann hatte von Anfang an nicht gewusst, wie er sich ihm gegenüber verhalten soll. Der Sklave hatte das Auftreten eines Herrn. Es hieß, drüben in Afrika sei er der Sohn eines reichen Stammesfürsten gewesen, aber das behauptete mindestens die Hälfte der verschleppten Männer. Fela aber war ein Mann, dem Stolz und Würde aus jeder Pore drangen. Ein Mann, der selbst mitten im Dreck noch Haltung bewahrte. Ein Mann – Hermann würde es niemals laut zugeben –, den er insgeheim für sein Auftreten bewunderte und den er zugleich dafür aus tiefstem Herzen verabscheute.

»Was gibt es, Don Hermann?«, wollte der Sklave wissen. Er machte nicht im Geringsten einen untertänigen Eindruck, sondern sah Hermann direkt in die Augen. Hermann wand sich beinahe unter diesem Blick. Es geht nicht, dachte er bei sich, ich kann nicht mit dir in meiner Nähe leben. Für einen kurzen Moment stand ein Bild vor seinem inneren Auge. Titine und Fela, die vertraut miteinander auf der Veranda des Verwalterhauses sitzen. Ein Bild, das Hermann den Atem verschlug, sooft er daran dachte. Fela hatte mit dazu beigetragen, dass Titine, die jahrelang stumm gewesen war, ihre Sprache wiedergefunden hatte. Dafür hätte Hermann ihm eigentlich dankbar sein müssen, doch nicht einmal das vermochte er. Stattdessen hatte er Titine nach seiner Hochzeit mit Mafalda aus dem Verwalterhaus aus- und in einen Seitenflügel des Herrenhauses einquartiert. Offiziell hatte dieser Umzug allein Titines Bequemlichkeit gedient, aber insgeheim wollte Hermann nur die heimlichen Treffen zwischen seiner Schwester und diesem anmaßenden Sklaven verhindern. Jetzt bereute er, dass er die Entwicklung zwischen diesen beiden nicht genauer unter die Lupe genommen hatte. Denn wenn es eines zu verhindern galt, dann, dass die beiden in Liebe zueinander entbrannten.

Ja, ich habe es ja nicht einmal vermocht, aus dir einen richtigen Sklaven zu machen, der seinem Herrn mit untertänigem Respekt begegnet, dachte Hermann. Wie sollte ich dich da jemals als Gefährten meiner Schwester akzeptieren?

»Wissen wollte ich, ob alles in Ordnung ist«, erklärte Hermann barsch und fühlte sich dabei wie ein Schüler vor seinem gestrengen Lehrer. Ärger überkam ihn. »Du hältst es ja nicht für nötig, mich über Vorkommnisse zu informieren.«

»Es gibt keine Vorkommnisse, Herr.«

Hermann nickte, schob die Unterlippe vor und glich damit – ohne, dass er es ahnte – dem bockigen Kind vom Ballspiel.

»So, es gibt also keine Vorkommnisse, sagst du.« Hermann sah sich auf der Suche nach einem Makel um. Die Tränken waren gefüllt, die Zäune in Ordnung, die Tiere sahen prächtig aus. »Keine Vorkommnisse«, wiederholte er. »Was ist mit den anderen Niggern? Ist jemand krank, vorlaut, faul?«

Hermann erschrak über seine eigenen Worte. Noch nie hatte er die Sklaven Nigger genannt. Aber dieser da vor ihm, der ihn so hochmütig anstarrte, der brachte ihn zu Dingen, die er niemals tun wollte. Oh, Hermann hasste ihn. Hasste ihn, hasste ihn, hasste ihn …

Um Felas Lippen spielte ein Lächeln, das Hermann ihn am liebsten vom Mund geschlagen hätte. »Nein, Herr. Alles in bester Ordnung. Jedoch weiß ich nicht, was sich auf den Feldern und in den Zuckermühlen tut.«

Hermann kniff die Augen zusammen. »Du bist also der Ansicht, dass sich dort etwas tut?«

Der Schwarze schüttelte belustigt den Kopf. »Ich weiß es nicht, Herr. Ich weiß gar nichts. Wollen Sie einen Becher frische Milch?«

Hermann leckte sich über die trockenen Lippen. Er hatte Durst, aber von diesem überheblichen Sklaven, der ein besonderes Interesse an seiner Schwester hatte, wollte er eigentlich keinen Tropfen annehmen. Fela hatte unterdessen schon einen Blechbecher mit der weißgelben, fetten Milch gefüllt und reichte ihn Hermann. Gierig trank der Don, bis der Becher leer war. Dann sagte er mit so viel Nachdruck, wie es ihm möglich war: »Ich möchte, dass du mich über alles Ungewöhnliche auf dem Laufenden hältst.«

Fela neigte den Kopf leicht zur Seite. »Besteht Anlass zur Besorgnis?«

Bei dieser Frage überkam Hermann eine solche Wut, dass sich ihm regelrecht die Haare sträubten. Heiß schoss das Blut durch seine Adern. Hätte er eine Peitsche in der Hand gehabt, bei Gott, er hätte nach Fela geschlagen. »Was stellst du mir für Fragen?«, bellte er stattdessen.

»Was fällt dir ein? Bist du mir gleichgestellt? Was gehen dich, einen Sklaven, die Sorgen deines Herrn an?«
Wieder huschte ein Lächeln über das Gesicht des Schwarzen, aber so flüchtig, dass Hermann glaubte, sich getäuscht zu haben. »Nein, Don, ich bin Ihnen nicht gleich«, erwiderte er. »Und ich werde melden, wenn sich etwas tut.« Er wartete einen Augenblick, dann fügte er hinzu: »Gilt das auch für die Kühe? Ich rechne in den nächsten Tagen mit einem Kalb.«
Das war eine Frechheit, eine so ungeheure Frechheit, dass Hermann nach Atem rang. Er konnte das Aufbegehren, den Spott auf der Haut fühlen, und wieder sträubte sich sein Haar. Doch was war an Felas Frage eigentlich falsch?
»Pass ja auf, mein Freund«, war alles, was Hermann zwischen zusammengepressten Zähnen hervorzischen konnte, dann griff er hart in die Zügel und sprengte davon.

Als Dr. Winkler gegangen war, setzte sich Mafalda zu Titine auf das Bett. »Das Ungeborene«, fragte sie leise und fasste nach Titines Hand. »Von wem ist es?«
Titine erwiderte nichts.
»Ist es von einem Trinidader Bürger?«
Wieder erhielt Mafalda keine Antwort, sondern nur einen flehenden Blick Titines. Frag nicht, hieß dieser Blick. Und Mafalda verstand. Beinahe verschlug es ihr den Atem. »Es ist also wirklich von Fela, dem Sklaven?«
Titine nickte.
Mafalda sog tief die Luft zwischen die Zähne, als hätte sie auf etwas ungeheuer Saures gebissen. »Von Fela«, flüsterte sie. »Ausgerechnet von ihm.«
»Ja. Ausgerechnet von Fela.« In Titines Stimme schwang

Trotz. »Was ist gegen ihn zu sagen?«, fragte sie herausfordernd.
Mafalda erwiderte: »Das weißt du selbst. Er ist ein Sklave, nicht dafür gemacht, mit einer weißen Frau Kinder großzuziehen und mit ihnen als Familie zu leben.«
Titine schniefte verächtlich. »Ein Sklave ist ein Mensch wie jeder andere.«
»Verzichten wir auf diese Debatte. Wir wissen beide, dass du recht hast. Aber es nützt dir nichts, recht zu haben, solange alle anderen anders darüber denken. Wir leben auf Kuba, leben im Jahr 1868, und es ist einfach so, dass weiße Frauen, die von schwarzen Männern Kinder kriegen, als Huren abgestempelt werden.«
Wieder schnaufte Titine verächtlich und blickte Mafalda so trotzig an, als wäre die Schwägerin es, die ihr diese Liebe verbieten wolle. Mafalda reagierte nicht darauf, stattdessen fragte sie: »Was wirst du jetzt tun?«
Das blasse Mädchen richtete sich leicht in ihren Kissen auf. »Ich werde ihn heiraten.«
Der Blick, den sie Mafalda zuwarf, sprach mehr als diese vier Worte, und Mafalda begriff, dass es nicht der richtige Zeitpunkt war, um mit Titine über das Leben an der Seite eines Sklaven zu sprechen.
Mafalda seufzte. So sagte sie nur: »Es ist verboten, dass Schwarze und Weiße einander heiraten. Das weißt du.«
In Titines Augen flackerte Empörung auf. »Andreas Winkler lebt mit seiner Sklavin seit Jahr und Tag wie ein Ehepaar. Niemand hat sich bisher daran gestört.«
»Der Doktor ist ein Mann. Nimmt sich ein Mann eine Sklavin, so spricht dies für das heiße Blut in seinen Lenden. Nimmt sich eine Frau einen Sklaven, so heißt das, sie

wäre so hässlich oder alt oder beides, dass jeder Weiße schreiend vor ihr davonläuft.«
»Aber das ist so ungerecht.«
Mafalda seufzte. »Natürlich ist es ungerecht. Die gesamte Sklaverei beruht auf Unrecht. Niemand sollte aus seiner Heimat vertrieben werden. Keine Mutter sollte von ihren Kindern, kein Mann von seiner Frau getrennt werden. Aber es ist, wie es ist. Schlag dir Fela am besten aus dem Kopf.«
»*Was?*« Titine fuhr auf. »Ich soll Fela vergessen? Ich *liebe* ihn, Mafalda. Wie kannst du so etwas verlangen? Er ist mein *Leben.*« In ihren Augen loderte Empörung und Unverständnis. »Wie kannst du nur so etwas sagen?«, fragte sie kopfschüttelnd.
Mafalda griff erneut nach ihrer Hand. »Ich habe nichts gegen Fela«, erklärte sie. »Und wäre es möglich, so wünschte ich euch beiden alles Glück dieser Welt. Aber das werdet ihr nicht bekommen. Du wirst als Hure betrachtet werden, die Aufseher werden sich die Lippen lecken und dir auf die Brüste starren, wann immer sie dich sehen. Niemand wird deinen Worten mehr Gehorsam schenken, denn wenn du dich mit einem Sklaven gemeinmachst, dann bist du nicht besser als ein Sklave. Und denk an das Kind. Es wird ein Mulatte sein, wird nirgends dazugehören. Die Schwarzen werden es weiß nennen, und die Weißen es als schwarz ansehen.«
Titine fiel in die Kissen zurück, atmete so heftig, dass sich ihr Brustkorb sichtbar hob und senkte. »Aber was soll ich denn tun? Ich liebe Fela, und ich werde mein Kind so sehr lieben, wie ich nur kann. Wir werden auf dem Ingenio leben, hier, bei euch. Fela genießt den Respekt seiner Leu-

te. Er wird ihnen sagen, dass sie auch mich achtungsvoll behandeln müssen.«
Mafalda seufzte. »Ja, vielleicht wäre es denkbar, dass die Sklaven dich weiterhin achten. Aber die Sklaven sind nicht die einzigen Menschen auf der Welt. Es gibt auch Weiße. Weiße, mit denen dein Bruder Geschäfte macht. Sie werden jedenfalls nicht begeistert sein. Es kann sogar sein, dass sie unsere gesamte Familie meiden werden. Und das Kind? Wie soll es in so einer Welt glücklich werden?«
Titine lachte auf. »Oh, es wird von den Sklaven geliebt werden und von den Aufsehern und den Weißen, die es kennenlernen wollen. Ja, so wird es sein. Als Mulatte wird es überall dazugehören. Dafür werde ich sorgen, das wirst du sehen.« Titine strahlte über das ganze Gesicht, unfähig, etwas anderes zu glauben als das, was sie sich selbst eingeredet hatte.
Mafalda öffnete den Mund zu einer Erwiderung, doch da blickte sie in Titines glückliches Gesicht und seufzte. Sie brachte es jetzt einfach nicht fertig, Titine mit der Wirklichkeit zu konfrontieren. Sie muss den Gedanken an ihre Schwangerschaft erst einmal verarbeiten, dachte sie. Später werde ich mit ihr über alles sprechen. Sie strich über Titines Hand und flüsterte: »Vielleicht wird es so sein, meine Liebe. Ich werde jeden Tag zu Gott beten, dass es so und nicht anders sein wird.«
Sie verharrte einen Augenblick nachdenklich, dann fragte sie: »Wirst du es ihm sagen?«
Titine blies die Backen auf, ihr Blick schweifte in die Ferne. »Natürlich«, behauptete sie dann. »Es ist sein Kind. Er hat ein Recht darauf.« Doch ihr Blick flackerte dabei.

»Vielleicht wartest du noch ein wenig damit«, schlug Mafalda vor.
»Aus welchem Grund?«
Die Ältere lächelte verhalten. »Es heißt, es bringt Unglück, vor Ablauf der ersten drei Monate über die anderen Umstände zu sprechen. Viele Frauen verlieren ihre ungeborenen Kinder während dieser Zeit. Kannst du dir die Enttäuschung der Männer vorstellen? Den Schmerz?«
Titine kniff die Augen ein wenig zusammen. »Du findest, es ist ein Unglück, dass ich von Fela schwanger bin, nicht wahr? Du würdest am liebsten dafür sorgen, dass dieses Kind nicht zur Welt kommt, habe ich recht?«
Mafalda wiegte den Kopf hin und her. Dann erwiderte sie: »Es wird Probleme geben. Nicht nur du und das Kind, wir alle werden darunter leiden.«
»Was meinst du damit?«
Mafalda biss sich auf die Lippe. Sollte sie wirklich sagen, was sie dachte? Mit einem Handstreich Titines Glück zerstören, ihr das Lächeln von den Lippen wischen? Aber wer tat es sonst, wenn nicht sie? Gern hätte sie damit noch gewartet, aber Titines Fragen verlangten Antworten.
Sie nickte leicht. »Ja, ich halte es für ein Unglück. Niemand wird mehr mit uns Geschäfte machen wollen, wenn die Schwester des Dons zugleich die Geliebte eines Sklaven ist. Man wird auf uns herabsehen, über uns spotten. Wir werden die Achtung der anderen Weißen verlieren. Und auch die Achtung einer ganzen Reihe von Sklaven. Niemand wird uns mehr einladen, auf dem Markt werden unsere Hausmädchen die schlechtesten und verdorbenen Dinge angeboten bekommen. Wir werden bespuckt wer-

den, die Straßenjungen werden uns mit Pferdemist bewerfen. Kein Arzt wird kommen, wenn wir ihn brauchen. Und wenn es eines Tages bei uns brennen sollte, so wird niemand zu Hilfe eilen. Wir werden einsam und allein leben. Wir alle hier auf dem Ingenio. Du kannst für dich entscheiden, dass es dir nichts ausmacht. Aber letztendlich lebst auch du von den Geschäften Hermanns. Letztendlich bist du der Anlass für unser künftiges Unglück.«
Mafalda spürte, wie ihr die Tränen in die Augen traten. Sie fühlte eine lodernde Wut heiß in sich aufsteigen. »Es geht nicht nur um dich, Titine. Wenn du das glaubst, so bist du naiv. So, wie wir Verantwortung für dich haben, so hast du sie auch für uns. Diese Liebe, dieses Kind, wird unser Untergang sein.« Sie schlug sich leicht auf die Brust. »Hast du bei alldem auch einmal an andere als nur an dich gedacht? Auch ich möchte ein Kind haben, und ich wünsche mir für dieses Kind, dass es wohlbehütet und respektiert aufwächst. Bekommst du dein Kind, so ist meines für ein normales Leben verloren, so sind wir alle für ein normales, ruhiges Leben verloren. Aber, großer Gott, was haben Hermann und ich mit deinen Liebeleien zu tun? Was können wir dafür, dass du einen Bastard zur Welt bringen wirst?«
Mafalda schluchzte und schlug die Hände vor das Gesicht. Zwischen den Fingern hindurch flüsterte sie: »Sei nicht egoistisch, Titine. Denk auch an uns.«
Titine kniff die Augen zusammen und breitete die Hände aus. Ihr Haar sträubte sich vor Zorn und Unverstand. Ganz weiß war ihr Gesicht, nur die Lippen, auf die sie die ganze Zeit gebissen hatte, leuchteten blutrot. »Was habe ich getan?«, rief sie aus. »Ich liebe. Na und? Schuld sind

nicht wir, nicht Fela und ich, sondern die anderen, die unsere Liebe nicht mit ansehen können. Die denken, sie wäre ein Unglück oder ein Grund, uns abfällig zu behandeln.« Sie schüttelte energisch den Kopf und blitzte Mafalda so empört an, dass die Ältere ein wenig zurückwich. »Ich denke nicht daran, mein Glück der Dummheit der Leute zu opfern. Sag selbst, was ist schlecht an der Liebe? Warum darfst du lieben und eine achtbare Frau sein und ich nicht? Kannst du mir das erklären? Du liebst seit Jahren, bist glücklich, bist erfüllt, hast Heim und Herd. Warum gestehst du mir nicht dasselbe zu? Du malst Gespenster an die Wand, redest von Einsamkeit. Hast du je einmal an meine Einsamkeit der letzten Jahre gedacht?«

Sie stützte sich auf die Ellbogen und funkelte Mafalda an. »Wage es nicht, irgendetwas in dieser Hinsicht zu unternehmen. Wage es nicht einmal, meinem Bruder davon zu erzählen. Wer meinem Kind etwas tut, hat mich zur Feindin. Zur Todfeindin.«

Viertes Kapitel

Hermann war so wütend, dass er das Pferd zügelte, als die Weiden außer Sicht waren, und erst einmal eine Pause brauchte. Er nahm die Flasche, die das Hausmädchen ihm mit Guarapo gefüllt hatte, und trank sie in einem Zug leer, obwohl er keinen Durst hatte. Fela ging ihm im Kopf herum.

Er hielt ihn für eine Gefahr. Für eine große Gefahr. Am liebsten wäre ihm, der Schwarze würde einfach verschwinden. Titine wäre vielleicht getroffen, sie würde ein bisschen leiden, aber das Leid würde vergehen. Ob er ihn verkaufen sollte? Weit weg? In den Westen auf die Kaffeeplantagen? Oder gleich nach Havanna? Wie viel würde er für den jungen Mann bekommen? In den letzten Jahren war der Preis für die Sklaven stark gestiegen, weil man sie nur noch heimlich auf die Insel schmuggeln konnte. Bekam man vor drei Jahren noch jemanden wie Fela für einen Preis von rund sechshundert Pesos, musste man mittlerweile schon eintausend Peseten auf den Tisch legen. Er würde Gewinn machen, wenn er Fela verkaufte.

Aber darum ging es nicht. Wenn es Titines Glück dienlich war, dann würde er Fela auch verschenken. Aber was, wenn sie wieder in ihre Sprachlosigkeit fiel? Und was, wenn die Schwarzen recht hatten und Titine tatsächlich die Tochter der Totengöttin Yewa war? Wenn sie sich einbildete, diesen Schwarzen wahrhaftig zu lieben?
Hermann war nicht abergläubisch. Nicht im Geringsten. Er ging in die Kirche, wenn es sein musste, sprach jeden Abend lustlos ein stilles Gebet, doch der Santeria-Kult der Schwarzen machte ihm Angst. Es waren nicht so sehr die Orishas, die Götter der Santeria, die er fürchtete, sondern der fanatische Glaube der Schwarzen und Weißen an die Macht des Voodoo. Don Alvaro war durch einen schwarzen Fluch gestorben. Seit Jahren hatte es auf der Pflanzung keine weiteren Fälle von Voodoo gegeben, zumindest soviel er wusste. Und was die Sklaven unter sich damit machten, kümmerte ihn nicht weiter. Aber nun sahen die Dinge anders aus. Wenn er Fela jetzt fortschickte, dann konnte es sein, dass die anderen Sklaven deshalb einen Aufstand anzettelten. Und was dann? Die Ernte stand vor der Tür. Er schüttelte den Kopf. Nein, er musste den Schwarzen behalten. Aber er würde ihn nicht aus den Augen lassen. Ihn nicht und Titine auch nicht. So viel war gewiss.
Hermann wischte sich mit einem Taschentuch den Schweiß von der Stirn, dann stieg er auf sein Pferd und ritt hinüber zu den Zuckermühlen. Obwohl die eigentliche Ernte erst in sechs Wochen losgehen würde, gab es schon jetzt reichlich zu tun. Plantagenabschnitte, die am Rande des Ingenios lagen, in Richtung der Hügel, hatten mehr Wasser abbekommen als der Rest des Zuckerrohres. Daher waren die Stengel dort schon reif für die Ernte.

Auf dem Platz vor der Mühle standen etliche Eselskarren voller Zuckerrohr. Kräftige Sklaven luden die Vorernte ab und brachten sie in die Mühle. Dort wurde das Rohr ausgepresst, sein Saft in riesigen Bottichen aufgefangen. In der Siederei entstand aus dem Saft der kristalline Zucker, der später in Sisalsäcke gepackt und entweder mit Ochsenkarren zum Hafen nach Cienfuegos oder mit der Eisenbahn nach Havanna gebracht wurde. Die ausgepressten Stangen kamen in eine weitere Halle, wurden getrocknet und gehäckselt. Ein Teil der Häckselmasse diente als Viehfutter, ein anderer Teil wurde zu Brennstoff gepresst.
Hermann betrat die Mühle. Die Dampfmaschine arbeitete mit Gebrüll, so dass man sein eigenes Wort nicht mehr verstehen konnte. Es zischte, knirschte, rumpelte, ratterte. Die Luft war so dick, dass man sie beinahe mit den Händen greifen konnte. Der Duft des Zuckers, betörend wie Honig, ließ auf der Stelle den Mund trocken werden und legte sich als klebrige Schicht auf die Haut nieder. Durch die wenigen Fenster drang kaum Sonnenlicht herein, so dass die gesamte Mühle im Halbdunkel lag. Die Sklaven arbeiteten mit nackten Oberkörpern, die schweißüberströmt waren. Die meisten hatten gerötete Augen, aufgesprungene Lippen, rissige Hände und bewegten sich gebückt, weil der Rücken schmerzte. Immer wieder schleppten sie sich zu einem Fass mit Wasser, tauchten die Kelle dort hinein und tranken gierig, während die Maschinen weiter hinter ihnen tobten. Der Mühlenmeister schritt mit hochrotem Gesicht umher, fuhr mit der Peitsche über die Rücken zweier Sklaven, die es sich für einen Augenblick auf den Sisalsäcken bequem gemacht hatten. Er trieb sie an die Stelle, wo die harten, klebrigen Stengelreste aus der

Dampfmaschine herausgepresst wurden. Mit beiden Händen zogen die Männer an den Rohrstücken, schnitten sich an den harten Fasern, rissen sich die Hände, die Arme und sogar die Brust daran auf.
Hermann taxierte kurz die Sklaven, machte sich im Geist Notizen, den einen oder anderen auszutauschen. Dann verließ er die tobende, schweißtreibende Mühle und bahnte sich einen Weg durch die vollbeladenen Karren hinüber zum Gerätehaus. Im Schatten der Halle lagen ein paar Sklaven am Boden oder lehnten mit schlaffen Gliedern an der Wand. Sie rauchten zusammengerollte Tabakblätter, und ihre dunklen Schultern waren mit weißen Zuckerkristallen überzogen. Auch sie hatten rotgeränderte Augen, rissige Lippen und schmerzhafte Schnitte auf Armen, Händen und der Brust. Ihre Hände zitterten, wenn sie die qualmenden Tabakblätter zum Mund führten. Einige hatten die Augen geschlossen, andere stierten apathisch vor sich hin. Die Männer waren so erschöpft, dass sie die Ankunft ihres Herrn nicht bemerkten.
»Wie lange arbeitet ihr heute schon in der Mühle?«, fragte Hermann plötzlich, und die Sklaven schraken zusammen. Drei von ihnen rappelten sich mühsam hoch, zwei blieben einfach liegen.
»Zwölf Stunden, Don Herman«, antwortete der eine, straffte dabei die Schultern und reckte den Kopf hoch.
»Geht in euer Dorf. Ruht euch aus. Ich werde andere Männer schicken, die euch ablösen.«
Der Sklave senkte den Kopf, wirkte ein wenig beschämt.
»Das müssen Sie nicht, Don. Wir haben noch vier Stunden Arbeit vor uns. Das schaffen wir noch.«
Hermann schüttelte den Kopf. »Ich möchte, dass ihr so-

fort und auf der Stelle nach Hause geht und euch hinlegt. Vorher könnt ihr euch im Lagerhaus noch jeweils einen Viertelliter Rum aushändigen lassen.«

Die Sklaven sahen sich verunsichert an. »Wir sind stark, Herr«, versuchte es der eine erneut. »Wir schaffen das schon.«

»Das mag sein«, erwiderte Hermann. »Aber dann seid ihr morgen so erschlagen, dass euch die Arbeit schlecht von der Hand geht. Es könnte sein, dass ihr Fehler macht. Also los, geht nach Hause. Ich weiß, dass ihr alle starke Männer seid.«

Er lächelte ein wenig, und aus den Sklavenaugen verschwand die Angst. Hermann wusste, dass die Sklaven ihn für menschenfreundlich hielten, aber das war er nicht in dem Maße, in dem die Schwarzen das glaubten. Er war Geschäftsmann. Durch und durch. Und wenn einer der Sklaven einen Fehler vor Erschöpfung machte, so dass die Dampfmaschine auch nur für eine Stunde ausfiel, so bedeutete das für Hermann ungeheure Kosten. Mehr, viel mehr jedenfalls, als die Männer vor der Zeit nach Hause und zum Ausruhen zu schicken. Er hatte sich ihre Gesichter gemerkt. Ein anderes Mal würde er sie brauchen, und er scheute sich nicht davor, sie dann an seinen heutigen Akt der Güte zu erinnern.

Hermann hob die Hand zum Gruß, dann betrat er die Gerätehalle und sah sich um. Im Gegensatz zum Höllenlärm der Mühle kam ihm das Haus beinahe still vor. Rechts an der Wand hingen die Macheten, welche die Sklaven zum Schlagen des Zuckerrohres brauchten. Davor befanden sich ein Amboss und ein Ofen. Ein Sklave holte eben mit einer Zange ein glühendes Machetenblatt aus der Gluthitze und schlug mit einem Hammer darauf, dass die Funken nur so nach allen Seiten stiebten. Ein paar Meter hinter dem Mann befanden sich die Hacken und die anderen Geräte, die man benötigte, um die Zuckerrohrplantage so ertragreich wie möglich zu machen. Grabstöcke, Esels- und Ochsengeschirre standen in ordentlichen Reihen an der Wand, Kiepen und Körbe, Sisalrollen und Fässer nahmen die linke Seite der Halle ein. Zwei schwarze Frauen hockten in gebückter Haltung hinter einem Webstuhl und fertigten aus dem Sisal Zuckersäcke an. Auch hier war die Luft stickig und vom Duft des Zuckers getränkt, doch die Halle war heller, stiller als die brüllende Mühle.

Der Sklave am Schmiedeplatz schaute auf. Er trug eine Schirmkappe, die sein wolliges Haar vor den Funken schützte, trotzdem waren sein Gesicht, seine Hände, Arme und die Brust mit weißen Brandflecken übersät. Seine gelblichen Augäpfel stachen hervor. Hermann musterte den Mann, versuchte in seinem Gesicht zu lesen. Auf seiner Stirn lagen ein halbes Dutzend Falten so gerade wie mit dem Lineal gezogen. Hermann konnte nicht erkennen, ob diese Linien in die Haut gemeißelt waren oder ob der Mann die Stirn im Unmut runzelte. Seine Nase war breit, die Flügel gebläht. Auf der linken Wange trug der Mann eine hässliche, lange Narbe. Die Lippen waren nicht besonders wulstig, erstaunlich rot und glänzend, so als hätte der Mann sie mit rotem Fett bestrichen. Die dicken Muskelstränge in seinem Nacken zuckten, und der Mann hatte Mühe, den kalten Ingrimm, der beim Anblick des Dons in ihm aufgeflackert war, zu ersticken.

»Ich suche den Gerätemeister«, teilte Hermann dem Mann barsch mit.

Der Sklave nickte und zeigte eine Reihe schadhafter weißer Zähne. »Er wird hinten sein, auf dem Holzplatz. Gesagt hat er, er wolle Holz für die kaputten Fässer holen.«

Hermann lächelte. »Aber du glaubst ihm nicht, oder?«

Der Sklave zuckte mit den Achseln. »Was ich glaube oder nicht, das ist nicht wichtig. Ich tue meine Arbeit, Don, und ich mache sie gut.«

Er sprach laut, der Schmied. Viel zu laut, und seine Worte klangen ohne die kleinste Spur der Demut. Er hatte vorhin, als Hermann näher kam, mit dem Fuß etwas hinter den Ofen geschoben, und Hermann hatte nicht erkennen können, was es war, doch er vermutete, dass der Schmied dabei war, etwas herzustellen, das nichts mit der Plantage zu tun hatte.

Hermann kniff die Augen zusammen und ließ seine Blicke durch das Gerätehaus schweifen. Irgendetwas war anders als sonst. Aber was? Hermann zählte die Hacken und Grabstöcke, die Geschirre und die Transportkisten, doch er konnte nicht sagen, ob hier Werkzeuge fehlten. Er hatte weder die Zahlen im Kopf noch wusste er, welche Gerätschaften gerade draußen auf den Pflanzungen gebraucht wurden.

Er betrachtete den Schmied von oben bis unten. Der Mann hielt seinem Blick stand, wirkte weder ängstlich noch anmaßend, aber irgendetwas an ihm weckte Hermanns Aufmerksamkeit.

Endlich erkannte er die Unstimmigkeit. Der dunkle Oberkörper des Sklaven glänzte nicht von Schweiß, sondern war matt und trocken, obwohl vor dem Schmiedefeuer eine unerträgliche Hitze herrschte. Und jetzt erblickte Hermann auch die schmalen, spitzen Eisenblätter, die halb hinter dem Ofen verborgen waren. Wieder suchte er im Gesicht des Sklaven nach Zeichen von Unmut, Empörung, von irgendetwas, das ihm verriet, ob hier ebenfalls ein Aufstand geplant war. Aber der schwarze Mann stand aufrecht da und sah seinem Herrn offen in die Augen.

»Ist alles in Ordnung?«, fragte Hermann.

»Jawohl, Don«, erwiderte der Sklave. »Alles in Ordnung. Und das, was nicht in Ordnung ist, werde ich reparieren.«

Hermann nickte. »Der Gerätewart ist auf dem Holzplatz, sagst du?«

»Jawohl, Don.«

Hermann durchquerte die Halle, lief an den Webstühlen vorbei und registrierte die brennenden Blicke der beiden schwarzen Frauen. Er blieb stehen. »Ist bei euch alles in Ordnung?«

Die Ältere straffte unmerklich die Schultern, atmete tief ein und richtete ihren verstockten Blick auf Hermann.

»Jawohl, Don.«

»Genügend Sisal?«

»Jawohl, Don Herman.« Sie warf aus großen, blanken Kuhaugen beredte Blicke zu der anderen Schwarzen, die dumpf auf das hin- und hereilende Weberschiffchen starrte und sich nicht rührte.

»Reichen die Säcke für die nächste Ernte?«

»Wir haben noch vom letzten Jahr Säcke übrig.«

Hermann nickte. »Ach ja, die schlechte Ernte.«

Er blickte noch einmal zu den beiden Frauen und konnte

nur mit Mühe ein Frösteln unterdrücken. Die Ältere stieß die Luft zwischen den wulstigen Lippen hervor, leckte mit der Zunge über ihre faulen Zähne und betrachtete ihrerseits Hermann mit listigen Blicken. Ihr Tuchkleid war abgetragen, aber leidlich sauber. Nur die großen Schweißflecke unter den Achseln und zwischen den schweren, hängenden Brüsten waren gut zu sehen. Die andere starrte noch immer verstockt auf das flitzende Weberschiffchen und machte sich so klein wie möglich, doch Hermann sah, dass ihr Kleid an allen Stellen trocken war.
»Wie lange arbeitest du heute schon?«, herrschte er die Frau an.
Die schrak aus ihrer Starre, senkte den Blick und murmelte etwas.
»Ich habe dich nicht verstanden.«
Die andere Schwarze antwortete für sie. »Sie hat Zahnschmerzen, Don.«
»Das habe ich nicht gefragt. Also?«
»Seit acht Stunden«, nuschelte die verstockte Sklavin.
Hermann nickte. Er betrachtete die Frau noch einmal von oben bis unten, dann befahl er: »Ich möchte, dass du dich heute nach Sonnenuntergang im Herrenhaus meldest. Die Arbeit am Webstuhl scheint dich nicht besonders anzustrengen. Im Herrenhaus werde ich dich schon zum Schwitzen bringen; dort müssen die Büsche im Patio geschnitten werden. Hast du das verstanden?«
Die Sklavin nickte, und Hermann verließ das Gerätehaus und machte sich auf den Weg zum Holzplatz. Der Gerätewart saß auf einem Stapel Baumstämme und paffte an einer Zigarre. Er war ein Weißer, ein Spanier, der schon seit zwei Jahrzehnten auf dem Ingenio arbeitete. Seine

handwerklichen Fähigkeiten waren über die Grenzen von Trinidad bekannt, und Thiago Gonzales wusste um seinen Wert. Also blieb er ganz ruhig sitzen, als sein Chef vor ihm stand.

Hermann schüttelte Thiago die Hand. Auch er wusste, dass er mit dem Mann, der sich auf sämtliche Handwerke verstand, einen Schatz auf der Plantage hatte, und er würde niemals etwas tun, was Thiago verärgern könnte. Also setzte er sich neben den Mann, zog eine Zigarre aus seiner Tasche und zündete sie an. Die beiden Männer rauchten einen Augenblick lang schweigend, dann ergriff der Don das Wort: »Gibt es etwas Neues?«

Thiago stieß eine Rauchwolke aus. »Was meinst du damit?« Er war einer der wenigen Angestellten, die den Don duzen durften. Hermann wusste, dass er bei Thiago nicht mit der Tür ins Haus fallen durfte, denn der begnadete Handwerker hasste nichts mehr als Eile und Hetze.

»Die Familie meine ich.« Hermann zog an seiner Zigarre und sah dem blauen Rauch nach.

Thiago wohnte in einem kleinen Haus hinter der Gerätehalle. Vor drei Jahren war seine Frau und Jugendliebe gestorben und hatte ihn mit drei Kindern allein gelassen. Thiago hatte lange gebraucht, ehe er sich eine Sklavin ins Haus geholt hatte. Seither aber waren seine Kinder in den besten Händen, und Thiago hatte sich überraschend von seiner Trauer erholt.

Ragine war nicht mehr jung. Im Gegenteil, sie war sogar schon zu alt, um auf den Zuckerfeldern gute Leistungen zu bringen. Zehn Tonnen geschnittenes Rohr verlangte Hermann täglich von jedem Sklaven, Ragine aber hatte es zum Schluss nicht einmal mehr auf sieben gebracht. Sie war so müde und erschöpft gewesen, dass Hermann schon daran gedacht hatte, ihr die Freiheit zu schenken, doch dann hatte Thiago sich ausgerechnet für sie entschieden, obwohl es weiß Gott jüngere und hübschere Sklavinnen in Hülle und Fülle hier gab. »Was nützt mir ein junges Weib, da ich doch selbst alt bin?«, hatte er kurz nach seinem vierzigsten Geburtstag verlauten lassen. »Die jungen Dinger haben ein anderes Tempo. Ich brauche eine Frau, die mit mir im selben Takt lebt.« Und so war es wohl auch. Ragine sah nach sechs Monaten in Thiagos Haus um zehn Jahre jünger aus, die Kinder lachten und machten einen glücklichen, unbeschwerten Eindruck, und Thiago wirkte beinahe so zufrieden wie damals, als seine Frau noch lebte.

»Der Familie geht es gut«, erklärte er. »Ich habe Ragine kürzlich Stoff gekauft für ein neues Kleid. Nun, sie hat zwei daraus geschneidert.« Er lachte und spuckte ein wenig Tabaksaft auf den Boden.

»Die Kinder gedeihen gut?«, fragte Hermann weiter, obwohl er sie jeden Tag sah und sich selbst von ihrer Entwicklung überzeugen konnte.

»Sie tun es, sie tun es. Evalita kann schon beinahe so gut kochen wie Ragine. Und Sergio hat so viel Kraft in den Armen, dass er vielleicht schon in ein, zwei Jahren zu mir in die Schmiede kommen kann.«

»Das freut mich«, erklärte Hermann. Dann schwiegen die beiden Männer wieder eine kleine Weile, ehe Hermann fragte: »Ist mit den Geräten alles in Ordnung? Brauchst du etwas? Soll ich in Havanna eine Bestellung für irgendetwas aufgeben?«

»Pah!« Thiago trat die Zigarre im Staub aus. »Hast du jemals erlebt, dass ich etwas aus Havanna bestellt habe?

Nein, nein, mein Lieber, wir fertigen hier alles selbst. Da weiß ich, dass die Werkzeuge auch zu gebrauchen sind.«
»Bist du mit deinen Leuten zufrieden?«, wollte Hermann weiter wissen.
Thiago hob die rechte Hand und wiegte sie hin und her. »Der Schmied versteht sein Handwerk. Er kann dir Spitzen schmieden, die scharf wie Messer sind. Tödlich.«
»Aber?«
Thiago zuckte mit den Schultern. »Ich weiß nicht. Es gibt nichts an ihm auszusetzen. Ist nur so ein Gefühl.«
Hermann nickte. »Er war nicht verschwitzt, als ich ihn eben am Amboss sah. Und auch die eine Weberin wirkte noch so frisch, als hätte sie gerade mit der Arbeit begonnen.«
»Das macht dir Sorgen?« Thiago lachte schallend. »Das braucht es nicht, das braucht es ganz und gar nicht. Die beiden haben eine Liebelei. In den Pausen verschwinden sie hinter dem Holzstapel. Und danach sind sie wieder so frisch wie zu Arbeitsbeginn.«
Hermann verzog den Mund. »Das kann ich mir vorstellen. Was uns noch mehr erschöpfen würde, baut die Jungen gerade auf. Aber sie waren beide nicht verschwitzt. Verstehst du? Was immer sie hinter dem Holzstapel getrieben haben, es hat sie körperlich nicht angestrengt.«
Thiago krempelte die Ärmel seines Hemdes hoch. »Warum macht dir das Sorgen? Ist hier irgendetwas im Busch? Mir schien, als hätte ich vorhin sogar Schüsse gehört. Von dem benachbarten Ingenio.«
»Niemand weiß Genaues«, wiegelte Hermann ab. »Céspedes in Manzanillo soll alle seine Sklaven freigelassen und die Unabhängigkeit Kubas von Spanien proklamiert haben.«

»Dieser Freimaurer? Das wundert mich nicht. Diese Logenbrüder haben doch ewig den Eindruck, sie würden zu kurz kommen.«

»Er ist Freimaurer?«

»Wusstest du das nicht? Ich war auch mal in einer solchen Loge. In Cienfuegos. Sie wollten mich als Mitglied werben, aber ich habe abgelehnt.«

»Warum?«, fragte Hermann. »Ich gebe zu, ich weiß nicht viel über die Freimaurerei.«

»Die Freimaurerei, auch Königliche Kunst genannt, versteht sich als ein ethischer Bund freier Menschen mit der Überzeugung, dass die ständige Arbeit an sich selbst zu einem menschlicheren Verhalten führt. Die fünf Grundideale der Freimaurerei sind Freiheit, Gleichheit, Brüderlichkeit, Toleranz und Humanität, sie sollen durch die praktische Einübung im Alltag gelebt werden. So steht es in ihren Schriften. Wortwörtlich.« Thiago spuckte aus. »Sie tun, als wären alle Menschen gleich, pah.« Er schüttelte den Kopf, dann blickte er Hermann aufmerksam an. »Ist es das, was dir Sorgen bereitet?«

Hermann nickte. »Die Ideale von Freiheit, Gleichheit und Brüderlichkeit haben schon in Frankreich vor knapp einhundert Jahren zu großem Leid geführt. Und was hat es letztendlich gebracht? Nichts. Die Menschen sind nicht gleich, da hast du ganz recht. Aber ich halte es für gefährlich, solche Gedanken in die Sklavenköpfe zu pflanzen. Es kann sein, dass ihnen diese romantischen Ideale gefallen.« Hermann erhob sich. »Es wäre mir sehr lieb, wenn du in der nächsten Zeit ein besonderes Auge auf die Werkzeuge haben könntest. Vor allem auf die, die sich als Waffen gebrauchen lassen. Und achte mir auch auf den Schmied und

die Weberin. Am besten tauschst du noch heute einen davon gegen einen Feldsklaven. Lieben können sie sich meinetwegen in der Nacht. Am Tage gehören sie mir.«
Thiago nickte nachdenklich. Dann erwiderte er: »Wenn die Schwarzen einen Aufstand planen, dann wirst du sie nicht daran hindern können. Wir haben hier auf dem Ingenio über zweihundert Sklaven, und wir sind nicht mehr als zwanzig Weiße. Wenn es zum Schlimmsten kommt, erwischt es uns auch.«
Hermann bekreuzigte sich. »Hoffen wir, dass es nicht zum Schlimmsten kommt. Beten wir für uns und für unsere Sklaven.«
Er wandte sich ab, doch dann fiel ihm noch etwas ein. »Der Schmied. Mir schien, als würde er heimlich dünne, spitze Eisenblätter herstellen. Ein paar davon lagen hinter dem Ofen versteckt. Er hat sie mit dem Fuß dorthin geschoben, als er mich gesehen hatte.«
»Schmal, sagst du, und etwa so lang?«, fragte Thiago und zeigte mit den Händen einen Abstand von rund zwanzig Zentimetern.
»Ja.«
Der Gerätewart seufzte. »Es sind rituelle Schneiden, die sie für die Zeremonien ihrer Religion brauchen. Ob du es ihnen verbietest oder nicht, sie finden immer Zeit und Material, um diese Schneiden zu schmieden. Also lasse ich sie.«
»Du kannst nicht sicher sein, dass sie diese Dinger nicht als Waffen verwenden.«
»Nein, das kann ich nicht. Aber letztendlich kann dir alles als Waffe dienen, wenn du in den Kampf willst.«

Fünftes Kapitel

Titine war wieder aufgestanden, als Mafalda den Raum verlassen hatte. Der Gedanke an ihre Schwangerschaft erregte sie, wühlte sie auf. Sie ging im Zimmer umher, ein Lächeln auf dem Gesicht und Glanz in den Augen, und stellte sich vor, wie sie es Fela sagen würde. »Wir bekommen ein Kind, Fela. Ach nein, das sagt wohl jeder. Ich bin schwanger. Nein, das klingt, als wäre das Kind nur meine Sache. Wir werden Eltern? Hm.«
Sie trat an das Fenster und schaute hinüber zu den Viehweiden. Die waren zwar viel zu weit weg, als dass Titine Fela hätte erkennen können, aber das machte nichts.
Ein Reiter kam, sie sah ihn schon von weitem. Staub wirbelte hoch, legte sich wie Rauch über die Pflanzung. Es war Hermann, der im Galopp zum Herrenhaus kam. Schnell trat Titine vom Fenster weg. Hermann. Sie musste ihm sagen, dass sie schwanger war. Wenigstens nach den ersten drei Monaten. Dann konnte er sie nicht mehr zwingen, zu einer Engelmacherin zu gehen. Aber, ach Gott, was würde er sagen? Was würde er tun? Verfolgt

von Angstgefühlen, schlich Titine zurück ins Bett, legte beide Hände auf ihren Bauch, als müsste sie das Ungeborene schon jetzt schützen. Mafaldas Vorwürfe waren nicht ohne Echo in ihr geblieben. Doch in ihrem tiefsten Inneren war sich Titine keinerlei Schuld bewusst. Was hatte sie schon getan? Sie hatte geliebt. Wenn Liebe ein Verbrechen war, dann stimmte etwas mit den Menschen nicht, die so dachten.

Unten sprang Hermann vom Pferd, übergab die Zügel einem Stallburschen. Sein Gesicht, sein Haar, seine Kleidung und auch seine Stiefel waren von einer dicken Staubschicht bedeckt. Zwischen den Zähnen knirschte es, und Hermann hatte großen Durst. Er ging zum Brunnen, zog den Eimer hoch und schöpfte mit gewölbten Händen Wasser, warf es sich ins Gesicht, über das Haar, jedoch darauf bedacht, dass der gewichste Schnurrbart nicht an Form verlor.
»Mafalda wird mit dir schimpfen, wenn du mit den dreckigen Stiefeln ins Haus kommst«, hörte er plötzlich eine Stimme neben sich. Hermann hielt inne. Neben ihm stand Richard, die kleinen Arme vor der Brust verschränkt, und starrte ihn rechthaberisch an.
»Halt den Mund«, knurrte Hermann. »Geh spielen. Mach irgendetwas.«
Richard verzog die Lippen, so dass sie wie eine Mondsichel nach unten hingen. Seine kleinen Wieselaugen flitzten hin und her und füllten sich mit Wasser. Die Nasenflügel zitterten. Ein Bild des Jammers stand vor ihm. Ein kleiner Junge, unverstanden, ungeliebt. Ein Stiefkind im wahrsten Sinne des Wortes.
Hermann aber sah in dem Kind seine Jugend in Deutsch-

land wieder, sah Wilma in ihm. Die Vertrautheit der dunklen Wieselaugen und des trotzig verzogenen Mundes versetzten ihn in Angst und Schrecken. Er musste den Blick abwenden, um nicht selbst zu zittern. Richard sah aus wie sein fleischgewordenes schlechtes Gewissen. Sofort verspürte Hermann einen ekelhaften Geschmack im Mund. Ihm war, als würde er auf Kupfermünzen herumkauen. Sein altes Leben, das Leben seiner Jugend in Würzburg stand in Gestalt dieses Zwerges vor ihm und löste blankes Entsetzen in ihm aus. Er hörte wieder die gellende Stimme von Wilma, roch ihren Veilchenatem, spürte ihre kalten, feuchten Hände auf seinem Arm. Sie hatte so schrill sprechen können, dass sie damit Hermanns Gedanken aus dem Kopf vertrieben hatte, bis nichts mehr darin war als Wut auf Wilma, die sich nicht entladen durfte. Erbittert starrte Hermann auf den kleinen Jungen. »Geh fort!«, beschwor er ihn. »Geh irgendwohin, wo ich dich nicht sehen muss!«
Aber das Kind stampfte mit dem Fuß auf. »Ich gehe nirgendwohin.« Sein Blick war herausfordernd, dumm und über alle Maßen frech. Hermann hätte zu gern in dieses anmaßende Kindergesicht geschlagen, aber er tat es nicht.
»Ich weiß was, was du nicht weißt!«, fuhr der Knabe fort, kein bisschen eingeschüchtert.
»Ist mir egal. Du sollst endlich fortgehen.«
»Titine bekommt ein Kind.«
»Was?« Hermann fuhr herum, betrachtete Richard, sah das höhnische Funkeln in dessen Augen, die ganze Selbstgerechtigkeit, die ein Junge in seinem Alter aufzubringen vermag, und er wusste, dass Richard die Wahrheit sprach.
»Du willst, dass ich fortgehe. Aber jetzt musst du erst

einmal Titine fortschicken. Am Ende wirst du noch froh sein, dass du mich hast«, erklärte das Kind. »Das Hausmädchen hat gesagt, dass ich dich einmal beerbe, wenn Mafalda und Titine keine Kinder bekommen. Schickst du sie jetzt gleich fort?«

Aufbrausendes Entsetzen machte sich in Hermann breit, nahm ihm fast die Luft zum Atmen. Er musste an sich halten, um den Kleinen nicht zu packen und zu schütteln, alle Häme aus ihm herauszuschütteln, bis nichts mehr übrig war.

»Woher weißt du das?«, fragte Hermann nur mühsam beherrscht.

»Der Doktor war da. Dein Freund.« Der Kleine verzog das Gesicht zu einem Lächeln. »Siehst du, jetzt schickst du mich nicht mehr fort, denn jetzt hast du nur noch mich.«

Hermann musste sich zügeln, um nicht nach dem Kind zu schlagen und zu treten wie nach einem tollwütigen Hofhund. Niemandem außer Wilma war es bisher gelungen, ihn so aus der Fassung zu bringen. Wenn er in Richards Augen blickte, schoss schiere Mordlust in ihm hoch. Zu gern würde er dem Jungen alles zurückzahlen, was ihm dessen Mutter jemals angetan hatte. Hermann schien sogar, als hätte er jahrelang sein wahres Ich verborgen, als wäre er in Wirklichkeit tatsächlich so böse und schlecht, so hinterhältig, feige und gemein, wie Wilma immer behauptet hatte.

Er packte den Kleinen viel zu fest bei den Schultern, schüttelte ihn und stieß ihn zur Seite wie einen alten Sack.

»Geh mir aus den Augen!«, sagte er noch einmal, und seine Stimme zitterte vor Wut.

Dann begab er sich ins Herrenhaus, doch kurz vor der

Tür hielt er inne, weil jemand seinen Namen in höchster Not rief.
Ignazio, der Kutscher, kam aus Richtung Stadt gerannt. »Don, Sie müssen schnell kommen. Es gibt Ärger. Ein Sklave vom benachbarten Ingenio. Schnell, kommen Sie auf die Plaza Mayor.«
Hermann warf dem Kind, das schon wieder mit verschränkten Armen, aber weitaus weniger selbstsicher neben dem Brunnen stand, einen vernichtenden Blick zu und hob den Zeigefinger. »Wage es ja nicht, über Titine zu reden. Hast du mich verstanden? Wage es nicht!«
Richard schluckte verängstigt und nickte, dann wandte Hermann sich ab und verließ mit schnellen Schritten den Hof. Er eilte über das Kopfsteinpflaster, vorbei an den Herrenhäusern der anderen Zuckerbarone, vorbei an rumpelnden Eselskarren, die, mit Zuckersäcken beladen, zum Bahnhof strebten, vorbei an abgemagerten Hunden, vorbei an einer dicken Haussklavin, die die Eingangstreppe eines Hauses scheuerte, vorbei auch an den schmutzigen Kindern, die im Rinnstein hockten. Sein Haar war noch immer grau vom Staub der Felder, die Kleider verknittert, einzig der akribisch gestutzte Schnurrbart wippte im Takt seiner raschen Schritte.
Am Rande der Plaza entdeckte er seinen Freund Andreas Winkler. »Warst du heute bei uns?«, fragte Hermann, und sein Herz schlug rasend schnell.
Dr. Winkler nickte.
»Und?«
Er zuckte mit den Schultern. »Ich kann es dir nicht sagen. Arztgeheimnis.«
»Also stimmt es?«

»Was?«
»Dass Titine ein Kind erwartet?«
»Rede mit ihr, nicht mit mir«, schloss der Arzt die Frage ab. »Im Übrigen ist jetzt nicht die beste Zeit für Derartiges.« Er deutete mit dem Finger auf die Menschenmenge, die sich auf der Plaza versammelt hatte.
»Was ist hier los?«, wollte Hermann wissen. »Der alte Kutscher hat getan, als würde die Welt sogleich untergehen.«
Dr. Winkler nickte. »In gewissem Sinne tut sie das wohl auch.«
»Also?«
»Don Ramos, dessen Ingenio nach deinem der zweitgrößte hier ist, meint, er müsse den schlechten Nachrichten von Erhebungen in der Gegend von Manzanillo einen Riegel vorschieben, indem er ein Exempel statuiert.«
»Was hat er vor?«
»Er hat einen seiner Neger dabei erwischt, wie er die Klinge seiner Machete an einem Stein schärfte.«
»Na und? Das machen sie doch alle. Das müssen sie sogar. Sie können doch nicht jedes Mal, wenn die Klinge sich ein wenig abnutzt, in die Schmiede gelaufen kommen.«
»Er will den Neger öffentlich auspeitschen und dann aufhängen.« Dr. Winkler packte seinen Freund am Kragen. »Hör zu, Hermann, du musst das verhindern. Unbedingt. Wenn der erste Sklaven hängt, hast du auch hier Unruhen und Erhebungen. Rette diesen armen Nigger, dann rettest du womöglich die eigene Plantage.«
Hermann machte sich los. »So schlimm wird es nicht kommen«, erwiderte er, doch seine Kiefer mahlten aufein-

ander, kalte Furcht ließ ihn erschauern. Dann bahnte er sich mit Hilfe seiner Ellbogen einen Weg durch die Menschenmenge. Nicht nur die Weißen und Kreolen hatten sich auf der Plaza versammelt, auch viele schwarze Haussklaven, Bauern, Tagelöhner, Handwerker, zwei Priester, einige Nonnen des nahen Klosters und freigelassene Sklaven waren unter ihnen. Ihre Gesichter waren verschlossen, doch in ihren gelblichen Augäpfeln glomm ein Feuer, genährt von jahrelanger Wut und Hass.
Hermann erschrak, als er diese Gesichter sah. Er hatte plötzlich Angst um sein Leben, um das Leben seiner Frau, seiner Schwester. Er konnte die flammende Empörung der Schwarzen beinahe riechen, und er wusste, dass es nur einen winzigen Funken brauchte, um die Wut in Brand zu setzen.
Doch er selbst war ebenfalls voller Wut. Nicht mehr nur auf Richard. Denn wenn es stimmte, dass Titine schwanger war, dann blieb ihm nur noch die törichte Hoffnung, dass sie womöglich einen weißen Liebsten gefunden hatte, von dem er nichts wusste, den sie aber heiraten konnte. Er hatte geschworen, sie glücklich zu machen. Er hatte Schuld auf sich geladen, damals, bei dem Brand, bei dem ihre Eltern ums Leben gekommen waren und der Titine die Sprache genommen hatte. Es war seine Schuld gewesen, damals. Und er hatte sich geschworen, alles zu tun, um Titine glücklich zu machen. Und nun war sie schwanger. Grundgütiger Gott, was sollte er nur tun, wenn kein Weißer der Vater war? Er stürmte vorwärts, stieß die Leute grob zur Seite, trat sogar nach einem Hund und hatte sich endlich zu Don Ramos vorgekämpft, der wutschnaubend mitten auf dem Platz stand, zu seinen Füßen

einen geschundenen, aus zahlreichen Wunden blutenden Schwarzen.
Don Ramos war ein Spanier, der seit seiner Kindheit in Trinidad lebte und der die Zuckerrohrplantage von seinem Vater übernommen hatte. Er war klein, aber von mächtiger Gestalt. Es hieß von ihm, er könne mit bloßen Händen eine Kuh umwerfen. Er hatte einen kürbisartigen Schädel, vollkommen kahl, der in der Sonne wie ein Ferkel glänzte. Seine buschigen Augenbrauen waren drohend zusammengezogen und verengten die dunklen Augen zu Schlitzen. Don Ramos schnaufte, sein Gesicht war dunkelrot angelaufen, der Mund vor Abscheu verzogen, so dass die Lücken in der oberen Zahnreihe sichtbar wurden. Er trug Stiefel mit Sporen und trat damit immer wieder dem auf dem Boden liegenden Sklaven in die Seite. »Du Schwein!«, brüllte er dabei und ließ meterweit Spucketröpfchen fliegen. Der Sklave heulte auf, versuchte vergeblich, mit den Armen und Händen seinen Leib zu schützen. Blut lief ihm über das Gesicht, ein Auge war zugeschwollen, doch Don Ramos kannte kein Erbarmen. »Du elende Sau, du wolltest hier den Aufstand. Gleich werde ich dir zeigen, was ich mit Verrätern wie dir mache. Siehst du den Strick in meiner Hand? Der ist für dich, du räudiges Tier.«
Und wirklich hielt der Wüterich einen Kälberstrick und wedelte damit in der Luft herum.
Hermann ging langsam auf Don Ramos zu. So langsam und mit geschärften Sinnen wie ein Torero in eine Stierkampfarena. Als er nur noch fünf Schritte von dem Zuckerbaron entfernt war, rief er leise dessen Namen.
»Was?« Don Ramos fuhr brüllend herum, ließ den Käl-

berstrick wie eine Peitsche durch die Luft knallen. »Was willst du, Nachbar? Siehst du nicht, dass ich zu tun habe?«
Hermann breitete die Arme aus. »Natürlich sehe ich das. Dein Ärger ist begründet, doch frage ich mich, ob du die richtige Strafe verhängst.«
Don Ramos' Gesicht wurde noch röter. Seine Augen traten beinahe aus den Höhlen. Er bleckte die Zähne wie ein tollwütiger Hund. »Frage dich, was du willst, aber rede mir nicht in meine Angelegenheiten rein!«, brüllte er so laut, dass die Umstehenden zusammenzuckten.
»Es ist nicht nur deine Angelegenheit, wenn du einen Sklaven tötest. Es ist eine Angelegenheit, die uns alle betrifft.«
»Leck mich!«, brüllte Don Ramos und ließ den Kälberstrick auf den Rippen des Sklaven knallen. »Steh auf, du Schwein«, schrie er den Mann an. »Los, erhebe dich.« Und wieder ließ er den Strick auf den geschundenen Leib knallen.
Hermann stand dabei, und auf einen Schlag verlor er jegliches Interesse an der Sache. Sollte Don Ramos doch den Sklaven hängen. Was ging es ihn an? Hatte er nicht genügend eigene Probleme? Auch er war voller Wut. Aber leider konnte er nicht jeden zum Krüppel schlagen und aufhängen, der ihn in Ärger versetzte.
»Ramos, denk daran, wenn du diesen hier umbringst, werden sich die Sklaven aller Ingenios zusammentun und einen Aufstand anzetteln. Willst du, dass deine Pflanzungen noch in dieser Nacht in Flammen stehen? So kurz vor der Ernte?« Selbst in den eigenen Ohren hörten sich seine Worte lahm und ohne Nachdruck an. Plötzlich müde und voll abgrundtiefer Traurigkeit, trat er auf Don Ramos zu und nahm ihm den Kälberstrick einfach aus der Hand.

»Jag ihn fort, den Kerl«, rief er aus. »Es gibt Schlimmeres als den Tod. Verlade ihn auf einen der Zuckerkarren, schick ihn mit der Eisenbahn nach Havanna. Soll er sehen, wie er dort zurechtkommt. Er wird verhungern, wird verdursten, wird sterben vor Sehnsucht nach seinen Leuten. So kannst du ihn viel härter treffen.«
Don Ramos schluckte. Seine Wut sackte in sich zusammen. Plötzlich wirkte er klein und schutzlos wie ein Kind. Seine Blicke huschten hin und her, konnten jedoch keinen Halt finden. »Aber er hat den Tod verdient«, keuchte er und wischte sich mit einem Tuch über die Stirn.
»Mag sein«, wiegelte Hermann lustlos ab. Dann hob er die Hand, machte eine wegwerfende Handbewegung und sagte leise: »Ach, macht doch alle, was ihr wollt.« Dann bahnte er sich seinen Weg zurück durch die Menge.
Eine junge Schwarze warf sich ihm zu Füßen, umklammerte seine Hosenbeine. »Danke, Don«, rief sie ihm zu. »Ich werde für Sie zu Gott und den Orishas beten.«
Verständnislos blickte Hermann auf die Frau. »Wer bist du denn?«, fragte er.
»Mein Mann. Don Ramos wollte ihn hängen. Ihr habt das verhindert.«
Hermann drehte sich noch einmal um und sah, dass Don Ramos müde Befehle erteilte, den Mann auf einen Zuckerkarren zu laden.
»Ich danke Ihnen, ich danke Ihnen auf den Knien«, rief die Frau weiter.
Hermann machte sich grob los. »Du brauchst mir nicht zu danken. Alles, was ich hier getan habe, habe ich für mich getan. Dein Mann ist mir gleich.«
Er sah, wie ein dunkler Schatten über das Gesicht der

Frau lief. Enttäuschung, grenzenlose, abgrundtiefe Enttäuschung sprach aus ihren Zügen, so dass Hermann auf der Stelle ein schlechtes Gewissen hatte. Er beugte sich nach vorn, fasste die Frau am Oberarm und zog sie sanft hoch. »Die Zeiten sind schlecht«, erklärte er ihr. »Wir alle sind gezwungen, Dinge zu tun, die wir im Grunde nicht tun wollen.«
Die Frau hob die Hand und wollte damit über Don Hermanns Wange streichen, aber Hermann fing ihre Hand ab. »Sie sind ein guter Mensch«, erwiderte sie. »Auch, wenn Sie so tun, als wären Sie es nicht.«
Plötzlich hatte Hermann mit den Tränen zu kämpfen. Ein guter Mensch. Früher, als die Eltern noch lebten, war es ihm als höchstes Ziel erschienen, ein guter Mensch zu sein. Die Erinnerung daran brannte in seinem Herzen, machte die Kehle rauh, den Mund trocken. Ein guter Mensch. Das galt. Das war viel. Das war mehr als genug. Und jetzt? Was war jetzt mit ihm? War ihm nicht nur die Lebensfreude, sondern auch das Ziel abhandengekommen? War er am Ende ärmer als jeder dieser elenden Sklaven, die wenigstens noch Wünsche hatten? Keine großen. Nur ein wenig mehr Schlaf, weniger Arbeit und als großes, weit entferntes Ziel, das man nicht benennen, von dem man nur träumen konnte: Freiheit.

Sechstes Kapitel

Fela hatte geahnt, dass Don Hermann heute zu den Weiden kommen würde. Obwohl die meisten Sklaven ungebildet waren, verbreiteten sich die Nachrichten in Windeseile über die Insel. Und natürlich hatte Fela vom *Grito de Yara*, vom Schrei von Yara, der das Signal zum Beginn des Aufstandes war, gehört. Am frühen Morgen waren sie gekommen, die Kameraden aus den Bergen. Geflohene Sklaven und Cimarrones, Menschen, die in den Wäldern lebten, die nichts mehr ersehnten als Freiheit. Sie hatten berichtet, was sich auf dem Ingenio von Don Céspedes zugetragen hatte. Fela wusste nicht genau, wie weit Manzanillo von Trinidad entfernt war. Vier- oder fünfhundert Meilen? Und er fand es sehr verwegen, dass Céspedes mit nur siebenunddreißig Verbündeten gegen die spanische Kolonialmacht losgeschlagen hatte. Aber irgendjemand musste den Anfang ja machen.

Er stand am Rande der Weide und zählte das Vieh. Es gab zwölf Pferde, vierzig Zugochsen, dazu zwei Dutzend

Maultiere und zehn Esel. Viel zu wenig, um damit wirklich etwas anfangen zu können.

»¡Buenos días, Compañero!«

Fela schrak zusammen. Der Schmied aus dem Gerätehaus, den alle nach seinem Beruf Herrero nannten, stützte die Arme auf den Weidenzaun. Er sah sich nach allen Seiten um, dann raunte er: »Ich habe ein gutes Dutzend Messer und ein paar Macheten.«

Fela lächelte. »Du denkst, das reicht?«

Herrero zuckte mit den Schultern. »Natürlich reicht es nicht. Aber wir sind viele.«

»Was nützen viele, wenn die vielen zu wenige Waffen haben?«

Herrero drehte sich um, so dass er den Weidenzaun im Rücken hatte. »Das wird deine Aufgabe sein. Du bist der Einzige, der Zutritt zum Herrenhaus hat. Besorg uns die Waffen.«

Fela seufzte und schwieg.

»Hat dir die weiße Doña den Kopf verdreht? Oder hat sie dich gar verhext?«, wollte Herrero wissen und betrachtete Fela argwöhnisch. »Es heißt von ihr, sie sei die Tochter Yewas.« Sein Körper straffte sich, er reckte das Kinn nach vorn. »Du weißt genau, dass die Weißen unsere Feinde sind. Ganz gleich, ob Mann oder Frau oder Kind oder Greis. Sie waren es, die uns aus Afrika entführt haben. Sie waren es, die uns von unseren Familien und Freunden getrennt haben. Sie sind es, die uns schlagen und treten, die uns schuften lassen und mit unserem Blut ihre Böden düngen.«

»Ich weiß«, erwiderte Fela. »Denkst du, ich habe auch nur einen Peitschenschlag vergessen? Nein, das habe ich

nicht. Aber nicht alle Weißen sind schlecht. Don Hermann hat uns nie geschlagen. Und die beiden weißen Mujeres sind gute Herrinnen.«
Herrero verzog den Mund und spuckte direkt vor Felas Füße. »Was du sagst, ist schierer Unfug. Es gibt keine guten Herrn und Herrinnen. Dass sie über uns herrschen, macht sie schlecht, wie gut sie auch herrschen mögen.«
Herrero war groß und bullig, mit riesigen Muskelpaketen an Armen und Schultern, aber mit einem eigentlich friedlichen Gesicht. Jetzt jedoch war es vor Abscheu und Verachtung verzerrt. »Der Ingenio wird in Flammen aufgehen und mit ihm das Herrenhaus. So haben wir es beschlossen. So wird es geschehen, wenn die Zeit reif dafür ist.« Er funkelte Fela aus zusammengekniffenen Augen an. »Und du weißt, dass die Zeit bald reif ist, nicht wahr?«
Fela senkte den Blick.
»Du wirst uns nicht verraten, oder? Du selbst hattest dich einst angeboten, mit der kleinen weißen Doña ins Gespräch zu kommen. Wir alle wissen, dass den weißen Weibern die Röcke brennen, wenn sie Gelegenheit haben, einen schwarzen Schwanz zu kriegen. Du wolltest es. Du hast sie benutzt. Du kannst jetzt nicht abspringen, nicht ungeschehen machen, was geschehen ist.«
Fela nickte, hielt den Blick noch immer zu Boden gerichtet. »Ich habe dich verstanden, Herrero«, sagte er. »Aber ich will nicht, dass du so über Titine sprichst.«
Herrero kniff die Augen zusammen. Es schien, als wolle er etwas sagen, doch er unterließ es. Nach einer ganzen Weile erst sprach er: »Ich will hoffen, dass du mich verstanden hast. Für dich will ich es hoffen und für uns.«

Der Schmied spuckte noch einmal auf den Boden, dann ging er zurück zum Gerätehaus.
Fela sah ihm nach und seufzte aus dem tiefsten Inneren seiner Seele. Sie hatten sich auf dem Sklavenschiff kennengelernt, damals vor sieben Jahren. Herrero war kein Yoruba, aber ebenso tapfer und entschlossen. Am ersten Abend auf dem Ingenio hatte der junge Schmied laut geträumt. Er hatte erzählt, wie es wohl wäre, zöge man die Weißen, oder auch nur einen einzigen Weißen, auf die Seite der Schwarzen. Und Fela hatte ihm zugehört. Er selbst hatte Titines Namen ins Spiel gebracht. Er wollte sie aushorchen, wollte über sie alles wissen, was auf dem Ingenio vorging. Doch dann hatte er sich in sie verliebt. So tief und innig, wie nie zuvor ein Mensch einen anderen geliebt hatte, glaubte er. Sie war sein Ein und Alles geworden. Für sie aß und trank er, für sie atmete er.
Er seufzte abermals. Er konnte nichts tun, das sie in Schwierigkeiten bringen würde. Aber die Brüder verlangten es jetzt. Wenn Fela daran dachte, wand er sich innerlich. Und er hatte keine Ahnung, für wen er sich entscheiden sollte.

Von draußen erklang ein solches Geschrei, schrill und jaulend, losgelöst von jeglicher Menschlichkeit, mordlüstern und grell, dass Hermann zusammenfuhr. Er saß mit Dr. Winkler in einer kleinen Bar in der Nähe der Plaza Mayor und trank amerikanischen Whiskey, den es seit ein paar Jahren hier günstig gab. »Was ist los?«, fragte er, winkte aber sogleich ab.
Dr. Winkler schnitt die Spitze seiner Zigarre ab und setzte sie in Brand, stieß genussvoll den ersten Zug aus. »Was

soll schon los sein? Sie werden das arme Schwein doch aufgehängt haben. Auf irgendeine Art musste sich doch die Wut Don Ramos' entladen. Hast du nicht die Leiter gesehen?«

Hermann schüttelte den Kopf, schüttelte den ganzen Körper vor Abscheu.

»Sie werden den armen Kerl auf die Leiter gebunden und totgeschlagen und danach den Leichnam an einen Baum gehängt haben.«

Hermann stützte den Kopf in die Hände. »Wie konnte das alles bloß so weit kommen?«, fragte er und fühlte sich mit einem Schlag wieder so müde wie vorhin auf der Plaza. Es war, als würde mit jedem Atemzug Lebenskraft aus seinem Körper rinnen. Fast schon hing er über dem Tisch, weil seine Muskeln keine Kraft mehr hatten, den Körper zu stützen. Er seufzte, seufzte noch einmal, ohne dass es ihm Erleichterung verschaffte. »Grundgütiger Gott, was ist bloß geschehen?«

Dr. Winkler lehnte sich zurück, betrachtete den Freund besorgt. Dann sagte er: »Deine Frage kannst du dir selbst beantworten.«

Hermann blickte auf, hatte plötzlich den Blick eines jahrzehntelangen Säufers. Rotgeränderte Augen, milchiger Ausdruck. »Nichts weiß ich, gar nichts, überhaupt nichts. Erklär du mir, wie das alles gekommen ist.«

»Kuba ist die reichste Kolonie der Welt. Viele Zuckerbarone haben mehr Geld, als sie jemals ausgeben können. Auch du gehörst zu ihnen. Aber es sind in erster Linie die Pflanzer im westlichen und mittleren Teil der Insel. Ihre Besitzungen sind groß, sie brauchen die Sklaven zur Arbeit. Sie bestehen auf sanften Reformen und hoffen dabei

inständig, dass die Sklaverei beibehalten wird, denn sonst gehen ihre Pflanzungen den Bach runter. Die ärmeren Pflanzer aus dem Osten dagegen wollen die endgültige Ablösung von Spanien und damit auch die Aufhebung der Sklaverei, während viele von uns die Eingliederung in die USA wünschen und die Beibehaltung der Sklaverei.«
Hermann nickte müde. »Mir wäre es am liebsten gewesen, wenn die USA 1845 die einhundert Millionen Peseten aufgebracht hätten, um Kuba zu kaufen.«
Er hob den Kopf, sah seinem Freund in die Augen. »Ich will nicht verantwortlich sein«, sagte er leise. »Nicht für die Sklaven, nicht für meine Familie, nicht einmal mehr für mich. Ich bin so müde, als wäre ich ein uralter Mann. Und nun ist Titine auch noch schwanger. So ist es doch, nicht wahr?«
»Nun, vielleicht wird dir der Schwiegersohn Entlastung bringen. Ich vermute, dass es bald eine große Hochzeit in Trinidad geben wird.«
»Pfft!« Hermann stieß einen tiefen Seufzer aus und winkte dem Wirt, ihm noch ein Glas zu bringen. »Es wird wahrscheinlich keine Hochzeit geben.«
»Keine Hochzeit?« Dr. Winkler blickte ungläubig drein. »Was denn dann?«
»Zuerst muss ich herausfinden, wer der Vater ist. Im schlimmsten Falle gibt es eine Abtreibung.« Hermann sah seinem Freund fest in die Augen. »Ich zähle dabei unbedingt auf deine Unterstützung.«
»Titine will das Kind nicht?«
»Doch, sie wird es sicher wollen. Ich habe noch nicht mit ihr darüber gesprochen. Aber sie wird es nicht bekommen, wenn derjenige der Vater ist, den ich vermute. In

diesen Zeiten ist es nicht ratsam, einen Mischlingsbastard zur Welt zu bringen.«
»Einen was?« Dr. Winkler riss die Augen auf. »Sie bekommt ein Kind von einem Sklaven?«
Hermann nickte und spielte dabei mit seinem Whiskeyglas. »Ich befürchte, ja.«
»Ist sie … ich meine … hat ihr jemand Gewalt angetan?«
Hermann schüttelte den Kopf und trank sein Glas in einem Zuge leer. »Nein. Und wenn du ihr Glauben schenken willst, dann wird sie dir am Ende gar etwas von der Liebe erzählen. Das ist nur ein vager Verdacht. Im Grunde hoffe ich noch immer, dass sie sich heimlich in einen weißen Mann verliebt hat.« Er schlug mit der flachen Hand auf den Tisch, dass die Gläser hüpften. »Herrgott noch mal, mir wäre es sogar lieber, sie bekäme ein Kind von einem weißen, verheirateten Mann. Aber die Weiber denken mit dem Schoß, verdammt. Sie vergessen alles, wenn sie sich einbilden, zu lieben.«
»Grundgütiger Gott!« Auch Dr. Winkler stürzte jetzt seinen Whiskey in einem Zuge herunter. »Und was wirst du tun, wenn Titine nicht abtreiben will?«
»Was schon?« Hermann zuckte mit den Schultern. »Ich werde sie dazu zwingen.«
Der Lärm von draußen war noch lauter geworden. Ein Heulen und Jammern erfüllte die Luft, dazwischen gab es entsetzliche Schreie und hasserfülltes Fluchen.
Dr. Winkler drückte seine Zigarre im Aschenbecher aus. »Ich werde mal nachsehen, was es da draußen jetzt noch gibt. Gut möglich, dass jemand einen Arzt braucht.«
Hermann erhob sich ebenfalls. Er hatte zwei Gläser Whiskey auf nüchternen Magen getrunken und fühlte

sich ein wenig schwach. Ihm schien, als dauerte es eine Ewigkeit, bis der Befehl zum Laufen, den sein Gehirn gab, endlich die Beine und Füße erreichte, die sich langsam und schwankend in Bewegung setzten.
Draußen, im grellen Sonnenlicht, wurde ihm ein wenig schwindelig. Der Lärm drang plötzlich nur noch gedämpft an sein Ohr. Er schloss die Augen und fühlte sich wie im Meer, von grollenden, donnernden Wellen umspült, deren Kraft und Gewalt ihm jederzeit die Füße wegreißen konnte. Er nahm sich zusammen, öffnete die Augen, schüttelte sich, als könnte er so die leichte Trunkenheit abschütteln, und eilte Dr. Winkler hinterher auf die Plaza Mayor.
Was er dort sah, ließ ihn erbleichen. Vor Entsetzen riss er die Augen auf und musste sich an eine Hauswand lehnen, um nicht den Verstand zu verlieren.
Die Plaza hatte sich in eine Hölle verwandelt.
Eine rasende Horde von Sklaven, Tagelöhnern, einfachen Bauern, Dirnen, Dieben, Schlägern und Wüstlingen hatte sich mit Beilen, Macheten, Hämmern und Knüppeln ausgerüstet. Mit fanatischer Wut warfen sie sich auf die wenigen Weißen, die noch auf dem Platz waren. Sie jagten die kreischenden Frauen, hetzten die Kinder, schlugen die Männer und Greise.
In der Mitte hing der Sklave tot an einem Baum, doch noch immer tropfte Blut aus seinem zerschlagenen Körper. Die Augen waren ihm aus den Höhlen getreten, die rosa Zunge hing als Fleischklumpen aus seinem Hals. Sein Bauch war von der Kehle bis zur Leibesmitte aufgerissen, und die Gedärme hingen heraus. Ein Vogel machte sich daran zu schaffen. Der Sklave hatte im Todeskampf

seinen Darm entleert, wie eine schlammige Pfütze unter ihm bezeugte. Der Gestank, der von dort aufstieg, legte sich wie ein mahnender Nebel über den gesamten Platz. Zu seinen Füßen kauerte eine junge Sklavin, die wie eine Furie heulte, sich auf die Brust trommelte und an ihren Haaren riss. Zwei ältere Sklavinnen versuchten, sie von dort wegzuziehen, doch die Junge heulte lauter als ein Höllenhund, so dass Hermann kalte Schauer des Entsetzens über den Rücken liefen. Etwas weiter weg stand ein älterer Sklave mit grauem, zerrupftem Haar, der herzzerreißend heulte und die Arme flehend zum Himmel ausgestreckt hatte. Unweit von ihm saß Don Ramos mitten auf der Plaza, die stämmigen Beine weit von sich gestreckt, die Arme schlaff neben dem Körper und den Kopf auf die Brust gesenkt, als käme er gerade aus einer Schlacht, die er nicht gewonnen hatte. Seine Schultern bebten, und er murmelte unablässig vor sich hin. Hermann näherte sich ihm und hörte, dass es das Vaterunser war, das Don Ramos betete. Am Rande des Platzes hatten sich die schwarzen Haussklavinnen eingefunden. Sie standen nebeneinander, schwankten und wankten in eine Richtung, hielten einander, während sie heulten und schrien.
Plötzlich sprang Don Ramos auf die Beine, fuchtelte wild mit den Armen umher. Sein Gesicht war tiefrot. »Ich habe das alles nicht gewollt«, schrie er. »Bei Gott, das habe ich nicht gewollt.« Dann hielt er inne und suchte den Blick des alten, weinenden Sklaven. Der sah Don Ramos an, hob eine Hand, deutete damit auf ihn. »Verflucht seist du. Deine Familie und du, ihr sollt leiden wie wir. Noch bevor der Mond wieder als Scheibe am Himmel steht, soll dich ein Fieber hinweggerafft haben. Und

so wie dir soll es jedem Weißen ergehen, der uns zu nahe kommt.«
Die wie Binsen schwankenden schwarzen Frauen verharrten, als der Alte seinen Fluch aussprach. Dann wiegten sie sich erneut in einem anderen Rhythmus und sangen dabei:

»Der Sklave ist unfrei,
wenn er vergisst,
wo er herkommt.
Wir haben die Geister Afrikas,
wir haben die Ahnen
und wir haben unsere Bräuche.
Mit diesen werden wir hier
wie dort
tun, was wir tun müssen.«

Sie wiederholten diese Zeilen wieder und wieder. Die letzten Weißen ergriffen die Flucht. Die Kreolinnen griffen sich an den Hals und rannten davon. Jemand rief im Weglaufen nach der Polizei, eine andere nach den Soldaten.
Dr. Winkler aber begab sich zu der schreienden jungen Schwarzen und verabreichte ihr einen Trank.
»Nie wieder werde ich diesen Arzt in mein Haus lassen«, ätzte eine weiße Spanierin, die sich hinter einem Eisenzaun in Sicherheit gebracht hatte. »Wer sich mit den Niggern gemeinmacht, der soll gleich bei denen bleiben.«
Ihre Nachbarin nickte vom Balkon ihres Hauses herunter, während die schwarzen Frauen weitersangen, ihre Stimmen in immer größere Höhen schrillen ließen, und die anderen mit tiefen, dunklen Stimmen drohten.

Hermann schwirrte der Kopf. Nackte Angst hockte in seinen Gliedern, und mit einem Mal begriff er, dass er bisher nichts zu leiden hatte. Jetzt aber würde sich alles ändern. Sein Leben, das Leben auf dem Ingenio, in dieser Stadt und im ganzen Land. Es würde ein weniger behagliches Leben werden, voller Verdruss und Leid. Doch statt dass ihm diese Erkenntnis die letzten Sinne raubte, seine Knie noch weicher werden ließ, lebte er auf. Seine Schultern strafften sich, sein Blick wurde klar, und er fühlte eine Kraft durch seine Glieder rinnen, die er seit Jahren schon vermisst hatte. Sollte es schlimmer und schlechter werden, er, Don Hermann Pescador, war gewappnet, bereit zum Kampf, ohne genau zu wissen, wofür oder wogegen er kämpfte.

Siebtes Kapitel

Titine blieb im Bett liegen, bis die langsam sinkende Sonne die nahen Hügel der Sierra del Escambray mit einem orangeroten Strahlenkranz versah und die von den Feldern heimkehrenden Eselskarren über den Wirtschaftshof rumpelten. Sie lauschte einen Augenblick auf das Seufzen und Schlurfen der Sklaven, dann stand sie auf, wusch sich, bürstete das Haar mit einhundert Strichen, wie ihre Mutter es früher bei ihr getan hatte, und schlüpfte in ein weißes Kleid, das ihre Hellhäutigkeit noch unterstrich. Sie sah aus wie ein Kind in diesem Kleid, so rein und unschuldig, engelsgleich, dass es niemand wagen würde, ihr einen Fluch, eine obszöne Geste oder auch nur einen grimmigen Blick in das fast schon heilige Gesicht zu schleudern. Titine wusste, dass sie in diesem Kleid unberührbar war, unantastbar.

Sie schob die weißen Alabasterschuhe, die sie gewöhnlich zu diesem Kleid trug, unter ihr Bett und beschloss, barfuß nach draußen zu gehen.

Sie öffnete ihre Tür, lauschte auf die Geräusche im Haus,

hörte die Stimmen von Mafalda und Hermann im Patio, aus der Küche das Klappern der Töpfe und schlich auf Zehenspitzen zum hinteren Ausgang. Dort wartete sie geduldig auf den nächsten Eselskarren und lief in seinem Schutz zum Sklavendorf hinüber. An der Grenze, die mit festem Draht und baumdicken Bohlen die Sklaven von den Herren trennte, blieb sie stehen.
Sie hielt den Blick gesenkt, doch die Sklaven zogen vor ihr ehrfürchtig die Kappen, berührten mit spitzen Fingern die Kette aus Holzperlen, die Titine am Arm trug und die als Zeichen der Zugehörigkeit zum Glauben an die Orishas angesehen wurde. Und so, wie sie da stand, glich sie einer Göttin weit mehr als einem menschlichen Wesen.
Es dauerte, bis Fela von seiner Arbeit auf den Weiden zurück ins Dorf kam. Mit einem ehrfürchtigen Gruß wollte er an ihr vorbei, doch sie hielt ihn am Arm fest. »Ich muss mit dir reden. Es ist wichtig«, sagte sie. »Komm auf die Veranda des Verwalterhauses. Ich warte dort auf dich.«
In Felas Augen glänzte Freude auf, aber nicht so rein und unverfälscht wie sonst. »Ich werde da sein«, erwiderte er, und Titine schien es, als klangen seine Worte schleppend. Der Schmied kam näher. Er blieb neben Fela und Titine stehen, was einer Ungeheuerlichkeit gleichkam. Jede andere Weiße hätte ihn sogleich mit der Peitsche vertrieben, hätte die Aufseher gerufen, ihn hart zu strafen, doch Titine schenkte ihm nur ein zaghaftes Lächeln, ohne seinem Blick zu begegnen. Dann drückte sie kurz Felas Arm und entschwand, während sie die Blicke von Fela und Herrero in ihrem Rücken spürte.

»Hat sie dich bestellt? So, wie man einen Ochsen vor den Pflug bestellt?«, wollte Herrero von Fela wissen.
Der Schmied packte den Jüngeren bei den Schultern und schüttelte ihn, als wäre er ein Federbett. »Pass auf, was du sagst, pass auf, was du tust«, warnte er eindringlich, dann stieß er Fela zurück, so dass dieser leicht ins Taumeln kam.
Fela erwiderte nichts. Mit langen Schritten ging er zu der Hütte, die gerade mal sechs Fuß groß war und die er sich mit vier weiteren Sklaven teilen musste, wenn er nicht bei Titine war. Er schöpfte aus einer Tonne brackiges Wasser in eine Schüssel und wusch sich den Viehgeruch von der Haut. Obwohl er ungestüm unter dem Wasser prustete und vorgab, unbesorgt zu sein, huschten seine Augen durch das ganze Sklavendorf. Vor vielen Hütten kochten die Frauen – wie jeden Abend – auf offenem Feuer Maisbrei in schweren, rußgeschwärzten Kesseln. Andere waren in ihren winzigen Gemüsegärten beschäftigt, wieder andere schalten mit ihren Kindern, die wie wuselige Tierchen in der Nähe der Feuerstellen herumrollten. Die Männer aber standen in kleinen Grüppchen zusammen, redeten, gestikulierten, brüllten ab und an. Obwohl scheinbar alles wie sonst war, spürte Fela die Anspannung und die Unruhe als leises Prickeln auf der Haut. Viel zu oft sahen die Frauen fragend zu ihren Männern, während die beständig die Blicke schweifen ließen und hin und wieder gemeinsam in Richtung Herrenhaus blickten. Einige von ihnen hatten ihr Arbeitsgerät – Macheten, Grabstöcke, scharfe Messer – mit ins Hüttendorf genommen. Andere hatten sich vom Holzplatz Knüppel geholt, die sie lässig in einer Hand schwenkten. Etwas lag in der

Luft, war zu riechen wie Rauch von brennenden Zuckerrohrfeldern, war zu hören wie gellendes Geschrei, zu schmecken wie Blut.
Fela wusste, dass dieser Abend ihm eine Entscheidung abnötigen würde. Die schwerste Entscheidung, die er jemals getroffen hatte. Er würde jemanden verlieren, den er liebte. Er würde die verraten, die ihm vertrauten.
Er würde die zum Feind haben, die bisher seine Freunde gewesen waren. Oder aber er würde die Liebe und die Liebste seinen Freunden und der Freiheit opfern.
Fela gäbe alles darum, dieser Entscheidung ausweichen zu können. So, wie er es in den letzten Jahren getan hatte. Doch nun war die Zeit gekommen. Nun half kein Schweigen, kein Verbergen, Verstecken, Abwiegeln. Sämtliche Lügen waren durchschaut. Er seufzte. Sein Herz krampfte sich zusammen, und er dachte an den Tag zurück, als er Titine das erste Mal gesehen hatte.
Das portugiesische Sklavenschiff hatte nach monatelanger Fahrt, bei der es kaum Wasser und noch weniger zu essen gab, endlich im Karibikhafen von Cienfuegos angelegt. Die Sklaven wurden vom Schiff getrieben. Unten, an dem Steg aus Planken, stand ein riesiger Karren mit mehreren Tonnen Wasser. Vier Aufseher hatten sich daneben aufgebaut. Zwei von ihnen schöpften in Holzeimern Wasser aus den Tonnen und gossen dieses den betäubten, vor Hunger und Durst fast wahnsinnigen Sklaven über die Köpfe. Einige von ihnen versuchten, das Wasser mit den Händen aufzufangen, doch sie waren zu langsam. Andere leckten sich mit trockenen, rauhen Zungen die Flüssigkeit von den Armen, schüttelten noch den letzten Tropfen aus ihren verfilzten Haaren. Etwas weiter stan-

den noch einmal zwei Aufseher. Die trennten die Männer von den Frauen und Kindern, sperrten die einen dann in ein umzäuntes Gehege, die anderen in eine alte, halb zerfallene Lagerhalle. Fela verbrachte die Nacht auf dem staubigen, harten Boden, zerschlagen, mutlos und rasend vor Sehnsucht nach den Seinen und vor Wut auf die portugiesischen Sklavenhändler und doch vergeblich auf den Schlaf wartend. Am nächsten Morgen band man ihm und den anderen Sklaven mit Kälberstricken die Hände auf dem Rücken. Sie wurden in die Stadt auf einen weiten Platz geführt und gezwungen, auf ein Podium zu steigen. Vor dem Podium hatten sich vielleicht fünf Dutzend weiße Männer und Kreolen eingefunden, die nur darauf brannten, ihnen die Münder aufzureißen, die Muskeln zu befühlen, sie Kniebeugen machen zu lassen, um dann zu entscheiden, dass sie nichts wert waren.
Ruhig stand Fela in der Reihe und machte keine Anstalten, den Brustkorb aufzublähen, wie es einige vor ihm taten, oder sich klein und schmächtig zu geben, wie einige andere es versuchten. Er stand da, war unfähig, etwas zu denken, denn sein verletzter Stolz brannte alle Gedanken weg. Er hätte am liebsten um sich geschlagen, auf alles und auf jeden. Er hätte gern geschossen. Ganz gleich, ob mit Pfeil und Bogen oder mit einem Gewehr, er hätte gern geschrien, sein Leid, seinen Schmerz, seine Wut hinausgebrüllt, doch er konnte nicht einmal weinen.
Schließlich gab ihm jemand einen Stoß und er wurde auf ein Podest geschubst. Eine grelle, gnadenlose Sonne schien ihm direkt in die Augen, so dass er beinahe blind war. Er hörte die Stimmen der Männer, die ihn beglotzten, als wäre er ein Stück Vieh. Aber war er das nicht

auch? Ein Stück Vieh? Gemacht zum Arbeiten und zu nichts anderem? Er fragte sich, ob er in seine Heimat zurückkönnte, wenn er eines Tages zu alt für die Weißen war. Doch nie war einer, der als Sklave fortgegangen war, zurückgekehrt.

»Mach das Maul auf!«, schrie der Auktionator und stieß ihn so grob in die Seite, dass er taumelte.

Gehorsam tat Fela, was der Mann ihm geboten hatte. Doch der weiße Mann, der vor ihm stand, befingerte ihn nicht. Ruhig, freundlich gar, stand er vor ihm. »Du kannst den Mund zumachen«, sagte er. »Wie heißt du?«

Seit Fela aus seiner Heimat weg war, hatte ihn niemand mehr nach seinem Namen gefragt. Er war der Nigger gewesen, nichts sonst.

»Fela«, sagte er leise. »Fela vom Stamme der Yoruba.«

»Ich nehme dich mit, Fela«, erwiderte der Mann. »Hast du noch Geschwister hier? Eine Frau?«

Fela schüttelte den Kopf. Die Sklavenjäger hatten ihn erwischt, als er allein auf der Suche nach einer Wasserstelle für seine Tiere war.

»Ich habe niemanden«, erwiderte er.

Der Mann nickte. »Geh nach unten. Warte dort unter den Bäumen auf mich. Hast du Hunger und Durst?«

»Ja, Don.«

»Ich werde noch einige Sklaven kaufen, dann bringt euch jemand Wasser und etwas zum Essen. Es wird nicht lange dauern.«

Der Mann nickte ihm zu, und Stunden später war er, gesättigt und nicht mehr durstig, auf dem Wege nach Trinidad. Der weiße Mann, sein neuer Herr, hieß Don Hermann. So viel hatte Fela erfahren, und auch, dass er auf einen großen Ingenio kommen würde. Ihm war es recht, obwohl die anderen Sklaven darüber stöhnten. Sie waren zwar noch nicht lange auf der Insel, doch sie wussten schon, dass die Arbeit auf den Zuckerrohrfeldern hart und unbarmherzig war.

Nach einem tagelangen Marsch hatte er am Straßenrand plötzlich ein Mädchen gesehen. Ein Mädchen, so schön und zart, so engelsgleich und weiß, beinahe durchsichtig, dass auf der Stelle der Wunsch in ihm erwachte, ebendieses Mädchen zu schützen. Sie war heilig. Das wusste Fela. Niemand hatte ihm erzählen müssen, dass sie als Tochter der Orisha Yewa galt. Er hatte es gesehen. An ihrem Haar, über dem ein Strahlenkranz leuchtete, an ihren Augen, die so sanft und verstehend blickten, an ihrem Mund, der so prall und rot war und dabei so lieblich, dass er glaubte, niemals ein böses Wort daraus zu hören.

Wie froh war er gewesen, als er erfuhr, wer Titine war. Ich kann sie sehen, hatte er erfreut gedacht. Jeden Tag. Immer, wenn die Sehnsucht und das Heimweh gar zu schlimm werden, dann kann ich sie sehen. Sie wird mich trösten mit diesen verständnisvollen Augen, sie wird mich streicheln mit den liebevollen Tönen ihres Mundes.

Heilig. Ja, das war sie für Fela gewesen. Unberührbar, anbetungswürdig.

Und dann hatte sie ihn angesprochen. An dem Abend, als er ihr einen Papagei zum Geschenk gemacht hatte. Und ihre Stimme war so liebevoll und tröstlich gewesen, wie er es sich vorgestellt hatte. Und dann der Duft ihrer Haut, ihres Haares. Süß, ein wenig nach Honig, und zugleich so würzig wie ein junger Morgen, der über dem Fluss lag. Sie war ihm noch erhabener, noch anbetungswürdiger er-

schienen. Und als er dann noch erlebte, wie sie eine geschlagene Sklavin gesund pflegte, hatte er sich geschworen, auf sie aufzupassen. Niemand sollte ihr jemals ein Leid antun. Jeder, der sich an ihr vergriff, sollte sterben müssen.
Es hatte mehr als ein Jahr gedauert, bis aus ihnen ein Paar geworden war. Doch immer, die ganze Zeit über, hatte Fela Titine nicht ganz als Frau aus Fleisch und Blut gesehen, sondern noch immer als die Göttliche, die sich auf die Erde gewagt hatte, um die Menschen zu sich emporzuziehen. Er hatte sein Sklavenlos ohne Klagen ertragen, denn er hatte Titine. Mit ihr war er so frei, wie ein Mann nur sein konnte. Mit ihr war er reich und mächtig. Mit ihr war alles gut.
Er seufzte tief, straffte die Schultern, die ihm plötzlich so schwer schienen, als läge alle Last der Welt darauf. Heute würde er seinen Schwur brechen. Nicht, weil er Titine verraten wollte. Im Gegenteil: um sie zu schützen. Er würde ihr sagen, dass er nicht mehr kommen würde. Er würde ihr sagen, dass sie ihm ganz gleichgültig war, dass er sie nie geliebt hatte. Er musste diese Worte aussprechen, auch wenn es ihm dabei das Herz im Leib zerriss.
Schon jetzt konnte er die Trauer und Fassungslosigkeit in ihren Augen sehen, und wenn er daran dachte, dann stiegen ihm selbst die Tränen in die Augen. Sein Kopf schmerzte, wenn er an den Abschied dachte. Seine Brust war zu klein für die Gefühle, die er für Titine hegte. Er liebte sie nicht einfach nur; sie war ein Teil von ihm, war ihm das Leben. Und dieses Leben würde er jetzt von sich stoßen. Der Schmerz, der in ihm tobte, war so groß, als würde ihm jemand bei lebendigem Leibe ein Bein abha-

cken, und trotzdem musste er es tun. Bald würden die Felder brennen. Bald würden die Weißen gemeuchelt werden. Herrero hatte es gesagt. Er hatte ihm erzählt, was heute auf dem Hauptplatz von Trinidad geschehen war. Dass dort ein Bruder totgeschlagen und aufgehängt worden war. Und Herrero hatte gesagt, dass man mit den Weißen ebenso verfahren wolle. Die Weißen auf Leitern binden, sie mit Peitschen und Knüppeln schlagen, bis die Haut aufplatzte und das Blut in Strömen an ihren Körpern herabfloss. Und sie dann, wenn sie mehr tot als lebendig waren, aufhängen. Jeden Zuckerbaron und seine Familie auf dem eigenen Ingenio. Keiner würde verschont werden, denn sie waren alle gleich. Mit begeisterter Wut würden sie sich auf die Dörfer und Pflanzungen werfen, auf die Zuckerrohrfelder und Herrenhäuser. Sie würden die Türen der Kirchen aufbrechen, die Altäre schänden, die Bilder der Heiligen zerbrechen und mit ihren eigenen schwarzen, vernarbten Füßen in den Staub treten. Sie würden wüten, bis sich die weißen Herren in der Hölle fühlten, sie würden sie quälen, wie sie gequält worden waren. Sie würden Knochen brechen, unter Peitschenhieben die Haut platzen lassen, sie würden Zähne ausbrechen und die Frauen schänden, wie man ihre Frauen geschändet hatte.

Don Hermann war kein schlechter Herr. Er behandelte seine Sklaven besser als manch anderer. Er sorgte für gutes und reichliches Essen, brachte die Kinder tagsüber unter, so dass die schwarzen Mütter in Ruhe ihrer Arbeit nachgehen konnten. Ja, er hatte sogar den weißen Arzt mehrfach ins Hüttendorf geschickt, wenn es ein Problem gab. Aber auch Don Hermann war ein Zuckerbaron, auch er schlief auf seidenen Laken und auch er hatte Schuld daran, dass die Sklaverei auf Kuba weiterhin bestand, obwohl sie seit Jahren verboten war. Wie vielen Menschen hatte Don Hermann damit das Recht genommen, so zu leben, wie sie es gern mochten? Wie viele Mütter hatte er von ihren Kindern getrennt, wie viele Brüder von den Schwestern, wie viele Männer von ihren Frauen. Auch seine Schuld war es, dass es immer noch Sklavenhändler gab, die einfach auf den schwarzen Kontinent kamen und die Menschen dort vom Wege wegstahlen.

Fela hatte Herrero recht geben müssen. Und er wusste, dass die allermeisten der Sklaven hier im Hüttendorf ebenso dachten. Aber er konnte nur an Titine denken.

Auf Knien hatte er Herrero angefleht, sie zu verschonen, er hatte an die Frauen appelliert, deren Kinder von Titine unterrichtet wurden. Aber erst, als jemand die anderen daran erinnerte, dass Titine die Tochter der Orisha Yewa war, war man übereingekommen, sie zu verschonen. Fela jedoch sollte sie verstoßen. Tat er es nicht, gab es für sie keine Gnade.

Er hatte gehandelt, hatte um Titines Leben gehandelt. Sie würde verschont werden, wenn er sie von sich stieß. So lautete die Bedingung, die Herrero und die anderen ihm gestellt hatten. Ihr würde nichts geschehen, im Gegenteil. Man würde sie zum Haus des guten Dr. Winkler geleiten, der verschont werden würde, weil sie ihn brauchten. Als Arzt. Nicht als Mensch.

Je näher Fela dem Verwalterhaus kam, das leer stand, seitdem Titine zu ihrem Bruder und ihrer Schwägerin ins Herrenhaus gezogen war, umso schwerer wurden seine Schritte. Ihm schien, als hätte ihm jemand Eisenkugeln

um die Knöchel gebunden. Schon sah er sie in einem Korbstuhl sitzen, das weiße Kleid eine Fackel in der Dunkelheit. Ein Schluchzen stieg aus seiner Kehle hoch, ein Schrei, den er nur mit Mühe unterdrücken konnte.
Doch Titine, deren Sinne bis auf das äußerste gespannt waren, hatte Fela gehört. Sie stand auf, lief ihm entgegen. Ihr weißes Kleid umwehte ihren Körper wie Nebel an einem Sommermorgen. Der Mond hatte ihr glitzernde Sterne ins Haar gesetzt, ihr Mund leuchtete.
»Fela!«, rief sie und stürzte in seine Arme.
Und er hielt sie fest, roch an ihr, sog ihren Duft so tief ein, wie er nur konnte, um ihn niemals wieder zu vergessen. Mit der Hand fuhr er über ihr Haar, das so fein wie Spinnengewebe war. Er spürte ihr Herz pochen, im selben Rhythmus wie seins, und die Trauer schlug über ihm wie eine große, dunkle Meereswelle zusammen.
»Titine, meine Liebe, mein Leben«, murmelte er in ihr Haar und konnte sie einfach nicht loslassen. Wenn er die Wahl gehabt hätte, auf der Stelle so in ihren Armen zu sterben, er hätte mit Freuden und Jubel zugestimmt. Sein Tod erschien ihm weniger schlimm als das, was er Titine jetzt antun musste, was er sich selbst antun musste. Als würde man ihm das Herz bei lebendigem Leibe ausreißen. Er hielt sie das letzte Mal in seinen Armen, und er wünschte, dass dieser Augenblick zur Ewigkeit würde.
Doch da löste sich das Mädchen von ihm, sah ihn glückstrahlend an und sagte so sanft und lieblich, dass die Worte ihr wie Honig von den Lippen tropften: »Fela, wir werden Eltern. Wir bekommen ein Kind. Ein Kind der Liebe.«

Achtes Kapitel

Hast du das gewusst? Sag, Mafalda, hast du es gewusst?«

Hermann saß im Patio, die langen Beine von sich gestreckt, den Kragen gelockert. Unter seinen Augen lagen Schatten, der Mund war zu einem schmalen Strich zusammengepresst.

»Was habe ich gewusst?« Mafalda tat nur so unwissend. In Wirklichkeit hatte sie keine Ahnung, was Hermann von ihr halten würde, wenn sie zugab, »es« gewusst zu haben.

Ihr Mann verdrehte ungeduldig die Augen. Mafalda sah es, und ihr Herz begann schneller zu schlagen. Schweiß brach ihr aus, und zum ersten Mal erkannte sie, dass sie Angst vor Hermann hatte. Nicht vor dem Mann, vor seiner Gewalttätigkeit, nein, dafür gab es keinen Grund. Sie hatte manchmal Angst vor seiner Güte, die er denjenigen gegenüber walten ließ, die er liebte. Eine Güte, die so allumfassend war wie die Luft zum Atmen, so verlässlich und rein. Eine Güte, auf die sie hätte vertrauen müssen,

die aber – das wusste sie nicht, sondern ahnte es nur – auch ins krasse Gegenteil umschlagen konnte.
»Du weißt genau, was ich meine. Titines Schwangerschaft.«
Mafalda straffte den Rücken. »Ja, ich habe es gewusst. Na und?«
Hermanns Blick blitzte durch die Dunkelheit. »Warum hast du es mir nicht gesagt? Du bist schließlich meine Frau!«
Mafalda schöpfte tief Atem. »Es ist Titines Aufgabe, dir von ihren anderen Umständen zu berichten.«
Sie sah ihren Mann an und wünschte sich, seine wahren Gedanken lesen zu können. Er wirkte erschöpft, und Mafalda hatte seit einigen Monaten das Gefühl, dass Hermann nicht glücklich war, doch er hatte nichts gesagt. Und sie würde ihn auch nicht fragen. Niemals! Sie hatte von ihrer Mutter gelernt, dass ein Mann sein Gesicht verliert, wenn er zugibt, unglücklich zu sein. Und seine Frau gleich mit, weil es unweigerlich heißen würde, sie verstünde es nicht, ihren Mann glücklich zu machen. Aber sie liebte ihn doch so! Sie liebte ihn von ganzem Herzen. Er war der Mann, den sie sich immer gewünscht hatte, von dem sie geträumt hatte. Er war ihr Ein und Alles. Doch wenn er sie nicht mehr liebte, dann war sie verloren, war nicht besser dran als Titine. Ein Leben ohne Liebe? Für Mafalda gab es so etwas nicht. Wenn sie Hermanns Liebe eines Tages verlor, so wäre sie dem Tode nah.
Wenn Mafalda ganz ehrlich war, so trieb diese Angst sie um. Vor allem, weil sie nicht wusste, was sie anders machen sollte. Sie wagte es auch nicht, mit Hermann darüber

zu sprechen, sondern gab sich ganz ihren eigenen Gedanken hin, die dunkler wurden, je länger Hermanns trübsinniger Zustand andauerte. Tief in ihrem Herzen aber hielt sich Mafalda für eine Versagerin. Ihre Eltern hatten sie Don Alvaro mehr oder weniger ins Bett gelegt. Wenn jemand diesem Wüterich Zügel anlegen konnte, dann eine kluge Frau. Sie war aber nicht klug genug gewesen, sonst hätte Don Alvaro sie nicht ständig geschlagen. Am Schluss hatte er sogar sterben müssen. Und Mafalda war sich sicher, dass das zum Teil ihre Schuld war. Schon deshalb versuchte sie, Hermann jeden Wunsch von den Augen abzulesen, doch auch das funktionierte bisher nicht allzu gut. Seine Augen wirkten wie längst versiegte Brunnenlöcher, und tiefes Mitleid mit Hermann und mit sich selbst überkam sie. Warum ist es so schwer, verheiratet zu sein?, dachte sie. Warum kann ich ihm nicht alles geben, was er braucht?

Ein Mann musste funktionieren. Geld und Besitz horten. Kinder zeugen. Traurigkeit ohne Grund konnte er sich nicht leisten, wenn er nicht als Versager gelten und die Achtung seiner Familie und seiner Angestellten verlieren wollte.

»Und du denkst wirklich, dass Titine ausgerechnet mit mir, mit einem Mann, über ihren Zustand reden würde?«

»Warum nicht? Du bist schließlich ihr Bruder. Außerdem willst du ja weniger über ihren Zustand als vielmehr über ihre Zukunft sprechen, nicht wahr?«

Hermann kniff die Augen zusammen, und Mafalda fühlte sich missbilligend gemustert. Sofort schlug sie die Augen nieder, als könnte sie dadurch seiner Missbilligung entgehen.

»Und du weißt natürlich auch, wer der Vater ist?«, fragte Hermann weiter.
»Ich habe es heute erst erfahren. Heute hat sie mir gesagt, wen sie liebt. Es ist Fela, der Viehhirte. Alle auf dem Ingenio wissen es.« Sie sah auf und Hermann direkt in die Augen. »Auch du weißt es. Du willst es nur nicht wahrhaben.«
»Großer Gott! Meine Schwester bekommt ein Kind von einem Sklaven! Das ist wirklich nichts, das einem zum Ruhme gereicht.«
Wieder wollte Mafalda schuldbewusst den Blick senken. Starr saß sie da, die Hände brav im Schoß verschränkt. Doch da stand Hermann auf, hockte sich vor sie, umfasste ihr Gesicht mit seinen beiden warmen Händen und zwang sie, ihn anzusehen.
»Was ist?«, fragte er mit heiserer Stimme. »Warum wagst du es nicht, mir in die Augen zu schauen? Hast du Angst vor mir? Genau wie vor Don Alvaro?«
Mafalda schluckte, doch sie konnte nicht antworten. Hermann zog ihren Kopf zu sich herunter, küsste ihre Stirn. Mit einem Mal fing sie zu weinen an, und sie hätte nicht sagen können, woher die Tränen kamen. Es war einfach so, dass sich in den letzten Wochen alles irgendwie falsch angefühlt hatte, obwohl alles da war, was sie sich je erwünscht und erträumt hatte.
»Weine nicht!«, bat Hermann. »Alles wird gut, ich weiß es. Mach dir nur keine Sorgen. Das Wichtigste ist doch, dass die Familie gesund und zusammen ist.«
Er sagte nur diese wenigen Worte, doch Mafalda kannte ihn gut genug, um in ihrem Herzen wieder Frohsinn zu spüren. Er hatte es gemerkt, hatte bemerkt, dass ihr Zu-

sammensein sich verändert hatte. Und er gab nicht ihr die Schuld daran! O Gott, wie froh sie doch war!

»Titine wird einsehen, dass sie uns diese Liebe und dieses Kind nicht zumuten kann. In ihrem eigenen Interesse wird sie es einsehen.«

Mafalda sank zusammen. Nichts hatte er gemerkt, gar nichts. Ist er denn blind mir gegenüber?, fragte sie sich. Spürt er wirklich nicht, dass wir uns voneinander entfernen? Eine typische Ehe unter den europäischen Insulanern sah eben so aus, wie ihre Ehe derzeit aussah. Der Mann kümmerte sich ums Geschäft, trank mit seinen Freunden, ging vielleicht hin und wieder zu einem Hahnenkampf, während die Frau zu Hause saß, sich mit den Dienstboten beschäftigte und hin und wieder eine Leidensgenossin zum Kaffee einlud. Mafalda wusste das, aber so eine Ehe hatte sie nie gewollt. Sie wollte Hermann eine Partnerin sein, eine Gefährtin, seine Vertraute, seine Freundin und seine Geliebte. Im Augenblick war sie nichts von all dem. Und seine letzte Bemerkung zeigte an, dass Hermann sie nicht vermisste. Sie ihn aber schon. Mafalda war mit einem Male so traurig, dass ihr die Tränen in die Augen stiegen, aber sie schluckte sie tapfer hinunter, denn sie wusste, dass Hermann mit Frauentränen nichts anfangen konnte.

Hermann ließ sie los, trat zur Hausbar. »Möchtest du etwas trinken? Einen Sherry vielleicht?«

Mafalda nickte dankbar.

Hermann goss sich einen weißen Rum ein, gab zwei Limettenscheiben dazu und ein Blatt Minze, wie es sonst das Hausmädchen immer tat. Dann reichte er Mafalda den Sherry.

»Also, was machen wir nun? Ich brauche deinen Rat, meine Liebe.«
»Du meinst Titine?«
»Ja. In erster Linie. Aber deine Meinung zu den Aufständen ist mir ebenfalls wichtig. Wir müssen nur aufpassen, das wir das eine nicht mit dem anderen vermischen.«
Was war das? Hatte sie ihn gerade unterschätzt? Oder fragte er sie nur um Rat, weil er wusste, dass sie sich das wünschte?
Mafalda schob die Unterlippe nach vorn. »Viele Möglichkeiten gibt es nicht«, sagte sie. »Du kannst sie zwingen, das Kind abtreiben zu lassen. Damit ziehst du dir nicht nur ihren Hass, sondern auch den Hass Felas und womöglich noch den der anderen Sklaven zu. Die Stimmung ist gereizt. Ein Funke genügt, um das Fass hochgehen zu lassen. Titines Abtreibung könnte dieser Funke sein.
Du könntest Fela auch als Schwiegersohn anerkennen, ihn in deinem Hause als Bruder willkommen heißen. Er ist ein guter Mann, hat Ahnung von vielen Dingen. Er ist klug und ehrlich. Wie würdest du handeln, wenn er ein Weißer wäre?«
Hermann verdrehte wieder die Augen, aber dieses Mal wirkte es eher lustig. »Das ist es ja«, antwortete er. »Wäre er ein Weißer, ich wäre der glücklichste Bruder der Welt. Er ist ein feiner Kerl. Aufrecht, stolz, ehrgeizig. Aber er ist nicht weiß. Es steht ihm nicht zu, sich wie ein Weißer zu gebärden. Und deshalb verabscheue ich ihn.«
»Du würdest also deinen Segen zu einer Ehe zwischen Titine und Fela geben, wenn er weiß wäre?«
Hermann hob die Hand. »Weiß und katholisch.«
Er schien selbst verwundert über das, was er gerade ge-

sagt hatte. Unsicher lächelnd sah er dem Rauch seiner Zigarre nach. »Weiß und katholisch«, wiederholte er. Dann sah er zu Mafalda. »Es ist nicht richtig, diese Dinge an der Hautfarbe eines Menschen festzumachen, aber ich kann nicht anders, kann nicht aus meiner Haut. Grundgütiger Gott, meine Schwester und ein Sklave!«
»Lass ihn frei!« Mafalda hatte allen Mut zusammengenommen, um diese Worte auszusprechen. Hermann selbst hatte ihr diesen Mut, der ihr in den letzten Wochen abhandengekommen war, gerade wiedergegeben. Sie war so lange nur ein Schatten ihrer selbst gewesen, die ganze Ehe mit Don Alvaro über. Erst von Hermann hatte sie gelernt, eine eigene Meinung zu haben. Vorhin hatte er sie gefragt. Nun, das war ihre Ansicht. Mochte sie ihm gefallen oder auch nicht; sie würde zu dieser Meinung stehen.
»Ihn freilassen?«
Mafalda wunderte sich, dass Hermanns Stimme keineswegs überrascht klang.
Mafalda holte noch einmal tief Luft. »Ihn und alle anderen auch. Dein Ruf ist geschädigt, sobald ruchbar wird, dass Titine mit einem Sklaven geschlafen hat. Du kannst nur verlieren dadurch. Die Achtung der anderen Weißen wirst du verlieren. Aber wenn du den Spieß umdrehst, so tust, als wäre die Verbindung zwischen Fela und Titine kein Unglück, sondern von dir gewollt, so hättest du wenigstens den Respekt der Sklaven und der Armen, während die Weißen dich wahrscheinlich nur für verrückt erklären würden.«
Sie warf ihrem Mann einen vorsichtigen Blick zu, doch Hermann begann zu lachen. Er warf den Kopf in den Nacken, warf die brennende Zigarre in den Aschenbecher und lachte, bis ihm die Tränen in die Augen traten. Seine

Schultern wippten im Takt, selbst die Füße konnte er nicht ruhig halten, so sehr wurde er vom Lachen geschüttelt. Dann sprang er auf die Füße, küsste sie auf Wangen und Mund und sagte: »Was bist du nur für eine kluge, kluge Frau.«

Er goss sich noch einen Rum ein, trank ihn zur Hälfte, ehe er die Zigarre wieder aus dem Aschenbecher fischte und daran zog. Erneut sah er dem Rauch nach, und dieses Mal konnte Mafalda riechen, wie sich der Geruch des Tabaks ganz zart mit dem Duft der Orangenbäume und dem des kochenden Zuckers, der aus dem Siedehaus herüberwehte, verband. Ja, dachte sie, das ist der Duft Kubas, so riecht Heimat.

Hermann ließ die Zigarre ausglühen. »Zwei Fliegen mit einer Klappe«, überlegte er laut. »Fela und Titine müssten selbst entscheiden, was sie tun wollen. Alt genug sind sie. Und sie sind klug genug, die richtige Entscheidung zu treffen. Sie könnten zusammen im Verwalterhaus wohnen, und wenn Fela will, so soll er den Ingenio verwalten. Zumindest, was die Tiere betrifft. Viehwart oder so etwas könnte er werden. Sie hätten ein gutes Auskommen. Am Anfang würden sich die Weißen und die Kreolen die Mäuler zerreißen, aber irgendwann hätten sie genug davon.«

Er lachte wieder so lauthals wie seit Wochen nicht mehr.

»Ja, und die anderen Sklaven könntest du auch freilassen.«

Hermann runzelte die Stirn. Sein Gesicht wurde ernst, abweisend. Er hob die Hand, fuhr damit durch die Luft. »Schluss jetzt mit den Märchen. Ich lasse mich nicht zum Hanswurst machen. Und ein Mann wie Céspedes bin ich auch nicht. Die Sklaven freilassen, was denkst du dir nur dabei?«

»Damit sie keinen Grund haben, den Ingenio niederzubrennen.«
Mafalda nickte lächelnd, hatte noch nicht verstanden, dass Hermanns Gelächter der blanke Hohn gewesen war. »Du kannst ihnen ihre Freilassungsurkunden aushändigen. Du lässt auch sie tun, was sie schon immer wollten. Die meisten von ihnen haben keine Ahnung, was Freiheit bedeutet. Woher auch? Viele sind als Kinder auf die Insel gekommen. Sie müssen wohnen, essen, trinken.«
»Augenblick, Augenblick, nicht so schnell!« Hermann bedachte Mafalda mit einem verwunderten Blick. Bisher hatte er ihre Gedanken für töricht gehalten, für romantisch auf eine Art, die ihm nichts einbrachte. Jetzt begriff er, dass sie weiter gedacht hatte als er. Er lächelte sie an, ein wenig ungläubig und sehr gespannt.
»Du meinst, ich kann die Leute entlassen und danach wieder einstellen?«
Mafalda erwiderte sein Lächeln. »Aber ja. Du stellst sie ein, zahlst ihnen einen Lohn, vermietest ihnen die Hütten, verkaufst ihnen Lebensmittel und Milch und alles, was sie sonst noch brauchen. Du tust genau das, was du immer für sie getan hast. Nur mit dem Unterschied, dass sie ihr Los selbst bestimmen und du am Ende womöglich sogar noch ein wenig an ihnen verdienst oder zumindest dafür sorgst, dass sie die paar Peseten, die sie bei dir verdienen, auch bei dir wieder ausgeben. Denk allein an den Rum, den du ihnen bisher umsonst ausgeschenkt hast. Als freie Männer und Frauen müssen sie dafür natürlich bezahlen.«
Hermann klappte der Mund auf. Er starrte Mafalda an, als hätte er sie noch nie gesehen, während sie bescheiden den Blick senkte. »Verzeih mir bitte, wenn ich törichte

Dinge gesagt habe«, flüsterte sie. »Du weißt, ich bin nur ein Weib. Alles, was ich von der Welt und von Geschäften weiß, hast du mir erst beibringen müssen.« Sie sah auf und klapperte ein wenig ängstlich mit den Lidern, als fürchte sie, ihr Mann würde sie sogleich eine dumme Gans schelten. Doch in ihren Augen glitzerten der Stolz und die Gewissheit, einen guten und klugen Vorschlag gemacht zu haben.

»Das ist brillant. Und wer nicht bleiben will, wer lieber kämpfen will, der wird fortgehen. Er wird nicht den Ingenio niederbrennen, auf dem seine Brüder und Schwestern leben.«

»Genau. So hast du nicht nur die Aufständischen beschwichtigt und deinen Ingenio vor dem Ruin bewahrt, du hast dich obendrein an die Gesetze gehalten, die ja die Sklaverei verbieten, und profitierst am Ende womöglich sogar noch mehr, als wenn du die Sklaven kaufst. Denk nur an die Alten, an die Kinder, an die Kranken. Auf einen Schlag wärest du sie los.«

Hermann nickte und nickte und strahlte dabei wie lange nicht mehr. Dann blickte er seine Frau an. »Oh, Mafalda, du hast mir so gefehlt in den letzten Wochen. Ich hatte beinahe schon vergessen, wie sehr ich dich liebe.«

Mafalda schluckte. Der Stimmungsumschwung kam so überraschend, dass sie nicht wusste, was sie davon halten sollte. Hoffnung keimte in ihr auf. Hatte sich wirklich etwas verändert? Nun, sie würde es noch früh genug erfahren. Warum aber nicht jetzt einmal ein bisschen glücklich sein, sich mit Hermann verbunden, sich ihm nahe fühlen?

»Jetzt, da das vorbei ist, kannst du mir sagen, warum du

so trübsinnig warst?«, fragte sie vorsichtig, achtete dabei auf jede Regung ihres Mannes, auf jeden Lidschlag.
Hermann dachte einen Augenblick nach, ehe er antwortete: »Ich hatte den Eindruck, ich habe alles geschenkt bekommen: den Ingenio, meine wunderbare Frau. Als wären mir alle diese Kostbarkeiten einfach in den Schoß gefallen. Vielleicht hatte ich heimlich Angst, euch alle zu verlieren. Verstehst du? Ich habe nicht um euch kämpfen müssen, habe euch nicht erobert. Ihr seid mir geschenkt worden.«
»Und jetzt?«, fragte Mafalda leise. »Hast du jetzt begriffen, dass sich Menschen nur gegenseitig zum Geschenk machen können? Dass niemand das Recht hat, einen anderen zu besitzen, zu erobern?«
»Ich bin nicht sicher, aber ich glaube schon.«
Er legte seinen Arm um Mafalda und führte sie in den Patio hinaus. Der Abend brachte nur wenig Kühlung, doch die leichte Brise vom Karibischen Meer war wie ein Streicheln auf der Haut.
»Was sollen wir tun?«, fragte Hermann. »Ich meine Titines Schwangerschaft. Sie wird es Fela sagen wollen.«
Mafalda winkte leicht mit der Hand ab. »Ich denke, ich habe ihr klargemacht, dass es zunächst wichtig ist, Stillschweigen zu bewahren.« Sie lachte ein wenig. »Das war nicht gelogen, Hermann. Es heißt bei uns zu Hause, dass es Unglück bringe, vor Ablauf der ersten drei Monate von der Schwangerschaft zu erzählen.«
Hermann wiegte den Kopf hin und her. »Ich weiß nicht, ich weiß nicht. Titine hat sich ihr Leben lang nicht um Bräuche und Traditionen geschert. Ich hoffe, du hast recht.«

Neuntes Kapitel

Was sagst du da?« Fela stieß Titine beinahe von sich und starrte sie mit vor Entsetzen weit aufgerissenen Augen an. »Was sagst du da?«

Titine erschrak. So hatte sie Fela noch nie gesehen. Ganz fremd kam er ihr vor. Sein Blick war undurchdringlich, zwischen seinen Augen hatte sich eine senkrechte Falte gebildet. Auch die Stirn war gerunzelt.

Sie breitete hilflos und mit einem Mal ängstlich die Arme aus. Die Freude in ihr war erstickt wie ein Herdfeuer, auf das jemand einen Eimer Wasser gegossen hatte.

»Wir bekommen ein Kind.« Sie flüsterte diese Worte, und in ihnen klang unendliche Traurigkeit. Ein Kind, wie stolz sie das vorhin gemacht hatte! Ein Kind. Und sie die Mutter! Oh, sie wollte für das Kind sorgen, wollte es lieben, zärteln, erziehen zu einem aufrechten Menschen. Gemeinsam mit Fela. Sie hatte sich vorgestellt, dass das Kind das Beste von ihnen beiden haben würde. Vielleicht Felas schöne Augen? Ihren Mund? Und nun?

»Was ist mit dir?«, fragte sie mit zitternder Stimme. Ihr

war plötzlich kalt in ihrem weißen Kleid, und sie schlug die Arme um den Körper, doch sie konnte das Beben, das tief aus ihrem Inneren kam, nicht unterdrücken.
Fela starrte sie noch immer entgeistert an, dann hob er die Arme zum Himmel, als riefe er die Götter, brach plötzlich zusammen und begann still zu weinen. Seine Schultern bebten, sein Oberkörper zitterte, alles an ihm zitterte. Sein Leid schien so groß, dass er es nicht tragen konnte. Titine kniete sich neben ihn, umfasste seinen schwarzen starken Leib mit ihren dünnen weißen Armen und wiegte ihn leicht. Dabei flüsterte sie dumme, zärtliche Worte und fragte dazwischen immer und immer wieder verständnislos und ängstlich: »Was ist mit dir, Fela? Sag es mir.«
Doch der Mann schüttelte den Kopf. Er machte sich von ihr los, strich ihr mit solcher Sanftheit über das Haar, dass Titines Angst sich noch vergrößerte.
»Ein Kind?«, wiederholte er leise.
Sie nickte. »Freust du dich nicht?«
Fela seufzte. »Zu jedem anderen Zeitpunkt wäre ich vor Freude in die Luft gesprungen. Aber nicht heute. Nicht jetzt.«
Er wirkte so voller Traurigkeit und Leid, dass Titines Herz schmerzte.
»Warum nicht?«
Er nahm ihre Hand, küsste ihre Fingerspitzen. »Weil ich kein Kind brauchen kann.« Die Worte kamen hart und barsch und straften seine Küsse Lügen. Titine zuckte unter ihnen zusammen wie unter Schlägen.
»Ein Kind kommt, wann es will«, warf sie behutsam ein.
Fela aber schlug sich auf die Brust. »Aber ich kann es

nicht brauchen!«, brüllte er, den Blick nach oben zu den Sternen gewandt. »Ich kann kein Kind brauchen, und ich kann keine Frau brauchen.« Er wankte, während er diese harten Worte sprach, so, als ob ihn selbst ein scharfer Schmerz durchfuhr. Titine sank auf die Knie, legte ihren Oberkörper auf die Schenkel und wiegte sich hin und her. Der rasende Schmerz, der in ihr tobte, verschlang alle Worte, alle Gedanken. Sie fühlte nichts mehr, war nur noch ein Stück atmendes Fleisch ohne Willen, ohne Kraft. Seine Worte waren so grausam, dass sie unter ihnen zerbrach. Fast konnte sie spüren, wie ihre Seele aus dem zum stummen Schrei geöffneten Mund glitt, fast konnte sie spüren, wie ihr Herz einfach entzweiriss, doch ein winziger Funke Hoffnung hielt sie am Leben.

»Das ist nicht wahr, was du sagst, Fela. Ich glaube dir nicht. Nein. Nein, nein, nein. Ich glaube dir einfach nicht.«

Er packte sie bei den Schultern, rüttelte sie ein wenig, zog sie hoch, doch sie wog so schwer in seinen Armen wie ein Felsbrocken. »Ich habe nicht gelogen, Titine.« Dieses Mal klang seine Stimme rauh und leise. »Ich kann dich jetzt nicht brauchen, dich nicht und erst recht kein Kind. Geh fort. Vergiss mich. Ich bin deiner nicht wert.«

Sofort schrak Titine hoch, griff nach seinem Gesicht, das sie so sehr liebte und das ihr in dieser Nacht so fremd war wie ein unentdeckter ferner Stern. »Du lügst. Du liebst mich. Ich kann es in deinen Augen sehen. Ich kann es spüren, wenn du mich anfasst.«

Er machte sich los, als hätten ihre Finger Brandmale auf seinem Gesicht hinterlassen. Er stand auf, brachte Abstand zwischen sich und das Mädchen. »Lass mich«, wiederholte er. »Lass mich in Ruhe. Es ist gegen die Natur, dass ein schwarzer Mann und eine weiße Frau zusammen sind. Ich habe mich getäuscht. Was ich für Liebe hielt, war nur Begehren. Und dieses Begehren ist jetzt verloschen. Es tut mir leid, Titine.«

Er krümmte sich bei diesen Worten, als hätte er Schmerzen, doch kaum waren sie ausgesprochen, kaum lag Titine vernichtet vor ihm auf dem Boden, drehte er sich um und wollte wegrennen. Da drang ihr Flüstern an sein Ohr. »Und das Kind? Willst du es nicht? Dein eigenes Kind? Dein Fleisch und Blut?«

Er blieb stehen und griff sich an die Brust, die so sehr schmerzte, als hätte ihm jemand einen Pflock durch das Herz getrieben. Die Götter allein wussten, wie sehr er sich ein Kind wünschte. Aber nicht jetzt. Ein Kind. Meine Güte, wie sollte es aufwachsen? Sollte es in ein Land geboren werden, dessen Boden vom Blut seiner Brüder und Schwestern getränkt war? Nein. Das konnte und wollte er seinem Kind nicht antun. Sein Kind sollte im Licht aufwachsen, sollte von Liebe umgeben sein, von Schönheit und Sanftmut. Aber das war im Augenblick nicht möglich. Er drehte sich nicht um, doch seine Worte hallten dunkel und grausam durch die Nacht: »Mach es weg, Titine. Es ist nicht die Zeit für Kinder und für die Liebe.« Dann rannte er los, hetzte davon, als wäre er von allen Teufeln der Hölle, von allen bösen Orishas verfolgt. Obwohl Titine keinen Laut von sich gab, hielt er sich die Ohren zu, wischte über die Stellen, an denen sie ihn berührt hatte. Doch ihr Duft schwebte um ihn herum, stieg in seine Nase und setzte sich dort für alle Ewigkeit fest.

Titine lag wie gefällt. Spitze Steine drückten sich in ihre Knie, doch sie bemerkte es nicht. Der Sand beschmutzte ihr Kleid, drang auf ihre Haut, in ihr Haar, doch es war ihr gleichgültig. Ein kühler Wind vom Meer strich über ihre Haut, machte sie frösteln, doch es war ihr egal. Sie lag auf dem Boden, wollte nie wieder aufstehen, sondern einfach nur liegen bleiben und sterben. Was war ihr denn das Leben noch, wenn es Fela darin nicht mehr gab? Sollte sie ein Kind haben, dessen Vater es nicht wollte? Sie konnte nicht. Sie konnte nicht für ein Kind sorgen, während ihr Herz zerbrochen war. Sie schaffte es ja nicht einmal mehr, sich aufzuraffen und ins Haus zu gehen. Es war ihr gleichgültig, was mit ihr wurde. Sie summte wie ein leidendes Tier, aber sie hörte sich selbst nicht. Ihr Wimmern stieg leise und hoch in den Himmel auf, doch sie glaubte, es wäre der Wind. Sie wollte sich umdrehen, ihre Hände auf den Bauch legen, um das Kind vor den Worten seines Vaters zu schützen, aber sie fand die Kraft nicht. Sie war leer wie ein ausgetrunkener Krug. Zu nichts mehr von Nutzen. Zu nichts mehr fähig. Sie war nicht mehr, sie atmete nur noch.

Titine wusste nicht, wie lange sie dort lag. Plötzlich hörte sie Schritte. Da waren Mafaldas Stimme, Hermanns Hände, die sie stützten. Sie wurde weggebracht. Wohin? Sie wusste es nicht; es war ihr egal. Dann kam der Doktor. Er beugte sich über sie und lächelte. Sie wollte ebenfalls lächeln, doch sie hatte vergessen, wie das ging. Also verzog sie nur die Lippen und bleckte die Zähne. Sie sah, wie der Doktor erschrocken von ihr wich, doch sie scherte sich nicht darum. Er schnippte mit den Fingern vor ihren Augen, leuchtete mit einem kleinen Licht hinein, er zog an

ihrem Arm, hob ihr Bein in die Höhe, und sie ließ es fallen wie irgendeinen Gegenstand, der ihr zu schwer war. Sie hörte Mafalda weinen und sah Hermann die Hände ringen, doch sie begriff nicht, was das alles mit ihr zu tun hatte. Einmal nur konnte sie den Mund öffnen. Ein Wort kam heraus. Rauh und zittrig, als wäre es das letzte. »Mama?«, fragte sie wie ein Kleinkind. »Mama?«
Dann entschwand ihr Geist, zog sich einfach zurück, weil die Welt zu schrecklich geworden war, um sie auszuhalten. Titine kroch zurück in den Leib ihrer Mutter, verkroch sich in sich selbst, unerreichbar für alle und jeden. Dr. Winkler hielt ihr einen Löffel mit Medizin vor die Nase. Sie erkannte den Geruch von Laudanum. Gierig schnappte sie danach. Laudanum, das Opiumpräparat, würde ihr Vergessen bringen. Sie sehnte sich nach Schlaf, nach Vergessen, nach dem Tod mit aller Kraft, die in ihr wohnte. Sie schluckte das Laudanum, schloss die Augen und ließ sich willig in den grauen Nebel gleiten, ließ sich locken von den Sirenen, die leise ihren Namen riefen und mit dem Totenkleid winkten.

»Was ist mit ihr? Um Gottes willen, Andreas, jetzt sag endlich, was mit meiner Schwester ist.« Hermann rang noch immer die Hände, lief auf und ab, drei Schritte nach vorn, vier Schritte zurück, und fühlte sich so schuldig am Leid seiner Schwester, als hätte er ihr das Kind schon genommen. »O mein Gott, das wollte ich nicht, das wollte ich nicht. Es tut mir leid, es tut mir so leid. Sie hat es Fela doch gesagt. Warum lag sie sonst draußen? Sie muss es ihm gesagt haben. O mein Gott. Genau das wollte ich verhindern. Er weiß jetzt, dass eine Weiße ein Kind von ihm bekommt. Herr im Himmel, was wird er daraus machen?«

Es schien, als hätte Hermann vergessen, dass er vor sehr kurzer Zeit noch selbst daran gedacht hatte, Titine das Kind zu nehmen, den Liebsten zu vergraulen. Warum, dachte er jetzt, ist mir die Situation nicht recht? Ein Leichtes wäre es doch, Titine nun das Kind zu nehmen. Aber er konnte seine Schwester nicht leiden sehen. Er konnte es einfach nicht. Viel zu sehr liebte er sie dafür. In diesem Augenblick begriff er es. Er wollte sie glücklich und gesund sehen, und er hasste jeden, der seiner Schwester ein Leid antat.

Mafalda legte ihm energisch eine Hand auf die Schulter. »Hör auf damit!«, herrschte sie ihn an. »Du hast ihr nichts getan. Offiziell wusstest du nicht einmal, dass sie schwanger ist.«

»Was hat sie sich nur angetan? Oh, wenn ich nur früher mit ihr gesprochen hätte! Wenn wir sie doch nur eingesperrt hätten, damit sie diesen Mistkerl nicht zu sehen bekommt.« Hermann konnte sich nicht beruhigen.

»Mafalda hat recht«, erklärte jetzt auch der Arzt. »Es nützt niemandem, wenn du jetzt ebenfalls schlappmachst.« Er klang streng und schüttelte Hermann ein wenig. Das half. Hermann atmete tief ein und aus, warf noch einen besorgten Blick auf Titine, die dalag, als wäre sie tot. Er fragte: »Was ist los mit ihr? Was hat sie?«

Dr. Winkler zuckte mit den Schultern. »Ich weiß nicht, was genau geschehen ist, aber sie hatte einen Zusammenbruch. Die Nerven. Sie muss etwas Schreckliches erlebt haben.«

»Etwas Schreckliches? Aber was denn?« Hermann schaute Mafalda fragend an. »Weißt du etwas? Hat sie dir etwas gesagt? Was, in aller Welt, soll sie denn hier Schreckliches erlebt haben?«

Mafalda schüttelte den Kopf. Sie ahnte etwas, ahnte, dass Fela damit in Zusammenhang stand. Aber das würde sie morgen selbst in Erfahrung bringen. »Nichts weiß ich«, erklärte sie. »Aber wir müssen damit rechnen, dass Titines Zustand nun unter den Sklaven bekannt wird. Welche Auswirkungen das auf uns hat, vermag ich mir nicht auszumalen.«

Sie rückte einen Sessel neben Titines Bett. »Ich werde bei ihr wachen«, teilte sie den beiden Männern mit. »Wenn wir jetzt nichts mehr für sie tun können, ist es wohl Zeit zum Schlafen. Es ist schon spät, und du, Hermann, hast morgen viel zu tun. Du musst den Notar holen, damit er die Freilassungsurkunden ausstellen kann. Die Zeit drängt mehr denn je. Nach allem, was mit Titine passiert ist.«

»Ach ja!« Hermann griff sich an die Stirn, dann brachte er Dr. Winkler zur Tür und ließ Mafalda und Titine allein zurück.

Mafalda lehnte sich im Sessel zurück, zog die Beine unter ihren Körper, stützte den Arm auf die Lehne und den Kopf in die Handfläche und betrachtete Titine. Bleich war sie, bleich wie Marmor. Bläuliche Adern zeichneten sich auf ihrer zarten Stirn ab. Ihre Lider flatterten, als träumte sie schlecht. Und immer wieder quollen Tränen aus ihren Augen. Kann man weinen, wenn man schläft?, fragte sich Mafalda. Sie strich sanft über die Bettdecke, aber Titines Atem ging jetzt so rasch und keuchend, als würde sie sehr schnell laufen. Mafalda stand auf, holte

einen kühlen, feuchten Lappen und legte ihn Titine auf die Stirn. Dann nahm sie ihre Hand und drückte sie sanft.
»Was hast du nur? Was ist geschehen?«
Titine warf den Kopf hin und her. Einmal raunte sie etwas, und Mafalda meinte, Felas Namen zu hören. Sie kühlte Titines Stirn, und als sie sich ein wenig beruhigt hatte, ihr Atem gleichmäßiger ging, lehnte sich Mafalda in ihren Sessel zurück und wachte über die Freundin und Schwägerin.

Zehntes Kapitel

Heute Nacht. Noch heute Nacht. Wir schlagen los, sobald im Herrenhaus alle Lichter verloschen sind.« Herrero ließ sich nicht beirren.

Fela stand vor ihm, bat, flehte, bettelte, den Ingenio zu verschonen. »Reicht es nicht, die Felder zu verwüsten?«

»Nein, und das weißt du genau.«

»Dann die Tiere. Wir werden die Tiere freilassen. Ohne Zucker und ohne Tiere ist der Ingenio am Ende.«

Herrero schüttelte den Kopf. »Wir werden es genauso machen wie unsere Brüder im Osten. Dort steht alles in Flammen. Die Weißen und die Kreolen da unten sind anders als unsere Herren hier. Sie haben sich zum Teil unserem Kampf angeschlossen. Das wird von den Trinidader Zuckerbaronen niemand tun. Sie werden auf uns schießen. Sie werden uns töten, wenn wir sie nicht zuerst töten. Wir haben keine Wahl.«

»Dann verschon wenigstens die Frauen. Doña Mafalda hat unter dem letzten Besitzer selbst wie eine Sklavin gelebt. Und Titine. Du weißt, sie ist die Tochter Yewas.«

Herrero zuckte wieder mit den Schultern. »Als Tochter Yewas ist sie die Tochter der Todesgöttin, der Wächterin über die Friedhöfe. Es ist ihr bestimmt, zu sterben. Sie wird nicht richtig sterben, nicht wie wir. Für sie wird es sein wie eine Heimkehr zu ihrer Mutter.«
Fela hatte nicht vorgehabt, sein Geheimnis zu lüften, aber jetzt tat er es. Als letzte Möglichkeit, Titine zu retten. »Sie ist schwanger«, sagte er leise und eindringlich. »Sie bekommt ein Kind von mir.«
»Was?« Herrero fiel die Kinnlade herunter. »Ein Kind? Von dir? Reicht es ihnen nicht, uns das Leben zu nehmen? Wollen sie uns auch um unsere Kinder bringen?«
Fela starrte den schwarzen Schmied verständnislos an. »Aber nein, nein, so ist es nicht. Es ist einfach passiert. Du selbst hast mich doch zu ihr geschickt.«
Herrero straffte die Schultern und blickte Fela an, als hätte er die Sache, die Brüder, kurz alles, verraten. »Dein Samen gehört dir. Du hättest ihn niemals an eine Weiße verschwenden sollen. Nun muss sie erst recht sterben. Unmöglich, dass sie einen von uns, und sei es auch nur ein kleines Kind, in ihre Fänge bringt.«
Wieder wollte Fela betteln, flehen, doch Herrero schnitt ihm mit einer herrischen Handbewegung das Wort ab. »Alles wird geschehen, wie wir es beschlossen haben. Wenn du nicht für uns bist, dann bist du gegen uns. Überleg es dir.«
Mit diesen Worten ließ er Fela stehen. Verzweifelt sah der junge Viehhirte ihm nach. Die Fäuste hielt er geballt, die Zähne knirschten, aber dann riss er sich aus seiner Starre und rannte los, rannte zum Herrenhaus.
Als er hinter Titines Schlafzimmerfenster noch Licht sah,

atmete er auf. Er sammelte eine Handvoll kleiner Steine und warf sie gegen das Fenster. Es dauerte, bis er hinter den zugezogenen Gardinen einen Schatten ausmachen konnte, und es dauerte noch länger, bis Mafalda endlich das Fenster öffnete.

Als sie Fela erkannte, schien sie überhaupt nicht überrascht. Sie lauschte in die Nacht, dann winkte sie ihm, über die Nebentreppe nach oben zu kommen.

Fela kannte sich im Herrenhaus bei Nacht sehr gut aus. Er wusste, dass die vierte Stufe von unten knarrte, er kannte das lose Dielenbrett im Korridor und wusste sogar, dass man die Tür zu Titines Zimmer ein wenig anheben musste, um ohne Lärm hineinzugelangen.

Als er aber den Raum betrat und Titine, noch immer bleich wie eine Tote, auf dem Bett ruhen sah, stürzte er zu ihr, nahm ihre Hände und bedeckte sie mit Küssen. Mafalda stand auf der anderen Seite des Bettes und ließ Fela nicht aus den Augen.

»Was hast du mit ihr gemacht?«, fragte sie ihn eindringlich, aber mit unverhohlener Besorgnis.

Fela blickte sie an. »Ich habe sie verstoßen«, entgegnete er leise und voller Schuld.

Mafalda nickte. »Sie hatte einen Zusammenbruch«, erklärte sie. »Dr. Winkler musste ihr Laudanum geben, damit sie sich wenigstens ein bisschen beruhigt.«

In Mafaldas Augen glomm kein Hass, kein Ärger. »Du hast sie schützen wollen, nicht wahr?«

Fela nickte, hob leicht die Schultern. »Das will ich noch immer. Mein ganzes Leben lang werde ich sie lieben und schützen wollen.« Er verstummte, dann fügte er hinzu: »Sie und mein Kind.«

»Ich dachte es mir. Aber wenn du sie so grausam schützen musstest, dann sind wir alle in Gefahr, oder nicht?«
Fela antwortete nicht auf ihre Fragen, sondern flehte: »Bringen Sie sie weg, Doña. Bringen Sie sie weit weg. Noch heute Nacht.«
Dann löste er von seinem Hals ein schmales Lederband, an dem ein durchbohrter Löwenzahn hing, und legte das schlichte Schmuckstück über Titines gefaltete Hände.
»Bitte, Doña, geben Sie gut auf sie acht«, bat er. »Ich muss jetzt gehen. Beeilen Sie sich; es bleibt nicht viel Zeit.«
Mafalda nickte. Dann reichte sie Fela die Hand. »Du bist sehr mutig, Fela. Riskierst dein eigenes Leben für Titine. Wir werden dir das nicht vergessen.«
Der junge Mann nickte, warf noch einen letzten glühenden Blick, in dem alle seine Gefühle erkennbar waren, auf Titine, dann verließ er das Herrenhaus auf dem selben Weg, den er gekommen war.
Kaum war die Tür hinter ihm ins Schloss gefallen, eilte Mafalda zu Hermann, der noch immer mit Dr. Winkler im Patio saß und Rum trank.
»Was ist los, meine Liebe?«, fragte Hermann, als er sie so atemlos sah, und griff nach ihrer Hand. »Ist etwas mit Titine?«
»Ja. Nein. Wir müssen weg.«
»Wie bitte? Was sagst du da?«
Mafalda holte tief Luft, presste eine Hand auf ihr wie rasend schlagendes Herz und zwang sich zum langsamen Sprechen. »Wir müssen weg. Die Sklaven, sie haben etwas geplant. Ich weiß nicht, was. Ich weiß nur, dass wir uns alle in Sicherheit bringen müssen.«
Hermann nickte, als hätte er es geahnt. »Im Osten bren-

nen die Felder«, erklärte er leise. »Eine Armee aus über eintausend Rebellen hat sich mittlerweile zusammengefunden. Ich habe es eben von Andreas Winkler gehört. Sie überziehen den Osten mit Brandschatzung und Terror. Einige der Plantagenbesitzer, die sich zur Wehr setzten, wurden getötet. Aufgehängt an den Straßenbäumen wie rebellische Neger.«

Hermann wandte sich an seinen Freund. »Ich dachte nicht, dass sie so schnell kommen, aber gerechnet habe ich damit.«

Dr. Winkler zuckte mit den Schultern. »Ich bleibe«, erklärte er. »Ich bin sicher, dass hier alsbald ein Arzt gebraucht wird. Sie werden mir nichts tun.«

»Ich bleibe ebenfalls«, teilte Hermann mit. »Dies ist mein Besitz. Es wird Zeit, dass ich um ihn kämpfe.«

Er wandte sich an Mafalda. »Ich weiß aber, wohin ihr gehen könnt. Wir haben Freunde in Havanna. Joachim Groth. Du kennst ihn, Mafalda. Er ist auch dir ein Freund. Gleich morgen früh soll Ignazio euch und Richard zur Eisenbahn bringen.«

Mafalda schüttelte den Kopf. »Wir sollen uns beeilen, sollen heute noch weg.«

Hermann runzelte die Stirn. »Wer sagt das?«

»Fela. Er war bei uns, hat uns gewarnt.«

Hermann nickte. »Fela also. Er wird wissen, was die anderen vorhaben. Wir sollten auf ihn hören.«

Dr. Winkler hob die Hand. »Titine, Mafalda und auch Richard können bei mir übernachten. Und ich werde auch dafür sorgen, dass sie morgen sicher mit der Eisenbahn nach Havanna gelangen. Für Titine wird das eine große Anstrengung werden, aber eine andere Möglichkeit gibt es nicht. Geh, Mafalda, pack ein paar Sachen zusammen. In einer halben Stunde brechen wir auf.«

Mafalda gab Hermann einen Kuss, dann begab sie sich in ihr Zimmer, um zu tun, was der Doktor ihr aufgetragen hatten.

»Sie sind schneller, als ich gedacht hatte«, bemerkte der Arzt, als er mit Hermann allein war.

»Alles entwickelt sich rascher als gedacht«, erwiderte der Zuckerbaron. »Aber eigentlich hätten wir es kommen sehen müssen.«

»Wie meinst du das?« Der Doktor zündete sich eine Zigarre an. Äußerlich wirkte er ruhig, doch das leichte Zittern seiner Hände verriet die Nervosität.

»Die letzten Jahre haben der Insel ungeheuren Reichtum gebracht. Amerika hat einen so hohen Verbrauch an Zucker, Kaffee und Kakao, dass die meisten Grund- und Plantagenbesitzer unermesslich reich geworden sind. Ich nehme mich da nicht aus. Das weißt du selbst, hast es mir ja kürzlich selbst vorgeworfen. Den Reichtum aber haben die Sklaven erwirtschaftet. Jeder Einzelne von ihnen hat schwerer geschuftet als ich. Die anderen spanischen Kolonien haben sich vom Mutterland losgesagt. Denk nur an Haiti, an die Aufstände dort, denk an Jamaika. Die Sklaverei ist seit Jahren verboten. Der Sklavenhandel ebenso. Trotzdem haben wir munter weiter Sklaven geschmuggelt. Jetzt weiß ich, dass ich schon seit Jahren auf diesen Tag gewartet habe.« Er sah seinen Freund an. »Das heißt aber nicht, dass ich darauf vorbereitet bin.«

»Was wirst du tun?«, wollte der Arzt wissen.

Hermann zuckte mit den Schultern. »Ich werde genau das tun, wozu Mafalda mir geraten hat. Ich werde meine

Sklaven morgen früh in die Freiheit entlassen. Das heißt, wenn mir noch die Zeit dafür bleibt. Ansonsten werde ich hier ausharren und sehen, wie sich alles entwickelt.« Er lächelte, und Dr. Winkler erwiderte dieses Lächeln. »Man könnte meinen, du freust dich auf den Kampf.«
»Ja, das tue ich auch. Ich bin entschlossen, das Richtige zu tun. Ich werde die Schwarzen freilassen, werde den Ingenio, wenn er mir bleibt, so bewirtschaften, dass wir alle davon profitieren.«
»Und dein Geld?«
Hermann wies mit der Hand in Richtung Meer. Dorthin, wo die Kaimaninseln lagen. »Ich habe es aus dem Land geschafft. Nach Amerika, auf die Kaimans, einen kleinen Teil sogar nach Deutschland. Selbst wenn die Pflanzung bis auf den letzten Zuckerrohrhalm niederbrennt, stehen wir nicht vor dem Ruin.«
»Du setzt auf Amerika, nicht wahr?«, wollte Dr. Winkler wissen.
»Ja. Das tue ich. Spanien ist weit weg. In den Kolonien gärt es. In Amerika aber liegt die Zukunft. Schau dir nur an, wie dieses Land wächst. Der Bürgerkrieg ist noch nicht lange zu Ende, trotzdem blüht die Wirtschaft. Ihr Bedarf an Zucker, Tabak und Kaffee wird stets größer. Mir wäre es sogar am liebsten, wenn Kuba eines Tages zu Amerika gehören würde. Es ist immer besser, sich mit dem Stärksten zu verbünden.«
Der Arzt kam nicht mehr dazu, eine Antwort zu geben. Das Hausmädchen Dolores, von Mafalda geweckt, brachte zwei mittlere Schrankkoffer.
Dr. Winkler erhob sich. »Titine wird unsere Hilfe brauchen.«

Sie war noch nicht fertig. Noch nicht einmal mit dem Anziehen. Titine fühlte sich schwach auf den Beinen, ihre Hände zitterten, überhaupt fühlte sich ihr ganzer Körper zittrig an. Aber es war nicht nur das Zittern der Schwäche; sie zitterte vor Glück. Als Mafalda sie geweckt hatte, sie aus dem grauen Laudanum-Nebel zurück an das Licht geholt hatte, da war Felas Kette in ihrer Hand gewesen. Sie wusste, dass es nichts gab, das für Fela wertvoller war als diese Kette. Sein Vater hatte den Löwen erlegt, als Fela noch ein kleiner Junge gewesen war, er hatte es ihr berichtet. Monatelang war das Tier um das Dorf der Yoruba geschlichen, hatte sich immer mal wieder ein Schaf geholt. Die Yoruba achteten den Löwen, bewunderten seine Stärke, doch als er ein Kleinkind erjagt hatte, kamen die Männer des Dorfes zusammen. Sie beschlossen, dass der Stärkste unter ihnen das Tier töten sollte. Mit einer Armbrust, deren Pfeil an der Spitze mit Gift getränkt war. Felas Vater wurde ausgesucht. Nächtelang lag er auf der Lauer. Und eines Nachts gelang es ihm, den Löwen zu erlegen. Als Belohnung durfte er sich aus dessen Zähnen eine Kette machen. Doch Felas Vater schenkte jedem seiner fünf Söhne einen Zahn. »Damit die Kraft des Löwen in euch dringt«, sagte er. Seither trug Fela den Zahn an einem Lederband. Er hatte auf dem Sklavenschiff eine Prügelei angefangen, als ein anderer ihm die Kette stehlen wollte. Er hatte sie verborgen, als er auf das Verkaufspodest steigen musste. Er trug sie stets unter seinem einfachen Kittel, hütete sie als seinen größten Schatz. Und nun hatte er ihr die Kette geschenkt. Damit die Kraft des Löwen auf sie überging. Auf sie und das Kind, das sie unter dem Herzen trug. Jetzt wusste Titine, dass er sie liebte.

Über alle Maßen, ganz gleich, was er gesagt hatte. Die Kette strafte seine Worte Lügen. Und sie hatte verstanden, dass er sich von ihr losgesagt hatte. Aber das musste nicht für immer sein. Eines Tages würde sie ihn wiederfinden, und dann würde sie ihn niemals wieder gehen lassen. Sie wusste das mit so großer Sicherheit, dass keine Macht der Welt sie vom Gegenteil überzeugen konnte. Sie sehnte sich nicht mehr nach dem Tod, nach dem Sterben. Jetzt hatte ihr Leben wieder einen Sinn bekommen. Sie würde das Kind, Felas Kind, mit Freuden zur Welt bringen, würde es großziehen und lieben, so sehr sie überhaupt nur konnte. Alles andere war ihr gleichgültig. Mochte die ganze Insel in Flammen aufgehen, mochte jedes einzelne Zuckerrohr zerbrochen werden. Solange die Liebe in ihrem Herzen war, würde sie alles ertragen.
Trotz ihrer Schwäche straffte sie die Schultern, drückte das Kreuz durch und stieg langsam die Treppe hinunter. Als sie ihren Bruder sah, schlug ihr Herz schneller. Auch er wusste nun, dass sie ein Kind bekam. Zaghaft lächelte sie ihn an. Fela war ihre große Liebe, ihr Lebenselixier. Doch gleich nach ihm kam Hermann, der große Bruder. Als er ihr Lächeln erwiderte, war sie glücklich. Nun konnte nichts mehr geschehen.
Dr. Winkler aber betrachtete sie besorgt und mit einer gehörigen Portion Skepsis, so, als wisse er etwas, das Titine verborgen geblieben war.

Elftes Kapitel

Als Hermann sicher sein konnte, dass seine Familie und Dr. Winkler im Arzthaus angekommen waren, trank er sein Glas aus und verließ den Patio. In seinem Arbeitszimmer zog er sich eine Hose aus derbem Ziegenleder an, wie sie die Kreolen trugen, die den Großteil des Tages auf dem Pferderücken verbrachten. Dann stieg er in grobe Stiefel und verbarg in jedem Schaft ein scharfes Messer. Er band das Pistolenhalfter um, überprüfte noch einmal die Waffe, zog sich dann den Rock über. Vor dem kleinen Marienbild, das ihm Mafalda einmal geschenkt hatte, blieb er stehen. Er faltete die Hände, doch er sprach nicht zu Gott, sondern zu seinem Vater. »Hilf mir, wenn du kannst«, sagte er leise. »Ich weiß nicht, ob ich das, was ich tue, auf die richtige Art tun werde. Du hast mich dazu erzogen, ein guter Mensch zu sein und alle anderen Menschen mit Achtung und Respekt zu behandeln. Bitte hilf mir jetzt, dass die Sklaven verstehen.«

Er bekreuzigte sich, dann rief er die beiden Haussklavin-

nen Dolores und Imelda zu sich. Verschüchtert und mit müden Augen standen sie vor ihm, die Hände ordentlich vor den weißen Schürzen gefaltet, den Blick gesenkt.
»Ihr habt mir in all den Jahren gute Dienste geleistet«, begann er. »Jetzt ist es an der Zeit, dass ich mich erkenntlich zeige.« Er deutete auf die schwere Standuhr, die in einer Ecke seines Arbeitszimmers stand. »In einer halben Stunde ist es Mitternacht. Ein neuer Tag beginnt. Es kann sogar sein, dass eine neue Zeit beginnt. Ich schenke euch hiermit die Freiheit. Ihr seid nun keine Sklavinnen mehr, könnt tun und lassen, was ihr wollt. Ihr seid frei.«
Hatte er erwartet, dass sie vor Dankbarkeit in Tränen ausbrachen? Hatte er geglaubt, sie würden tanzen und lachen? Hermann wusste es nicht. Er wusste nur, dass er mit dieser Reaktion zuletzt gerechnet hätte. Dolores und Imelda standen einfach weiter starr da, die Hände noch immer gefaltet und rührten sich nicht.
»Habt ihr mich nicht verstanden?«, fragte er. »Ihr seid frei. Packt eure Sachen und geht, wohin ihr mögt.«
Langsam hob Dolores den Blick. In ihren Augen standen Fassungslosigkeit und Entsetzen. Ja. Entsetzen. Hermann konnte es genau erkennen.
»Was ist?«, fragte er. »Freut ihr euch nicht?«
Dolores nickte. »Doch, wir freuen uns«, sagte sie, aber aus ihrer Stimme klang Trauer. »Bis wann, Don Hermann, müssen wir das Haus verlassen?«
Erst jetzt begriff Hermann, dass die beiden Frauen Angst hatten. Angst vor dem, was kommen würde. Angst davor, Arbeit, Obdach und Essen zu verlieren.
»Ihr könnt bleiben, so lange ihr wollt. Ihr könnt auch weiter für mich arbeiten. Aber ihr werdet keine Sklavin-

nen mehr sein. Gefällt es euch hier, so ist euch euer Zuhause sicher. Ich werde euch anstellen und euch einen Lohn zahlen.«

Hermann erwartete, dass sich ihre Gesichter entspannten, doch das taten sie nicht. Unglücklich und irgendwie verloren standen die beiden Frauen da, von ihrer plötzlichen Freiheit so überwältigt, dass sie sich nicht rühren konnten. Schließlich hob Imelda die Arme und fragte verschüchtert: »Was sollen wir jetzt tun, Don Hermann? Sollen wir das Mittagessen vorbereiten? Sollen wir die Zimmer herrichten? Die Blumen im Patio gießen?«

»Wenn ihr das wollt, so würde ich mich darüber freuen. Dann müssen wir nur bald über euren Lohn für eure Arbeit sprechen.«

Wieder sahen die Frauen ihn mit Entsetzen, Unglauben und tiefer Verständnislosigkeit an. Hermann begriff, dass die Freiheit, die sie eigentlich so sehr ersehnt hatten, sie in diesem Augenblick überforderte. So, dachte er, wird es auch bei den anderen sein. Es reicht nicht, die Freiheit zu erkämpfen. Man muss auch wissen, wie sie zu gebrauchen ist. Und in diesem Augenblick fiel jegliche Furcht von ihm ab. Sollten die Sklaven sich erheben, sollten sie das Zuckerrohr niederbrennen. So einfach war es mit der Freiheit nicht getan. Und noch etwas beunruhigte ihn. Es war still. Es war einfach zu still. Er begab sich in den Salon, dessen Fenster auf der linken Seite in Richtung Ingenio zeigten, die Fenster auf der rechten Front aber zur Stadt.

Hermann öffnete eines der linken Fenster und lauschte in die Nacht. Karibische Nächte, das hatte er inzwischen gelernt, waren keineswegs still. Überall huschte und wisperte, tuschelte und summte es, aus allen Ecken drangen leise Töne, selbst die Königspalmen flüsterten mit dem Wind, und auch das Zuckerrohr, still am Tage, bog sich in der Nacht raunend zur Erde.

Heute aber war kein Laut zu hören. Auch vom Sklavendorf war nichts zu vernehmen. Kein Gesang, keine Trommel. Nicht einmal der schwache Schein der Feuerstellen drang bis zu ihm. Hermann schüttelte sich leicht und versuchte, das Unbehagen zu verdrängen, doch es saß ihm im Nacken wie ein Alp. Er hatte einen Plan. Er wusste, was er tun würde, wenn sie kämen, um ihn zu holen, um ihn zu töten. Aber er wusste nicht, ob sein Plan aufgehen würde. Das große Problem war nämlich die Frage, ob denn seine Sklaven eigentlich wussten, was sie wollten. Er konnte sich schon vorstellen, dass in einigen die alles verzehrende Wut über jahrelange Demütigungen den Verstand so verdunkelt hatte, dass sie nur eines ersehnten: Rache! Und wie sah die Rache für ein verlorenes Leben, für verlorenen Stolz, verlorene Heimat aus? Selbst Hermann, der im Grunde daran glaubte, dass das Bibelwort »Auge um Auge und Zahn um Zahn« mehr Ärger als Nutzen einbrachte, hatte Verständnis für das rasende, stille, jahrelange Toben der Wut in den Sklaven.

Er fühlte sich, wie er da am Fenster stand, wie ein Tier. Wie eine Maus vielleicht, ein Hase, der von der Schlange beobachtet wird, nicht ahnend, dass die tödliche Gefahr direkt vor seiner Nase ist. Er überlegte, ob er die Waffen, die ordentlich aufgereiht auf dem Küchentisch lagen, zusätzlich zu der Pistole zu sich nehmen sollte.

Draußen waren jetzt Geräusche zu hören. Von der Stadtseite. Hermann wechselte das Fenster, öffnete es und schaute auf das schlafende Trinidad. In den meisten Herrenhäusern brannte zu seiner großen Verwunderung Licht. Niemand von den Weißen schien zu schlafen. Ein gedämpftes Klappern war zu hören, und Hermann beugte sich aus dem Fenster. Ein Eselskarren rumpelte leise vorüber. Irgendjemand hatte den Tieren Lappen um die Hufe gewickelt, damit sie auf dem Kopfsteinpflaster keinen Lärm machten. Hermann erkannte die Kisten, die da still und heimlich aus der Stadt geschafft wurden. Es waren Kisten, die dem Bürgermeister gehörten. Das Siegel seines Ingenios prangte unübersehbar darauf. Hermann lächelte, aber er wunderte sich nicht. Sie hatten Angst, seine weißen und kreolischen Brüder und Schwestern. Angst, dass das Unheil, welches sie verübt hatten, sie nun einholte. Im Grunde hatten sie Angst vor Gott und seiner gerechten Strafe. Wussten sie nicht, dass man vor Gott und dem eigenen Gewissen nicht fliehen konnte?

Jetzt bog eine Droschke um die Ecke. Die Pferde hatten schwer zu ziehen. Hermann beugte sich noch weiter aus dem Fenster und erkannte in der Droschke den Bürgermeister, seine Frau und den Sohn. Vor seinem Haus hielt die Droschke an, und der Bürgermeister stieg aus. »Don Hermann, Sie sind noch da?«, rief er gedämpft.

»Ja. Und ich werde auch bleiben.«

»Aber die Nigger. Sie werden losschlagen. Wenn nicht in dieser Nacht, dann in der nächsten.«

»Ich weiß«, erwiderte Hermann. »Aber ich werde meinen Ingenio nicht verlassen.«

Das Droschkenfenster wurde aufgezerrt. Die dicke Bürgermeistergattin blickte heraus. Im Mondlicht glitzerten ihre unzähligen Ketten, die sie sich allesamt um den Hals

geschlungen hatte, wie die sanften Wellen der Karibik. Auch an ihren Händen protzten Ringe über Ringe, die Unterarme hingen schwer von der Last der Armbänder.
»Sollen wir etwas in Sicherheit bringen für Sie?«, plärrte sie. »Vielleicht den Schmuck Ihrer Frauen?« Ihr weißer, übermächtiger Busen quoll aus dem Kleid wie Hefeteig aus einer Schüssel. Hermann wollte sich angewidert abwenden, doch die Bürgermeistergattin quengelte weiter.
»Was ist mit den anderen Wertsachen? Es wäre doch zu schade, wenn sie alle den Niggern in die Hände fielen.«
Hermann hatte keine Ahnung, was er darauf antworten sollte, doch zu seinem Glück drängten schon die nächsten Droschken herbei und die Insassen verlangten, dass die Straße unverzüglich freigemacht wurde.
Hermann konnte es nicht sehen, aber er war sich sicher, dass in den Augen der dicken Frau die Gier glomm.
Er winkte ab. »Danke. Der Schmuck meiner Frau und die Wertsachen bereiten mir die geringsten Sorgen.«
Der Bürgermeister zuckte mit den Schultern. Unsicher wirkte er. Und ängstlich.
»Wir fahren dann, wenn wir nichts für Sie tun können«, erklärte er. »Gott schütze Sie und Ihr Haus.«
Hermann winkte zum Abschied leicht. Ein feines Lächeln, kaum zu sehen, lag auf seinen Lippen. Er hatte den Bürgermeister immer für einen Schwächling gehalten. Jetzt hatte er den Beweis.
Hermann schloss die Fenster auf der Stadtseite und zog die Vorhänge vor. Er hatte keine Lust, noch mehr Weiße still und heimlich fliehen zu sehen. Und er hatte vor allen Dingen keine Lust, aufgefordert zu werden, seine Besitztümer in Sicherheit zu bringen.

Er sah sich im Salon um. Über dem Kamin prangte eine Uhr aus Meißener Porzellan, die an einigen Stellen mit Blattgold überzogen war. An den Wänden hingen schwere Bilder in mächtigen Goldrahmen. Es hieß, zwei davon seien von niederländischen Meistern. Hermann verstand nichts von solchen Dingen. Die Bilder gefielen ihm nicht einmal. Sie hingen nur dort, weil sie schon immer dort gehangen hatten und weil sie einen gehörigen Eindruck auf die Besucher machten. Sollte er sie abhängen und in den Keller bringen? Nein. Er lächelte. Sollten die düsteren Schinken in ihren protzigen Goldrahmen doch gestohlen werden! Ein Lächeln umspielte seine Lippen, als er sich die niederländischen Meister an den Wänden der Sklavenhütten vorstellte. Er dachte an sein Schreibtischset unten im Arbeitszimmer. Versilbert, schön ziseliert, angeschafft nicht von ihm, sondern von seinem Vorgänger Don Alvaro. Alle Dinge im Haus, selbst die Bettwäsche, in der er schlief, hatte Don Alvaro erworben. Und all diese Dinge konnte er nur genießen, wenn sie die Augen der Gäste zum Leuchten brachten, wenn der Neid in ihren Blicken funkelte, aber noch nie im Leben, das wurde ihm jetzt und hier klar, hatte er etwas »besessen«. Genau das war ja sein Dilemma. Jetzt begriff er es! Jetzt!
Alles, was ihn umgab, alles, vielleicht sogar auch Mafalda, hatte er nicht als zu ihm gehörend angesehen, sondern als Dinge, die er zu Unrecht besaß. Geliehen im besten Fall. Er musste kichern und erschrak zugleich über den blechernen Klang seiner Stimme. Sollten sie sich doch hier bedienen. Sollten sie nehmen, was immer sie wollten. Sollten sie die Meißener Uhr in ihre Hütten stellen. Ihm war das egal. Er war ruhig, gelassen, wenn auch nicht frei

von Angst. Das, was er wirklich liebte, war in Sicherheit. Mafalda und Titine.

Er hatte keine Ahnung, wie viele Stunden er schon durch das Haus lief, wie viele Karren und Droschken mittlerweile an seinem Haus vorübergezogen waren. Er war ruhig. So ruhig und gefasst wie seit langem nicht mehr. Beinahe kam er sich vor wie ein Verbrecher, der froh war, dass er endlich vor Gericht stand und für seine Taten bestraft wurde.

Und plötzlich wurde es laut. Von einer Sekunde auf die nächste brach die Hölle los. Trommeln erklangen, Rasseln wurden geschwungen, dumpfe Gesänge ertönten. Hermann schloss die Augen und lauschte. Er lebte lange genug mit den Schwarzen zusammen, um ihre Rituale zu kennen. Verstehen allerdings würde er sie nie. Doch er wusste, was jetzt im Hüttendorf geschah. Die Männer hatten sich weiße Streifen auf die schwarzen Gesichter gemalt, zumindest die Yoruba-Leute. Dann würde eine rote, geschnitzte Statue an das Hauptfeuer getragen werden. Chango, der Orisha des Krieges. Die anderen Männer schmückten jetzt ihre schlanken Trommeln mit Schellen und bunten, meist roten Bändern, während die Frauen, gemessenen Schrittes und allesamt in weiße Kleider gehüllt, ihre Hütten verließen und in einem weiten Kreis um das Feuer und den Kriegsgott Aufstellung nahmen. Ein Summen und Brummen würde aus ihren Kehlen kommen, dunkel, geheimnisvoll, bedrohlich und doch so altbekannt und furchteinflößend wie der Tod. Die Luft über dem Sklavendorf würde erfüllt sein vom Rauch des Feuers, in das Kräuter gestreut worden war, vom Duft der Orangen und reifen Guaven, Opfergaben für Chan-

go. Dann setzten endlich die Trommeln ein. Hermann lächelte. Es klang, als würde ein heftiger Regen gegen die Fensterscheiben klopfen, doch das hier war weit mehr als ein Regen, weit düsterer, bedrohlicher. Es war eine Kriegserklärung. Der Rhythmus der Trommeln schwoll an, brauste wie ein Orkan durch die Nacht, drang in jedes Haus, in jedes Ohr, verdoppelte, verdreifachte sich, raubte jeden Gedanken, war nur Rhythmus, der die Beine zappeln ließ und die Arme schlenkern – bis er in einer Stille mündete, die nicht weniger gespenstisch war.
Hermann wurde es heiß. Er streckte zwei Finger zwischen Hals und Kragen und riss an seinem Hemd, als wäre ihm die Luft zum Atmen zu dünn geworden.
Gerade als er den ersten tiefen Atemzug nehmen wollte, setzten die Trommeln erneut ein. Hermann wusste, was jetzt geschah. Der Sklave, der in der Hierarchie der Santeria-Religion am höchsten stand und als Babalao galt, würde in den Kreis treten und tanzen. Wenn er sich recht erinnerte, war es Herrero, der Schmied. Er würde die Arme und Beine von sich werfen, nach Luft schnappen und mit den Rasseln an seinen Beinen und in den Händen Geräusche erzeugen wie im Vorhof der Hölle. Andere Männer würden sich ihm anschließen. Sie würden tanzen, mit offenen Mündern und verdrehten Augen, in denen das Weiße nur so blitzte. Das Brummen und Summen der Frauen und die Klänge der Trommeln würden immer stärker werden, bis die tanzenden Männer in Trance verfielen. Einen würde es zuerst packen.
Hermann griff nach dem Fernglas, dass er sich bereitgelegt hatte. Im Schutz der Vorhänge stand er am Fenster und schaute zum Sklavendorf.

Eben noch hatte Herrero getanzt, nun zuckten seine Arme und Beine, er sprang wie ein Schachtelkasper um das Feuer, außer sich, außerhalb der Welt, im Reich der Götter. Er war es, in den der Geist des Kriegsgottes gefahren war. Er war nun kein Sklave mehr, nicht einmal mehr ein Mensch, sondern die Stimme und Gestalt Changos. Sein Körper bäumte sich auf, der Kopf schleuderte umher. Jetzt hatten die anderen Tänzer bemerkt, dass Herrero von den Göttern auserwählt worden war. Still zogen sie sich zurück, stellten sich neben die summenden, brummenden Frauen, stimmten in deren Singsang ein und ließen keinen Blick von dem, in den der Kriegsgott gefahren war. Zuckend stand Herrero da, die Zunge hing ihm aus dem Mund, die Pupillen waren in den Schädel gerollt, so dass nur das Weiße sichtbar war. Er züngelte wie eine Giftschlange, zischte und fauchte, jenseits dieser Welt, irgendwo in einem Raum ohne Zeit und Zukunft. Gebannt starrten die anderen Sklaven auf den Mann. Endlich, endlich begann er zu schreien. Keine Sätze, keine Worte, nur Laute, tierisch und dunkel, gefahrvoll und getragen von den Urgeheimnissen Afrikas. Dann kam der Älteste und goss das Blut eines Opfertieres über den Mann in Trance. Herrero schüttelte sich, so dass das Blut nach allen Seiten spritzte und dessen Duft den Geruch der Guaven und Orangen übertrumpfte. Die Frauen traten hervor, streckten die Arme in den weißen Kleidern aus, um etwas von dem Blut zu erhaschen. Sie leckten sich die Lippen, strichen sich über die Körper, wanden sich wie in Ekstase, wie in einem gespenstischen Liebesspiel.

Der Älteste packte den Rasenden beim Arm und führte

ihn hinter eine Hütte. Dort würde Herrero ihm mitteilen, was Chango, der Kriegsgott, den Sklaven verkündete.
Die anderen Schwarzen riefen ihre Orishas an. Jetzt vernahm auch Hermann den Geruch von Blut. Dampfendes, dunkelrotes Ochsenblut, dessen Gestank bis zu ihm ins Herrenhaus strömte. Hatten sie die Tiere auf der Weide als Opfertiere geschlachtet? Jetzt hörte er deutlich ein Rind brüllen. Die anderen fielen ein, auch die Maultiere begannen zu schreien, die Pferde wieherten. Dazwischen krakeelten ein paar Hühner. Und darüber dröhnten die dumpfen, unheilvollen Gesänge der Sklaven.
Er stand noch immer am Fenster, den brennenden Blick durch das Fernglas auf das Sklavendorf gerichtet. Noch war es zu dunkel, um die Felder hinter dem Sklavendorf zu erkennen, aber nun flammten Feuer auf. Überall. Und noch ehe Hermanns Augen die vielen Feuer verfolgen konnten, wusste er, dass sein Ingenio in Flammen stand.
Er seufzte. Das brennende Zuckerrohr dauerte ihn nicht. Nein, es schien ihm nur so ungeheuer dumm und überflüssig, dass die Sklaven das, was sie selbst mit der Arbeit ihrer Hände geschaffen hatten, im Schweiße ihres Angesichts, unter Mühen und Schmerzen, nun selbst vernichteten. Was soll das?, dachte er und fühlte sich mit einem Schlag müde. Warum vernichten sie, was sie zu ihrem Eigentum hätten machen können? Aber dann fiel ihm ein, dass er wie ein Geschäftsmann dachte, der von Freiheit nichts verstand und schon gar nichts davon, wie man sich die Freiheit erkämpfte.

Zwölftes Kapitel

Es dauerte lange, ehe in der Haustür, die Hermann extra weit offen stehen gelassen hatte, die ersten Sklaven erschienen. Sie trugen noch immer die roten Holzperlenketten des Kriegsgottes um den Hals und an den Handgelenken. Die Rasseln, die sie sich um die Knöchel gebunden hatten, ließen die laue Nacht erzittern.

Allen voran Herrero, dem die Anstrengung der Trance noch ins Gesicht geschrieben stand. Dahinter, in der zweiten Reihe, zwei starke Männer, die Hermann als Arbeiter aus der Zuckermühle erkannte. Im Schein der Fackeln leuchteten ihre weißen Augen wie die Augen von bösen Geistern, während ihre schwarzen Leiber mit der Nacht verschwammen.

Hermann betrachtete die Männer, insgesamt wohl ein Dutzend, und suchte Fela, doch er war nicht unter ihnen. Schließlich fragte er freundlich: »Was wollt ihr, Männer?«

Herrero trat vor. »Wissen Sie es nicht, Don Hermann? Die Insel brennt. Die Sklaven erheben sich und befreien sich vom Joch der Sklaverei.«

Hermann nickte. »Das ist gut und richtig und wohl schon längst überfällig.«
Herrero starrte ihn mit zusammengekniffenen Augen an. »Was soll das heißen?«, fragte er misstrauisch.
»Was soll das schon heißen? Ich entlasse euch alle in die Freiheit. Schon in wenigen Stunden kann der Notar kommen und euch die Urkunden ausstellen.«
Herrero klappte die Kinnlade herunter, die anderen Männer sahen sich verständnislos an.
»Wir sind frei?«, fragte Herrero verblüfft. »Sie lassen uns einfach so frei?«
»Warum nicht? Freiheit, das habe ich mir sagen lassen, hat nichts mit Vernunft zu tun, sondern mit Phantasie, Empfinden und Empfindlichkeit. All das besitzt ihr wie die Weißen. Warum also nicht?«, fragte Hermann zurück. »Ihr könnt tun, was ihr wollt. Werdet glücklich mit Phantasie und Empfinden. Sucht euch Arbeit, sucht euch Obdach, verdient Geld, gründet Familien. Tut, was ihr schon immer tun wolltet.«
Der letzte Satz brachte den Schwarzen zum Grinsen. »Was wir schon immer tun wollten?«, wiederholte er ungläubig.
Hermann nickte.
»Nun, was wir schon immer tun wollten, ist dies: Wir wollen auf seidenen Laken schlafen, unsere Frauen wollen sich mit parfümierter Seife waschen, wir wollen das beste Essen und bei Tisch bedient werden.«
Hermann trat einen Schritt zur Seite. »Bitte, kommt herein«, sagte er und machte dazu eine ausholende Handbewegung. »Nehmt euch, was ihr wollt, was ihr braucht. Bitte, geniert euch nicht. Aber wer soll euch bei Tisch be-

dienen, wer soll die seidenen Laken waschen, wer das Haus putzen? Wer soll dafür sorgen, dass auch übers Jahr noch genug zu essen da ist und Geld für neue Kleider und Schmuck? Das geht nicht ohne Arbeit, geht nicht ohne das Zuckerrohr.«

Herrero musterte seinen Herrn, und in seinem Gesicht erwachte langsam das Verstehen. »Wir wissen, dass auch Sie arbeiten. Aber wir wollen am Gewinn teilhaben.«

Hermann zuckte mit den Schultern. »Bitte«, wiederholte er. »Nehmt, was ihr wollt. Aber denkt daran, die Zuckerrohrfelder stehen in Flammen. Was wollt ihr essen im nächsten Jahr? Wovon wollt ihr leben?«

Die anderen schwarzen Männer wurden unruhig. Die Gier nach allem, was ihnen bisher vorenthalten worden war, war so unstillbar, dass es ihnen gleichgültig war, was morgen, was in einem Monat oder im nächsten Jahr geschah. Sie drängten Herrero zur Seite, brachen mit Geheul in das Haus ein. Zwei stürmten in die Küche, und Hermann konnte den Aufschrei von Dolores und Imelda hören, als sie die Speisekammer aufbrachen, Honigtöpfe und Eierkörbe umstießen, sich die gepökelten Schweineviertel schnappten, das Obst und die beiden Kuchen, die schon für das Wochenende gedacht waren. Einer hatte ein Fässchen Rum entdeckt, und wenig später hörte Hermann, wie aus dem Fass getrunken wurde.

Andere waren nach oben gerannt. Sie stießen Möbelstücke um, Hermann hörte Stoffe reißen, Fenster klirren.

Der Schmied aber stand mit offenem Mund da, die Augen klein vor Überraschung.

»Wolltest du nicht seidene Laken?«, fragte Hermann und konnte sich ein Grinsen nicht verkneifen. »Bitte, hol sie dir. Nimm auch Kleider mit und Wäsche. Nimm, so viel du nur tragen kannst, denn es muss lange reichen.«

Der Schmied war so restlos überrumpelt, so nachhaltig überfordert, dass er sich nicht zu rühren wagte. Er hob einen Fuß, doch es fehlte ihm mit einem Schlag an Kraft oder Willen, ihn nach vorn zu setzen. Die Arme hingen wie Stöcke neben seinem Körper, er ballte die Hände zu Fäusten, öffnete sie wieder und wusste offensichtlich nicht, was er tun sollte, so dass Hermann beinahe schon Mitleid mit ihm bekam.

Er legte ihm zaghaft eine Hand auf die Schulter. »Ich meine es ernst, Schmied. Nimm dir, was immer du willst. Trag es heim in deine Hütte. Mach deiner Frau, deinen Kindern eine Freude. Und wenn du alles hast, was du willst, wenn die anderen haben, was sie wollen, dann kommt zu mir und wir reden.«

Herreros Verblüffung wich dem jahrzehntelangen Misstrauen gegenüber den Weißen. »Worüber sollen wir reden?«, fragte er.

»Darüber, wie es weitergeht. Ihr könnt alle Ingenios des ganzen Landes niederbrennen, alle Herrenhäuser ausrauben, alle Weißen und Kreolen töten. Die Frage aber ist doch, wie es danach weitergeht. Ihr seid frei, ihr könnt gehen, aber ihr könnt auch bleiben und für mich arbeiten. Natürlich gegen Lohn. Ihr könnt mich aber auch töten, könnt mich auf eine Leiter ziehen und peitschen, bis mir die Haut in Fetzen vom Leib hängt, aber habt ihr dabei wirklich etwas gewonnen? Gibt es jemanden unter euch, der fähig ist, den Ingenio weiterzuführen, damit ihr eben auch noch im nächsten Jahr Brot und Milch habt? Kennt ihr euch aus mit den Verträgen? Wisst ihr, was mit dem

Zucker geschieht, wenn er in Sisalsäcke verpackt ist? Ich denke nicht. Ihr mögt einen berechtigten Hass auf die Weißen haben, doch ihr müsst auch bedenken, dass ihr sie braucht, wenn ihr wirklich frei sein wollt.«

Hermann hatte ruhig und freundlich gesprochen, hatte dabei Herrero ernst in die Augen gesehen, und genau das schien den Schmied mehr zu verunsichern, als es eine Waffe in Hermanns Hand getan hätte. Sein Kopf senkte sich, die Schultern sackten nach vorn. Hermann erkannte, dass sich der große Mann geschlagen fühlte. Geschlagen ohne Waffe, geschlagen allein durch Vernunft und Worte. Das war schwerer zu ertragen, und Hermann wusste, dass der Hass, den der Mann gegen ihn schürte, nun noch größer geworden war. Größer, weil er endgültig begriffen hatte, dass er niemals frei sein konnte, sondern für den Rest seines Lebens Sklave blieb, gleichgültig, ob er eine Freilassungsurkunde hatte oder nicht. Und er begriff auch, dass seine Kinder Sklaven bleiben würden, aber er begriff nicht, warum das so war. Nur, dass an diesem Umstand wieder die Weißen die Schuld trugen.

Er blickte Hermann so hasserfüllt an, als trüge dieser ganz allein die Schuld an seiner Lage. Dann stieß er ihn rüde zur Seite und rannte nach oben in Richtung der Schlafzimmer.

Hermann sah ihm nach, schaute noch einmal auf der offenen Schwelle zu seinem Ingenio, der jetzt an allen Ecken brannte, dann verschloss er ordentlich die Tür und begab sich nach oben. Im Türrahmen zu seinem und Mafaldas Schlafzimmer blieb er stehen. Vier Sklaven, darunter Herrero, befanden sich in dem Raum. Einer lag, dreckig wie er war, auf dem Bett und wälzte sich darin wie ein junger Welpe. Ein anderer stand vor dem Kleiderschrank und presste Mafaldas Unterwäsche an sein Gesicht. Er sah dabei so glücklich aus, dass Hermann ihn leise aufforderte: »Nimm die Sachen mit. Schenk sie deiner Frau. Tu es einfach und mach dir keine Gedanken.«

Der Schwarze sah ihn an, als hätte Hermann ihn gerade um etwas betrogen, und mit einem Mal verstand Hermann. Die Männer wollten keine Erlaubnis, sie wollten sich nehmen, ohne zu fragen, wollten zerstören, um ihn leiden zu sehen. Sein Gleichmut stachelte sie an, beleidigte sie so sehr, wie es Schläge und Gegenwehr niemals hätten ausrichten können. Wenn er bis jetzt ihr Herr gewesen, den sie weder geliebt noch gehasst hatten, so war er jetzt zum erbitterten Feind ihres Stolzes geworden. Und die Wut, das sah er in ihren Augen, die glitzerten wie Eis, die verlangte nach Blut. Nach seinem Blut. Der Geruch würde sie noch weiter anstacheln, würde nach noch mehr Blut schreien, und das Wüten würde erst ein Ende nehmen, wenn alle mit ihren Kräften am Boden waren. Und dann würden sie sich überrascht und verlegen ansehen, noch mit Blut an den Händen, und sie würden nicht mehr wissen, was in sie gefahren war, nun, da der Rausch vorüber war. Und manch einer würde sich fragen, ob der Herr nicht recht hatte, ihn zu halten wie Vieh. Das alles sah Hermann, und doch hätte er am liebsten die Augen geschlossen und sich die Ohren zugehalten. Er wollte nicht, dass diese Menschen, seine Sklaven, in dieser Nacht noch den Rest Leben verloren, den sie hatten. Ihren Stolz, ihren Mut, ihre Selbstachtung.

Er wandte sich um und ging. Nur mit einer Schachtel Zigarren und einer Flasche Rum ausgestattet, verließ er sein

Haus und begab sich zu seiner früheren Wohnstatt, dem Verwalterhaus. Dort setzte er sich auf die Veranda, achtete darauf, gut von einem der Pfeiler verborgen zu sein, dann rauchte und trank er die ganze restliche Nacht, während im Herrenhaus die Scheiben klirrten, Möbel aus den Fenstern geworfen, Bettdecken aufgeschlitzt wurden. Irgendwann machte ihn der Rum so müde, dass er einschlief, während rund um ihn herum grenzenlose Raserei tobte und es nicht abzusehen war, wann das Zerstören und Zertrümmern ein Ende haben würde.
Er schlief viele Stunden lang, ungerührt von den Dingen, die rings um ihn geschahen. Er war still und friedlich, sein Gewissen war rein und leicht wie Daunenfedern. Er hatte das Richtige getan, und jetzt blieb ihm nur das Abwarten. Er träumte nicht, sondern atmete gleichmäßig und tief, und sein Gesicht zeigte einen entspannten Ausdruck.
Als er erwachte, war es später Vormittag. In der Luft hing der Geruch nach Rauch und Zerstörung. Doch alles war still. Niemand zerschlug mehr Möbel, Fenster splitterten nicht mehr, kein Rufen, irres Lachen oder unbändiges Fluchen war zu hören. Der Ingenio lag so still, wie Hermann es noch nie erlebt hatte. Er stand auf, reckte und streckte sich, dann zog er den Rock gerade und begab sich zum Herrenhaus.
Lächelnd besah er sich die Verwüstungen. In der Küche waren die Teller aus den Schränken gerissen und auf den Boden geworfen worden. Die Tür zur Speisekammer hing schief in den Angeln. Darin waren Töpfe und Körbe, Fässer und Säcke umgestoßen. Auf dem Boden mischten sich schwarze Bohnen mit Honig und zerbrochenen Eiern. Ein Geruch nach Verderbnis lag über allem. Hermann zuckte

nur mit den Achseln und ging in sein Arbeitszimmer. Alle Schubladen seines Schreibtisches waren aufgerissen. Papiere lagen umher, sein Schreibgerät und das Tintenfass waren zerbrochen, die Tinte hatte einen hässlichen See auf dem Kirschholzschreibtisch hinterlassen. Das Sofa war aufgeschlitzt worden, die Polsterwolle quoll hervor. Neben dem Sofa hatte ein Globus gestanden, der als Hausbar diente. Seine obere Hälfte fehlte nun, die Flaschen lagen zerbrochen am Boden. Auch sein Humidor war zertreten, die guten Zigarren fehlten. Im übrigen Haus sah es ähnlich aus. Hermann schritt lächelnd über zerbrochene Betten, zerfetzte Kleider, verschandelte Möbel, verschmutzte Teppiche. Die gute Uhr aus Meißener Porzellan lag zerschellt auf dem Boden; Hermann stieß mit der Fußspitze die Teile zusammen. Noch immer heiter, ließ er sich im Salon auf dem einzigen noch erhaltenen Polsterstuhl nieder und betrachtete staunend und gutgelaunt sein Heim. Jetzt, da alles kaputt, zerstört und geschändet war, fühlte er sich wohl hier. Er lächelte, summte ein Lied dabei, ein Lied aus seiner Kindheit. »Kommt ein Vogel geflogen, setzt sich nieder auf den Fuß, hält 'nen Zettel im Schnabel, von der Mutter einen Gruß.«

Er bemerkte nicht einmal, dass Dolores und Imelda sich näherten. Bleich und zitternd lehnten sie an der Salonwand, hielten sich bei den Händen und wagten nicht, den Blick zu heben.

»Seht euch das an!«, rief Hermann fröhlich. »Seht nur, schaut nur. Habt ihr so etwas je gesehen?«

Die beiden schwarzen Mädchen schüttelten den Kopf.

»Was ist mit euch los? Warum schaut ihr so sauertöpfisch? Was wollt ihr? Ihr seid frei. Geht, wenn ihr wollt.«

Dolores trat einen halben Schritt vor, ohne die Hand Imeldas loszulassen. »Wohin sollen wir denn gehen, Don Hermann? Wir kennen nichts und niemanden im ganzen Land.«
Für einen Augenblick überkam Hermann der Grimm. Nicht über die Zerstörung hier, sondern darüber, dass seine Frau und seine Schwester nicht hier bei ihm waren, sein plötzliches, unverhofftes und für viele unverständliches Glück nicht mit ihm teilen konnten. Er wischte das Lächeln aus seinem Gesicht. »Ihr wolltet die Freiheit, nun habt ihr sie«, brummte er. »Nutzt sie gefälligst, sonst habt ihr sie nicht verdient.«
Das jüngere Mädchen, Imelda, begann zu weinen. Sie verzog das Gesicht, der Mund wurde grotesk breit, die Augen rollten wie Murmeln in ihrem Kopf, das Haar sträubte sich, die Nase wurde in Falten gelegt, dann plärrte sie los wie ein Kleinkind. Sie riss den Mund auf und stieß all ihre Angst hinaus, warf sie Hermann vor die Füße. Eine Weile hörte er sich die Klagen des Mädchens an. Dann befahl er: »Hör auf zu flennen. Du hast keinen Grund. Ich habe euch gestern gesagt, dass ihr frei seid. Und ich habe euch auch gesagt, dass ihr trotzdem hier immer ein Zuhause haben werdet. Ihr könnt für mich arbeiten. Nicht mehr als Sklavinnen, sondern als Bedienstete. Eure Kammern im Haus könnt ihr behalten. Doch ab sofort zahle ich euch Lohn. Seid ihr damit einverstanden, so heiße ich euch herzlich willkommen. Seid ihr es nicht, so müsst ihr eure Sachen packen und von hier verschwinden.«
Jetzt fing auch Dolores zu weinen an und stürzte Hermann in maßlose Verblüffung. Er breitete die Arme aus

und rief, die Augen leicht zum Himmel verdreht: »Grundgütiger, was wollt ihr denn noch? Warum flennt ihr so?«
Schluchzend erklärte Dolores: »Wir wollen, das alles so ist, wie es immer war.« Mit dem Ärmel ihres Kleides wischte sie sich den Rotz von der Nase.
Hermann seufzte, halb belustigt, halb belästigt. »Aber es ist doch alles so, wie es immer war. Ihr seid hier im Haus. Eure Aufgabe ist dieselbe wie gestern, nur, dass ihr von jetzt ab Geld dafür bekommt.«
Vorsichtig blickte Dolores ihn an. »Und was sollen wir mit dem Geld?« Ihre Stimme zitterte vor Verunsicherung.
»Ich habe keine Ahnung«, rief Hermann aus, der seine Fröhlichkeit wiedergewonnen hatte. »Kauft euch schöne Dinge dafür. Was weiß ich? Haarbänder oder Kämme oder Süßigkeiten. Kleider, Schuhe, was immer ihr wollt.«
Nun blickte auch Imelda auf. »Wirklich?«
»Ja. Wirklich. Und nun sagt mir, wofür ihr euch entschieden habt. Wollt ihr bleiben oder wollt ihr gehen?«
»Bleiben«, erwiderten die Mädchen wie aus einem Mund.
»Das freut mich. Denn es gibt viel zu tun. Am besten räumt ihr auf. Macht das ganze Haus leer. Tragt die zerbrochenen Möbel auf einen Haufen und zündet ihn an. Vorher nehmt euch, was ihr braucht. Bettdecken, Kissen, Wäsche. Den Rest schmeißt fort. Ach ja, kochen braucht ihr heute nicht; ich werde in der Stadt essen.«
Er nickte den Mädchen noch einmal aufmunternd zu, dann machte er sich ein wenig frisch, wechselte die Kleider und sattelte ein Pferd. Im Sklavendorf erwartete ihn ähnliche Bestürzung wie im Haus. Ein paar Sklaven hockten vor ihren Hütten, unfähig, etwas zu tun, unfähig, etwas zu lassen. Hermann erfuhr, dass ein großer Teil der

Männer, mit Tieren und bewaffnet mit Macheten, weitergezogen war, um die anderen Ingenios zu befreien. Die aber, die geblieben waren, wussten nicht, wohin mit sich. Hermann teilte ihnen dasselbe mit, was er den Hausmädchen gesagt hatte, und lächelte über die Erleichterung auf den Gesichtern der Männer und Frauen. »Heute gebe ich euch Zeit, alles in Ordnung zu bringen. Am Nachmittag könnt ihr eure Freilassungsurkunden im Herrenhaus abholen. Ab morgen aber erwarte ich, dass ihr wieder eurer Arbeit nachgeht. Das Zuckerrohr, das schon geerntet ist, muss in der Mühle verarbeitet werden. Ein Teil des Ingenios liegt in Schutt und Asche, die Felder erstickt unter einer dicken Rußschicht. Seht zu, dass ihr sie wieder zum Leben bringt. Habt ihr das verstanden?«
Aufrichtig dankbar sahen ihn die Männer und Frauen an. So dankbar, dass Hermann beschämt war. Sie blickten ihn an, als wäre er ein Retter. Sie taten ihm leid, die armen Männer und Frauen und Kinder, die mit ihrer Freiheit, die sie so ersehnt hatten, gar nicht umgehen konnten. Sie müssen es lernen, dachte er. Es wird schwer sein, aber sie müssen lernen, dass Freiheit vor allem Verantwortung heißt und dass die Fesseln der Freiheit tiefer ins Fleisch schneiden als die Fesseln so mancher Gefangenschaft. Der Gedanke ließ ihn auflachen. Das Lachen war vermischt mit Spott und Häme. »Warum soll es euch bessergehen als mir?«, herrschte er die Leute an, die erschrocken zusammenfuhren. »Denkt ihr, ich kann tun und lassen, was ich will? Oh, nein, ich muss für euch sorgen wie ein Vater für seine Kinder. Aber damit ist jetzt Schluss. Jetzt müsst ihr für euch selbst sorgen. Ihr habt es so gewollt.« Er lachte noch einmal voller Hohn in die ratlosen,

verständnislosen Gesichter mit den vor Entsetzen weit aufgerissenen Augen und Mündern. Mit einem Schlag begriff er, was die Sklaven jetzt am nötigsten brauchten: einen, der ihnen sagte, was zu tun war. Jemanden, der das Heft in die Hand nahm, der sie in die Freiheit führte. Er musste lachen darüber, denn eines war gewiss: Er würde es nicht sein. Sollten sie dem Schmied nachfolgen, dem, der auch nicht mehr wusste als sie. Er brauchte keine Sklaven mehr. Er brauchte gute Leute, die hart zu arbeiten verstanden. Und er würde sich genau aussuchen, welche der Männer und Frauen er in seine Dienste übernahm. Er nickte ihnen zu, war nie größer und mächtiger, nie selbstgewisser als in diesem Augenblick. Er hatte ihren Sieg, auf den sie so stolz waren, mit einem Lachen in eine bittere Niederlage verwandelt. Und so hockten sie da, die Frauen in die seidenen Kleider von Mafalda gehüllt, die Männer mit Kummerbunden um ihre fast nackten Hüften. In Hermanns Gesicht konnten sie lesen, wie lächerlich sie waren, wie klein, dumm und nichtswürdig.

Dann ritt Hermann in die Stadt, begab sich in die kleine Bar an der Plaza Mayor, in der Hoffnung, dort Nachrichten von den anderen Ingenios zu erhalten.

Er war überrascht, als er auf seinen Freund Andreas Winkler traf, ansonsten war die Bar leer. Er ließ sich neben den Arzt fallen und bestellte sich einen doppelten Rum. Dann fragte er: »Sind Mafalda und Titine auf dem Weg nach Havanna?«

Dr. Winkler nickte. »Ich habe ihnen zwei starke Männer zur Seite gestellt. Bewaffnete Männer. In Havanna werden sie von Joachim Groth persönlich abgeholt. Es gibt keinen Grund zur Besorgnis.«

»Wie geht es Titine?«

Dr. Winkler lächelte, aber es war ein schmerzliches Lächeln. »Es geht ihr besser, doch es geht ihr nicht gut. Der Schock sitzt tief. Hast du Fela gesehen?«

Verblüfft schüttelte Hermann den Kopf. »Nein. Und ich gebe zu, ich habe bis jetzt auch nicht an ihn gedacht. Wahrscheinlich ist er mit den anderen Aufständischen weitergezogen.« Er spielte mit seinem Glas und fügte hinzu: »Was mir natürlich nicht unlieb ist.«

Dr. Winkler sah sich um, deutete auf die leeren Tische und Stühle. »Hast du die Bar jemals so verlassen erlebt?« Er lächelte dabei, und Hermann erwiderte sein Lächeln.

»Nein, habe ich nicht. Wo sind sie denn alle hin, unsere weißen Brüder?«

»Der Bürgermeister hat es nur ein paar Meilen aus der Stadt heraus geschafft, habe ich gehört. Dort ist er wohl den eigenen Sklaven in die Hände gefallen.«

»Lebt er?«

Dr. Winkler lachte, beugte sich zu Hermann. »Und ob er lebt. Sie haben ihn in sein Haus geschleppt, zusammen mit Frau und Sohn. Dort bedient sie jetzt die Sklavinnen, von denen man hört, dass sie ihre Kleider tragen, sich mit ihrem Parfüm bespritzen und ihre Schokolade essen. Der Bürgermeister selbst muss den Diener für seine Sklaven spielen, ihnen Rum mit Zitronenwasser mixen und die Spitzen von den Zigarren abschneiden.«

Hermann brach in Gelächter aus. »Es wird ihm nicht schaden, denke ich. Und die anderen?«

Da wurde Dr. Winkler ernst. »Don Augusto haben sie aufgehängt, zuvor Frau und Tochter vor seinen Augen geschändet. Dann haben sie das Herrenhaus angezündet und sind weitergezogen. Es heißt, sie hätten sich in den Wäldern verschanzt.«

Hermann zündete sich eine Zigarre an. »Was soll nun werden?«, fragte er. »Wie soll es weitergehen?«

Dr. Winkler hob die Schultern. »Bei Gott, ich weiß es nicht, aber ich hoffe, dass wir das Schlimmste überstanden haben.«

ZWEITER TEIL

TRINIDAD IM JAHRE 1880

Wie viel werden Kultur und Wohlstand dieses Landes einst gewinnen, wenn bei innerer Ruhe über 1 500 500 Piaster […] auf den Loskauf arbeitsamer Sklaven, wie dies schon jetzt dank der einsichtigen und humanen Gesetzgebung der Republik Colombia geschieht, verwandt werden. … Der Weisheit und Milde dieser spanischen Gesetzgebung ungeachtet bleibt der Sklave in der Einsamkeit einer Pflanzung oder eines Pachthofes den größten Misshandlungen preisgegeben, wenn auf demselben ein roher capataz (dt. Vorarbeiter), mit einem Buschmesser und einer Geißel, unbeschränkte Gewalt und Herrschaft übt! Gesetzlich ist weder eine Grenze für die Bestrafung des Sklaven noch die Dauer seiner Arbeitszeit bestimm; ebenso wenig finden sich die Beschaffenheit und Menge der ihm zu gewährenden Nahrungsmittel vorgeschrieben.

Erstes Kapitel

Zwölf Jahre waren seit dem *Grito de Yara*, seit dem Schrei nach Freiheit und einem von Spanien unabhängigen Kuba vergangen. In Deutschland gab es den Allgemeinen Deutschen Gewerkschaftsbund, der für die Rechte der Arbeiter eintrat, die Pariser Kommune war blutig unterdrückt worden, die spanische Republik war ausgerufen worden, in Frankreich und Spanien gründeten sich Arbeiterparteien, die Krinoline, von den Frauen unter den Röcken getragen, kam aus der Mode, und in Österreich entstanden Fremdenheime, in denen die Menschen Urlaub machen konnten. Nur auf der Insel war das meiste beim Alten geblieben.

Zehn Jahre hatte der Krieg angedauert, hatte zweihunderttausend Kubanern und achtzigtausend Spaniern den Tod gebracht. Auch Herrero, der Schmied, war tot, und mit ihm ungefähr ein Viertel der ehemaligen Sklaven von Don Hermann. Der Rest war eines Tages zurückgekehrt und hatte seine Arbeit wieder aufgenommen. Hermann hatte jeden Einzelnen in die Freiheit entlassen und angestellt, doch er hatte nicht das Gefühl, dass die Schwarzen nun glücklicher waren. Er hatte den Eindruck, dass die meisten von ihnen resigniert hatten. Aber warum? Was hatten sie gewollt? War die Freiheit ein Gut gewesen, das zu groß war für eine Sklavenseele?

Er wusste es nicht, doch er wusste, dass in ihnen noch immer ein Feuer aus Wut und Hass brannte und dass der kleinste Funke genügte, es wieder zu entfachen.

Noch immer war Kuba spanische Kolonie, doch seinen Reichtum hatte es in den Kriegsjahren eingebüßt. Zahlreiche Ingenios, insbesondere im Osten, lagen brach. Die schlimmste Wirtschaftskrise seit mehr als einem Jahrhundert brachte überall Not und Elend.

Die Zuckerpreise waren in den Keller gefallen. Schuld daran war ein neues Verfahren in Europa zur Zuckerherstellung, der nun aus Rüben gewonnen wurde. Die Zuckerbarone waren gezwungen, ihr Land zu verkaufen, und die Amerikaner standen – schlau und geldsatt – bereit, die brachliegenden Ländereien zu übernehmen. In der Zeitung hatte sogar kürzlich ein Artikel gestanden, der für Unruhe sorgte: »Schon 1850 beherrschten die Vereinigten Staaten von Amerika ein Drittel des kubanischen Handels und verkauften und kauften dort mehr als Spanien. Das Sternenbanner wehte auf den Masten von mehr als der Hälfte der Schiffe, die in Havanna und den anderen Häfen anlegten. Ein spanischer Reisender fand 1859 tief im Innern in weitab gelegenen kleinen Dörfern von Kuba Nähmaschinen nordamerikanischer Herkunft. Dies berichtete Eduardo Galeano. Die spanische Regierung versucht nach wie vor, die Interessen der Produzenten im Mutterland mit einer rigiden Zollpolitik zu schützen, doch trägt sie hiermit nur zur Entfernung zwischen Kolonie und Metropole bei.«

Auch Hermann Pescador blieb auf seiner ohnehin spärlichen Ernte sitzen. Die Zuckermühle arbeitete längst nicht mehr rund um die Uhr, und im Siedehaus kühlten die Kessel ab, während die Schwarzen auf den Stapeln der leeren Sisalsäcke saßen und zusammengerollte Tabakblätter rauchten.

Während Hermann darüber grübelte, wie er seinen Ingenio wieder hochbringen und seinen Reichtum, der noch immer beachtlich war, vermehren konnte, war Titine ein zweites Mal schwanger.

Sie hatte vor knapp zwölf Jahren in Havanna einem kleinen Mädchen das Leben geschenkt, doch Mafalda hatte ihr am Tag nach der Niederkunft, die sie, in einen Laudanum-Nebel gehüllt, kaum mitbekommen hatte, unter Tränen berichtet, dass ihr kleines Mädchen während der Geburt gestorben war. Die Nabelschnur hatte es um den Hals getragen und war daran erstickt. So etwas kam vor, Titine hatte schon des Öfteren davon gehört. Sie hatte das kleine Mädchen nie zu Gesicht bekommen, sie hatte ihre Tochter weder begrüßen noch verabschieden können, und seither lag ein Schatten auf ihrer Seele.

Als sie nach gut einem Jahr zurück nach Trinidad gekommen war, war Fela da gewesen, als wäre er nie fortgegangen. Er war ihr Trost und Stütze, vor allem, weil sie beide jetzt gemeinsam das Verwalterhaus bewohnten und Fela auf der Pflanzung verantwortlich für die Tiere war. Es hatte ihn alles an Stolz und Würde gekostet, von Hermann seine Freilassungsurkunde entgegennehmen zu müssen. Fela war sich nicht sicher gewesen, ob Hermann ihn wieder auf seinem Ingenio anstellen würde. Er hätte gut verstanden, wenn der Don ihn wie einen räudigen Hund weggejagt hätte. Er hätte es nicht nur verstanden, er hätte damit leben können. Aber Hermann hatte ihn lächelnd empfangen, hatte, als wäre es das Normalste der Welt, die Urkunde aus dem Schreibtisch gezogen und ihm in die Hand gedrückt. Dann war er einfach hinter seinem Tisch stehen geblieben und hatte Fela angesehen. Nicht unfreundlich, nein, sogar mit einem leisen Lächeln im Gesicht, das Fela tiefer und härter traf, als es Worte und Schläge jemals vermocht hätten. Und Fela hatte sich nicht bedanken können. Niemals. Weil er nämlich nichts zu danken hatte. Und doch wollte er etwas, er stand vor Hermann wie ein Bettler, und er sah an Hermanns Blick, dass dieser das wusste. Er wollte hierbleiben, auf dem Ingenio, weil er bei Titine bleiben wollte, nein, musste.

»Du kannst gehen, Fela«, sagte Hermann, noch immer freundlich.

Fela sah in seine Augen. Jetzt habe ich dich, konnte er darin lesen. Am liebsten wäre er gegangen, hätte irgendwo die niedersten Arbeiten verrichtet, aber er war hier gebunden. Und Fela wusste nicht, wie er der grauenvollen Schmach, die ihm bevorstand, entkommen konnte. Noch immer stand Hermann da, schwieg und sah ihn mit einer endlosen Geduld und der Überlegenheit des Siegers an, der nur darauf wartete, den Gegner endgültig in Grund und Boden stampfen zu können.

»Ich bin Titines Mann«, erklärte Fela schließlich, straffte die Schultern und reckte das Kinn. »Aber ich bin hier, um zu arbeiten.«

Dieser letzte Satz hatte seinen ganzen Stolz gekostet.

»Du bist nicht Titines Mann«, erwiderte Hermann, noch immer freundlich und zuvorkommend. »Du hast sie verlassen. Außerdem seid ihr nicht verheiratet. Weder vor Gott noch vor den Menschen.« Er wartete einen Augenblick, um zum letzten Schlag auszuholen. »Und du bist auch nicht der Vater ihres Kindes, weil es kein Kind gibt.«
Fela sog tief die Luft ein. Alles in ihm brüllte vor Schmerz und Wut. Am liebsten hätte er Hermann getötet. Und doch wusste er, dass er noch tiefer im Staub vor ihm kriechen würde, weil Titine sein Leben, seine große Liebe war.
»Ich möchte gern für Sie arbeiten.« Der Satz hatte Fela mehr Kraft gekostet als alles andere, was er bisher in seinem Leben getan hatte.
Hermann nickte. »Gut. Du kannst hier arbeiten. Ich stelle dich an. Wenn du willst, so kannst du die Verantwortung für das Vieh übernehmen. Du kannst Viehwart sein.«
Fela stöhnte leise auf. Viehwart. Ja, das war etwas, was er beherrschte. Besser als jeder andere hier auf dem Ingenio. Und gleichzeitig die größte Schmach von allem. Er konnte nicht anders, er funkelte Hermann an, und in seinen Augen standen Hass und ohnmächtige Wut.
Hermann tat, als sähe er nichts davon. »Ich bezahle dir ein anständiges Gehalt. Du bist frei von nun an. Das heißt, du kannst wählen, wo du wohnen willst.«
Fela runzelte die Stirn. Alle Muskeln an ihm waren gespannt, selbst sein Atem kam in kurzen, harten Stößen.
»Was heißt das?«, wollte er wissen.
Hermann hob die Schultern und schürzte die Lippen, als ob ihn diese Frage nicht wirklich etwas anging. »Du bist frei. Tu, was du willst. Erledige deine Arbeit ordentlich, alles andere interessiert mich nicht.«

Und Fela verstand, dass Hermann wusste, dass er von nun an mit Titine im Verwalterhaus leben würde. Und der Don tat, als würde ihn das nichts angehen, als könnte er einfach die Augen davor verschließen, was um ihn herum geschah. Tu, was du willst, hieß das. Und alles, was du tust, ist mir egal. Du kannst mir nichts. Nicht einmal, wenn du im selben Haus lebst wie meine Schwester.
Felas Zähne mahlten aufeinander, doch dann nickte er. »Ich werde morgen früh mit der Arbeit beginnen«, sagte er und fühlte sich noch gedemütigter als damals auf dem Sklavenmarkt. Damals, da hatte er noch Hoffnung, dass sich etwas ändern würde. Damals, da wusste er, dass es nicht seine Schuld war, so vor den anderen stehen zu müssen. Jetzt war das anders. Alles, was ihm geschah, hatte mit ihm zu tun und nur mit ihm. Er hasste Hermann wie nichts sonst. Er gäbe alles darum, ihn töten zu können. Aber nicht einmal das konnte er. Hermann hatte ihn gebrochen, hatte seine Würde mit Füßen getreten, würde ihn für den Rest seines Lebens verachten, und es gab nichts, was Fela dagegen tun konnte. Jetzt hatte er wirklich nichts mehr, nur noch den unbändigen, dunklen, alles verzehrenden Hass.

Mit dem Gehalt, das Hermann ihm zahlte, kam die kleine Familie gut aus, doch nun war Titine, nach langem Warten und Bangen wieder schwanger. Und sie war froh darum. Schon jetzt rumorte es erneut auf der Insel, und viele, die es wissen mussten, waren der Ansicht, dass ein neuer Unabhängigkeitskrieg vor der Tür stand. Sie hätte Angst um Fela haben müssen, aber er hatte ihr versprochen, sie nicht noch einmal allein zu lassen, und schon gar nicht,

während sie sein Kind unter dem Herzen trug. Das Kind, Titine wusste es, würde ihn an die Plantage und an sie binden.
Mafalda dagegen hatte noch immer kein Kind zur Welt gebracht, und jetzt, mit Mitte dreißig, fühlte sie sich schon fast zu alt dafür. Hager war sie geworden, und um ihren Mund hatte sich ein bitterer Zug eingegraben. Und doch war sie keine unzufriedene Frau. Ihr Lachen hallte durch die hohen Räume des Herrenhauses, ihre Herzlichkeit ließ die Kinder der schwarzen Bediensteten stets wie Mäuse um ihre Füße huschen, und nicht einmal an Verehrern mangelte es ihr. Der Sohn des Bürgermeisters, etliche Jahre jünger als sie, verfolgte sie mit glühenden Blicken, wann immer er sie in der Stadt traf.
Doch die Sorge um den Ingenio trübte ihre gute Laune. Was sollten sie tun, wenn niemand mehr ihren Zucker haben wollte? Wovon sollten sie leben, wovon die Angestellten bezahlen? Sollten sie tatsächlich mit den Amerikanern Geschäfte machen?
Zwar hatte Fela die Rinderherde vergrößert, so dass niemand würde Hunger leiden müssen, doch das war es nicht, das Mafalda schlaflose Nächte bereitete. Sie hatte kein Kind und würde wohl auch keines mehr bekommen. Sie brauchte eine Herausforderung, eine Aufgabe. Erst recht, seit der kleine Richard nicht mehr bei ihnen war.
Kurz nach der Rebellion, als sie zurück nach Hause gekommen war, hatte Hermann beschlossen, das Kind in eine deutsche Missionsschule zu geben.
»Ich kann ihn nicht mehr ertragen«, hatte er gesagt. »Er bringt die schlechtesten Seiten in mir zum Vorschein. Wenn ich ihn sehe, dann sehe ich seine Mutter.«

»Aber er ist doch noch ein Kind«, hatte Mafalda eingeworfen.

»Ein Kind, ja. Aber er ist nicht unser Kind, sondern das Kind einer Frau, für die ich mein Leben lang nur Verachtung übrighatte. Mag sein, dass ich ungerecht bin, aber dieses Kind ist mir zuwider. Ich bringe es fort.«

Und er hatte es getan, hatte den kleinen Jungen, der mittlerweile zu einem Mann herangereift sein musste, bei den Nonnen abgegeben. Der Junge hatte geschrien, er hatte gestrampelt, sich gewehrt. Tränenüberströmt hatte Mafalda zugesehen, wie Hermann den Jungen auf sein Pferd warf, aber sie hatte nicht eingegriffen, sondern das Kind seinem Schicksal überlassen. Manchmal, sehr selten nur, dachte sie an Richard, und dann fragte sie sich, ob es nicht doch ein Fehler war, ein so kleines Kind einfach wegzugeben. Vielleicht hätte er sich im Laufe der Jahre verändert. Vielleicht wäre aus ihm doch noch ein anständiger junger Mann mit Zielen und Ehrgeiz geworden. Aber meist verdrängte sie jeden Gedanken an das Kind.

Und als im Zuge des Krieges die Nonnen ihre Schule geschlossen hatten und nach Deutschland zurückgekehrt waren, da hatten weder Mafalda noch Hermann gefragt, was aus Richard geworden war, sondern hatten jeden Gedanken an ihn beiseitegeschoben. Es mochte Schuld sein, denn Hermann zumindest fühlte sich schuldig dem Knaben gegenüber. Ein Kind, das Hilfe brauchte, musste Hilfe bekommen. So war er erzogen worden. Jederzeit würde er ein Kind aufnehmen und als seines großziehen, aber nicht Richard. Von allen Kindern dieser Welt konnte er allein Richard nicht ausstehen. Trotzdem hoffte er, dass er ein gutes Leben hatte. Und er hatte andere Sorgen. Die

Zuckerproduktion, der Absatzmarkt, der so stark eingebrochen war.
»Was sollen wir tun?«, fragte Mafalda ihren Mann.
Hermann, noch immer stattlich und eher hager, hatte graue Schläfen bekommen, doch seit den Unruhen vor zwölf Jahren war er anders geworden. Ruhiger, gelassener. So wie jemand, der das Schlimmste in seinem Leben erlebt und es überlebt hatte. Das war natürlich übertrieben, doch Hermann hatte seither das Gefühl, dass es kein Problem der Welt gab, das sich nicht lösen ließ. Und diese Haltung vermittelte er auch seinen schwarzen Arbeitern, seinen Angestellten, seiner Schwester und seiner Frau. Nur Fela war ihm ein Ärgernis. Nein, kein Ärgernis, sondern etwas Unbestimmbares, etwas Bedrohliches, doch die Bedrohung war nicht auszumachen. Sie war unterschwellig da, wurde nur sichtbar, wenn Hermann ihn nach seinen Ideen für den Ingenio fragte, was er früher oft getan, nun aber seit Jahren schon unterlassen hatte. Fela nämlich hatte sich ebenfalls verändert. Er war frei, lebte mit der Frau, die er liebte, ging einer Arbeit nach, die er mochte und für die er begabt war, dennoch schien ihm irgendetwas zu fehlen. Er gehörte weder zum Herrenhaus noch zum Hüttendorf. Er stand dazwischen, hatte nirgendwo Freunde und nirgendwo Feinde. Er war allein, er war einsam, und das war es gewiss nicht, was er sich gewünscht hatte.
Fela hatte begriffen, dass nicht die Freiheit die Menschen gleich machte, sondern dass es noch mehr Voraussetzungen gab. Die Weißen und die Kreolen konnten lesen und schreiben. Die Schwarzen nicht. Zumindest nicht viele. Nur einige wenige. Und Fela gehörte zu ihnen und hatte

erfahren, dass die, die das Wissen hatten, auch die Macht hatten. Er wünschte sich Schulen für die schwarzen Kinder, aber er wusste auch, dass er sie selbst bauen musste. Er wünschte sich, dass diejenigen, die lesen und schreiben konnten, es den anderen beibrachten, aber das taten sie nicht, sondern sie hüteten ihr Wissen wie einen großen Schatz. Es gab Uneinigkeit im Hüttendorf. Die Frauen gönnten einander nicht das kleinste bisschen Schweineschmalz, das schmalste Haarband. Und die Männer, früher befreundet, beäugten sich nun misstrauisch. Die Freiheit hatte Feinde gebracht, und Fela hatte sehr lange gebraucht, um zu begreifen, warum das so war.
Früher, als sie alle noch Sklaven und gleich waren, gleichwertig, nichtswertig waren, da hatten sie dieselben Sorgen und Nöte geteilt. Nun aber waren sie nicht mehr gleich. Es gab die, die ein wenig gebildet waren und deshalb besser bezahlt wurden, und es gab die, die es nicht waren und den schlechteren Lohn für dreckigere Arbeit bekamen. Und wo Ungleichheit war, das hatte Fela kummervoll begreifen müssen, da gab es keine gemeinsamen Ziele mehr, da zogen Neid und Missgunst in die Herzen, da wurde bitter, was einst süß war. Und die, die aufgestiegen waren, die blickten auf die, die noch immer unten lagen, herab. Und die Unteren ließen an denen da oben kein gutes Haar.
Er war damals, vor zwölf Jahren, mitgezogen mit den Rebellen. Er hatte gekämpft und sogar getötet. Mehr als einmal. Ein schlechtes Gewissen hatte er deshalb nicht. Er dachte, er kämpfte um eine gute Sache. Heute wusste er es besser. Die Kämpfe gingen weiter. Der spanisch-kubanisch amerikanische Unabhängigkeitskrieg tobte. Noch

immer gingen Ingenios in Flammen auf, noch immer starben Menschen. Diesmal angeführt von einem, von dem Fela geglaubt hatte, dass er es besser wissen müsste: José Martí, Dichter, Gelehrter, Träumer. Aber Fela hatte begriffen, dass es für die Schwarzen in diesem Kriege nichts zu gewinnen gab.
Auch sein Verhältnis zu Hermann blieb gespannt. Ja, manchmal, an Geburtstagen, da speiste Fela mit den Weißen am Tisch. Er versorgte ihr Vieh, trotzdem spürte er, dass Hermann ihm nach wie vor Verachtung und Misstrauen entgegenbrachte. Und dieses Misstrauen wuchs und wuchs und wuchs. Fela war klar, wenn er Hermann die Gelegenheit gab, würde er ihm Titine entfremden. Er würde sie ihm wegnehmen, einfach so. Aber Fela war auf der Hut. Er würde weiterkämpfen. Um Titine. Um seine Würde, um seinen Stolz. Seit zwölf Jahren lebte er im Krieg. Es war kein Krieg der stählernen Waffen, sondern ein geheimer, subtiler Krieg, den Hermann und er miteinander führten. Und dieser Krieg würde niemals enden, bevor nicht einer von ihnen tot war.

Zweites Kapitel

Ein Brief von Joachim Groth aus Havanna ist gekommen. Ich habe ihn dir auf deinen Schreibtisch gelegt.« Mafalda strich sich das Haar aus der Stirn. Es war heiß. Unglaublich heiß und feucht. Die Kleider klebten ihr förmlich am Leib, und sie hatte das Gefühl, nicht mehr genügend Luft zum Atmen zu bekommen. Sie fühlte sich schlapp, würde am liebsten den ganzen Tag lang im kühlen Patio sitzen und Eiswasser trinken. Alle auf der Insel litten unter dieser unglaublichen Hitze. Ein Höllenfeuer könnte nicht schlimmer sein. Das Zuckerrohr verdorrte auf den Feldern, bald würde es nicht mehr genug Wasser für das Vieh geben. Die Hausmädchen mussten jeden Tag länger und kräftiger pumpen, um an das kostbare Nass zu gelangen. Mafalda geizte mit jedem Tropfen. Schon seit einer Woche war das Haus nicht mehr gewischt, die Schmutzwäsche, ein riesiger Berg, lag in der Waschküche neben dem leeren Kessel. Regen. Jeder sehnte Regen herbei. Die Schwarzen hatten seit einigen Tagen wieder begonnen, die Orishas um Regen zu bitten, doch die Götter

stellten sich taub. Jeder Schritt wirbelte den ausgetrockneten, rissigen Weg auf, so dass der Staub emporstieg, sich auf Haut und Haare setzte, zwischen den Zähnen knirschte.
Hermann kam von draußen herein, das Gesicht mit einer grauen Schicht überzogen, das Haar plötzlich ganz ergraut, die Augen müde. »Diese verdammte Hitze«, klagte er und rieb sich die Stirn. »Ich habe seit Tagen Kopfschmerzen.«
Mafalda nickte. »Wetter im Kopf. Ich weiß.« Sie deutete auf den Brief. »Willst du ihn nicht lesen?«, fragte sie.
Hermann lächelte sie an. »Du bist neugierig wie ein junger Welpe«, sagte er. »Lass mich nur kurz Hände und Gesicht waschen.«
Wenig später kam er sauber, aber nicht wirklich erfrischt zurück, griff nach dem Brieföffner, besah dabei seine Frau. »Du wirkst so besorgt«, stellte er fest.
»Wie sollte ich nicht? Jede Nachricht der letzten Wochen war eine schlechte Nachricht. Ich habe Angst, dass Groth uns die Verträge kündigt. Dann stehen wir da mit unserem Zucker.«
»Warte es ab.« Hermann faltete das Papier auseinander und las. Dann ließ er das Schreiben sinken und sah zum Fenster hinaus auf den Ingenio.
»Was ist?«, wollte Mafalda wissen. »Um des lieben Herrgotts willen, jetzt sag mir doch, was los ist.«
Hermann holte tief Luft. Dann warf er Mafalda einen bewundernden Blick zu. »Groth hat seinen Besuch angekündigt. Er bringt einen Amerikaner mit. Schon in zwei Wochen kommen sie. Der Amerikaner würde uns Rum abkaufen. Wir würden mehr Geld damit verdienen als je

zuvor. Vorausgesetzt …« Er machte eine Pause und wedelte mit dem Briefbogen. »Vorausgesetzt, unser Rum schmeckt ihm. Was sagst du jetzt? O nein, ich weiß schon, was du sagst, du hast ja immer gesagt, dass im Rum die Zukunft liegt. Meine schöne, kluge Frau.«
Jetzt gestattete sich auch Mafalda ein Lächeln. »Rum also. Wie die Bacardís in Santiago.« Sie stand auf, schien die Plagen der Hitze vergessen zu haben. »Wann kommt der Amerikaner?«, fragte sie.
»In zwei Wochen.«
»Dann haben wir viel zu tun, nicht wahr?« Sie trat zu ihrem Mann und küsste ihn auf den Mund. Sie runzelte die Stirn, sah sinnend in die Ferne.
»Was denkst du?«, wollte Hermann wissen.
»Wenn wir alle Verträge mit den Deutschen kündigen und nur noch für einen einzigen Amerikaner arbeiten, hat er uns dann nicht in der Hand?«, fragte sie ein wenig beklommen.
Doch Hermann zuckte nur mit den Schultern. »Viele haben nur einen einzigen Kunden. Manchmal ist eine Geschäftsbeziehung so ähnlich wie eine Ehe. Bis dass der Tod uns scheidet. Hoffen wir, dass diese mögliche Ehe eine von den guten wird.«

Titine saß auf der Veranda, das Haar im Nacken schweißnass, und überblickte matt die Felder, die in der brütenden Sonne lagen. Kein Windhauch regte sich, die Luft schien wie eine wabernde Masse. Der schwere Duft des Zuckers klebte in ihrer Kehle, ließ sie ständig durstig sein. Titine legte eine Hand auf ihren gewölbten Bauch und strich sanft darüber. Ein Kind. Sie würde wieder ein Kind bekommen. Plötzlich überfiel sie Trübsal. Hoffentlich würde das Kind überleben, hoffentlich die Geburt ohne Komplikationen verlaufen. Das Ungeborene trat sanft gegen ihre Hand, und Titine verzog den Mund zu einem Lächeln. Kurz nur dachte sie an das Mädchen, dass sie vor zwölf Jahren geboren und sogleich wieder verloren hatte.

Sie wusste nicht, warum sie in den letzten Jahren einfach nicht schwanger geworden war. Sie hatte alles versucht: rohe Eier gegessen, Mönchspfeffer eingenommen, Tränke aus Selleriesaft und die verschiedensten Pülverchen der Schwarzen, aber nichts war passiert. Eine Tages hatte Dolores, das schwarze Hausmädchen von Hermann und Mafalda, ihr erklärt, dass sie kein neues Kind empfangen konnte, weil das alte in ihr noch zu viel Raum einnahm.

»Meinst du das wirklich?«, hatte Titine gefragt.

Dolores hatte heftig genickt. »Aber ja, Doña. Ein Kind braucht Platz in dem Herzen seiner Mutter. Wenn deren Herz aber noch jemand anderem gehört, einem anderen Kind, dann wird sie nicht schwanger.«

»Woher weißt du das?«

Dolores hatte die Arme ausgebreitet. »Jeder weiß das. Das ist eben so.«

Titine hatte genickt und darüber nachgedacht. Ja, es war so, Dolores hatte recht. Sie konnte ihre Tochter einfach nicht vergessen. Ja, sie konnte noch nicht einmal glauben, dass das kleine Mädchen wirklich tot war. In Titines Herzen fühlte es sich an, als wäre sie noch am Leben. Als wäre sie irgendwo, als hätte man sie ihr weggenommen. Und sie sehnte sich nach ihr mit jeder Faser ihres Leibes. Sie wollte sie berühren, an ihrem Haar riechen, doch sie

hatte ihr nicht einmal einen Namen geben können. Einmal hatte sie Mafalda davon erzählt.
»Ich kann sie noch spüren«, hatte sie gesagt. »So, als ob sie noch in dieser Welt wäre. So, als ob sie nach mir ruft.«
Mafaldas Gesicht hatte sich verändert. Von einem Augenblick auf den nächsten hatte es sich verschlossen. Keine Gefühlsregung hatte Titine daraus lesen können, und ebendies war es, was ihr Angst machte.
Mafalda hatte geantwortet: »Was du fühlst, das ist normal. Keine Mutter bleibt reglos, wenn ihr Kind stirbt. Schließlich ist es ein Teil von dir. Es ist möglich, dass du dir nicht genügend Zeit für die Trauer genommen hast. Du hast kein Grab, keinen Gedenkstein, nichts. Du kannst mit deiner Trauer nirgendwohin. Vielleicht ist es das, was dir zu schaffen macht.«
Und auch darüber hatte sie nachgedacht. Eines Abends, als Fela drüben bei seinen Leuten im Hüttendorf war, da hatte Titine eine Puppe aus Lumpenresten genäht. Sie hatte ihr ein Gesicht gemacht und ihr einen Namen gegeben: Lulu. Dann war sie im Schein des Mondlichtes hinaus in den Garten gegangen. Unter einem Orangenbaum hatte sie ein kleines Grab ausgehoben und die Puppe darin begraben. Lange hatte sie am Rande der Grube gehockt, Lulu in den Armen gewiegt und auf die Tränen gewartet. Aber es kamen keine Tränen. Stattdessen die Gewissheit, dass ihr kleines Mädchen noch am Leben war. Und dann hatte sie doch geweint. Lange, sehr lange. Sie hatte den Verlust ihrer Tochter betrauert, aber so wie jemand, der das Wichtigste in seinem Leben verloren hat. Verloren an jemand anderen, nicht aber an den Tod.
Und sie hatte sich damit abgefunden, irgendwann, nach

entsetzlich quälenden Tagen, Wochen und Monaten, dass sie ihre Tochter verloren hatte. Für immer und endgültiger als an den Tod. Und dann war sie schwanger geworden. Ganz ohne Mönchspfeffer und rohe Eier. Einfach so. Aus Liebe zu Fela. Und sie hatte das Geheimnis ihrer Schwangerschaft gehütet, sogar vor Fela. Erst vor wenigen Tagen war ihm aufgefallen, dass ihr Körper sich verändert hatte.

»Bekommen wir ein Kind?«, hatte er gefragt, und Titine hatte in seinen Augen gesehen, dass er sich nichts mehr als das wünschte. Und sie war froh gewesen, mit einem Schlag leicht und unbeschwert. Sie hatte genickt, und dann hatten sie sich so sanft und ausdauernd geliebt wie lange nicht mehr. Doch Titine hatte auch bemerkt, dass Fela seither nachdenklich wirkte. So, als bedrückte ihn etwas, das mit der Schwangerschaft zu tun hatte. Titine hatte zunächst geglaubt, er habe Angst um das Ungeborene, aber mittlerweile wusste sie es besser. Und auch sie hatte weder Hermann noch Mafalda etwas von ihrer Schwangerschaft erzählt, und wenn sie daran dachte, dann überlief ein klammer Schauer ihren Rücken. Bisher hatte sie ihren Zustand unter weiten Kleidern verborgen, doch nun wollte sie nicht länger ein Geheimnis aus ihrem Glück machen. Sie erhob sich und beschloss, ins Herrenhaus zu gehen und reinen Tisch zu machen.

Sie musste sich beeilen. Der Nachmittag war weit fortgeschritten, die Hügelkämme verfärbten sich glutrot. Bald würden die Männer und Frauen von der Arbeit nach Hause kommen, bald würde auch Felas leichter Schritt auf dem Kies vor dem Haus knirschen. Sie wollte es hinter sich haben, wenn er nach Hause kam.

Langsam und irgendwie feierlich gestimmt, schritt Titine auf das Herrenhaus zu. Sie hatte die rechte Hand auf ihren Bauch gelegt und stellte sich vor, sie ginge Hand in Hand mit ihrem Kind.
Langsam betrat sie das Haus, wurde von Imelda in den Salon geschickt und traf dort Mafalda und Hermann tief ins Gespräch versunken.
»Störe ich?«, fragte sie.
»Aber nein.« Hermann erhob sich, holte ein Glas von der Anrichte und schenkte Titine Guarapo ein.
»Worüber redet ihr so angeregt?«, wollte sie wissen.
Mafalda und Hermann warfen sich einen kurzen Blick zu. »Es ist noch nicht spruchreif. Aber wir denken darüber nach, wie wir den Ingenio trotz des miserablen Zuckermarktes gut über Wasser halten können.«
Titine nickte. Normalerweise hätte es sie sehr interessiert, was Mafalda und Hermann da beredeten, aber heute war sie so ganz von ihren eigenen Angelegenheiten in Anspruch genommen, dass sie nur einen kurzen Blick auf die engbeschriebenen Blätter warf, die auf dem Tisch lagen. Sie trank einen Schluck vom Zuckerrohrsaft und räusperte sich. »Ich muss euch etwas sagen«, begann sie.
»Ja?« Hermann lehnte sich in seinem Stuhl zurück und schlug die langen Beine übereinander.
Mafalda verschränkte die Hände im Schoß und lächelte freundlich.
»Ich bekomme ein Kind.«
Der Satz hing im Raum wie ein Machetenhieb, wischte Mafaldas Lächeln weg, ließ Hermanns Lässigkeit bemüht erscheinen. Mafalda wechselte einen Blick mit Hermann, in dem keine Freude zu sehen war. Eine kleine Weile

herrschte Schweigen, das Titine bedrohlich vorkam. Sie legte beide Hände auf ihren Bauch, als müsste sie das Kind vor Hermann und Mafalda schützen. Schließlich brach Hermann das Schweigen. »Schon wieder?«, fragte er.
»Schon wieder? Ich warte seit zwölf Jahren darauf.«
Mafalda strich sich eine Haarsträhne aus der Stirn. »Auch mir scheint es, als wäre es erst gestern gewesen.«
Titine erhob sich. Die Enttäuschung stand ihr ins Gesicht geschrieben. Sie seufzte, dann erwiderte sie: »Nun, ich habe es euch gesagt.«
Sie wandte sich zum Gehen, doch Hermann erhob sich, fasste sie am Arm. »Jetzt sei doch nicht gleich beleidigt. Natürlich freuen wir uns mit dir auf das Baby. Es kam nur so überraschend, verstehst du?« Er lachte ein wenig, aber es klang blechern und dünn. »Wir müssen uns erst an den Gedanken gewöhnen.«
Titine ahnte, dass das nicht stimmte, aber jetzt erhob sich auch Mafalda, umarmte sie und flüsterte: »Herzlichen Glückwunsch. Bitte versteh doch: Wenn du schwanger bist, so werde ich stets an meine eigene Unfruchtbarkeit erinnert.«
Titine nickte und hatte das Gefühl, Mafalda über den Rücken streichen zu müssen. Aber eine kleine, piepsige Stimme in ihr rief: Das sagt sie doch jetzt nur, damit ich nicht länger über diese scheinheilige Freude nachdenke. Und noch eine andere Stimme in ihr rief, dass sie sich schämen sollte, so etwas über Mafalda zu denken.
Hermann zog sie sanft zurück auf ihren Stuhl, holte sogar ein Kissen und stopfte es ihr in den Rücken. »Wann kommt das Kind?«, fragte er.

»In ungefähr viereinhalb Monaten«, antwortete Titine. Wieder wechselten Mafalda und Hermann einen Blick, den Titine nicht einordnen konnte. Sie war überrascht, als Mafalda plötzlich in die Hände klatschte und ausrief: »Da müssen wir vorher unbedingt nach Havanna fahren. Wir brauchen Sachen für das Baby, einen Stubenwagen oder eine Wiege, Windeln und all die anderen Dinge, die so ein Neugeborenes braucht.« Sie fasste nach Titines Hand, drückte sie. »Wir müssen das bald machen, nicht wahr? Damit die Reise nicht zu beschwerlich wird für dich.«

»Wirst du es taufen lassen, das Kind, meine ich?« Hermann schlug plötzlich diesen Ton an, auf den Titine schon die ganze Zeit gewartet hatte. Der Ton, der ihr sagte, dass er sich nicht wirklich freute, dass er sogar hoffte, das Kind würde verlorengehen.

Sie schluckte, warf den Kopf in den Nacken und schob die Unterlippe ein wenig trotzig hervor. »Ja, *wir* werden es taufen lassen. Fela und ich. Und zuvor wollen wir heiraten. Das Kind wird Felas Namen tragen.«

Ein Stöhnen drang aus Hermanns Mund, und es klang, als verzweifle er an einem Kind, das einfach nichts begreifen will.

»Das geht nicht, das weißt du genau.«

»Wieso geht das nicht? Fela ist ein freier Mann mit allen Rechten, die auch die Weißen und die Kreolen haben.«

»Er ist nicht katholisch.« Knapp und barsch klangen Hermanns Worte.

»Gut, dann wird er sich taufen lassen. Wir haben bereits darüber gesprochen.«

»Aber eine Heirat zwischen einem Schwarzen und einer Weißen ist nicht erlaubt.« Hermann ließ nicht locker. Seine sonst ewig bleichen Wangen waren von einem rosigen Zorneshauch überzogen.

»Nicht erlaubt? Wo steht das? Die Schwarzen haben beinahe dieselben Rechte. Wir werden einen Priester finden, der uns traut.« Titine blickte Hermann trotzig an, doch als der mit der Faust auf den Tisch schlug, zuckte sie zusammen. »Nein, verdammt noch mal!«, schrie er plötzlich. »Ich werde nicht zulassen, dass sich meine Schwester ins Unglück stürzt, indem sie einen Schwarzen heiratet. Die Leute werden dich eine Niggerhure schimpfen, sie werden dich anspucken, und eines Tages wird dein Kind mit eingeschlagenen Zähnen nach Hause kommen, weil es entweder von den Schwarzen oder von den Weißen verprügelt worden ist. Das lasse ich nicht zu!«

Mafalda erhob sich, stellte sich hinter Hermann, legte ihm die Hände auf die Schultern und massierte ihn leicht. Zu Titine gewandt, erklärte sie: »Auf der Insel hat sich einiges getan seit deiner ersten Schwangerschaft, aber das Denken der Leute hat sich nicht verändert. Alles, was damals gegen eine Schwangerschaft mit einem Mischlingskind sprach, gilt auch heute noch. Du weißt es selbst, Titine.«

Hermann seufzte tief auf, dann sprach er weiter: »Die ganzen Jahre habe ich zusehen müssen, wie dieser Schwarze Abend für Abend in das Verwalterhaus ging. Ich habe dulden müssen, dass er in meinem Haus lebt, meinen Rum trinkt, meine Zigarren raucht. Ja, ich habe sogar zulassen müssen, dass er mit meiner Schwester schläft. Ich habe das nur getan, um dich, Titine, glücklich zu wissen. Es war gut, wie es war. Und jetzt das? Jetzt ein Kind von diesem Nichtsnutz? Hast du nichts gelernt in den letzten zwölf Jahren?«

Titine blickte betroffen auf ihre im Schoß gefalteten Hände. Sie spürte sogar, dass seine Besorgnis echt war. Aber dabei war noch etwas anderes. Und dieses andere war es, das Titine so störte.
»Es wird nicht leicht sein«, sagte Mafalda und warf Titine einen aufmunternden Blick zu. »Es wird nicht leicht sein, ein Mischlingskind aufzuziehen. Aber es wird schier unmöglich, einen Schwarzen zu heiraten und mit ihm so zu leben, wie es die Weißen und die Kreolen tun.«
Titine erhob sich. Sie legte beide Hände über ihren Bauch. »Ich dachte, es hätte sich etwas geändert in diesem Land. Ich dachte, ihr hättet euch geändert. Aber jetzt sehe ich, dass alles beim Alten geblieben ist. Die Sklaven sind noch immer Sklaven und werden es auf ewig sein. Und die Weißen werden sie niemals akzeptieren als das, was sie sind: Menschen mit einer anderen Hautfarbe, aber denselben Wünschen, Hoffnungen und Träumen.«
Sie brach ab, schluckte, sah Mafalda und Hermann mit so grenzenloser Enttäuschung an, dass es Mafalda beinahe das Herz zerriss.
»Ihr müsst euch entscheiden«, erklärte sie dann mit einer neugewonnenen Stärke. »Entweder, ihr lasst Fela, das Kind und mich wie eine Familie leben, oder wir werden euch verlassen. Ich werde euch verlassen.«

Drittes Kapitel

Die zwei Wochen bis zur Ankunft von Joachim Groth und dem Amerikaner vergingen tatsächlich wie im Flug. Hermann beschäftigte sich zum ersten Mal in seinem Leben mit der Frage, wie man Rum brennt.

Früher, als seine Eltern noch lebten und ihre eigene Apotheke hatten, da hatte er dem Vater oft geholfen, wenn es darum ging, Medikamente herzustellen. Pflanzen und Kräuter wurden in Alkohol eingelegt und schließlich daraus ein Trank destilliert. Den Alkohol hatte sein Vater selbst gebrannt, und nun versuchte Hermann, sich an diesen Vorgang zu erinnern. Obst. Er hatte Obst dafür verwandt. Birnen, Pflaumen, meist Äpfel. Die Mutter hatte die Äpfel geschält und entkernt und dann den Saft ausgepresst. Dann hatte sie dem gepressten Obst Hefe zugesetzt, so dass die Masse zu einer Maische vergärte. Anschließend wurde das Zeug in einem Kupferkessel gebrannt. Jetzt erinnerte sich Hermann wieder genauer, und die Erinnerung brachte seinen schmalen Mund zum Lächeln. Lakritze. Süßholz. Genau. Der Vater hatte bei der

Firma Merck in Darmstadt Lakritze bestellt. Sie half bei Husten und bei Magenerkrankungen und hatte eine enorme Süßkraft. Manchmal hatte er die Lakritze im Alkohol aufgelöst und hatte dann ein Getränk, welches er Lakritz-Schnaps nannte. Selbst die Kinder tranken bei Husten gern davon. Aber Lakritze im Rum? Als Heilgetränk? Das konnte er sich nicht vorstellen.

Doch hatte der Vater nicht auch mit Weizen gearbeitet? Hier gab es weder Weizen noch Äpfel. Ja, tatsächlich. Jetzt erst fiel es Hermann auf. Er hatte sich in all den Jahren an den unterschiedlichsten Früchten gelabt: Orangen, Mangos, Papayas, Bananen und Guaven, aber einen Apfel hatte er auf der Insel noch nicht gesehen. Ein leichter Anflug von Heimweh überkam Hermann. Er schnalzte mit der Zunge, doch der Geschmack von Äpfeln wollte ihm einfach nicht mehr einfallen.

Rum. Der Amerikaner wollte keinen Schnaps, er wollte Rum. Natürlich wurde auf dem Ingenio Rum gebrannt. Jeder Zuckerbaron tat das und gab den Rum seinen Angestellten als Deputat. Hermann hatte einen alten Schwarzen dafür, der aus der Melasse den Rum brannte, aber er hatte sich nie für die Herstellung interessiert. Rum tranken nur die Armen. Kein Weißer in Trinidad würde sich jemals mit Rum betrinken. Dr. Winkler und er waren eine Ausnahme, aber auch sie tranken nicht den selbstgebrannten Rum, den auch die Schwarzen bekamen, sondern extra in Flaschen abgefüllten Rum aus der Brennerei der Bacardí in Santiago. Warum aber wollte der Amerikaner dieses Arme-Leute-Gesöff, welches das Blut in Feuer verwandelte? Nun, Hermann würde es erfahren, wenn der Amerikaner hier war.

Zunächst aber musste er lernen, wie man Rum herstellte. Die Melasse, ein dickflüssiger, brauner Saft, musste mit Wasser verdünnt werden, um überhaupt gebrannt werden zu können. Doch mehr wusste Hermann im Grunde nicht.

Also machte er sich auf den Weg ins Siedehaus und suchte Antonio, den Siedemeister. Antonio war ein alter, magerer Schwarzer, der nur noch zwei oder drei Zähne im Mund hatte. Seit Hermann denken konnte, arbeitete Antonio im Siedehaus. Er hatte ein Frau, die im Hüttendorf die Kinder betreute und von der man sagte, sie wäre eine Santeria-Priesterin, eine Priesterin der Orishas, und eine Heilkundige. Vielleicht, dachte Hermann, kann ich auch sie befragen.

Er fand Antonio schlafend auf einem Haufen Zuckersäcke, während die Kessel im Siedehaus kalt und unbenutzt dastanden. Empörung wallte in Hermann auf. So waren sie, die Schwarzen. Hatten Wünsche und Ansprüche, aber die Arbeit hatten sie nicht erfunden. Kaum drehte man ihnen den Rücken, so lagen sie auf der faulen Haut. Sie verschwenden mein Geld, dachte Hermann. Sie sind frei, aber sie haben nicht gelernt, für sich verantwortlich zu sein. Alles hängt an mir. Haben sie nichts zu essen, dann schreien sie nach dem Don. Sind ihre Häuser kaputt, dann holen sie sich mein Holz und reparieren sie. Sind sie krank, schreien sie nach dem Doktor, den ich bezahle. Und für all das verlange ich nicht mehr, als dass sie arbeiten. Aber ach, alle Worte sind in den Wind gesprochen. Sie liegen hier, tun nichts und stehlen dem Herrgott den Tag.

»Warum liegst du da und schläfst?«, fuhr er den Mann an.

Der erhob sich brummelnd, fuhr sich mit der Hand ordnend durch sein krauses Haar. »Es gibt nichts zu tun, Don.«
»Sind die Kessel geschrubbt?«
»Sie können sich darin spiegeln.«
»Die Säcke genäht?«
»Mehr, als wir in fünf Jahren verbrauchen.«
»Ist genug Holz geschlagen?«
»Nun, im Augenblick brauchen wir kein Holz, die Kessel stehen still.«
Hermann wusste, dass Antonio recht hatte, trotzdem konnte er seinen Ärger kaum zügeln.
»Warum suchst du dir dann nicht eine andere Arbeit?«, wollte er wissen.
Antonio zuckte mit den Schultern. »Wir haben alles erledigt, was Sie uns aufgetragen haben. Geben Sie uns Anweisungen, dann werden wir sie ausführen.«
»Aber Zeit, um euren Rum zu brennen, die habt ihr, oder nicht?«
»Ihr selbst habt es uns gestattet.«
Hermann wischte mit der Hand durch die Luft. Natürlich hatte er den Schwarzen gestattet, sich Rum zu brennen. Sie tranken nach den schweren Arbeitstagen, dann wurden sie müde von dem starken Getränk, fielen auf ihre Schlafstätten und hielten die ganze Nacht Ruhe. Rum, hatte Hermann gelernt, galt auf der Insel als Beruhigungstrank für die Neger. Viele waren bereits abhängig, und das wiederum führte dazu, dass sie weniger Ärger machten, aus Angst, man könnte ihnen das Deputat streichen. Selbst die Kinder bekamen zur Nacht einen Löffel voll Rum, damit sie rascher einschliefen.

»Ab heute wird alles anders werden«, erklärte er. »Wir werden Rum brennen. Guten Rum. Edlen Rum. Und du bringst mir bei, wie man das macht.«
Der alte Mann erhob sich und blickte Hermann unsicher an.
»Du hast richtig verstanden. Wir brennen Rum für andere. Und du wirst mir auf der Stelle alles zeigen und erklären.«
Antonio sah sich um, breitete die Arme aus. »Wo soll ich anfangen?«, fragte er unsicher.
»Beim Anfang natürlich.«
Der alte Mann nickte, dann zeigte er auf einen Stapel Holz und auf den Holzplatz, an den ein Schuppen grenzte. »Die Böttcherei«, sagte er. »Die Böttcherei ist der erste Schritt zu einem guten Rum.«
Hermann war schon unzählige Male in der Böttcherei gewesen, er kannte den Holzplatz so gut wie seine Westentasche, aber jetzt begriff er, dass er im Grunde gar nichts wusste.
Er betrat mit Antonio den kleinen, halbdunklen Schuppen, in dem zwei Arbeiter Bretter zu Fässern zusammenbauten.
»In diesen Fässern lagern wir den Rum. Es sind einfache Fässer, nicht behandelt, nicht ausgebrannt. Der gute Rum wird nicht in solchen Fässern gelagert, sondern in welchen aus amerikanischer Weißeiche, in denen zuvor der Bourbon gelagert wurde. Dadurch erhält er einen leicht rauchigen, milden Geschmack.« Antonio blickte seinen Herrn an. »Wir haben keine amerikanischen Fässer, deshalb brennt unser Rum auf der Zunge, in der Kehle und im Bauch.«

»Gut, ich werde veranlassen, dass man uns solche Fässer liefert. Wie geht es weiter?«

»Nun, wie Sie es von der Zuckergewinnung her kennen. Das Rohr wird gepresst und in den großen Siedekesseln danach die ausgepresste Flüssigkeit gekocht.«

»Guarapo«, sagte Hermann und winkte ab. »Stell mich nicht dümmer dar, als ich es bin. Vom Zuckersieden verstehe ich etwas. Die Kristalle setzen sich an den Wänden der Siedekessel ab und als Nebenprodukt erhält man Melasse.« Hermann wurde langsam ärgerlich, weil er glaubte, der alte Mann wollte ihn für dumm verkaufen. Doch der Mann lächelte. »Hier aber trennt sich die Zuckerproduktion von der Rumproduktion. Jetzt geht es um die Melasse.«

Antonio winkte, dass Hermann ihm folgen sollte. Gemeinsam betraten sie erneut das Siedehaus. Vor einem Kessel blieben sie stehen. »Sehen Sie die bernsteinfarbige Flüssigkeit?«, fragte er.

Hermann, noch immer ärgerlich, nickte. »Natürlich sehe ich sie. Das ist Melasse. Klebrig, süß.«

Antonio schüttelte den Kopf. »Ihr nennt es Melasse, ich aber nenne es das Gold der Insel. Wir vermischen die Melasse mit Wasser, geben Hefe hinzu und lassen die Masse gären. Dabei entsteht eine Maische, die wir ›Baticion‹ nennen.«

Hermann beugte sich über einen anderen Kessel und war versucht, seinen Finger hineinzustippen und ihn abzulecken. Er musste zugeben, dass Antonio recht hatte. Er hatte sich immer nur um den Zucker gekümmert. Was die Schwarzen mit der Melasse machten, hatte ihn nie interessiert. Einmal nur hatte er den selbstgebrannten Rum seines

Ingenios gekostet. Er hatte nach dem ersten Schluck nach Luft ringen müssen. Tränen waren ihm in die Augen geschossen, und er hatte geglaubt, endlich zu begreifen, was die anderen unter »Feuerwasser« verstanden. Angewidert hatte er das restliche Glas ausgeschüttet. Nein, den eigenen Rum würde er niemals wieder kosten. Dieses Gesöff eignete sich wirklich nur dazu, den Schwarzen nach einem Arbeitstag einen seligen Rausch zu bescheren. Ja, Hermann war sogar davon überzeugt gewesen, dass Weiße an diesem Höllenstoff zugrunde gehen würden.

»Sprich weiter!«, forderte er Antonio auf und konnte nicht verhindern, dass sich sein Gesicht vor Abscheu verzog. Er begriff nicht, was der Amerikaner mit diesem Rum wollte, da es doch im ganzen Land den köstlichsten Whiskey zu trinken gab. Er war jedenfalls froh, dass er noch zwei Kisten guten Bourbon in seinem Keller stehen hatte.

Antonio zeigte auf eine Metallsäule, die unten eine Öffnung für das Feuer hatte. »Jetzt wird die Melasse destilliert«, erklärte er. »Wir heizen den Apparat mit gehäckseltem und gepresstem Zuckerrohr. Das, was wir bekommen, ist normaler Zuckerrohrschnaps.«

Antonio zeigte auf ein paar Flaschen, in denen ein braunes, trübes Gebräu aufbewahrt war. Hermann schüttelte sich, als er die Unreinheiten, die Flocken und Flusen, die in den Flaschen schwammen, betrachtete.

Antonio hob die Arme. »Das ist unser Rum, Herr. Den, den die Bacardís brauen, habe ich noch nicht gekostet. Aber ich habe gehört, dass sie ihn durch einen Filter laufen lassen, so dass er am Ende klar wie Bernstein ist.«

Hermann nickte, notierte in Gedanken, sich um das Filtrieren zu kümmern, und folgte Antonio dann in eine Halle, die aus schweren Steinen gebaut unter Königspalmen stand und in der es angenehm kühl war. »Hier lagern wir den Rum. Er muss zwei Jahre reifen, bis er trinkbar ist.« Antonio schüttelte den Kopf, als er sah, dass eines der Fässer nicht dicht war. Er zeigte mit dem Finger darauf. »Manche können nicht abwarten, bis er die richtige Reife hat. Sie zapfen sich vorher etwas davon ab. Einige haben dabei den Verstand verloren.«

Hermann betrachtete die Fässer, in denen zuvor Sauerkraut oder etwas noch viel Schlimmeres gelagert hatte. Kein Wunder, dachte er, dass man von unserem Rum blind wird. Oh, wir brauchen so viel, so viel, um ein erstklassiges Getränk herzustellen, das den Amerikanern schmecken wird.

»Ist das alles?«, fragte er Antonio.

Der schüttelte langsam den Kopf und hob den Zeigefinger. »Nein, Don, hier fängt es eigentlich erst an. Das Geheimnis eines guten Rums liegt in seiner Mischung. Verschiedene Jahrgänge werden miteinander vermischt, bis endlich ein Getränk entsteht, das über die Zunge läuft wie ein Kuss.« Er lächelte und strich dabei zärtlich über ein Fass.

Hermann aber runzelte die Stirn. »Woher weißt du das alles?«, fragte er.

Antonio zuckte mit den Schultern. »Ich war nicht immer hier auf dem Ingenio, wissen Sie. Als Kind, da habe ich in Santiago gelebt. Dort unterhält jeder Don seine eigene Brennerei. Und jeder versucht, den anderen zu übertrumpfen.« Er nickte, als er daran dachte. »Dort unten, im Osten, da trinken alle Rum. Jeder. Auch die großen Herren.«

»Hm«, brummte Hermann, der den leisen Vorwurf

durchaus gehört hatte. »Und was kann man tun, um unseren Rum zu veredeln?«
Wieder lächelte Antonio. »Vieles, Don, sehr vieles. Man kann die Fässer ausräuchern. Nach jedem Gebrauch sauber ausschaben und dann neu räuchern. Einmal haben wir Nadelgehölze benutzt. Der Rum hatte einen sehr erdigen Geschmack danach. Ein anderes Mal haben wir die Fasswände mit Honig bestrichen. Die Frauen haben uns geliebt dafür.«
Hermann legte den Zeigefinger an das Kinn und betrachtete Antonio, ohne ihn recht zu sehen. Schließlich sagte er: »Ab heute wirst du mein Brennmeister für Rum sein. Wenn du willst, natürlich nur. Ich verdoppele dein Gehalt, aber dafür möchte ich einen Rum, der, wie du sagst, wie ein Kuss durch den Mund läuft.«
Er hatte erwartet, dass Antonio voller Freude wäre, doch das war er nicht. »Don, ich weiß das Angebot sehr zu schätzen, aber verzeihen Sie mir, ich kann es nicht annehmen. Rum zu brennen ist eine schwierige Sache. Ich weiß nicht, ob ich das, was Sie verlangen, kann. Lassen Sie mir Zeit. Lassen Sie mich ein wenig probieren. Wenn Sie zufrieden sind, können Sie mir ja nach Gutdünken etwas mehr Geld zahlen.«

Hermann ritt gleich nach seinem Gespräch mit Antonio hinaus auf die Felder, auf denen die Schwarzen arbeiteten. Er drehte sich nicht noch einmal um, und so sah er auch nicht, dass Antonio sich lächelnd am Ohr kratzte und es sich sogleich wieder auf den Zuckersäcken gemütlich machte.
Noch immer war es so heiß, dass der Schweiß wie Wasser

über Hermanns Rücken floss. Die Ernte des letzten Jahres war verheerend gewesen, doch das hatte ihn nicht groß gestört, da er seine Verträge mit Joachim Groth trotzdem erfüllen konnte. Jetzt aber stand das Rohr prächtig und wartete darauf, geerntet zu werden. Eigentlich waren es bis zum Erntebeginn im Advent noch vier Wochen, doch Hermann sah, dass ein Teil des Zuckers gut und gern schon geschlagen werden konnte. Also gab er die entsprechenden Anweisungen. Anschließend ritt er hinüber zu den Viehweiden. Sie lagen mittlerweile rund zwei Meilen vom Herrenhaus entfernt, weil sich der Viehbestand in den letzten Jahren enorm vergrößert hatte.
Er traf Fela dabei an, wie er den Pferden die Hufe auskratzte. Die Tiere standen gut im Futter, mit glänzendem Fell und klaren Augen.
»Fela!«, rief Hermann und bemerkte selbst, dass seine Stimme herrisch klang. Obwohl er sich seit Tagen überlegte, was er zu Fela über Titines Schwangerschaft sagen sollte, steckten ihm nun die Worte in der Kehle fest. Unfassbare Wut überkam ihn, als Fela straffen Schrittes auf ihn zukam. Er ist es, der meine Familie zerstört, dachte Hermann. Er ist es, der Titines Glück im Wege steht. Oh, wie viel einfacher wäre doch das Leben, gäbe es diesen Kerl nicht. Sein Gesicht wurde weiß, die Kiefer mahlten aufeinander, und das Blut schoss heiß durch seine Adern. Er konnte nicht anders, als Fela mit Hass anzuschauen.
Der aber tat, als würde er nichts davon bemerken. Sein Lächeln war freundlich und scheinbar unbefangen, doch in seinen Augen funkelte das Misstrauen.
»Don?«, fragte er. »Was kann ich tun?«
Hermann schluckte. Noch immer fiel es ihm schwer, eini-

germaßen normal mit Fela zu sprechen. Und wenn er daran dachte, dass seine Nichte oder sein Neffe alsbald den Namen dieses Schwarzen tragen sollte, dann wurde ihm richtiggehend schlecht. Immer wieder musste er sich dazu ermahnen, nicht handgreiflich zu werden.

»Ich brauche für morgen vier Paar Zugochsen. Gleich nach Sonnenaufgang müssen sie auf die Felder und das Zuckerrohr holen.«

»Beginnt die Ernte schon früher?«, wollte Fela wissen. »Es sind noch gut vier Wochen bis zum Advent.«

»Das muss dich nicht kümmern. Tu einfach, was ich dir sage. Zugochsen. Morgen bei Sonnenaufgang. Pünktlich!«

Das letzte Wort sprach er so aus, dass der Eindruck entstehen konnte, Fela wäre niemals pünktlich, doch das war nicht so. Fela spürte, dass dieses Wort ihn treffen, ihn beleidigen sollte. Und das tat es auch. Er sah Hermann nach, der in einer Staubwolke davonritt. Bald, dachte er, kannst du mich nicht mehr treffen. Bald werde ich der Ehemann deiner Schwester, der Vater deines Neffen sein. Dann *musst* du mich mit dem Respekt behandeln, der mir zusteht.

Auch er lächelte Hermann hinterher, denn er wusste etwas, von dem der Zuckerbaron keine Ahnung hatte.

Der erste Unabhängigkeitskrieg war tatsächlich vorüber und hatte mit dem Sieg Spaniens über die Insel geendet. Aber nun tobten schon wieder Kämpfe, und Fela wusste, dass Hermann sich nicht weiter darum scherte. Er hatte selbst gehört, wie der Don bei einem Abendessen sagte, er hätte keine Angst mehr vor den Rebellen.

»Was kann mir schon passieren?«, hatten seine Worte gelautet. »Meine Sklaven sind frei. Es gibt nur noch Angestellte auf meinem Ingenio. Und letztendlich ist es mir gleich, ob ich meinen Zucker nach Europa oder nach Amerika verkaufe.«

Mafalda hatte dünn dazu gelächelt und mit Fela einen Blick getauscht. Denn Fela wusste, was Hermann nicht einmal ahnte: Seine eigene Frau, Mafalda, hatte sich schon mehrfach bei den Widerständlern gegen die Amerikaner gezeigt. Während es Hermann womöglich sogar recht gewesen wäre, hätten die Amerikaner die Insel gekauft, war Mafalda strikt dagegen, und dafür gab es einen guten Grund: Die Amerikaner wollten die Sklaverei wieder einführen. Ganz so wie im Mutterland, wo sie noch immer heimlich blühte. Das, so wusste Mafalda, würde womöglich in Amerika nur zu kleineren Erhebungen führen, aber die Insel konnte sich die Wiedereinführung der Sklaverei nicht leisten. Wie auch, da doch über die Hälfte der Bewohner schwarz war. Sie hatte Angst vor einer richtigen Revolution, bei der auch die Weißen Federn und vor allem Blut lassen mussten.

Fela kannte ihr Geheimnis, weil er selbst zu denen zählte, die gegen die Amerikaner kämpfen wollten. Hermann aber wusste nichts davon.

Mittlerweile war das Land gespalten in die, die sich auf die amerikanische Seite schlugen, und die, welche ein unabhängiges Kuba wollten, und wenn schon das nicht möglich war, so wenigstens die Abhängigkeit von Spanien, die eines Tages ohnehin überflüssig werden sollte. Nun, wenn Hermann keine Angst vor den Rebellen hatte, anderen Zuckerbaronen schlotterten schon jetzt die Knie. Und Fela war klar, wenn es zu einem offenen Krieg zwischen den Amerikanern und den Spaniern kam, dann blieb auf der Insel kein Stein auf dem anderen.

Viertes Kapitel

Joachim Groth, alleiniger Geschäftsführer der Hamburger Handelsgesellschaft Groth, Jessen und Krischak in Havanna, kam am späten Nachmittag in Trinidad an. Mister Carpenter und er waren mit der Eisenbahn durch das glühend heiße Land gefahren und hatten beobachtet, wie die Funken der Dampflokomotive die Felder rings um die Bahngleise in Brand gesteckt hatten. Sie waren im Speisewagen gereist, hatten riesige Rindersteaks verzehrt, die ihnen köstlich schmeckten, und sie hatten dazu Wein getrunken, der in Frankreich gereift war.

Nun aber waren sie im Herrenhaus angekommen, ein wenig müde und benommen von der Fahrt und dem Wein, doch munter genug, um sogleich auf die wichtigsten Anliegen ihres Besuches zu kommen.

Hermann hatte im Patio eine kleine Rumbar aufgebaut.

Mister Carpenter, der von den guten kubanischen Zigarren gar nicht genug bekommen konnte, hatte seinen bulligen Körper in den geflochtenen Stuhl gezwängt, die

kurzen, stämmigen Beine von sich gestreckt und sich, ganz so, als wäre er bei sich zu Hause, den Vatermörder gelockert und die Weste aufgeknöpft.
Mafalda betrachtete ihn mit leiser Belustigung. Es fehlte nur noch, dass er sich die Schuhe von den Füßen streift, dachte sie, und betrachtete das breite Gesicht mit den vielen geplatzten Äderchen und der roten Nase, die auswies, dass er auf dem Gebiet des Alkohols kein Anfänger war.
»Lassen Sie sehen, was Sie haben, alter Freund«, dröhnte der Amerikaner und deutete mit der Hand auf die kleine Bar.
Hermann strich sich aufgeregt über seine Schnurrbartspitzen. Er fühlte sich dem lärmenden Amerikaner gegenüber unterlegen, provinziell irgendwie. Carpenter war nach der neuesten Mode gekleidet; er trug ein Monokel und einen Spazierstock, welcher in einem versilberten Entenkopf auslief. Sein Anzug war aus feinstem Stoff, und sein Hemd so strahlend weiß, dass es Hermann beinahe in den Augen schmerzte. Und der Mann roch. Nach Rasierwasser. Aber so, wie es Hermann noch nie gerochen hatte. Höchstens einmal, als er in Havanna in ein Bordell gelangt war. Ja, dort hatte es ebenso gerochen. Moschus, hatte ihm eine Dirne erklärt und hinzugefügt, dass Männer diesen Duft lieben, weil sie glauben, dass er ihre Potenz steigere. Hermann hatte damals gelacht, aber jetzt, im Angesicht dieses bulligen Mannes mit dem lauten Lachen und dem übermächtigen Selbstbewusstsein fragte er sich, ob an dieser Moschusgeschichte nicht doch etwas Wahres dran war.
Er lächelte gezwungen, goss aus der ersten Flasche Rum in drei Gläser. Er reichte das Glas dem lauten Mann und fragte mit gezwungen fester Stimme: »Mister Carpenter,

gestatten Sie mir die Frage, wie Sie ausgerechnet auf Rum gekommen sind. Hier bei uns hat dieser Schnaps nicht die höchste Beliebtheit. Nur die Armen trinken ihn.«

Carpenter lachte dröhnend, wie nicht anders zu erwarten.

»Meinen Sie nicht, Fischer, dass es in Amerika auch arme Leute gibt?« Er sprach Hermann mit seinem deutschen Namen an, den er abgelegt hatte, als Kuba ihm vor vielen Jahren zur Heimat geworden war.

»Doch, natürlich. Ich dachte jedoch, diese trinken Whiskey.«

»Da haben Sie natürlich auch wieder recht, alter Junge. Aber es gibt mittlerweile in unserem Land eine große Schicht – ich möchte fast sagen, die Mehrheit –, die sich nicht zu den Armen zählt, aber auch noch nicht zu den Reichen, verstehen Sie?«

Hermann nickte.

»Sehen Sie, für diese ist das neue Getränk. Billig in der Herstellung, teuer im Verkauf.« Er rieb sich ungeniert die Hände, als könnte er den riesigen Gewinn, den er zu machen beabsichtigte, schon vor sich sehen.

»Amerika ist das Land der unbegrenzten Möglichkeiten. Für einen Geschäftsmann ist es derzeit nicht schwer, reich zu werden.« Er zeigte mit dem Zeigefinger auf Hermann. »Sie wissen, wie es politisch aussieht? Es wird Krieg geben auf Ihrer wunderschönen Insel. Am Ende wird Kuba eine amerikanische Kolonie sein. Es wird Leute geben, die dabei einen ordentlichen Gewinn machen. Und Sie, Fischer, können dazugehören, wenn Sie wollen, und wenn Ihre Brühe hier einigermaßen schmeckt.«

»Probieren Sie!« Hermann hob sein Glas, prostete Joachim Groth und Carpenter zu.

Der Amerikaner trank, ließ den Rum über die Zunge rollen, als würde er Wein verköstigen, dann gurgelte er sogar damit, bevor er ihn schließlich hinunterschluckte. »Hm!«, sagte er. Mehr nicht.

Auch Groths Miene blieb ohne Ausdruck.

»Dieser Rum ist nur ein Mal gebrannt worden und in keiner Weise veredelt. Es ist genau der, den wir unseren Angestellten als Deputat geben.«

Carpenter nickte. »Für die Nigger mag der ausreichen, aber ich suche schon etwas Feineres.« Er griff sich an den Hals. »Meine Güte, ich glaube, das Zeug hat mir die Kehle verätzt.«

Hermann lächelte, goss aus einer anderen Flasche ein. »Hier, probieren Sie den einmal.«

Wieder veranstaltete Mister Carpenter einen Zirkus und ließ den Schnaps über die Zunge rollen. Dann schluckte er, schloss kurz die Augen und riss den Mund auf, als bekäme er schlecht Luft. »Schon besser, alter Junge, schon besser. Was ist an dem Höllenzeug anders als an der Niggerbrühe?«

»Er ist nicht nur ein Mal, sondern zwei Mal gebrannt, aber noch immer ohne Veredelung.«

»Hm«, machte Carpenter. »Auch nicht das, was ich mir vorgestellt habe.«

»Dann probieren Sie den hier!« Hermann reichte ein weiteres Glas herum.

Dieses Mal verzog sich das Gesicht des Amerikaners so zufrieden wie das einer Katze, die heimlich an den Sahnetopf geraten war. Er setzte das Glas ab, schmatzte noch ein paar Mal, dann nickte er. »Das Zeug gefällt mir schon eher. Was haben Sie damit gemacht, Fischer?«

Hermann setzte sich, trank selbst einen Schluck aus seinem Glas. »Ich habe mich daran erinnert, wie die Franzosen ihren Cognac brauen. Sie lagern den Schnaps in Fässern, und der Cognac nimmt das Aroma der Fässer an. Allerdings sind hier auf der Insel die Fässer schwer zu bekommen. Ich denke, es ließe sich ein ganz hervorragendes Tröpfchen mit Fässern aus amerikanischer Eiche herstellen. Wie es uns aber gelungen ist, diesen Rum weich wie einen Mädchenbusen zu machen, das bleibt unser Geheimnis. An weiteren Veredelungen experimentiere ich noch. Die Schwarzen zum Beispiel trinken den Rum mit Zitronenscheiben. Ich habe auch schon gehört, dass sie Palmenspäne oder Holz von Orangenbäumen in die Gärballons geben.«
»Rum mit Orangengeschmack, das klingt nicht schlecht«, überlegte Mister Carpenter laut.
Jetzt meldete sich zum ersten Mal Joachim Groth zu Wort. »Orangengeschmack. Ich weiß nicht. Es könnte sein, dass der Rum dann zu sehr eine weibliche Note erhält. Aber das ist es doch nicht, was Sie wollen, Mister Carpenter, oder?«
Der Amerikaner lächelte. »Vielleicht, vielleicht auch nicht. Ich muss darüber nachdenken. Einen Rum für die Weiber, der Gedanke hört sich nicht übel an. So als Zusatzprodukt. Ansonsten haben Sie natürlich recht, Groth. Rum ist Männersache. Rauchig soll er sein, der Geschmack soll sagen: Du kannst alles schaffen, was du willst.«
Er sah Hermann an. »Wissen Sie, was ich damit meine?«, fragte er.
Hermann nickte. »Ein Rum, der am besten zu einer guten

Zigarre schmeckt, nicht wahr? Nach getaner Arbeit, zur Entspannung für den Mann.«

Carpenter brüllte los und haute sich auf die Schenkel. »Ich sehe, Sie verstehen mich, alter Freund. Und da wir gerade bei Zigarren sind. Sagen Sie, stimmt es, dass junge, wohlgebaute Mulattenmädchen die Tabakblätter auf ihren nackten Schenkeln rollen?«

Hermann lächelte fein und warf einen versteckten Blick zu Groth, der unmerklich nickte.

»Sehen Sie, Mister Carpenter, das ist so. Die Tabakproduzenten verkaufen mehr als nur Zigarren. So, wie Sie mehr als nur Rum verkaufen wollen. Wenn Sie sich entscheiden müssten, würden Sie dann lieber eine auf zarten Mädchenschenkeln gerollte Zigarre rauchen oder eine, die ein derber Mann mit groben Händen auf einem rauhen Tisch gerollt hat?«

Mister Carpenter brüllte wieder vor Lachen, sprang auf die stämmigen Beine und haute Hermann so herzhaft ins Kreuz, dass dieser um sein Gleichgewicht kämpfen musste. »Sie haben es faustdick hinter den Ohren, alter Junge«, dröhnte er. »Das habe ich Ihnen gleich angesehen.« Dann wandte er sich an den Kaufmann. »Groth, machen Sie ein paar Verträge mit diesem Teufelskerl. Noch nicht so viel für den Anfang. Sagen wir … sagen wir … eintausend Liter Rum. Frisch gebrannt und in behandelte Fässer gefüllt. Zweifach gebrannt, wenn ich bitten darf. Lagern können wir ihn selbst. Unser Land ist größer als diese Insel. Sie haben ein Vierteljahr dafür Zeit. Dann sehen wir weiter.«

Hermann bemühte sich nicht, seine Freude und sein gleichzeitiges Erschrecken zu verbergen. Eintausend Liter, das war viel, sehr viel. Mit Zettel und Stift führte Hermann eine einfache Dreisatzrechnung durch und kam auf folgendes Ergebnis: Für eine Gallone Rum mit rund 4,5 Litern benötigte man 11,5 Tonnen Melasse. Für 1 000 Liter Rum brauchte man also mehr als 2 556 Tonnen Melasse.

Er wusste nicht einmal, ob die diesjährige Zuckerrohrernte dafür reichte. Vielleicht müsste er zukaufen. Das würde nicht so schwer sein, die benachbarten Ingenios suchten schließlich dringend nach Abnehmern. Aber was, wenn er es nicht schaffte? Reichte die Kapazität im Siedehaus aus, um so viel Rum auf einmal zu brennen? Er brauchte Fässer. Gute amerikanische Weißeichenfässer. Nun, die ließen sich beschaffen, aber er brauchte außerdem noch Zeit für seine Experimente. Ein wenig hilflos blickte er zu Groth, und wieder nickte dieser.

Hermann setzte sich, noch immer ein wenig betäubt. Dieses Mal war es Groth, der ihm einen Rum einschenkte.

»Lasst uns anstoßen. Auf den Beginn einer guten Geschäftsbeziehung, die zu einer langen Freundschaft wird«, sagte er, und Hermann trank den Rum in einem einzigen Zug. Er spürte dem Brennen nach, das mit Eisenbahngeschwindigkeit durch seine Eingeweide raste. Der Rum, Hermann stellte es mit Erstaunen fest, machte seinen Kopf klar. »Wie soll er heißen, der Rum?«, fragte er.

Mister Carpenter wiegte den Kopf hin und her und schob seine fleischige Unterlippe nach vorn, so dass er aussah wie ein großes, trotziges Baby. »Das weiß ich noch nicht, das werde ich Ihnen noch mitteilen.«

Dann fragte Hermann weiter: »Für welche Firma arbeiten Sie eigentlich?«

An dieser Stelle betrachtete der Amerikaner Hermann sehr genau, und Hermann hielt seinem Blick stand. »Sie wissen es nicht? Sie haben keine Ahnung?«
»Nein. Bisher liefen alle meine Verkäufe und Verträge über Herrn Groth. Ich beabsichtige auch nicht, daran etwas zu ändern. Trotzdem wüsste ich gern, mit wem ich es zu tun habe.«
Mister Carpenter nickte. Die Jovialität war gänzlich von ihm abgefallen. Seine kleinen Augen blitzten, und Hermann erkannte jetzt, dass ihm kein gemütlicher Trinkkumpan gegenübersaß, sondern ein knallharter Geschäftsmann. »Ich arbeite für die Rick Woolf Company«, erklärte er. »Woolf ist ein Geschäftsmann in New York, der sich besonders für die Kolonialmärkte interessiert.«
»Rick Woolf?«, fragte Hermann. »Den Namen habe ich noch nie gehört.«
Mister Carpenter lehnte sich zurück. »Nun, Fischer, Rick Woolf ist noch ziemlich jung. Er hat ein Vermögen geerbt und möchte dieses Vermögen erweitern.«
»Das versteht sich«, erklärte Hermann. Mit einem Schlag beschlich ihn ein merkwürdiges Gefühl. Er versuchte, in Carpenters Gesicht zu lesen, nach einem Fallstrick Ausschau zu halten. Er konnte sich nicht erklären, wo das plötzliche Misstrauen herkam, aber für einen Augenblick wäre es ihm am liebsten gewesen, wenn der Amerikaner einfach wieder verschwunden wäre. Eine Art Bedrohung ging mit einem Schlag von ihm aus, und Hermann wusste nicht, woher dieses Bedrohliche kam.
Mister Carpenter, der kurz ins Nachdenken versunken war, straffte die Schultern, deutete mit einer brennenden Zigarre auf Hermann und sagte: »Sie werden, wenn alles

gut läuft, unglaublich viel Geld verdienen. Mehr, als Sie es sich je erträumen ließen. Das kann ich Ihnen heute schon garantieren. Aber ich kann Ihnen genauso gut versprechen, dass Geld allein nicht glücklich macht.«
Hermann biss sich auf die Unterlippe. Das Gefühl der Bedrohung war durch Carpenters Versprechen nicht weniger geworden. »Viel Geld, sagen Sie? Unermesslich reich? Zu welchem Preis?«
Das Lächeln verschwand aus Carpenters Gesicht. »Wie meinen Sie das?«, fragte er.
»Nun, alles hat seinen Preis. Sogar der Reichtum. Was ist der Preis, den ich an Sie für den in Aussicht gestellten Reichtum zahlen muss?«
Carpenter verzog den Mund zu etwas, das ein Lächeln sein sollte, aber keines war. »Sie sind ein kluger Mann, Fischer. Ich hoffe, Sie sind auch einer, der aus den Fehlern der Vergangenheit lernt.«

Mafalda hatte dabeigesessen, direkt neben Groth und genau gegenüber dem Amerikaner. Hin und wieder hatte er sie mit einem Blick gemustert, der ihr nicht gefallen hatte. Es war nichts Anzügliches darin gewesen, nichts Abwertendes, sondern etwas Lauerndes. Sie hatte den Eindruck gehabt, Carpenter wollte hinter ihre Stirn sehen, ihre geheimen Gedanken lesen. Und zugleich hatte sie das Gefühl, dass er etwas wusste, das ihr nicht zum Vorteil gereichte. Sie hatte keine Ahnung, was das sein konnte. Carpenter konnte unmöglich wissen, dass sie sich einer Gruppe angeschlossen hatte, die für die Unabhängigkeit Kubas kämpfte und dessen Anführer José Martí war. Und genauso wenig konnte er wissen, dass auch Fela zu dieser

Gruppe gehörte. Was also ging in seinem amerikanischen Schädel vor sich?
Und was, in Gottes Namen, bedeutete die Bemerkung, dass aus Fehlern der Vergangenheit zu lernen sei? Was wusste dieser Mister Carpenter über Hermann und den Ingenio? Wusste er überhaupt etwas, oder waren seine Worte ein Schuss ins Blaue gewesen? Sie fragte sich, ob er am Ende heimlich in Kontakt mit denen stand, die dafür waren, dass die Insel eine amerikanische Kolonie wurde. Das lag eigentlich auf der Hand, und doch glaubte Mafalda nicht daran.
Später, als Groth und der Amerikaner sich zur Nachtruhe in die Gästezimmer zurückgezogen hatten, fragte sie Hermann: »Was denkst du über den Amerikaner?«
Hermann bewegte die rechte Hand auf und ab. »Ich weiß es nicht. Sympathisch ist er mir nicht, trotzdem kann ich nicht sagen, woher das Unbehagen rührt, das ich in seiner Gegenwart empfinde.«
»Dann geht es dir wie mir. Wirst du das Geschäft machen?«
»Natürlich. Ich wäre dumm, täte ich es nicht. Es ist die einzige Möglichkeit für uns, auch in der Zukunft noch Geld zu verdienen.«
»Bedeutet dir denn Geld so viel?«, fragte Mafalda und musterte ihren Mann.
»Wieso nicht?«, fragte Hermann verblüfft zurück. »Ist es nicht die Aufgabe eines jeden Mannes, den Wohlstand der Familie zu mehren?«
Mafalda zuckte mit den Achseln. »Ja. Vielleicht ist das so. Besonders in Europa und in Amerika. Den Wohlstand mehren und Erben zeugen.« Sie blickte traurig in ihren

Schoß. »Die Erben konnte ich dir bisher nicht schenken, und manchmal frage ich mich, ob du in der Zwischenzeit nicht längst bereut hast, mich geheiratet zu haben.«
Hermann sprang auf, kniete sich vor Mafaldas Korbstuhl und fasste nach ihren Händen. »Das darfst du nicht sagen, Liebste. Niemals. Ja, ich hätte gern Kinder und Erben gehabt, aber du bist mir das Wichtigste auf der Welt. Du. Nur du. Ich liebe dich.«
Mafalda beugte sich zu ihm herab und küsste ihn, und mit einem Mal spürte sie wieder die Zärtlichkeit vom Anfang ihrer Beziehung. Sie wusste, dass Hermann die Wahrheit sagte, und in diesem Augenblick begriff sie auch, dass er mit dem Geld, dem Reichtum, die Kinderlosigkeit wegwischen wollte. »Ja«, sagte sie leise. »Du hast wohl recht. Ein Mann muss das Vermögen mehren. Und doch bitte ich dich, dieses Geschäft nicht zu machen.«
Hermann zog verwundert die Augenbrauen hoch. »Warum nicht?«
Mafalda seufzte leise. Dann sagte sie: »Weil du damit auch dafür sorgst, dass die Amerikaner auf der Insel noch mehr Macht und Einfluss bekommen.«
»Und? Was ist schlecht daran? Du weißt, mir wäre es lieb, würde Kuba zu Amerika gehören.«
Mafalda straffte die Schultern. »Hast du dich je gefragt, warum du das willst? Es geht doch nur um das Geschäft. Ansonsten wäre es dir ganz egal, wozu Kuba gehört. Ich liebe die Insel, und ich wünsche mir, dass Kuba ein unabhängiges Land wird. Unabhängig von Spanien, von Amerika. Ich wünsche mir, dass die Kubaner selbst bestimmen können, was sie wollen.« Sie machte eine kleine Pause und studierte dabei Hermanns Gesicht. Es war verschlos-

sen, die Stirn gerunzelt. Er strich sich über die Enden seines Schnurrbartes, eine Geste, die er immer machte, wenn er erregt war.

»Eine Unabhängigkeit Kubas würde es dir noch immer gestatten, Geschäfte mit den Amerikanern zu machen. Hast du dich heute Abend auch nur einmal gefragt, warum Mister Carpenter ausgerechnet zu dir gekommen ist? Warum ist er nicht nach Santiago gefahren und hat den Bacardís dieses Geschäft vorgeschlagen?« Sie machte eine kleine Pause und wartete, aber Hermann wusste nichts zu entgegnen.

»Ich will dir sagen, warum. Die Bacardís unterstützten den Kampf von José Martí. Sie sind es, die keine Geschäfte mit einem Amerikaner machen würden.«

Sie stand auf, lehnte sich an ihren Mann, lauschte seinem Herzschlag. »Du weißt, dass das stimmt. Ich bitte dich, lass Carpenter unverrichteter Dinge zurück nach Havanna fahren. Groth wird dich verstehen, da bin ich mir sicher.«

Hermann strich Mafalda flüchtig über das Haar. Seine Geste verriet ihr, dass er in Gedanken versunken war.

»Woher weißt du, dass Carpenter schon mit den Bacardís verhandelt hat?«, fragte er.

»Ich weiß es nicht. Wahrscheinlich hat er nicht, weil er genau wusste, wie sie reagieren.«

»Und woher weißt du es, Liebste?«

Einen Augenblick lang überlegte Mafalda, ob sie ihm sagen sollte, dass sie sich mit den Martí-Kämpfern traf, doch dann entschied sie sich dagegen.

»Lass uns darüber schlafen«, sagte sie leise. Dann legte Hermann einen Arm um seine Frau und führte sie ins Schlafzimmer. Und Mafalda lag die halbe Nacht wach und wusste nicht, ob sie hoffen oder bangen sollte.

Fünftes Kapitel

Ich habe es meinem Bruder gesagt«, erzählte Titine am Abend, als Fela von den Weiden nach Hause gekommen war. »Ich habe ihm gesagt, dass ich schwanger bin. Schon vor mehr als zwei Wochen habe ich es getan. Und ich habe ihm gesagt, dass wir … ich meine … dass …«

Fela zog Titine an sich. Sie saßen nebeneinander auf der Veranda des Verwalterhauses und hielten sich bei den Händen. Ihre Stühle standen so dicht beieinander, dass sich ihre Schultern beinahe berührten. »Was hast du ihm gesagt, Liebste?«

Titine schluckte. »Weißt du, ich habe es eigentlich gar nicht so ernst gemeint. Oder vielleicht doch. Aber es ist nicht lebenswichtig, verstehst du. Sie hatten diese merkwürdigen Blicke. Hermann und Mafalda. Sie haben mich angesehen wie, ich weiß auch nicht, vielleicht wie ein Kind, das bestimmte Dinge einfach nicht begreifen will.« Sie lachte verlegen auf.

Fela strich ihr sanft über den Arm. »Was hast du ihnen gesagt?«

Sie sah ihn mit großen, ein wenig ängstlichen Augen an, dann stammelte sie: »Ich habe gesagt, dass wir heiraten werden.« Sie klang beschämt, und wirklich, sie wurde tatsächlich rot, ihre Wangen verfärbten sich, die Augen brannten vor Verlegenheit, und all dies brachte Fela zum Lächeln. »Ich liebe dich«, beteuerte er. »Und ich möchte dich heiraten. Unbedingt sogar.« Er lachte jetzt hell auf. »Aber eigentlich wollte ich dir einen Heiratsantrag machen. Eigentlich hatte ich mir die ganze Sache ein wenig romantischer vorgestellt.«

»Ich verbiete es. Ich verbiete es!« Hermann war außer sich. Nicht nur, dass er das Haus voller Gäste hatte und eine Entscheidung fällen musste, die ihm nicht behagte, jetzt kam auch noch Fela und bat ihn um die Erlaubnis, seine Schwester zu heiraten.
Fela stand vor ihm, groß und stolz und blickte ihm unverwandt ins Gesicht. »Ihre Erlaubnis, Don, ist für mich eine reine Formsache. Entweder Sie stimmen zu und nehmen an unserem Hochzeitsfest teil, oder Sie lassen es. Wir werden jedenfalls heiraten.« Er hatte ruhig gesprochen und keinen Zweifel daran gelassen, dass ihm der Segen Hermanns wahrhaftig herzlich gleichgültig war.
»Nein, das werdet ihr nicht!« Hermanns Stimme kreischte. Er klang wie ein altes Waschweib, hatte seine ganze Souveränität verloren und funkelte Fela voller Wut, Empörung und Hass an. Seine Unterlippe zitterte vor Erregung, und er fand die Worte nicht, nach denen er suchte. »Ich verbiete es. Ich werde mit dem Priester reden. Ihr werdet niemanden in Trinidad finden, der euch trauen wird.«

Wieder zuckte Fela mit den Schultern. »Wir brauchen auch keinen Segen von der katholischen Kirche. Gibt es keinen Priester für uns, auch gut, so werden Titine und ich eben nach dem Ritus der Yoruba heiraten.«

Höllische Empörung flammte in Hermann hoch, färbte sein Gesicht krebsrot. Am liebsten wäre er Fela an die Gurgel gegangen. Was dachte sich dieser Kerl? Was meinte er, wer er war? Hermann war so wütend über die Selbstsicherheit des vermeintlich Geringeren, dass er am liebsten mit dem Fuß aufgestampft hätte und in Tränen ausgebrochen wäre. Er merkte selbst, dass dies die Reaktion einen Kindes war, aber er konnte sich nur mit großer Mühe beherrschen. Jetzt weiß vor Wut und mit zornigen Augen, zeigte er auf all die Dinge in seinem Arbeitszimmer, die von Wert waren. »Das hier alles«, krächzte er. »Das alles hier habe ich geschaffen. Ich habe schwer gearbeitet, um meiner Familie ein schönes Heim zu bieten. Es gab eine Zeit, da stand ich vor dem Nichts. Aber ich habe mich nicht unterkriegen lassen, habe gesorgt für die, die mir anvertraut waren, haben ihnen ein behagliches Leben verschafft.« Er hielt inne, blickte zu Fela, der noch immer unbeweglich dastand, aber sein Blick verriet, dass er nicht wusste, worauf Hermanns Rede zielte. Und Hermann hatte keine Ahnung, welche Worte zu finden waren, um Fela klarzumachen, um was es ging. Er brannte vor Wut, und dieser Grimm wurde nicht weniger, weil die Worte fehlten.

Er hob die Hand, deutete mit dem Zeigefinger wie ein Schulmeister auf Fela. »Ich habe gearbeitet, verstehst du, ich habe nie etwas von anderen verlangt. Verantwortung habe ich übernommen. Ich war keiner dieser nichtsnutzigen, leichtlebigen, trunksüchtigen und willensschwachen Männer, sondern einer, der gekämpft hat, der schlaflose Nächte ohne Zahl hinter sich hat. Ich habe Werte geschaffen, weil ich meinen inneren Werten vertraut habe, aber das ist etwas, was du nie, nie, nie verstehen wirst.« Hermann ließ sich keuchend und schwitzend in einen Stuhl fallen. Er fühlte sich plötzlich müde und erschöpft. »Geh!«, sagte er. »Geh, verschwinde und lass meine Schwester in Ruhe. Es wird keine Hochzeit geben. Nicht, solange ich hier das Sagen habe.«

Er wusste auf einmal nicht mehr, wozu er diese Rede gehalten hatte. Für Fela war sie nicht bestimmt gewesen, niemals hätte er diesem Nigger sein Innerstes anvertraut. Es war ihm mehr als peinlich, dass er sich für kurze Zeit hatte gehen lassen. Deshalb sollte der Kerl jetzt verschwinden. Aber das tat er nicht. Noch immer stand er mitten im Raum, mit diesem unlesbaren Gesichtsausdruck, den Hermann verabscheute und zugleich bewunderte. »Geh!«, sagte er noch einmal und wedelte müde mit der Hand.

»Nicht, bevor auch ich etwas sagen kann.« Fela wirkte wahrhaftig unbeeindruckt. »Auch ich habe gekämpft, aber anders als Sie. Dort, wo ich herkomme, war ich ein bedeutender Mann. Mein Vater war der Stammesfürst, meine Mutter war in Seide gehüllt und schlief auf den weichsten Betten. Wenn ich durch unser Dorf ging, dann verneigten sich die Leute vor mir. Nicht nur, weil ich der Sohn des Stammesfürsten war, sondern weil ich der beste Jäger von allen gewesen bin. Der, der das meiste Wild brachte, der, der allein den ganzen Stamm versorgen konnte. Dann hat man mich gefangen genommen und plötzlich war ich ein Nichts. Das Schlimmste daran, ein Nichts zu sein, ist, wenn man von sich weiß, dass man es nicht ist, aber die anderen einen so behandeln. Mein Stolz, meine Würde, sie drohten zu verschwinden, und um ein Haar wäre ich tatsächlich geworden, was die Weißen in mir sehen wollten: ein Nichts. Dann kam Titine. Sie hat mich gerettet, ihre Liebe hat mir meinen Stolz und meine Würde zurückgegeben. Vielleicht bin ich nicht in der Lage, ihr ein Herrenhaus zu kaufen. Vielleicht bin ich nicht einmal fähig, ihr stets genügend Sicherheit und Schutz zu bieten. Aber ich bin ihr Mann, und ich werde für sie tun, was ein Mann für seine Frau tut. Ich werde arbeiten, werde für sie da sein, werde alles tun, damit sie glücklich ist. Ist Ihnen das zu wenig? Oder bin ich es? Bin ich zu wenig, ein Nichts, noch bevor ich beweisen kann, wer ich wirklich bin? Sind Sie im Kopf noch immer nicht von der Sklaverei frei geworden? Glauben Sie wahrhaftig, ich wäre ein schlechterer, nichtswürdiger Mensch, nur weil ich schwarz bin?«

Fela verstummte. Doch eine Frage blieb so deutlich im Raum stehen, dass sie als Echo in den Ohren dröhnte.

Hermann seufzte. Er war so müde. Er musste so viele Entscheidungen treffen. Carpenter wartete auf eine Zusage, Mafalda erwartete, dass er ihn zum Teufel schickte. War das nicht schwer genug? Musste Fela ausgerechnet jetzt vor ihm stehen und ihm erklären, dass ein schwarzer Mann seiner weißen Schwester ein Leben bieten konnte, wie sie es verdiente?

»Geh!«, sagte er wieder. »Du hast Arbeit. Kümmere dich um das Vieh. Eine Hochzeit gibt es nicht. Nicht jetzt. Geh endlich.«

Doch Fela rührte sich nicht. Er blieb einfach stehen, aufrecht, die dunklen Augen fest auf Hermanns Gesicht gerichtet. Seine Miene und seine Haltung drückten aus, dass für ihn das Gespräch noch lange nicht beendet war und dass er ausharren würde, bis eine Entscheidung zu seinen Gunsten gefallen wäre.

Also ging Hermann. Ließ sich vertreiben aus dem eigenen Haus. Einfach so. Ohne Gegenwehr. Wieder flammte die Wut in ihm auf, wirbelte wie ein Hurrikan durch seine Gedanken, setzte sich als Kloß in den Hals und als Klumpen in den Bauch. Er stand in der Halle seines Hauses und wusste nicht, wohin. Sein Arbeitszimmer war ihm verschlossen, im Patio hörte er bereits Carpenter lärmen. Einmal drehte er sich um die eigene Achse, hob die Arme in rasender Verzweiflung, dann stürmte er aus dem Haus, eilte zum Stall, riss sein Pferd heraus, wartete vor Ungeduld trampelnd, bis der Stallbursche es gesattelt hatte, dann sprang er darauf und jagte, eine mächtige Staubwolke aufwirbelnd, über den Ingenio. Er war blind für das, was rechts und links des Weges geschah. Er wollte einfach nur weg, wollte wieder frei atmen können, wollte an einem Ort sein, an dem es weder einen Fela noch einen Carpenter gab. Er ritt und ritt, bis dem Pferd der Schaum in Flocken aus dem Maul stiebte. Irgendwo am Rande der Hügelkette hielt er inne. Er war weit weg vom Herrenhaus und atmete tief ein und aus. Dann ließ er sein Pferd grasen und setzte sich unter einen Baum. Was soll ich nur machen?, dachte er. Ich kann Titine nicht mit Fela verheiraten. Er ist mein Feind. Zum ersten Mal dachte er dieses Wort. Feind. Aber warum war Fela sein Feind? Lange dachte Hermann darüber nach. Aber er kam nicht darauf, dass Fela alles, was er, Hermann, tat und entschied, in Frage stellte. Ja, er stellte sogar Hermanns Männlichkeit in Frage. Es war einfach so, dass sich Hermann von Fela bedroht fühlte. Er konnte nicht genau sagen, warum das so war, aber es war so. Ob er ein schlechtes Gewissen hatte, weil er Fela jahrelang als Sklaven gehalten hatte? Oder war es so, weil Hermann im tiefsten Inneren nicht wollte, dass es für seine Schwester einen anderen Mann als ihn gab? Er wusste es nicht, und er wollte es auch gar nicht genauer wissen. Fest stand nur, dass Fela der Feind war. Ende und aus. Jetzt galt es, eine Entscheidung zu treffen. Er legte sich in das trockene, stachelige Gras, verschränkte die Arme unter dem Kopf und blickte in den Himmel, der strahlend blau und unendlich fern über ihm hing. Fela musste weg, dachte Hermann. Doch das würde nicht einfach sein. Wenn aber Fela nicht wich, dann musste Titine den Ingenio verlassen.

Hermann sprang auf. Jetzt wusste er, was er zu tun hatte.

Sechstes Kapitel

Hermann ritt im gestreckten Galopp zurück zum Herrenhaus. Es war ihm gleich, ob Fela noch immer wie ein Ölgötze im Arbeitszimmer stand, es war ihm auch gleich, ob der kleine, stämmige Amerikaner mit dem brüllenden Lachen im Patio hockte. Hermann wusste jetzt, was er tun würde, und er duldete keinen Widerspruch. Er stürmte ins Haus, fasste Mafalda, die im Salon saß und einen Stickrahmen hielt, bei der Hand und zog sie ins Schlafzimmer. »Pack ein paar Sachen. Für dich. Und einen großen Koffer für Titine. Ihr beide fahrt mit Groth und Carpenter nach Havanna.«

Mafalda ließ den Stickrahmen sinken. »Aber warum denn das?«

»Weil ich es sage. Ich habe gerade ein paar Entscheidungen getroffen, die mir nicht leichtgefallen sind. Aber irgendjemand muss es ja tun. Nun, Titine wird nach Havanna gehen. Sie wird eine Weile dort leben. Vielleicht so lange, bis sie das Kind bekommen hat.«

»Willst du, dass sie es behält?«

Hermann schürzte die Unterlippe, dachte kurz nach, dann nickte er. »Ja. Soll sie das Kind behalten. Ein Kind wird sie gefügiger machen. Vielleicht können wir ja sagen, man hätte es uns auf die Türschwelle gelegt. Wir werden es annehmen, wie es einem Onkel und einer Tante zukommt. Es soll ihm an nichts fehlen. Aber Titine muss lernen und erfahren, was es heißt, eine Niggerhure genannt zu werden. Sie wird dortbleiben. Aus gesundheitlichen Gründen. Und du wirst dafür sorgen, dass sie auch bleibt.«

Mafalda wollte etwas erwidern, aber Hermann schnitt ihr mit einer Handbewegung das Wort ab. »Ich dulde keinen Widerspruch.«

»Ich wollte dir nicht widersprechen. Wissen wollte ich nur, wie du dich bei der Rumsache entschieden hast.«

Hermann blickte seiner Frau fest in die Augen. »Ich werde das Geschäft mit Carpenter abschließen.«

»Aber du hast doch …«

»Schweig! Es geht jetzt nicht um die Geschicke der Insel, nicht mehr darum, ob die Spanier oder die Amerikaner hier das Sagen haben werden. Es geht um uns. Um unsere Familie. Und deshalb werde ich mit Carpenter reden. Wenn es geht, werden die Verträge noch heute unterzeichnet.« Als er Mafaldas traurigen, endlos enttäuschten Blick sah, ging er zu ihr, legte beide Hände um ihr schmales, liebes Gesicht. »Später, wenn alles wieder so läuft, wie es soll, werde ich die Verträge mit dem Amerikaner kündigen. Es ist nur für eine Weile. Weil eben das Glück meiner Familie vorgeht.«

Mafalda öffnete den Mund, um etwas zu sagen, dann aber wandte sie niedergeschlagen den Blick ab und schwieg.

»Was ist?«, wollte Hermann wissen. »Was wolltest du sagen?«
Da straffte Mafalda die Schultern. »Woher willst du so genau wissen, was deine Familie möchte? Woher weißt du denn so genau, was uns glücklich macht?«
Es war das erste Mal in ihrer Ehe, dass Mafalda so mit ihm sprach, dass sie ihrer Missbilligung seiner Entscheidung gegenüber ihre Stimme verlieh. Er suchte ihren Blick, fand Trotz darin. »Willst du mich nicht verstehen?«, fragte er.
Sie zuckte mit den Schultern. »Ich habe schon mehr gesagt, als ich sagen wollte. Nun muss ich packen. Wirst du Titine deine Entscheidung mitteilen?«
Hermann schüttelte den Kopf. »Den Teufel werde ich. Du wirst für Titine packen, und sie wird erst von dem Ausflug nach Havanna erfahren, wenn keine Zeit mehr bleibt, Fela zu benachrichtigen.«
Abermals wagte Mafalda einen Einspruch. »Sie ist eine erwachsene Frau. Meinst du nicht, sie sollte für sich selbst entscheiden?«
Hermann blickte Mafalda an, als hätte sie etwas ganz und gar Ungeheuerliches von sich gegeben. »Ich habe immer für sie entschieden. Und ich sehe nicht, dass sie damit bisher schlecht gefahren ist. Ich werde auch weiter für sie entscheiden. Sie ist meine Schwester, und ich habe geschworen, sie glücklich zu machen.«
Mafalda wollte erneut einen Einwand erheben, aber Hermann schnitt ihr das Wort ab. »Pack eure Sachen. Es bleibt nicht mehr viel Zeit.«
Er wollte den Raum verlassen, doch Mafalda hielt ihn zurück. »Wie viele Sachen soll ich packen? Für eine Woche? Für zwei?«

»Dich erwarte ich in zwei Wochen zurück, wenn du willst. Du kannst auch in Havanna bleiben, bis sich die Unruhen gelegt haben. Das wäre mir sogar lieber, denn ich möchte dich nicht in Unannehmlichkeiten bringen. Für Titine aber wird es ein längerer Ausflug. Sie bleibt in Havanna.«

Mafalda fasste nach Hermanns Ärmel. »Das kannst du nicht tun. Du kannst sie nicht einfach gegen ihren Willen von hier wegschaffen.«

Hermann blickte sie an, und Mafalda sah in diesem Blick eine Entschlossenheit, die ihr Angst machte. Er hatte eine Entscheidung getroffen, sah sie, und niemand und nichts würde ihn davon abbringen können. Er war bereit, den Ingenio, ja, sogar sich selbst zu opfern, und er würde dabei stets glauben, dass er dieses Opfer für Titine und Mafalda gebracht hatte. »Nicht!«, flüsterte sie. »Du tust das Falsche.«

Aber ihre Worte erreichten ihn nicht. »Ich tue, was ich tun muss. Jeder andere weiße Mann würde ähnlich handeln. Du bist mein Weib. Du wirst tun, was ich dir sage.«

Er verließ das Schlafzimmer so abrupt, als fliehe er vor Mafalda, und begab sich in seinen Arbeitsraum. Fast befürchtete er, Fela würde noch immer so dastehen wie vor zwei Stunden, aber das Zimmer war leer. Hermann fragte Dolores nach ihm, doch das Hausmädchen wusste nichts über seinen Verbleib.

Also schritt Hermann in den Patio, in dem Joachim Groth und Mister Carpenter saßen und dicke Zigarren rauchten. Imelda hatte alle Fenster und Türen des Hauses geöffnet und rings um den Patio feuchte Tücher aufgehängt, damit die Hitze ein wenig erträglicher wurde.

»Wir haben lange auf Sie warten müssen.« Der stämmige Amerikaner hatte einen verdrießlichen Zug um den Mund. »Ich bin nicht gewohnt, dass man mich warten lässt.«
Hermann legte ihm jovial eine Hand auf die Schulter und musste über das trotzige Kindergesicht des Amerikaners lächeln. »Es tut mir leid, Mister Carpenter, dafür bringe ich gute Neuigkeiten.«
Der Mann entspannte sich auf der Stelle. Die schmale Furche zwischen seinen Augenbrauen verschwand, und seine Stirn war wieder so glatt und rosa wie ein Ferkel.
»Ich werde auf Ihr Angebot eingehen. Wir können die Verträge sogleich aufsetzen …«
»Das ist doch ein Wort!« Carpenter sprang auf und haute Hermann auf die Schultern.
»Einen Augenblick, ich bin noch nicht fertig. Eine Bedingung habe ich noch, die aber mehr Joachim Groth als Ihnen gilt.«
Groth legte seine Zigarre in den Aschenbecher und zog die Hemdsärmel unter den Jackenaufschlägen hervor. »Ich höre«, sagte er. Seine Miene zeigte Wohlwollen und gespannte Aufmerksamkeit, doch Hermann kannte den Kaufmann lange genug, um zu wissen, dass sein Wohlwollen rasend schnell in messerscharfe Berechnung umschlagen konnte.
»Ich möchte, dass du Titine mit nach Havanna nimmst. Such ihr bitte eine angenehme Wohnung mit einer Haushälterin, auf die ich mich verlassen kann.«
»Hm«, machte Groth und betrachtete Hermann prüfend. »Warum?«, wollte er wissen.
Hermann strich sich über die Spitzen seines Schnurrbar-

tes. »Sie ist schwanger. Wieder einmal. Ich möchte nicht, dass das Kind hier auf dem Ingenio zur Welt kommt. Titine ist hier nicht sicher. Du weißt, die Erhebungen überall. José Martí wird auch vor Trinidad nicht haltmachen.«
Joachim Groth legte den Kopf leicht schräg. »Ich weiß nicht, ob ich das gutheißen kann, Hermann«, sagte er. »Mir scheint das, was du vorhast, wie eine Entführung zu sein.«
Hermann nickte freimütig. »Nenn es, wie du willst. Vielleicht ist es eine Entführung. Aber das ist meine Bedingung. Rum gibt es nur, wenn Titine nach Havanna kann.«
Groth zog die Augenbrauen hoch und ließ sie wieder sinken. »Es ist deine Entscheidung«, sagte er. »Ich profitiere auf jeden Fall davon.« Er stand auf, reichte Hermann die Hand, und Hermann schlug ein.

Titine war mehr als überrascht, als Mafalda ihr Haus betrat und ihr mitteilte, dass Hermann beschlossen hatte, die beiden Frauen nach Havanna zu schicken.
»Aber warum?«, fragte Titine.
Mafalda wusste genau, warum. Um die Heirat zwischen Titine und Fela zu verhindern, aber das konnte sie Titine nicht sagen, also antwortete sie: »Wir brauchen noch einige Dinge für das Baby. Außerdem möchte Hermann dieses Mal sicher sein, dass alles gutgeht. In Havanna gibt es Ärzte, die auf Schwangerschaften spezialisiert sind. Du hast schon einmal ein Kind verloren. Es ist ja nicht für lange, Titine. Nur, bis wir die Sachen gekauft haben und der Arzt bestätigt hat, dass alles mit dir und dem Baby in Ordnung ist.«
»Trotzdem!«, beharrte Titine und rührte sich nicht aus

ihrem Verandastuhl. »Das geht mir alles viel zu schnell. Ich weiß gar nicht, was Fela dazu meint.«
Mafalda sah sich einigermaßen gehetzt um. »Dafür bleibt keine Zeit. Hermann hat bereits alles in die Wege geleitet. Wir reisen mit Joachim Groth und Mister Carpenter.«
»Nein!« Titines Gesicht zeigte Entschlossenheit. »Ich gehe nirgendwohin, ohne Fela Bescheid zu sagen. Er ist mein Mann, er hat ein Recht darauf, zu wissen, wo ich bin. Im Übrigen bin ich mir auch gar nicht sicher, ob ich nach Havanna gehen will. Alles, was das Baby braucht, kann man auch in Trinidad kaufen oder es sich aus der Hauptstadt schicken lassen. Fahr du, Mafalda, kauf dir Kleider oder sonst etwas, ich bleibe auf dem Ingenio, bei Fela.«
Mafalda seufzte. Mach es mir bitte nicht so schwer, dachte sie. Lass mich nicht zum Äußersten greifen müssen.
»Du brauchst einen richtigen Arzt.« Mafaldas Stimme klang sanft und besorgt. »Wir wollen doch alle, dass dein Baby gesund zur Welt kommt. Dr. Winkler ist ein Allgemeinarzt. Er versteht sich nicht auf die Frauendinge. Willst du etwa mit deinem Starrsinn dein Kind gefährden?«
Titine schien ein wenig unsicher zu sein. Doch dann schüttelte sie wieder den Kopf. »Ich bleibe hier. Wenn es Komplikationen geben sollte, so sind hier genügend schwarze Frauen, die sich auf die Geburtskunde verstehen.«
»Schwarze Frauen? Bist du verrückt, Titine? Was soll das? Die Schwarzen kriegen ihre Kinder wie von selbst. Sie sind anders als die weißen Frauen.«
Titine zog die Augenbrauen hoch. »Sie sind anders? Seit

wann, Mafalda? Nein, ich bleibe hier. Da kannst du machen, was du willst. Und auch Hermann wird das akzeptieren müssen.«
»Dein letztes Wort?«
»Mein letztes Wort. Und nun lass mich bitte allein, ich möchte mich ein wenig ausruhen.«
Mafalda seufzte. Sie beugte sich zu Titine hinunter und gab ihr einen sanften Kuss auf die Wange. »Du weißt, dass ich dich liebe wie eine Schwester?«, fragte sie.
»Ja, das weiß ich.«
»Und du weißt auch, dass ich niemals etwas tun würde, um dir zu schaden.«
»Ja, auch das weiß ich. Warum fragst du?«
Titine blickte Mafalda in die Augen, und sie erkannte darin, dass Mafalda ihre Worte Lügen strafen würde. Schmerz sah sie in den Augen der Schwägerin, aber auch verzweifelte Entschlossenheit. In diesem Augenblick war ihr klar, dass es ihr ans Leder gehen sollte. Sie wollte aufspringen, weglaufen, sie wollte wenigstens schreien, doch Mafalda presste ihr ein mit Äther getränktes Tuch auf Mund und Nase und drückte sie in den Stuhl zurück. Nur kurz bäumte Titine sich auf, schlug mit den Armen um sich, kratzte mit den Fersen über den Boden, dann wurde sie still und lag schließlich schlaff wie eine Puppe in ihrem Stuhl.

Siebtes Kapitel

Die Tür zum Herrenhaus wurde aufgerissen und so heftig zur Seite geschleudert, dass sie gegen die Flurwand krachte. Schritte knallten auf den Fliesen in der Eingangshalle, dann wurde die Tür zum Arbeitszimmer mit Schwung beinahe aus den Angeln gehoben, und Fela stand vor Zorn bebend vor Hermanns Schreibtisch. »Wo ist sie?«, schrie er seinen Arbeitgeber an. »Wo ist Titine, verdammt!«
Hermann lehnte sich zurück. Er hatte ein wenig Furcht vor dem großen schwarzen Mann, dessen Augen derart funkelten, dass es Hermann nicht verwundert hätte, wenn sie Funken gesprüht hätten. Mit dem Knie vergewisserte er sich, dass die Pistole, die er am Vormittag unter den Schreibtisch geklebt hatte, noch da war. Dann betrachtete er den Tobenden schweigend.
»Ich will wissen, wo sie ist!«, brüllte Fela erneut und hieb mit der Faust so heftig auf den Schreibtisch, dass das Tintenfass umfiel und sich eine schwarze Lache über die Papiere ergoss, die Hermann gerade gelesen hatte. Er nahm

die Papiere mit spitzen Fingern, schüttelte ein wenig die Tinte ab, dann holte er sein Taschentuch hervor und tunkte die Lache damit auf. Das alles geschah schweigend, das alles geschah mit dieser besonderen, unheilschwangeren Ruhe, die einem großen Sturm vorausgeht. Die Luft vibrierte vor Spannung, die Stille, die nur durch das Knistern von Papier unterbrochen war, hatte etwas Bedrohliches.

»Wo ist sie?« Fela hatte aufgehört zu schreien, stattdessen war seine Stimme nun ein heiseres Flüstern geworden.

»Sie ist weg«, erklärte Hermann ungerührt. Er stützte die Ellbogen auf die Stuhllehnen und faltete die Fingerspitzen vor seiner Brust gegeneinander.

»Wo ist sie hin?« Wieder brüllte Fela.

Dolores riss die Tür auf, stürzte herein, blieb wie angewurzelt stehen und starrte den Don mit großen Augen an. Er machte ihr ein Zeichen, das Zimmer zu verlassen, und ängstlich zog sich das Hausmädchen zurück.

»Sie hat mich gebeten, sie an einem geheimen Ort zu verstecken. Sie hatte Angst, dass du sie zwingen wirst, mit den ehemaligen Sklaven im Hüttendorf zu wohnen.« Diese dreiste Lüge ging Hermann so flott von den Lippen, dass er selbst daran glaubte.

Fela aber schien vor seinen Augen zusammenzufallen. Wie ein böser Geist in einem Märchen, der begriffen hatte, dass er verloren hatte. Seine Schultern sackten nach unten, die Spannung wich aus seinem Körper. Mit einem Schlag wirkte er zehn Zentimeter kleiner. Er ließ den Kopf sinken, scharrte hilflos mit den Füßen, und seine Blicke huschten haltlos durch den Raum. Hermann sah dem Verfall zu, und Genugtuung überkam ihn so sanft wie ein warmer, leichter Sommerregen. Jetzt habe ich dich, dachte er. Jetzt wirst du deinen verdammten Stolz, deine verdammte Überlegenheit einbüßen. Zu gern würde er Fela den entscheidenden, den vernichtenden Schlag zufügen, damit ein für alle Mal klar war, dass er, Hermann, der erste Mann im Leben Titines, der erste Mann auf diesem Stück Erde der Insel war.

Hermann lächelte. »Du wirst wieder ein Mädchen finden«, sagte er leichthin. »Im Dorf leben etliche junge Dinger. Mädchen vom selben Schlag wie du. Mit denen kannst du leben und ein Dutzend Kinder zeugen, die zu dir gehören.« Er konnte es sich nicht verkneifen, den Finger wie ein Schulmeister zu heben. »Du musst endlich begreifen, wo du hingehörst. Wo deine Frau hingehört und deine schwarzen Kinder.«

Er hatte gehofft, Fela noch weiter zusammensinken zu sehen. Eine ungeheure Lust, den anderen noch mehr herabzuwürdigen, überkam ihn, ließ ihn nach immer neuen Beleidigungen nachsinnen, nach weiteren Demütigungen. Hermann war wie in einem Rausch. Alles, was er je erlitten hatte in seinem Leben, galt es, in diesem Augenblick wiedergutzumachen. Er hatte den Eindruck, wenn er Fela vernichten würde, dann wäre mit einem Schlag auch sein gesamtes Scheitern vernichtet. In dem schwarzen jungen Mann sah er, blind vor Hass und Wut, Wilma und alle die, die ihn je unterdrückt, gequält, gedemütigt hatten. Ein Teil von ihm wusste, dass das, was er tat, ungerecht war, aber er konnte nicht anders. Natterngift loderte durch sein Blut. Er wollte vergiften, vernichten, zerstören. Er suchte nach den letzten Worten, nach den Worten, hinter denen nur noch Asche war. Asche im Mund, in der Seele, im Herzen.

»Es wird keine Kinder geben. Keine Kinder mit Titine als Mutter und dir als Vater.« Das war es. Das war der Satz, nach dem er gesucht hatte. Der Satz, vor dem Fela in die Knie gehen würde. Winselnd und bettelnd, der Satz, der nicht nur eine Gegenwart mit Fela und Titine unmöglich machte, sondern auch eine Zukunft.
Doch diese Worte ließen Felas Kopf in die Höhe schnellen. Er reckte das Kinn vor, hart und kantig wie ein Fels. Seine Schultern strafften sich wieder, und es sah aus, als wüchse er vor Hermanns Schreibtisch um gute zehn Zentimeter.
Fela streckte die Hand aus und deutete anklagend damit auf Hermann. »Du Schwein«, flüsterte er und ließ allen fadenscheinigen Respekt fahren. Seine Augen loderten vor Wut. »Du Schwein, du hast sie weggebracht. Du willst damit unsere Hochzeit verhindern. Du willst verhindern, dass sie unser Kind zur Welt bringt. Sie wäre niemals ohne ein Wort gegangen. Du warst das. Wo ist sie? Ich lasse nicht zu, dass du unser Leben zerstörst.«
Die letzten Worte schrie er so laut, dass Hermann meinte, die Fensterscheiben leise scheppern zu hören. Dann spannte sich Felas Körper plötzlich, er holte tief Luft, hechtete über den Schreibtisch und packte Hermann beim Kragen. »Wo ist sie?« Seine Stimme war nicht mehr als ein rauhes, schmerzgeplagtes Flüstern.
Hermann versuchte, den Hals ein wenig zu drehen, doch Felas harte Faust hielt seinen Hemdkragen so fest, dass ihm die Luft knapp wurde. »Ich habe keine Ahnung«, krächzte er.
Die Tür schwang auf, und die beiden Hausmädchen erschienen auf der Schwelle. Bei dem, was sie sahen, begannen sie zu kreischen.

Da trat Dr. Winkler ins Zimmer. »Aufhören«, rief er. »Aufhören.«
Er packte Fela an den Beinen und zog ihn von Hermann weg. Dann schlug er ihm leicht ins Kreuz. »Was ist hier eigentlich los?«
Fela deutete anklagend auf Hermann, öffnete den Mund, doch dann schloss er ihn wieder, schüttelte sich ein wenig und sagte zu Dr. Winkler: »Nichts ist passiert. Nichts, mit dem ich nicht hätte rechnen müssen.«
Noch einmal blickte er Hermann ins Gesicht, und Hermann erschrak bis in die letzte Faser seines Seins. In Felas Gesicht spiegelte sich nicht nur unbändige, rasende, tobende Wut, sondern ein Hass, der ausschließlich vom Tod beendet werden würde. Fela, das wusste Hermann, erkannte es so klar wie nie etwas zuvor, würde ihn vernichten. Genau so, wie er ihn vernichtet hatte.
Fela riss sich aus Dr. Winklers Armen los. Er hatte keine Worte mehr für das, was in ihm wütete. Er hatte keine Gesten mehr, nur noch den einen Wunsch: Hermann für das zu bestrafen, was dieser ihm angetan hatte. Und auch, wenn er es noch nicht so klar zu benennen wusste, so fühlte er doch, dass gerade ein Kampf auf Leben und Tod begonnen hatte. Er starrte Hermann in die Augen, bis er sicher war, dass auch der Don begriffen hatte, dass auf seinem Ingenio ein Krieg ausgebrochen war. Ein Krieg, der viele Opfer fordern würde, der blutig und schmerzensreich geführt werden würde bis zum letzten Tag, bis zum bittersten Ende.
Dann schob Fela die beiden Hausmädchen, die mit verschreckten Gesichtern in der Tür standen, grob zur Seite und verließ mit langen, hölzernen Schritten das Arbeitszimmer.

Andreas Winkler sah ihm kopfschüttelnd nach und wandte sich dann an Hermann, der zwei Finger zwischen Hals und Kragen schob, seinen Kopf langsam nach links und rechts drehte und nach Atem rang, als drückte ihm jemand die Kehle ab.
»Was ist hier los?«, fragte Dr. Winkler und deutete zur Tür, hinter der Fela verschwunden war.
Hermann machte eine wegwerfende Handbewegung. »Nichts ist hier los. Titine hat ihn verlassen. Und jetzt gibt er mir die Schuld dafür. Tsss! Irgendwie lernen die Schwarzen einfach nicht, dass auch sie Schuld an allen Dingen tragen.« Er machte den Mädchen ein Zeichen, Dr. Winkler und ihn allein zu lassen, und die Mädchen zogen sich geduckt zurück.
»Titine hat Fela verlassen?« Dr. Winkler runzelte die Stirn, seine linke Augenbraue schnellte nach oben, während die rechte blieb, wo sie hingehörte. »Es fällt mir schwer, das zu glauben. Sie hat ihm den Laufpass gegeben? Jetzt? Da sie sein Kind unter dem Herzen trägt? So ist es doch, oder? Fela ist der Vater, nicht irgendein Weißer aus der Stadt.«
Hermann lächelte ein fadendünnes Lächeln. »So kann man es ausdrücken.«
Dr. Winkler erwiderte das Lächeln nicht. Sein Gesicht zeigte sogar eher einen besorgten Ausdruck, als er nachfragte: »Und wie war es wirklich?«
Hermann breitete die Arme aus, das Lächeln lag um seine Mundwinkel wie angeklebt. »Was sollte ich tun? Sollte ich etwa in Ruhe zusehen, wie meine Schwester einen ehemaligen Sklaven heiratet? Sollte ich still hier sitzen und zulassen, dass sie mit den anderen schwarzen Wei-

bern in diesem verdreckten Hüttendorf lebt? Sollte ich das Kind vielleicht den Schwarzen überlassen? Am Ende wird es von ihrem Glauben und ihrer schwarzen Magie verhext. Kannst du mir versichern, dass sie Titine nicht schon verhext haben?«

Dr. Winkler lehnte sich zurück, schlug die Beine übereinander und schüttelte den Kopf. »Ich erkenne dich gar nicht wieder, Hermann. Seit wann glaubst du an diese Ammenmärchen? Don Alvaro hat sich vom Voodoo besiegen lassen. Aber du? Du lebst so lange hier, kennst die Schwarzen so gut wie ich. Du weißt, dass sie nicht über magische Kräfte verfügen.«

»Mag sein, dass ich das alles weiß. Aber die Dinge ändern sich. Ich kann einfach nicht zulassen, dass meine Schwester einen Schwarzen heiratet, dass sie Mischlingskinder zur Welt bringt und sich und uns zum Gespött des ganzen Landstriches macht.«

»Warum eigentlich nicht?«, fragte sein Freund nach. »Und wer sagt denn, dass dir aus einer solchen Verbindung Nachteile entstehen würden?«

Hermann wollte etwas erwidern, aber in diesem Augenblick betrat Dolores das Zimmer und servierte den beiden Männern starken, kräftig duftenden Kaffee.

Hermann verharrte in seiner Haltung, das Kinn trotzig nach vorn gereckt. »Warum? Warum? Was soll das denn heißen?«

»Ich frage mich, was genau so schlimm daran wäre, wenn Titine und Fela heiraten würden. Du selbst hast immer gesagt, dass die Schwarzen nicht anders sind als die Weißen. Sie müsste nicht im Hüttendorf wohnen, sie könnte bleiben, wo sie jetzt schon ist, wo auch Fela seit einiger

Zeit verkehrt, wie ich vermute. Ihre Kinder könnten in Liebe und Zuneigung aufwachsen. Niemand würde es wagen, sie zu verspotten, wenn du dir die Achtung der anderen erhältst. Sie könnten die Schule besuchen, könnten eines Tages vielleicht sogar deine Pflanzung übernehmen, für dich sorgen, wenn du alt und schwach bist.«

Hermann machte eine abwertende Handbewegung. »Als ob es um Schwarz oder Weiß ginge. Fela. Er ist es. Viel zu stolz ist er. Kann sich nicht daran gewöhnen, wo sein Platz ist.« Wieder schoss die Wut wie Lava durch seinen Leib. Doch dieses Mal war die Wut mit Angst gepaart. Ja, Hermann hatte Angst vor Fela. Und genau das machte ihn noch wütender. Würde Fela in diesem Augenblick vor ihm stehen, er würde nicht zögern, würde die Pistole unter der Tischplatte hervorreißen und auf seinen Widersacher schießen, bis dieser tot vor ihm zusammenbrach.

Dr. Winkler lächelte schmal. »Also geht es doch um die gesellschaftliche Stellung.«

Hermann brummte nur und trank einen Schluck vom heißen Kaffee.

»Siehst du, und genau das verstehe ich nicht. Du bist reich, Titine wäre bis an ihr Lebensende versorgt, wenn du nur wolltest. Du hast Einfluss, dein Wort gilt in der Stadt. Wenn du wolltest, könntest du dazu beitragen, dass die Schwarzen ihre Stellung ein wenig verbessern. Aber du tust es nicht. Warum?«

Hermann runzelte die Stirn. Er musterte den Arzt, als wäre der plötzlich sein Feind. »Ich kann dir sagen, warum. Mir ist nichts geschenkt worden. Um jedes bisschen habe ich kämpfen müssen. Denk nur an die letzten zehn

Jahre. Mein Ingenio lag am Boden. Ich selbst habe auf den Feldern gestanden und neue Stecklinge in die Erde gebracht, habe die Kessel im Siedehaus eigenhändig befeuert, weil meine Sklaven noch auf Urlaub waren.« Er betonte das Wort Urlaub hämisch. »Und jetzt kommt einer daher, der sich ins gemachte Nest setzen will. Die Schwarzen wollen immer nur. Stets nur Ansprüche und Forderungen, dabei sind sie noch nicht einmal in der Lage, für sich allein zu sorgen.«

»Ich habe also recht, du verachtest sie.« Dr. Winkler nickte, als hätte er das schon lange vermutet. »Ich frage mich nur, aus welchem Grund? Und vor allem frage ich mich, was du eigentlich gegen Fela hast.«

Hermann zuckte mit den Schultern. Er selbst hätte einiges um eine Antwort gegeben, denn er wusste nur, dass dieser Yoruba ihm vom ersten Tage an ein Dorn im Auge gewesen war. Und er wusste auch, dass er in der Vergangenheit viel zu nachlässig gehandelt hatte. Er hatte geahnt, dass Titine den Mann liebte, aber er hatte geglaubt, dass diese Liebe mit der Zeit versickern würde. Hätte er gewusst, was daraus wird, so hätte er Fela schon lange verkauft. Doch das ging nun nicht mehr. Fela war frei, war kein Sklave mehr. Und die Liebe zwischen seiner Schwester und Fela war größer und stärker, als es sich Hermann je hätte träumen lassen. Er hätte früher reagieren müssen, aber, Herrgott noch mal, er hatte schließlich noch andere Probleme zu lösen gehabt.

»Denk, was du willst. Ich habe gehandelt, wie es mir richtig erschien.«

»Und das heißt genau?«

»Ich habe Titine und Mafalda nach Havanna geschickt.

Titine wird dort ihr Kind zur Welt bringen, wird dort leben. So, wie es sich für eine Weiße gehört.«
Dr. Winkler sog die Luft durch die Nase ein. Dann fragte er leise: »Ist sie denn damit einverstanden?«
»Sie wird. Da bin ich sicher. Jetzt ist sie noch verblendet, aber mit der Zeit wird sie einsehen, dass ich nur das Beste für sie wollte.«
»Und du denkst, Fela wird sich das gefallen lassen?«
»Was soll er schon tun?«, wollte Hermann wissen.
»Mir scheint, du weißt nicht, was in diesem Land vor sich geht.«
»Oh, doch, mein lieber Doktor, das weiß ich. Der Krieg ist verloren, das Land gehört noch immer zu Spanien. Aber die Amerikaner kaufen derzeit alles Land, was sie kriegen können. Sie sabotieren Verträge mit Europa, bezahlen mehr für den Zucker als die deutschen oder spanischen Abnehmer. Die Zukunft, so sehe ich das, gehört den Amerikanern. Und der Insel kann nichts Besseres passieren, als von Amerika aufgekauft zu werden.«
Dr. Winkler stand auf, knöpfte seine Jacke zu. Sein Gesicht zeigte sich verschlossen. »Dann werde ich dir mal sagen, wie ich die ganze Sache sehe: Du machst mit den Amerikanern gemeinsame Sache, verrätst dadurch das Land, welches dir Reichtum gebracht hat. Und du verrätst deine Schwester, opferst ihre Liebe deinen kleinlichen Konventionen. Aber Fela wird das nicht auf sich beruhen lassen. Du bist in Gefahr, Hermann. Du und dein ganzer Reichtum. Vor allem aber: dein Herz und deine Seele.«
»Ach was. Was soll mir schon passieren? Fela wird es nicht wagen, mir irgendwelche Forderungen zu stellen.

Kann sein, dass er selbst nach Havanna geht, um sie zu suchen. Aber er wird Titine nicht finden. Eines Tages wird er aufgeben. Vielleicht ergibt er sich dem Trunk und verreckt daran, vielleicht gerät er in einer Hafenkneipe in Streit und wird erschlagen. Was auch immer er vorhat, Andreas, er wird es nicht zum Erfolg führen.«
Der Arzt trat einen Schritt auf den Schreibtisch zu. »Du bist mein Freund«, sagte er. »Und ich wünsche dir bei Gott nichts Schlechtes. Aber das, was du da sagst, zeugt davon, dass du keine Ahnung hast, was in deinem Land, auf deinem Ingenio vor sich geht. Die Schwarzen hassen die Amerikaner. Sie weigern sich, für sie zu arbeiten, denn sie wissen, dass der Süden Amerikas voller Sklaven ist, die schlechter behandelt werden als Tiere. Hier haben sie schon für ihre Rechte gekämpft. Und das, was sie erreicht haben, lassen sie sich nicht mehr nehmen. Auch Fela nicht. Besonders Fela nicht. Wäre ich du, so würde ich mit der Pistole unter dem Kopfkissen schlafen.«
Hermann betrachtete verstockt den Tintenfleck auf seinem Schreibtisch. »Ich habe mich entschieden«, sagte er leise. »Vielleicht habe ich eine falsche Entscheidung in Bezug auf den Amerikaner getroffen. Aber bei Titine muss ich mir keine Vorwürfe machen lassen. Ich habe alles für sie getan.«
»Nur eines scheinst du vergessen zu haben, Hermann«, antwortete Dr. Winkler leise und mit einem traurigen Anklang in der Stimme.
»Was denn?«
»Dass Titine ein eigenständiger Mensch ist. Sie ist es, die dir nicht verzeihen wird, dass du sie von dem Mann getrennt hast, den sie liebt. Hol sie zurück. Noch kannst du

es. Noch kann alles gut werden. Jeder macht Fehler. Aber du kannst den deinen korrigieren. Hol sie zurück. So schnell du nur kannst.«

»Niemals!« Hermann sprang auf, stützte beide Hände auf seinen Schreibtisch und funkelte seinen besten und einzigen Freund hasserfüllt an. »Ich habe geschworen, meine Schwester glücklich zu machen. Und diesen Schwur, den ich beim Tode meiner Eltern geleistet habe, werde ich erfüllen. Und wenn es mich alles kostet, was ich habe. Ja, selbst, wenn es mich mein Leben kostet. Verstehst du, Andreas?«

Der Arzt nickte, doch dann sagte er leise und noch immer traurig: »Man kann Schlimmeres verlieren als das Leben, Hermann. Denk darüber nach.«

Achtes Kapitel

Hermann hatte keine Angst. Er ging am Abend zu Bett mit der Gewissheit, das Richtige getan zu haben. Mehr noch: Er war stolz auf sich.

War er das wirklich? Er lag auf dem Rücken, die Arme unter dem Kopf verschränkt und starrte auf den Streifen Mondlicht, der durch den Fensterladen in sein Schlafzimmer drang. Ihm war ein wenig übel. Nicht richtig. Nur so, dass er sich in seiner Haut unbehaglich fühlte. Er hatte doch das Beste für Titine getan, oder nicht? Warum hatte sein Freund ihn angesehen, als würde er sich vor ihm ekeln?

Einen Augenblick dachte Hermann an seine Eltern. Wie hätten sie entschieden? Er sah seine Mutter vor sich, die wunderschöne Frau mit dem leisen Duft nach Veilchenpastillen. Sie sah ihn verletzt und verlegen an, und Hermann, der viel zu klug war, um nicht zu wissen, was er wirklich getan hatte, wand sich vor Verlegenheit und Pein. Er lauschte nach draußen. Zu still kam Hermann die Nacht vor. Warum sang kein später Vogel? Wo waren die wilden Hunde? Stritten sich heute keine Katzen? Kein Klappern schneller, zu später Schritte von draußen auf dem Pflaster, kein trunkenes Lied, kein heimlicher Karren, noch nicht einmal die unheilvollen Trommelschläge der Schwarzen. Nur Stille. Nichts als Stille.

Hermann hätte beinahe aufgeatmet, als er endlich den Feuerschein sah, das Prasseln und Knistern der Flammen hörte, den Rauch riechen konnte. Er musste nicht aufstehen, um zu wissen, dass das Siedehaus brannte. Fela war nicht dumm. Er würde wissen, dass man nur im Siedehaus Rum brennen konnte. Rum für die Amerikaner. Und deshalb musste das Siedehaus verschwinden.

Ich sollte aufstehen, dachte Hermann. Ich sollte mich anziehen und nachschauen, ob meine Pistole tatsächlich geladen ist. Aber er konnte nicht. Blieb einfach liegen, als ginge ihn der Brand vor seiner Tür nichts an. Er wartete, dass unten die Tür eingeschlagen wurde, dass sie ihn holen kamen, ihn vielleicht sogar töteten. Und obwohl ihm die Angst die Kehle verengte und er um jeden Atemzug ringen musste, schaffte er es einfach nicht, aufzustehen. Er wartete, wartete eigentlich darauf, dass alles vorüberging, dass man ihn hier liegen ließ, dass er einschlief, endlich einschlief und morgen beim Aufwachen die Welt so vorfand, wie er sie gewohnt war. Der Rauch drang durch das undichte Fenster und ließ Hermann husten. Schon hörte er Schritte auf dem Kies knirschen, leise Stimmen, die einander Befehle gaben. Und doch schaffte er es einfach nicht, aufzustehen.

Als unten die Haustür splitterte, richtete er sich halb auf und blickte auf die Uhr, die auf dem Nachtkästchen stand. Es war drei Uhr. Noch drei Stunden, bis die Sonne aufging, noch drei lange, einsame, schreckliche Stunden, bis der Spuk vorbei war, bis er aufstehen konnte und das Siedehaus vom Fenster aus im Licht der Sonne strahlen sah. Er seufzte, schwang probehalber einen Fuß aus dem Bett, zog ihn sogleich zurück und barg ihn unter der Bettdecke. Nein, er konnte nicht aufstehen. Es fehlte ihm an Kraft. Vielleicht wurde er krank? Hermann befühlte seine Stirn, die kühl und glatt war wie an einem sorglosen Sommermorgen. Nein, Fieber hatte er nicht. Er fühlte sich nur so unendlich matt, so müde, so zu Tode erschöpft, dass er sich einfach nicht aufraffen und in Sicherheit bringen konnte.

Bang und zugleich ruhig wartete er auf die Schritte, die die Treppe hocheilten, kurz vor dem Schlafzimmer verharrten, und hörte, wie mit einem Ruck die Klinke aufgedrückt wurde. Ein Kissen flog hinein, wohl, um zu testen, ob Hermann eine Waffe hatte, landete auf dem Boden, zerplatzte und ließ Hunderte Daunenfedern emporstieben.

Hermann blieb liegen, hatte die Hände auf dem Bauch verschränkt, lag da, als läge er schon im Sarg und wartete, dass Fela an sein Bett trat.

Als er endlich die Silhouette des großen, schwarzen Yoruba vor sich ausmachen konnte, hätte er vor Erleichterung beinahe aufgestöhnt.

»Was willst du?«, fragte er matt und tat, als wüsste er es nicht.

»Meine Frau will ich, mein Kind, meinen Stolz und meine Würde«, knurrte Fela.

Hermann machte eine schwache Handbewegung. »Nimm dir, was du willst. Nimm dir, was du brauchst. Nimm meinetwegen alles.«

Fela schnaubte verächtlich. »Ich will nichts von deinen Reichtümern. Ich will meine Frau und mein Kind.«
Fela wirkte hilflos. Er stand vor Hermanns Bett und sah grenzenlos verblüfft auf seinen Widersacher hinab, der sich nicht rührte. »Ich könnte dich hier in deinem Bett erschlagen«, erklärte Fela und ließ die Machete in seiner rechten Hand im Mondlicht aufblitzen.
»Mach doch!«, erwiderte Hermann träge und zog sich die Bettdecke bis unter das Kinn.
Zwei weitere Schwarze kamen durch die Tür. Auch sie trugen Macheten in der Hand, die sie bei Hermanns Anblick sanft und drohend hin- und herschwangen.
»Worauf wartest du? Erschlag mich doch. Das kann doch nicht so schwer sein. Oder traust du dich nicht? Bist kein Mann, wie? Ich wusste es doch gleich.«
Fela trat ratlos von einem Fuß auf den anderen, die Machete baumelte wie ein Spielzeug in seiner rechten Hand. Er warf einen hilflosen Blick zu den beiden anderen Schwarzen. Einer von ihnen, es war der Sohn von Herrero, der denselben Namen wie sein Vater trug, sagte: »Er hat recht. Worauf wartest du? Hat er dir nicht genug angetan? Schlag ihm einfach den Kopf ab.«
Da straffte sich Fela, wie immer, wenn er einen Entschluss gefasst hatte. »Nein. Das werde ich nicht tun. Ich bin nicht feige und erschlage einen Mann, der sich nicht wehrt, in seinem Bett. Ich bin ein Krieger, ein Mann mit Stolz und Würde. Ich kämpfe nur, wenn auch der andere zum Kampf bereit ist.«
Diese Worte entzündeten in Hermann einen Hoffnungsfunken. Genau. Das war es. So würde er dem vermeintlichen Inferno entkommen. Er musste einfach nur liegen

bleiben. Er dankte dem Herrgott für den Stolz der ehemaligen Sklaven. Ein hämisches Lächeln umspielte seine Lippen. Und wieder trat das Verlangen, Fela zu verletzen, in den Vordergrund seines Denkens. Er könnte ihm etwas antun. Ja, Hermann wusste jetzt, wie er Fela bis an das Ende seines Lebens demütigen konnte. Er würde ihn einfach provozieren. Und Fela konnte ihm nichts tun, wenn er einfach im Bett liegen blieb. Hermann hatte nicht geahnt, dass es so einfach wäre.

»Und?«, höhnte er. »Bist du tatsächlich ein Krieger, bist du wirklich so stolz, wie du zu sein vorgibst? Dann schlag mich doch, räche dich an mir für alles, was ich dir angetan habe. Na los, komm doch.«

Aber Fela durchschaute Hermanns Plan. Jetzt spielte um seine Lippen ein Lächeln. »Ich werde mich nicht von dir zwingen lassen, etwas zu tun, das ich für den Rest meines Lebens bereue. Bleib du im Bett oder steh auf. Tu, was dir beliebt.«

Er trat zum Nachttisch und hob die Petroleumlampe hoch, schüttelte sie ein wenig hin und her und ließ sie dann fallen. Auf der Stelle züngelten die Flammen heraus, leckten an dem Teppich vor Hermanns Bett. Fela stieß die Lampe mit dem Fuß von sich, so dass sie an die Fensterwand rollte und augenblicklich die Vorhänge in Brand steckte. Hermann schoss hoch, sah mit wilden Blicken auf den Brand. »Du Nigger«, flüsterte er rauh. »Du elender Nigger, das wirst du mir büßen.«

»So, werde ich das? Nun, ich warte draußen auf dich. Ein Kampf, Mann gegen Mann.«

Er machte eine Bewegung mit dem Kopf und wandte sich an die beiden Männer, die noch immer im Raum verharrten, aufmerksam die Ausbreitung des Feuers verfolgten und dabei ihre Macheten schwangen. »Kommt. Hier gibt es nichts mehr zu tun für uns.«

Fela wandte sich zur Tür. Einer der schwarzen Männer ließ seine Blicke wieselflink durch den Raum schweifen, dann griff er sich die goldene Taschenuhr vom Nachtkästchen, einen Spazierstock mit silbernem Knauf und eine Kristallkaraffe von einem kleinen Tisch.

»Diebe!«, kreischte Hermann mit sich überschlagender, kieksender Stimme. »Diebe! Schweine!«

An der Tür drehte sich Fela noch einmal um. »Ich warte unten auf dich.«

Kaum waren die drei schwarzen Männer zur Tür hinaus, wurde der Rauch im Zimmer so dicht, dass Hermann kaum noch Luft bekam. Er sprang aus dem Bett, eilte zum Fenster, trat in ein Flammennest, heulte auf, riss das Fenster auf und atmete tief durch. Doch die frische Luft fachte das Feuer noch mehr an. Von den Vorhängen griff es auf die Ottomane, auf der Mafalda so gern ruhte, über, von dort nach den Teppichen und das alles in so rasender Geschwindigkeit, dass Hermann gar nicht so schnell hinschauen konnte. Er sprang über einen brennenden Läufer, griff nach der Türklinke, die mittlerweile schon so heiß war, dass er sich daran die Hand verbrannte, riss die Tür auf und stürzte aus dem Haus. Im Rennen nahm er wahr, dass auch der große Salon brannte, doch er kümmerte sich nicht darum. Eine Hand hielt er an die Kehle gepresst, mit dem Taschentuch in der anderen Hand bedeckte er Mund und Nase, doch der Rauch drang durch den dünnen Stoff und ließ ihn nach Atem ringen. Als ihm schon schwarz vor Augen wurde, atmete er tief ein, atmete den brennenden, kratzenden Rauch ein, Tränen quollen aus seinen Augen. Er krümmte sich, rannte dabei weiter. Schwarze Kreise tanzten vor ihm, die Zunge schien anzuschwellen, die Treppe drehte sich unter ihm im rasenden Schwindel. Sein Herz trommelte gegen die Rippenbögen, seine Lungen lechzten nach Luft, nach Luft … und als er endlich die Haustür erreicht hatte und ins Freie taumelte, sah er Fela da stehen und auf ihn warten, als wäre er eine Erscheinung des Jüngsten Gerichts. Und Hermann ließ sich fallen, kroch auf allen vieren, keuchte, japste, während Fela einfach nur im Schein der Flammen dastand und darauf wartete, dass Hermann sich endlich erhob und mit ihm kämpfte.

»Steh auf, wenn du kein Feigling bist.« Felas Stimme klang hart. Er hatte nicht laut gesprochen, und doch übertönten seine Worte das Knistern und Prasseln, das Rauschen, die verzehrende, unstillbare Gier des Feuers, das hinter ihnen tobte.
Hermann würgte, brachte ein wenig Flüssigkeit zum Vorschein. Noch immer auf den Knien, wischte er sich mit dem Ärmel den Mund ab und schluckte. Der saure Geschmack ließ ihn den Mund verziehen.
»Los, steh endlich auf.«
Hermann sah nach oben, erkannte die Verachtung in Felas Blick. Verachtung. Er, der Schwarze, der Nichtsnutz, der arme Schlucker, verachtete ihn, seinen Herrn und letztendlich seinen Ernährer? Alles konnte Hermann ertragen, aber gegen Verachtung hatte er noch kein Mittel gefunden. Was wagte dieser Kerl? Was bildete er sich ein? Mit einem Schrei, der an ein kampflustiges, mordbereites

Tier denken ließ, sprang er auf die Füße, stieß die Sohlen vom Boden ab und hechtete auf Fela zu. Es gelang ihm, den Feind, den Erzfeind, am Kragen seines Kittels zu packen. Doch Fela wankte nicht, schwankte nicht. Mit einer Hand griff er nach Hermanns Schopf und zog seinen Kopf nach hinten, mit der anderen schlug er ihm die Machete in die Kniekehle. Mit einem Schrei sackte Hermann zusammen, aber nur, um sich erneut aufzurappeln. »Hier!«, rief Fela ihm zu. »Fang!« In seiner Hand schwang eine zweite Machete. »Ich kämpfe nicht gegen jemanden, der nicht bewaffnet ist.«

Hermann fing das Werkzeug mit einer Hand, dann stürzte er sich wieder auf Fela, hieb mit der Machete nach ihm. Fela hob den Arm, um sein Gesicht zu schützen, und schwang mit der Rechten seinerseits die Waffe. Einmal schrie Hermann auf. Er fasste verdutzt nach seinem Gesicht und betrachtete dann seine Hand, die voller Blut war. Dann trat er einen Schritt zurück, schwang die Machete weit über den Kopf, ließ sie aber nicht gerade, sondern seitlich versetzt auf Fela niederprallen und riss ihm die rechte Wange von der Schläfe bis zum Mundwinkel auf. Er nutzte Felas Überraschung und landete noch einen weiteren Schlag, diesmal auf die linke Schulter. Blut quoll hervor. Hermann konnte es riechen. Und wenn er sich bisher vor diesem Geruch geekelt hatte, so schien er ihm jetzt Saft des Lebens zu sein. Er tänzelte zurück, und Fela folgte ihm. Ein Schlag traf ihn am Oberschenkel. Er spürte das Blut aus einer Wunde schießen, doch er fühlte keinen Schmerz. Er fühlte gar nichts mehr, dachte nichts mchr, war nur noch ein Tier, das bedroht war und sein Leben verteidigen wollte. Jetzt, in diesem Augenblick und vor der brennenden, lodernden, rußenden Fassade seines Hauses ging es nicht mehr um Titine, um Würde oder Stolz, sondern einzig um Leben und Tod. Hermann, der vor sehr kurzer Zeit noch so schlaff und matt im Bett lag, dass er glaubte, nicht aufstehen zu können, fühlte sich nun stark und kräftig wie ein junger Bär. Er brummte, grunzte, riss den Arm mit der schweren Machete hoch und hieb auf Fela ein, spürte hin und wieder die kalte Schneide des Metalls in sein Fleisch dringen, fühlte den warmen Strom des Blutes auf seiner Haut, doch keinen Schmerz, keine Müdigkeit.

Rings um sie herum wurden Schreie laut. Ein Dutzend schwarzer Männer hatte sich eingefunden, umstand die beiden Kämpfer im Ring. Doch Hermann hörte die Schreie nicht, erkannte die Worte nicht, die da warnten vor der Nähe des Herrenhauses, dessen Dachbalken lichterloh brannten. Er sah, wie Fela die Machete sinken ließ, wie er ihm etwas zurief, wie auch die anderen ihm Worte zubrüllten, die er nicht verstand. Er roch nur das Blut, spürte die Schwere der Waffe in seiner Hand, während Fela seine Machete hatte sinken lassen und mit vor Entsetzen weit aufgerissenen Augen auf das Herrenhaus hinter Hermanns Rücken starrte. Jetzt, dachte Hermann. Jetzt habe ich dich. Schutzlos. Ich werde deinen Schädel zertrümmern, werde ihn spalten wie einen Kürbis. Du bist nicht mehr Gegenwart, du bist schon Vergangenheit. Die Schreie wurden lauter, drängender, doch Hermann hielt sie für Warnrufe der anderen Schwarzen. Weit riss er die Machete über den Kopf, damit er genügend Schwung hatte. Er fletschte die Zähne wie ein tollwütiger Hund. Gleich würde Felas Leben zu Ende sein. Ein berauschendes Gefühl machte sich in Hermann breit. Unbesiegbar war er, ein wahrer Herr und Gebieter. Und jetzt würde er es ihnen allen beweisen. Er holte tief Luft, spannte die Armmuskeln an, doch dann, gerade in dem Augenblick, als er zum alles entscheidenden Schlag ausholen wollte, wurde es schwarz um ihn. Er hörte etwas zerbersten, als hätte ein Hurrikan auf dem Meer ein Schiff in seine Zangen genommen. Er schmeckte Staub und Rauch auf der Zunge und wunderte sich darüber. Wo war seine Machete? Was war mit einem Mal passiert? Dann brachen seine Beine unter ihm weg, und er hörte wie aus weiter Ferne ein Dröhnen und Rumpeln und Krachen und Splittern. Ihm wurde warm, so furchtbar warm, so unendlich heiß, dass die Luft in den Lungen brannte und ihn wieder zum Husten zwang.

Dann fiel er in nachtschwarze Dunkelheit. Er fiel und fiel und fiel, und während er fiel, sah er am Ende eines Tunnels ein strahlendes, warmes Licht.

Neuntes Kapitel

Jemand riss an seinem Körper. Es tat weh, aber Hermann konnte nicht schreien, denn sein Mund schmerzte so sehr, dass er ihn nicht bewegen konnte. Er versuchte, seine Augen zu öffnen, aber die Lider klebten so fest auf ihnen, dass er sie nicht hochbekam. Er spürte seine Beine nicht mehr, spürte nur die ungeheure Last, die auf ihm lag, seinen Brustkorb zentnerschwer bedrückte. Hermann hörte Rufe. Männerstimmen, die ihm vage bekannt vorkamen.

»Nimm den Balken. Wir müssen zuerst den Balken wegdrücken.«

Eine andere Stimme erwiderte: »Das ist zu gefährlich. Der Balken könnte noch heiß sein. Womöglich glimmt es im Inneren noch.«

Und wieder die erste Stimme, die in Hermann Freude und zugleich Unbehagen auslöste. So, als gehöre die Stimme einem Freund, mit dem er im Streit auseinandergegangen war. Er versuchte, zu lächeln, doch seine Lippen schmerzten so stark, dass er laut aufstöhnte.

»Hast du das gehört?« Die Stimme des Freundes fragte das. »Sei still, vielleicht kommt noch mehr.« Und dann rief jemand seinen Namen, aber Hermann konnte nicht antworten, weil sein Mund so höllisch weh tat und die Kehle staubtrocken war, dass die Worte ihm auch ohne den Schmerz auf der Zunge verdorrt wären.

»Wir müssen doch den Balken anheben«, hörte er jemanden rufen. »Ich sehe ein Stück von einem Schuh. Egal, ob in dem Holz noch Feuernester glimmen.«

Dann hörte Hermann nichts mehr, er sank in ein dickes, graues Kissen, alles wurde dunkel um ihn herum. Aber plötzlich erschrak er. Etwas Kaltes, Nasses hatte ihn getroffen, und ein paar Muskeln hatten vor Überraschung gezuckt, so dass er sich gestoßen hatte. Er versuchte, Arme und Beine zu bewegen, aber jetzt, nach den Rufen, die von weit her zu kommen schienen, begriff er, dass er eingeklemmt war. Ein Stöhnen drang aus seinem Mund, ein kratzender, bäriger Laut.

»Ich habe etwas gehört. Hier ist er!«

Und dann bewegte sich die Last, die auf seine Brust drückte, bewegte sich nur langsam, aber doch so, dass er vor Schmerzen hätte schreien können, stattdessen aber wieder in dieser dunklen Wolke versank, immer tiefer und tiefer.

Als er das nächste Mal zu sich kam, sah er über sich das Gesicht von Andreas Winkler. Besorgt sah der Freund auf ihn herab. »Sprich nicht. Beweg dich nicht. Du bist verletzt, aber jetzt wird alles gut. Verstehst du mich?«

Hermann wollte zwinkern, doch diese winzige Geste kostete ihn mehr Kraft, als er aufbringen konnte.

Wieder sank er in einen dichten Nebel, der ihn einhüllte, aber nicht weich und schmiegsam, sondern verzehrend, verschlingend. Er hatte Mühe zu atmen, und aus weiter Ferne hörte er Stimmen. Als er es zum ersten Mal schaffte, die Augen zu öffnen, war es rings um ihn herum stockdunkel. Nur ein einsames Petroleumlämpchen spie ein wenig Helligkeit in den Raum. Hermann sah das spärliche Lodern, roch den Duft nach verbranntem Petroleum. Er bekam Angst, wollte schreien, doch sein Mund schmerzte so höllisch und das Atmen fiel ihm so schwer, dass er aufgab und sich bereitwillig in die Arme des vermeintlichen Feuers fallen ließ. Er lag da und wartete auf das Zischen, auf das beißende Geräusch, mit dem sich Flammen in Stoff fraßen, doch alles blieb still, und so schlief er wieder ein.

»Hermann?« Eine fragende Stimme, leise vibrierend von Ungeduld, weckte ihn wieder auf. Er riss die Lider los, die ihm – wie es schien – noch immer auf den Augen klebten, und wagte einen vorsichtigen Blick. Er lag in einem Bett, das er nicht kannte, und starrte auf eine helle Wand, die er nicht kannte. Er versuchte, den Kopf zu drehen, doch die Schmerzen, die ihm vom Nacken her in die Stirn schossen, waren so stark, dass sie ihm Tränen in die Augen trieben.

»Hermann?«

Jetzt erkannte er die Stimme. Es war Andreas Winkler, sein Arzt und Freund. Er hob kraftlos die Hand zum Zeichen, dass er ihn gehört hatte, und sogleich tauchte Winklers Gesicht über seinem auf. Der Arzt hatte ein Licht in der Hand, zog ihm mit dem Finger die Unterlider herab, leuchtete so stark in seine Augen, dass Hermann aufstöhnte.

»Wasch ihm die Augen sauber. Nimm lauwarmes Wasser. Und sei vorsichtig«, sagte Dr. Winkler zu einer Person, die Hermann nicht sehen konnte.
Dann spürte er, wie Dr. Winkler oberhalb seines Mundes herumtastete. Ein rasender Schmerz fuhr durch seinen Körper, ließ ihn sich aufbäumen.
»Ein Machetenschnitt ist durch dein Gesicht gefahren«, erklärte Dr. Winkler mit kühler, emotionsloser Arztstimme. »Deine rechte Wange ist zerschnitten, und, es tut mir wirklich leid, dir das sagen zu müssen, deine Lippe ist gespalten. Inwieweit deine Zähne beschädigt worden sind, kann ich dir im Augenblick noch nicht sagen.«
Dann drehte er sich weg von Hermann und sagte in den Raum hinein: »Auch den Mund bitte waschen. Äußerste Vorsicht dabei. Der Patient hat starke Schmerzen.«
Und wieder zu Hermann gewandt: »Du musst heute etwas zu dir nehmen. Noch kein Essen, nur ein paar Schlucke Tee oder Saft. Du bist vollkommen entkräftet.«
Hermann wollte nicken, aber auch das gelang ihm nicht. So schlug er nur die Lider auf und zu, um zu zeigen, dass er verstanden hatte. Dann fiel er wieder in einen tiefen Schlaf. Und er träumte. Er träumte so bunt, dass er im Schlaf glaubte, sein Traum wäre kein Traum, sondern die Wirklichkeit. Er konnte riechen, schmecken, Berührungen spüren im Traum.
Er sah sich selbst im Patio seines Hauses sitzen, neben sich Mafalda. Zu ihren Füßen spielte ein weißes Kind mit den dunklen Haaren seiner Mutter und mit seinen, Hermanns, Augen. Mafalda war glücklich, sie lächelte, hatte die Hände auf ihren gewölbten Bauch gelegt. Neben ihr saß Titine. Klein, blass, mit einem freundlichen Lächeln.

Auch sie betrachtete Mafaldas dicken Bauch, doch zu ihren Füßen spielten keine Kinder. Im Gegenteil. Eine träge Katze schlief in ihrem Schoß. Meine Familie, dachte Hermann im Traum glücklich. Alles so, wie es sein soll. Doch dann erwachte er und stellte fest, dass Mafalda die Frau mit der Katze im Schoß war. Und auf der Stelle kochte Verbitterung in ihm hoch. Alles fiel ihm wieder ein. Fela, der seine Familie, der vor allem aber ihn gedemütigt hatte. Fela, der mit seinem Hochmut für Hermanns Erben gesorgt hatte, weil Hermann womöglich versagt hatte. Und erst jetzt, im Heilschlaf, verstand Hermann endlich, was ihn so an Fela in Rage versetzte. Er, der Schwarze, wollte seinen Platz einnehmen. Er wollte ihn aus seinem Haus, von seinem Ingenio vertreiben. Er wollte ihm sein ganzes Sein und Dasein rauben. Ja, so war es. Fela hatte Titine geschwängert. Nicht aus Liebe. Nein! Er tat es, um Hermann zu demütigen, der bisher keine Nachkommen hatte zeugen können. Felas Kinder, milchkaffeebraun und zur Hälfte mit dem Blut der Yoruba-Krieger ausgestattet, sollten einmal erben, was er für seine eigenen Kinder geschaffen hatte. Fela würde alles bekommen, was ihm gehörte.

Schwach und so matt wie nie im Leben, benommen von den Medikamenten und Verletzungen, aber rasend empört über die Dreistigkeit des Rivalen, wollte Hermann sich aufsetzen, wollte weiterkämpfen, doch eine sanfte Hand drückte ihn zurück in die Kissen, zurück in den Genesungsschlaf. Und er träumte weiter, bäumte sich dabei auf, strampelte mit den Füßen, wedelte mit den Händen, warf den Kopf hin und her, doch die sanfte Hand, die ihm über Körper und Haar strich, vermochte es nicht, ihn zu beruhigen. Endlich, endlich tauchte er auf aus seinem kräftezehrenden Traum, fühlte sich matt und zerschlagen, als hätte er wahrhaftig gekämpft. Zugleich aber war sein Blick klarer, die Gedanken einleuchtender. Er wusste nun, wo er war, doch er wusste kaum, was geschehen war. Er schob die sanfte, kühlende Hand zur Seite und krächzte: »Andreas!«

»Sie wollen den Doktor sprechen?« Eine sanfte Stimme, die so gut zu den beruhigenden Gesten passte, fragte ihn das, ohne dass er den Kopf drehen und sehen konnte, wer die Frau war.

»Andreas!«, krächzte er wieder.

Ein Stuhl wurde gerückt, ein Schatten beugte sich über ihn. »Ich hole ihn, ich hole den Doktor. Nur einen Augenblick Geduld bitte.«

Hermann konnte noch immer nicht richtig sprechen, sein Mund schmerzte bei der kleinsten Bewegung so heftig, dass es ihm die Tränen in die Augen trieb. Doch das, was er jetzt wissen wollte, war für ihn so lebenswichtig, dass er den Schmerz ignorierte. »Was ist passiert?«, wollte er von Dr. Winkler wissen. Die sanfte Frau, eine Schwarze, in der er Winklers Lebensgefährtin erkannte, schob ihm einige Kissen in den Rücken, so dass er sich ein wenig aufrichten konnte.

»Was ist passiert?«, wiederholte er.

Andreas Winkler seufzte, dann schüttelte er leicht den Kopf. »Ich weiß nicht, wie ich es dir sagen soll«, begann er.

»Alles!«, krächzte Hermann. »Ich will alles wissen. Von Anfang an.«

»Gut!« Dr. Winkler nickte, nahm dann das Fläschchen

mit den Opiumtropfen vom Nachttisch und spielte damit wie absichtslos, während er sprach. »Du erinnerst dich an nichts mehr?«

»Doch, da war ein Feuer.«

»Ja. Dein Haus ist abgebrannt. Bis auf die Grundmauern. Du hast deinen gesamten Besitz verloren.«

Hermann winkte mit der Hand zum Zeichen, dass dies ihn nicht so brennend interessierte.

»Auch dein Zuckerrohr ist nicht mehr. Die Schwarzen haben die Felder angezündet, damit sie nicht für den Amerikaner Rum brennen müssen.«

Wieder winkte Hermann ab, als sei das ganz und gar unwichtig, aber Andreas Winkler ließ sich nicht beirren. »Du hast nichts mehr, Hermann. Nicht einmal die Kleidung auf deinem Leib gehört dir. Du trägst eines von meinen Nachthemden.«

»Fela!«, verlangte Hermann mit Nachdruck zu wissen.

Dr. Winkler zögerte. »Darum brauchst du dich jetzt nicht zu kümmern. Du musst erst einmal gesund werden. Das ist jetzt das Wichtigste. Mafalda und Titine sind in Sicherheit. Du erinnerst dich? Du selbst hast sie nach Havanna geschickt. Alles wird gut werden, wenn du dich jetzt schonst.«

»Fela!« Hermann spie das Wort regelrecht in den Raum.

Dr. Winkler zuckte mit den Achseln. »Du hast es nicht anders gewollt«, sollte diese Geste bedeuten.

»Du hast ihn verletzt. Deine Machete hat ihm das Gesicht zerfetzt.« Er lachte kurz auf, aber es war keine Fröhlichkeit in diesem Lachen. »Der Witz daran ist, dass Fela dir die gleiche Wunde verabreicht hat. Ihr tragt beide das Mal eurer Fehde im Gesicht.«

Hermann wedelte ungeduldig mit der Hand. »Weiter!«
»Auch seine Schulter hast du gespalten. Er muss sehr viel Blut verloren haben. Ob er noch lebt? Ich weiß es nicht, ich habe keine Ahnung. Seit der Nacht des Brandes habe ich ihn nicht mehr gesehen.«
»Ist das alles?«, wollte Hermann wissen und verzog das Gesicht vor Schmerz.
Der Arzt nickte. »Ja, das ist alles. Deine Arbeiter haben den Ingenio verlassen. Alle. Das Siedehaus ist abgebrannt, das Herrenhaus liegt in Trümmern, deine Tiere haben die Schwarzen mitgenommen. Dort, wo einst blühende Felder waren, befindet sich jetzt eine schwarze, rußige Brache. Du wirst Jahre brauchen, um wieder auf die Beine zu kommen. Und das in zweifacher Hinsicht.«
Hermann winkte ab, deutete aber dann mit der Hand auf sich selbst. »Was ist mit mir?«
Dr. Winkler seufzte. »Du hast schwere Verletzungen im Gesicht. Sie heilen, aber langsamer, als ich es gedacht hatte. Kann sein, dass du nie wieder richtig sprechen kannst. Außerdem hattest du eine Rauchvergiftung, ein Balken hat dir die Hüfte gebrochen, daneben hast du noch zahlreiche Prellungen, einen gebrochenen Oberschenkel und zwei gebrochene Rippen. Du hast auch sehr viel Blut verloren, denn Kopfwunden bluten sehr stark. Ich kann nicht sagen, ob du jemals wieder richtig laufen kannst. Aber eines möchte ich von dir wissen, Hermann. Wissen, als dein Freund: War es das wert?«
Hermann blickte Andreas Winkler an, und es war ein Blick voll des Abschieds. In diesem Augenblick ging eine jahrelange Freundschaft zu Ende. Wehmut ließ Hermann seufzen. Er wusste, dass Andreas Winkler ihn nicht ver-

stand, seinen Hass auf Fela nicht verstehen konnte. Und er wusste zugleich, dass er diesen Kampf gegen den Schwarzen zu Ende führen musste. Ganz gleich, ob er ihn gegen den Mann selbst oder gegen dessen Kinder führen musste.

Er streckte die Hand aus, berührte den Freund am Bein. »Ich danke dir für alles, was du für mich und die Meinen getan hast. Ich danke dir wirklich aus tiefstem Herzen.«

»Ich habe es gern getan«, erwiderte der Arzt schlicht. »Du bist mir keinen Dank schuldig. Aber was wirst du tun, wenn du wieder etwas kräftiger geworden bist? Wirst du den Ingenio erneut aufbauen?«

Hermann schüttelte den Kopf. »Meine Zeit in Trinidad ist zu Ende. Ich werde fortgehen, sobald es meine Gesundheit erlaubt.«

»Wohin?«

Hermann lächelte unter Schmerzen. »Ich weiß es noch nicht. Zunächst einmal nach Havanna, zu Mafalda und Titine. Ich habe Pläne. Sie gelten noch immer. Ich habe Verträge, die ich erfüllen muss. Und ich habe das, was ich vorhatte, noch nicht zu Ende gebracht.«

DRITTER TEIL

HAVANNA IM JAHRE 1882

Zu Beginn des 19. Jahrhunderts stürzt sich Havanna … in eine erste Orgie absurder Verschwendung. Feinfühligen Reisenden erscheint der Glanz und Glitzer der Hauptstadt vor dem Hintergrund der Armut auf dem Land fast unwirklich: die luxuriösen Schmuck- und Schuhgeschäfte, deren Ruf bis nach New York dringt, die vollen Cafés und Theater. Die Oper ist nicht schlechter als die von Madrid. Nur zu gern überlässt die Zuckeraristokratie ihre Plantagen der Obhut von Verwaltern und frönt ihrer Leidenschaft für Bälle. Adelstitel sind meist frisch gekauft. Extravagante Familien beschäftigen 100 Haussklaven, dazu weitere Hundertschaften auf den Plantagen.

Erstes Kapitel

Auch zwei Jahre nach dem Brand hatte sich Hermann noch nicht von den Folgen erholt. Sein rechtes Bein war steif geblieben, und er konnte sich nur mit Hilfe einer Krücke vorwärtsbewegen. Auch sein Gesicht, durch die Narbe zu einer höllischen Fratze entstellt, schmerzte nach wie vor. Die Narbe, noch zwei Jahre später glühend rot, machte keine Anstalten, zu verblassen. Sie zog sich vom linken Lid, das zur Hälfte fehlte und Hermann einen verschlagenen, hinterlistigen Ausdruck verlieh, in einer schnurgeraden Linie bis zum Mund, der durch den Hieb gespalten war. Wenn Hermann morgens beim Rasieren in den Spiegel schaute, geschah es ab und zu, dass er vor sich selbst erschrak. Die Teufelsfratze, die ihn anblickte, war grauenerregend. Die gespaltene Lippe sorgte dafür, dass er den Mund nicht mehr richtig schließen konnte, so dass es immer wirkte, als ob er gerade die Zähne bleckte. Dazu das gespaltene Lid. Ein Wolf auf der Lauer. Ja. So sah er sich. Ein Werwolf, vor dem die Kinder schreiend flüchteten, ein Wolf, einsam und allein, von niemandem geliebt, weil diese Höllenfratze einfach nicht liebenswert war. Hermann war zwar erschrocken gewesen, als er sich das erste Mal wirklich im Spiegel sah. Und auch Mafalda war spürbar zusammengezuckt, als er einen Monat nach dem Brand in Havanna eingetroffen war. Aber Hermanns Schrecken war oberflächlich, ging nicht in das tiefste Innere seines Selbst, denn jetzt war es so, dass ein Unglück sein Innerstes nach außen gekehrt hatte, dass nun sein Spiegelbild dem Bild entsprach, das er in Wahrheit von sich hatte.

Mafalda hatte seine Narbe zärtlich gestreichelt. Bis heute strich sie jeden Abend behutsam eine Salbe darauf, in der Hoffnung, dass die Narbe verblassen würde. Aber Hermann wusste, dass sie es nicht tat.

Sein Leben war anstrengender geworden. Hermann, gerade mal einundvierzig Jahre alt, fühlte sich viel älter, matter, müder. Für viele Dinge brauchte er Hilfe. So musste Mafalda ihm jeden Tag beim Waschen helfen. Er konnte nicht mehr allein ausgehen, und er wollte es auch gar nicht mehr. Sein Leben spielte sich den größten Teil des Tages in seinem Arbeitszimmer ab. Stundenlang hockte er in einem schweren Ledersessel, genoss die Kühle auf der Haut und dachte nach. Es war kein zielgerichtetes Nachdenken, das irgendwann zu einem Ergebnis führen würde, sondern ein Wust aus Gedankennestern. Er dachte an Fela, hoffte, dass der Mann tot war. Er dachte an seinen Ingenio, verspürte mal Wehmut über seinen Verlust, mal Erleichterung. Er dachte an seinen Freund Andreas Winkler, und sein Gesicht verzog sich dabei vor Verlegenheit und Pein. Er hatte ihn gemocht, diesen Arzt aus Kärnten. Nie hatte er einen besseren Freund als ihn gehabt. Der Verlust dieser Freundschaft stimmte ihn traurig, ließ ihn am stärksten seine Einsamkeit spüren. Mafalda, der Unermüdlichen, gelang es nicht, ihn aufzuheitern, ihm das Leben zurückzugeben. Sie sorgte für ihn, doch Hermann fühlte deutlich, dass sie es nicht mit der Hingabe einer liebenden, bewundernden Ehefrau tat, sondern aus Pflichtgefühl. Er stöhnte leise auf, wenn er daran dachte. Sie war noch immer jung und schön, gerade mal Mitte dreißig. Und sie hatte einen Krüppel zum Mann. Einen, der seinen ehelichen Pflichten nicht mehr nachgehen konnte, einen, der ihr nie ein Kind machen würde. Noch in Trinidad hatte Dr. Winkler ihm bestätigt, dass mit seiner Leibesmitte alles in Ordnung war. Doch das war nicht so. Hermann spürte nichts mehr dort. Alles blieb klein und stumm, und selbst die aufreizendsten Hafennutten vermochten es nicht, in ihm das Glühen der Lenden zu entfachen. Und so lebte er seine Tage ab, verbrachte Stunden in Wehmut und schaffte es nicht, sich aus dem düsteren Tal seiner Schuld zu befreien. Er wusste, wenn er nicht bald etwas unternahm, würde alles, alles verloren sein. Und doch konnte er nichts anderes tun, als einfach nur dazusitzen und zu grübeln. Am meisten schmerzte ihn der Verlust seiner Schwester. Seit zwei Jahren hatte er sie nicht mehr gesehen, nichts mehr von ihr gehört. Sie hatte ihn verlassen, und erst jetzt wurde Hermann bewusst, dass er sie mehr brauchte als sie ihn. Das erschreckte ihn zutiefst, war er doch immer der Ansicht gewesen, es wäre genau umgekehrt. Er wusste, dass er über diese Tatsache nachdenken sollte, aber die Gedanken schmerzten zu sehr, und so schob er sie einfach von sich fort.

Titine war still geworden. Jemand, der sie nicht besonders gut kannte, hätte meinen können, sie wäre in ihre alte Stummheit zurückgefallen, aber das stimmte nicht. Mit ihrem kleinen Sohn sprach sie. Mit ihm und mit Grazia, bei der sie jetzt wohnte. Vor zwei Jahren war sie nach Havanna gekommen, voller Wut und Empörung über Hermann und Mafalda und fest entschlossen, den allernächsten Zug zurück nach Trinidad zu nehmen. Doch eine Erkältung hinderte sie an der Reise, und als sie endlich wieder auf den Beinen war, kamen die schrecklichsten Nachrichten aus Trinidad. Andreas Winkler hatte an Joachim Groth von den Geschehnissen auf dem Ingenio geschrieben. Und so wusste Titine, dass Fela verschwunden, ihr Zuhause abgebrannt und Hermann schwer verletzt war. Mafalda war auf der Stelle zurück nach Trinidad geeilt, aber Titine war in der Hauptstadt geblieben. In erster Linie, um weder Hermann noch Mafalda sehen zu müssen. Sie war so voll gerechter Entrüstung, dass sie nicht wusste, wie sie jemals wieder ohne Hass mit Hermann oder Mafalda sprechen sollte. Stattdessen war sie zu Grazia gegangen. Grazia, die alte Kreolin, bei der sie nach ihrer Ankunft in Havanna gewohnt hatten. Grazia, von der sie so viel gelernt hatte. Wenn sie nach dem Verlust ihrer richtigen Mutter jemals wieder einer Frau töchterliche Gefühle entgegengebracht hatte, so war das Grazia gewesen. Und Grazia hatte sie aufgenommen, ohne viel zu sagen, ohne viel zu fragen. Seit mehr als zwei Jahren lebten sie nun zusammen, und dieses Leben war das einzige, das sich Titine noch vorstellen konnte. Im Grunde hatte sie immer geglaubt, sie würde sterben, wenn man ihr Fela nahm. Aber sie war

nicht gestorben, sie lebte weiter, lebte nur noch für ihren Sohn, für Felas Sohn.
Grazia war alt geworden, richtig alt. Sie sah nicht mehr genug und war beinahe taub. Doch sie hatte sich die Herzlichkeit und Wärme bewahrt, die sie immer hatte. Und sie liebte Titine, als wäre sie ihre eigene Tochter. Sie war es, die ihr geholfen hatte, das Baby zur Welt zu bringen. Und sie war es auch, die Titine geholfen hatte, einen guten Namen für das Kind zu finden. Aurelio, der Goldene. Ein starker Name. Ein Name, der Königen gebührt. Zwei Jahre war das Kind jetzt alt und so schön, als hätte die Sonne selbst Pate gestanden. Sein Gesicht war von einem zimtenen Braun, die Haare dunkel und wild wie die seines Vaters. Seine Augen aber waren das Schönste an ihm. Tiefblau und klar schauten sie in die Welt. Und auch sein Wesen war sonnig. Titine konnte gar nicht aufhören, ihn voller Liebe und Zärtlichkeit zu betrachten. So wie jetzt. Sie saß auf der Veranda eines einfachen Hauses, das Grazia für sie beide gefunden hatte. Niemand wusste, wo sie war. Nicht Joachim Groth, nicht Hermann. Titine hatte sich von ihrem Bruder getrennt. Nein. Nicht getrennt. Sie hatte sich abgetrennt von ihm. Niemals würde sie ihm verzeihen, dass er sie gegen ihren Willen nach Havanna gebracht hatte. Niemals würde sie ihm verzeihen, dass er ihr Fela genommen hatte. Und niemals würde sie verzeihen können, dass Aurelio ohne Vater aufwuchs und sie ohne Mann und ohne Liebe leben musste. Sie wollte Hermann nie wieder sehen, wollte seine Erklärungen, Rechtfertigungen, Beschwichtigungen nicht mehr hören. Einst hatte er ihr geschworen, sie glücklich zu machen. Doch alles Unglück, das ihr im Leben widerfahren war, hatte

Hermann ihr gebracht. Und so war sie Grazia unglaublich dankbar, dass sie ihr ein Heim geschenkt hatte. Titine saß am Tisch und schnitt Bohnen. Grazia hatte sich neben sie gesetzt und rauchte ihre Vormittagszigarre. Zufrieden sah sie aus, wie sie da saß, in der einen Hand die Zigarre, die andere an Aurelios Bettchen, das sie ein wenig hin- und herwiegte.

»Wenn ich mit den Bohnen fertig bin, werde ich in das Nähzimmer gehen«, erklärte Titine. »Aber nur, wenn es dir nichts ausmacht.«

»Aber nein«, erwiderte Grazia. »Ich bleibe hier und achte auf Aurelio.« Sie blies eine dicke Rauchwolke in den strahlend blauen Tag. »Es tut mir so leid, dass du so schwer arbeiten musst, um unser Einkommen zu sichern. Du weißt, wie gern ich dir helfen würde.«

»Ja, das weiß ich. Aber mir ist es recht so. Ich liebe meine Arbeit, ich liebe es, an der Nähmaschine zu sitzen. Wir verdienen genug, müssen uns nicht sorgen. Und vor allem …« Sie lachte ein wenig, doch es klang nicht fröhlich. »Vor allem sind wir von niemandem abhängig. Kein Mann kann uns je wieder unsere Freiheit nehmen, kein Mann wird jemals wieder für uns Entscheidungen treffen.«

Grazia nickte langsam. Sie sah mit halbblinden Augen zu Titine. Ihr Gesichtsausdruck hatte sich verändert, die Zufriedenheit war daraus verschwunden und hatte einem dunklem Schmerz Platz gemacht, den Titine schon kannte, den sie sich aber nicht erklären konnte. Und wieder einmal fragte sie Grazia: »Du hast etwas. Ich weiß es seit langem. Etwas verbirgst du vor mir. Nun sag mir doch, was es ist.«

Grazia schüttelte den Kopf, dass ihre goldenen Ohrringe leise klirrten. Dann fasste sie nach ihrer Schürzentasche, zog einen zerknitterten Brief daraus hervor. »Willst du ihn nicht endlich lesen?«, fragte sie.
Titine schüttelte den Kopf. »Nein. Und wenn du mich noch tausendmal fragst, so werde ich dir noch tausendmal mit einem Nein antworten.«
Grazia seufzte. »Er ist dein Bruder. Er sucht dich. Er leidet.«
Titine zuckte achtlos mit den Schultern. »Soll er. Er hat es nicht anders verdient.«
»Und wenn er es wiedergutmachen will? Wenn er sich entschuldigen möchte? Wenn er bereut hat, was er dir angetan hat?« Grazias Stimme klang beinahe schon flehend.
»Er hat es nicht bereut. Und seine Entschuldigung brauche ich nicht. Er hat mein Leben zerstört, hat mir den Mann geraubt. Es gibt nichts, womit er das wiedergutmachen könnte. Es sei denn …«
»… es sei denn«, führte Grazia den Satz fort, »er gibt dir den Mann zurück, deine frühere Sorglosigkeit. Es sei denn, er vertreibt dir die Bitterkeit. Aber das kann er nicht, und das weißt du auch.«
»Ja. Du sagst es mir immer wieder. Aber wenn einer die Macht hat, Unglück zu bringen, dann sollte er wohl auch die Macht haben, das Unglück wieder zu bannen, oder nicht?«
Abermals seufzte Grazia. »Lies doch den Brief, ich bitte dich. Du bräuchtest nicht mehr so schwer zu arbeiten, wenn du Hermann gestattest, dir zu helfen.«
»Schluss jetzt, Grazia.« Titine stand so heftig auf, dass der Tisch wackelte. »Ich will nichts mehr davon hören. Wäre

Hermann nicht, dann hätte ich jetzt eine glückliche Familie mit zwei Kindern. Ich will ihn nicht sehen, will nicht mit ihm sprechen, ja, ich will noch nicht einmal an ihn denken. Hör bitte endlich auf, mich zu drängen.«

Mit einer viel zu heftigen Handbewegung entriss sie Grazia den Brief und zerfetzte ihn in kleine Schnipsel. Dann sagte sie: »Ich gehe ins Nähzimmer. Falls Kunden kommen, weißt du ja, wo du mich findest.«

Mit harten Schritten verließ sie die Veranda und betrat wenig später ihre Werkstatt. Beim Anblick der großen Nähmaschine deutscher Produktion wurden ihre Züge weich. Sie strich zärtlich über das vom vielen Nähen blankgewetzte Metall, fuhr ordnend durch die Garnspulen und befühlte das feine Tuch, das sie für ein bestelltes Kinderkleidchen brauchte. Mit dem Fuß betätigte sie das Pedal und sah zu, wie die Nadel durch den Stoff glitt, dass es wie ein Tanz aussah.

Titine hatte die Nähmaschine von Joachim Groth bekommen. Eine spanische Zuckerbaronsfrau hatte sie sich aus Deutschland schicken lassen, um die öden Tage auf dem Ingenio weit im Osten des Landes herumzubringen. Sie wollte robuste Hemden und Kittel für die Sklaven damit nähen, aber dann war sie am Denguefieber gestorben, und die schon bezahlte Nähmaschine hatte im Lager der Handelsgesellschaft gestanden. Damals aber, vor zwei Jahren, als Titine in der Nacht vor Mafalda geflohen war, hatte Groth ihr angeboten, diese Nähmaschine zu benutzen. Sie erinnerte sich noch genau an den Tag, an dem die Nachricht vom Ende des Ingenios kam.

Ein Bote brachte zwei lange Briefe aus Trinidad von Andreas Winkler. Einer der Briefe war für Mafalda, der an-

dere für sie. Obwohl sie bis zu diesem Zeitpunkt noch nicht so recht glauben konnte, dass es für sie keine Wiederkehr nach Trinidad geben sollte, wollte sie nicht hören, was der Arzt und Freund geschrieben hatte. Sie war wütend, so unglaublich wütend wie noch nie in ihrem ganzen Leben. Als sie begriffen hatte, dass Mafalda sie auf Hermanns Befehl nach Havanna entführt hatte, da hatte sie geschrien und getobt, um sich getreten und geweint, später gebettelt und gefleht, doch nichts hatte geholfen.
»Versteh doch, es ist nur zu deinem Besten«, hatte Mafalda ein um das andere Mal beteuert, aber Titine hatte ihr nicht geglaubt.
Ja, sie hatte begonnen, Mafalda zu hassen, wie sie Hermann hasste. Und sie hatte Grazia gebeten, für sie beide eine neue Unterkunft zu suchen, ein Haus, von dem niemand wusste, eine Adresse, die keiner kannte.

Zweites Kapitel

Fela war seit zwei Jahren ein Cimarron. Eigentlich nannte man entlaufende Haustiere oder wilde Tiere Cimarrones, aber die meisten Weißen sagten auch zu den entlaufenen Sklaven Cimarron, weil sie sie ohnehin für Tiere hielten.

Als Felas Wunden vom Kampf mit Hermann einigermaßen verheilt waren, ging er in die Wälder, während der Don sich von Dr. Winkler gesund pflegen ließ. Ihn hatte niemand gepflegt, nur manchmal war eine alte Sklavin gekommen und hatte ihm ein wenig Cativo, ein Baumharz, auf seine Wunde geschmiert. Zuerst aber war eine andere da gewesen, eine, die Dr. Winkler geschickt hatte. Die hatte ihm Höllenstein gegeben, doch dadurch war seine Haut verätzt worden. Bis heute wusste Fela nicht, ob Dr. Winkler ihm helfen oder ihn töten wollte. Dann war er in die Wälder gegangen. Er war barfuß durch die ganze Zuckerplantage gelaufen, bis er die Sierra del Escambray, eine Hügelkette mit dichtem Baumbestand, erreicht hatte. Er lief, ohne eine bestimmte Richtung einzuschlagen. Nur weg, immer weiter fort vom Ingenio, von Trinidad, wo ihn der Tod erwartete. Sobald Don Hermann wieder auf den Beinen war, würde er dafür sorgen, dass Fela bestraft wurde. Wahrscheinlich würden sie ihn auf dem großen Platz auf eine Leiter binden, ihm die Haut von den Knochen reißen und anschließend aufhängen. Aber er wollte leben. Für sich selbst, aber auch für Titine und für das Kind, das sie ihm gebären würde. Schon jetzt hatte er Sehnsucht nach diesem Kind. Ganz tief aus seinem Herzen kam diese Sehnsucht und machte ihn schwach, wenn er nur daran dachte. Außerdem hatte er noch eine Rechnung mit Hermann offen. Mochten sie jetzt auch verletzt sein, angeschlagen für den Rest ihres Lebens, der Kampf zwischen ihnen war dennoch nicht zu Ende. Für zwei Männer wie sie, daran glaubte Fela fest, war kein Platz auf dieser Insel. Es ging nicht nur um Stolz und Würde, es ging vor allem um Titine.

Er lief und lief, und er hatte keine Ahnung, wie viele Stunden er schon unterwegs war. Seine Füße waren voller Blasen, die nur langsam verheilende Wunde im Gesicht schmerzte, seine Schulter tat bei jedem Schritt höllisch weh. Er war müde und hungrig, die Zunge klebte ihm am Gaumen vor Durst. Keinen Schritt weiter, er konnte keinen Schritt weitergehen. Unter einem Baum baute er sich eine unzulängliche Hütte aus Guinea-Gras, trank aus einem Bach in der Nähe, kühlte seine geschundenen Füße darin, umwickelte sie danach mit den Blättern einer Bananenstaude. So hatten sie es in Afrika gemacht. Damals, als er noch ein Junge war, aber schon mit auf die Jagd gehen durfte. Noch immer war er hungrig. Er stopfte sich die wenigen Früchte in den Mund, die er unterwegs gesammelt hatte, dann schlief er ein.

Am nächsten Morgen war ihm, als hätte er Stimmen gehört. Das konnten andere Cimarrones sein, aber auch Soldaten, die die Wälder nach Flüchtigen durchstreiften, vielleicht auch Bauern, die auf Brennholz aus waren. Er raffte sich auf, die Füße noch immer schmerzend, der ganze Leib zerschlagen, riss die Hütte aus Guinea-Gras ein und begab sich ins Tal. Fela hatte bemerkt, dass er oben in den Hügeln nur wenig Essbares fand. Also lief er in gediegenem Abstand zu den Dörfern durch den Wald, noch immer gut versteckt durch den dichten Baumbestand der Sierra del Escambray. Er lief und lief, hatte irgendwann die Schmerzen in seinen Füßen, im Gesicht und in der Schulter vergessen. Er schlich sich an einen Bauernhof heran, stahl ein gackerndes Huhn, briet es über dem Feuer, baute sich hernach einen Schlafplatz, stand am nächsten Morgen auf, wusch sich in einem Bach, suchte nach Nahrung, baute sich eine Hütte und immer so weiter und immer so fort. Viele Wochen lebte er so.

Doch dann geschah hier draußen in der Wildnis etwas mit ihm. Er verlor sich. Ja, er verlor sich. Er dachte nichts mehr, er fühlte nichts mehr. Er lebte wie ein Tier, ausschließlich darauf bedacht, zu essen, zu trinken, zu schlafen, zu atmen. Mehr nicht. Es war nicht so, dass er Titine vergessen hätte. Ganz tief in ihm drin, im innersten Kern, da lebte sie fort, aber eher wie eine Erinnerung. Wie ein Schatz, den man einmal gesehen, von dem man einmal gekostet hatte und der nun unwiederbringlich verloren war. Er hatte keine Vergangenheit und keine Zukunft. Er lief. Er atmete. Er aß, trank und schlief, und das war schon alles.

Unter dem dichten Blätterdach der Bäume war es schwül.

Insekten umschwirrten ihn, setzten sich auf seine klebrige Haut, gierig nach seinem Blut. Fela hatte Hunger. Auf einer Lichtung blieb er stehen. Von hier aus konnte er das nächste Dorf sehen. Eine alte Frau trug ein Dutzend geflochtene Körbe durch eine staubige Gasse, irgendwo meckerte eine Ziege. Ansonsten lag das Dorf still.
Langsam und bemüht, keinen Lärm zu machen, bewegte sich Fela bis zum Rand des Waldes und geriet an einen Sumpf. Fliegen schwirrten in dunklen Schwärmen, wolkengleich, durch die Luft. In einer sumpfigen Kuhle aber, weit genug weg vom Dorf, suhlten sich ein paar Schweine. Der Schweinehirte, ein kleines, schwarzes Bürschlein von vielleicht sechs Jahren, schlief selig unter einem Baum. Fela zögerte nicht. Er schlich noch näher, warf sich auf eines der Jungschweine, das empört quiekte, schnitt ihm mit seinem Messer die Kehle durch, ließ den ersten Blutschwall herausschießen, dann hob er das Tier über seine Schulter und rannte zurück in den Wald, ohne dass der Schweinehirte auch nur das Geringste davon mitbekommen hatte. Das Blut des Tieres lief über seinen Rücken. Aber Fela ekelte sich nicht. Im Gegenteil. Der warme Saft schien ihm unter die Haut zu dringen und Lebenskraft in seine Adern zu pumpen. Er wusste nicht, wie lange er lief, aber schließlich gelangte er zu einer Grotte. Tief in den Fels war sie gehauen, kühl und ein wenig modrig, aber die beste Behausung, die sich Fela denken konnte. Es stank in der Grotte, doch Fela war der Geruch gleichgültig. Der Boden war mit Fledermausdreck übersät, weich schmiegte er sich unter Felas Sohlen. Mit Wachsstreichhölzern, die er vom Ingenio mitgenommen hatte, entzündete er ein Feuer und briet das Schwein.

Nachdem er sich satt gegessen hatte, bereitete er sich aus Palmenblättern und Gras ein Lager in der Grotte und sank in einen tiefen Schlaf. Am nächsten Morgen erwachte er vom Lärm der Vögel. Er wusch sich an einem Bach, trank, aß ein paar Brocken des Jungschweines, dann streifte er ziellos durch die Wälder. Als er müde geworden war, begab er sich zu seiner Grotte und schlief, um am nächsten Tag genauso zu leben wie am heutigen. Monatelang tat er nichts anderes. Er hatte seit dem Verlassen des Ingenios mit keinem Menschen mehr ein Wort gesprochen. Nur mit sich selbst. Am Anfang hatte er noch ganze Sätze gebildet, hatte sie in den Wald geflüstert, gerufen, manchmal geschrien. Und am Anfang waren da auch noch Gefühle gewesen. Wut, Angst, Verzweiflung. Jetzt war da nichts mehr. Und wenn Fela nun sprach, dann nur noch in einzelnen Worten. Manchmal dachte er, dass er beinahe selbst zum Tier geworden war. Er machte sich keine Gedanken über die Gegenwart, keine über die Zukunft. Nur manchmal, in den stillen Nächten, in denen die Fledermäuse durch die Grotte zogen und nur von weit her das Bellen der wilden Hunde zu hören war, da fragte sich Fela, wie es weitergehen sollte. Würde er auf ewig durch die Wälder streifen wie ein Werwolf? Würde er jemals wieder unter Menschen gehen, mit ihnen sprechen, ihr Vertrauen haben wollen? Nein. Unvorstellbar. Aber was würde ihm die Zukunft sonst bringen? Unendliche Traurigkeit überkam ihn, wenn er solchen Gedanken nachhing. Und er beeilte sich stets, diese Gedanken zu verscheuchen.

Drittes Kapitel

Mafalda betrat das Zimmer, in dem Hermann arbeitete oder – wie zumeist – still und versunken in seinem Sessel saß. Sie tat es leise, um ihn nicht zu stören, stellte das Tablett mit dem starken Kaffee beinahe lautlos auf einen kleinen Beistelltisch, der sich schräg vor dem Schreibtisch befand und der von zwei dicken Ledersesseln eingerahmt war. Ebenso leise öffnete sie den Humidor und kontrollierte, ob noch genügend Zigarren darin waren. Dann stand sie mit hängenden Armen hinter Hermanns Schreibtisch, strich sich fahrig über ihr Kleid und räusperte sich.

»Was ist?«, brummte Hermann. Seit dem Kampf mit Fela war seine Aussprache verändert. Ganz gleich, was er sagte, es klang zu jeder Zeit gestört und missmutig.

»Ich gehe in die Manufaktur«, teilte ihm Mafalda mit. »Und ich wollte dich fragen, ob du dieses Mal mitkommst.«

Missmutig schüttelte Hermann den Kopf. »Wie oft willst du mich das noch fragen? Tagein, tagaus, jeden Morgen dieselbe Leier. Hast du noch immer nicht begriffen, dass ich nicht dort hingehe, wenn die anderen dort sind?«

»Doch«, erwiderte Mafalda. »Aber du irrst dich. Sie starren nicht. Sie arbeiten weiter, heben nur kurz den Kopf, um dich zu grüßen.«

»Du weißt genau, dass sie starren. Jeder starrt, weil niemand zuvor je eine solch ungeheuerliche Fratze gesehen hat.«

Mafalda seufzte. Sie wusste nicht, wie oft sie diesen Satz in den letzten beiden Jahren schon gehört hatte. Natürlich starrten die Leute. Ja, es war tatsächlich schon vorgekommen, dass die Kinder zu weinen anfingen, wenn sie Hermann gesehen hatten. Aber er konnte sich doch nicht für den Rest seines Lebens in diesem Arbeitszimmer verstecken.

Mafalda trat an das Fenster und öffnete es. Von draußen drang der Lärm der Hauptstadt herein. Karren rumpelten vorüber, eine Frau lachte, ein Mann rief derbe Scherzworte. Der Geruch von Pferdemist und Rauch drang in das Zimmer.

»Du willst also auch heute nicht mitkommen?«, wiederholte sie.

»Nein.«

»Aber ich brauche dich dort. Du musst mir helfen, den Rum zu veredeln. Hast du nicht genug Experimente gemacht?«

»Ich bin noch nicht ganz fertig.«

Mafalda schürzte die Lippen. Sie war es leid, zu seinem Rücken zu sprechen. Ach, sie war das alles so unendlich leid. Sein Selbstmitleid, die viele Arbeit, die zum großen Teil an ihr hängen blieb. Am meisten aber litt sie unter seiner Lieblosigkeit. Es war, als hätte er sich eingesponnen, unerreichbar für gute Worte, sanfte Gesten, blind für ihre Liebe. Sie schlug die Hände vor das Gesicht und begann hemmungslos zu weinen. Verzweifelt ließ sie sich in einen der dicken Ledersessel fallen. Gab ihr früher der leichte Duft nach guten Zigarren ein wenig Trost, so roch sie ihn heute nicht einmal. Das Leben schien ihr trist und hoffnungslos.

Sie hörte, wie sich Hermann nach ihr umdrehte. »Was ist?«, fragte er, und wieder klang es so barsch. »Warum weinst du?«

Sie schüttelte den Kopf, zog ein winziges Taschentuch aus dem Ärmel ihres Kleides und tupfte sich die Augen trocken. Dann sah sie Hermann an und rang sich sogar ein Lächeln ab. »Es ist nichts. Vielleicht eine kleine Überreizung der Nerven.« Sie stand auf, ordnete ihr Kleid. »Wie ich schon sagte, ich gehe jetzt in die Manufaktur. Und es wäre wirklich reizend von dir, wenn du mich begleiten würdest.«

Hermann musterte sie mit zusammengekniffenen Augen, dann nickte er und seufzte dabei zum Gotterbarmen. »Wenn es denn dein größter Wunsch ist.«

Kurz darauf verließen Hermann und Mafalda ihr Haus, das sich in der Nähe des Hafens befand. Joachim Groth hatte es ihnen empfohlen, gleich nachdem Hermann zerschlagen in Havanna eingetroffen war. Es war ein stattliches Haus, das sich über zwei Stockwerke zog und acht Zimmer hatte. Viel zu groß für zwei Leute, aber Mafalda gab die Hoffnung nicht auf, dass es eines Tages ganz bewohnt sein würde.

Mit einem erzwungenen Lächeln hakte sie sich bei Hermann unter, der sich seinerseits auf eine Krücke stützte und das linke Bein beim Gehen nachzog. Einige Nachbarn waren auf der Straße. Mafalda grüßte nach rechts und links, während Hermann stur auf das Kopfsteinpflaster blickte. Als sie an einem Brunnen vorbeikamen, steckten die Dienstmädchen die Köpfe zusammen und tuschelten. Dann lachten sie hellauf mit zurückgeworfenen Köpfen. Hermann hörte das und stöhnte auf, als hätte er einen Schlag erhalten.

»Sie haben nicht dich gemeint, Lieber«, erklärte Mafalda.

»Natürlich haben sie das. Du brauchst mich nicht zu belügen.«

»Du weißt ja, wie solche Mädchen sind. Dumm und einfältig. Morgen lachen sie über einen anderen.«

Hermann brummte, und Mafalda warf einen vorsichtigen Blick zurück zu den gackernden Mädchen. Eine von ihnen, ein sehr junges Ding mit der hellen, glatten Haut eines Mischlings, warf Mafalda einen Blick zu, der voller Mitgefühl war. Und dieser beinahe liebevolle Blick traf Mafalda härter, als es jedes Spottwort hätte tun können.

Nach schier endloser Zeit, wie es Mafalda schien, hatten sie das große Lagergebäude am Hafen erreicht.

Unten, zu ebener Erde, öffnete sich ein riesiges Holztor, durch das die Karren und Wagen mit den Melassefässern fuhren. Dahinter befand sich die Destillieranlage, links davon der große Filter, und rechts dahinter lag eine weitere Halle, in der unzählige Fässer lagerten.

Hermann betrat die dunkle, kühle Halle und nickte nach links und nach rechts. Die Arbeiter, die mit nacktem Oberkörper herumstanden, grüßten mit einer leichten Verbeugung. Dann schritt Hermann die Reihen der Fäs-

ser ab. »Mach mir eine Probe hiervon«, befahl er einem der Arbeiter.
»Das ist der einfach gebrannte Rum, Don«, erläuterte der Arbeiter. »Er lagert jetzt seit einem halben Jahr im Fass.«
»Was ist das für ein Fass?« Hermann nahm das winzige Gläschen entgegen, trank vom Rum, ließ ihn über die Zunge rollen und schluckte ihn schließlich hinunter. »Es ist ein Fass aus amerikanischem Holz.«
»Der Rum brennt noch immer«, stellte Hermann unzufrieden fest.
»Wir haben das Fass nach Ihren Wünschen ausgeräuchert. Es ist Eiche. Früher wurde Whiskey darin gelagert. Mister Carpenter hat es uns gesandt.«
Der Brennmeister hob die Arme ein wenig. »Ausgeräuchert haben wir es mit Palmenholz, wie Sie es uns aufgetragen haben.«
»Palmenholz! Wer hat denn von Palmenholz gesprochen! Ich bestimmt nicht.«
Der Brennmeister wollte etwas erwidern, aber Mafalda gebot ihm mit der Hand, zu schweigen. Sie selbst hatte danebengestanden, als Hermann diese Anweisung gab, aber sie wusste, dass es keinen Sinn hatte, zu streiten.
»Gepresstes Zuckerrohr solltet ihr verwenden, ihr Hornochsen. Das ist Rum. Ein Schnaps, aus Zucker gebrannt. Da liegt es auf der Hand, dass die Fässer mit Zuckerrohr geräuchert werden. Hach!«
Hermanns Gesicht war zornrot geworden. Er hämmerte verbissen mit seinem Krückstock auf den Boden, während der Brennmeister sich am Kopf kratzte. »Gut, Don Hermann, dann räuchern wir das nächste Fass mit gepresstem Zuckerrohr.«

»Hm«, brummte Hermann und zeigte mit dem Krückstock auf das nächste Fass. »Was ist da drin?«
»Zweifach gebrannter Rum. Wollen Sie probieren?«
Hermann nickte, und der Brennmeister reichte ihm ein weiteres Glas, das Hermann in einem Zug herunterstürzte. »Zu intensiv. Man schmeckt vor lauter Rauch gar keinen Alkohol.« Er schlug mit seiner Krücke nach dem Fass. »Habe ich nicht gesagt, dass ihr die Fässer bei dem Rum, der zwei Mal gebrannt wird, nicht ausräuchern sollt? Öffnet beide Fässer, mischt das Zeug und lagert es in ungebrannten Fässern.«
Der Brennmeister trat von einem Bein auf das andere und wusste nichts zu erwidern. Schließlich wagte er einen Einwurf: »Wir tun genau das, was Sie uns sagen.«
Aber Hermann reagierte nicht darauf. »Ich will, dass ihr die nächsten Fässer dann mit Minze ausräuchert. Habt ihr das verstanden? Nicht sehr viel, nur ein ganz klein wenig. Und dann will ich, dass ihr in die Melasse ein wenig Orangenschalen bringt, bevor ihr sie brennt. Und drittens möchte ich noch ein Fass von innen mit Honig bestreichen. Dünn. Sehr dünn. Hauchdünn.«
»Löst der Rum den Honig nicht auf?«, fragte der Brennmeister vorsichtig.
»Herrgott!« Hermann stampfte mit der Krücke auf. »Ihr sollt natürlich erst den Honig ins Holz ziehen lassen. Zwei Wochen sollten reichen. Und nehmt, um Gottes willen, nicht die großen Fässer dazu. Das ist ein Versuch. Ein kleines Fass reicht vollkommen.«
Der Brennmeister zog eine Augenbraue hoch, doch er wagte nicht, gegen Hermanns Anweisungen zu reden.
Der aber wandte sich um und blickte zu Mafalda. »Jetzt,

da ich schon einmal hier bin, will ich auch die Bücher sehen.«
Mafalda fasste ihren Mann vorsichtig beim Arm. »Meinst du wirklich?«, fragte sie. »Denkst du nicht, du hast dich heute schon genug angestrengt? Die Bücher können warten.«
Hermann schüttelte den Kopf, störrisch wie ein Esel. Also seufzte Mafalda und führte ihn aus der dunklen Lagerhalle zurück in das erste Gebäude, in dem sich auch das Kontor befand. Es war ein kleiner Raum ohne Fenster, in dem die Luft so stickig war, dass man sie mit bloßen Händen hätte zerteilen können. Zwei große, hölzerne Schreibtische, übersät mit Papieren, nahmen die Mitte des Raumes ein. Dahinter, an der Wand, zogen sich Aktenregale, gefüllt mit Ordnern, entlang. Dazwischen befanden sich in kleinen Gläsern seltsam riechende Tinkturen und Sude. Der Teppich, mit dem der Raum ausgelegt war, war abgetreten. An manchen Stellen klebten Zuckerkristalle.
Angewidert sah sich Hermann um. »Das ist ein Schweinestall.«
Mafalda zuckte mit den Achseln. »Was willst du? Die Leute laufen hinein und hinaus. Ich kann nicht hinter jedem Einzelnen herputzen.«
Stöhnend und das linke Bein in einem seltsamen Winkel nach vorn gestreckt, ließ Hermann sich auf einen Stuhl sinken. Er wühlte fahrig zwischen den losen Blättern herum. »Wo sind die Abrechnungen vom letzten Monat?«, fragte er. »Eine ganze Schiffsladung ist nach Miami gegangen. Carpenter hat noch nicht geschrieben, wie ihm der Rum geschmeckt hat.« Er wandte sich zu Mafalda

um. »Oder hast du etwas gehört, was du mir verheimlichst?«
Mafalda seufzte. Sie trat an das Regal, zog einen Ordner mit der Aufschrift »Korrespondenz« heraus und blätterte darin. Dann, als sie die Stelle gefunden hatte, legte sie den Ordner aufgeschlagen vor Hermann hin.
Der fummelte umständlich sein Monokel aus der Tasche, klemmte es sich in das gesunde Auge und begann zu lesen. Dabei trommelte er mit den Fingern der rechten Hand auf den Tisch. Je weiter er las, umso wütender wurde das Trommeln, bis es schließlich ein wahrer Wirbel wurde. Er fuhr herum, herrschte Mafalda wütend an. »Warum weiß ich nichts davon? Warum hast du mir nichts gesagt?«
Mafalda schluckte. »Ich wollte dich nicht unnötig belasten«, flüsterte sie. »Ich habe nur an deine Gesundheit gedacht.«
»Tatsächlich?« Hermanns Stimme troff vor Hohn. »Wann wolltest du mir denn reinen Wein einschenken?«
Wieder schluckte Mafalda. »Mister Carpenter kommt in der nächsten Woche nach Havanna. Ich wollte erst mit ihm reden.«
»Soso. Reden wolltest du mit ihm. Nur reden? Oder wolltest du ihm deinen Körper anbieten, damit er unsere Drecksbrühe, die den Namen Rum wahrlich nicht verdient, abkauft?« Hermann schlug auf das Papier. »Hier! Hast du das nicht gelesen? Er schreibt, unser Rum ist so schlecht, dass sich selbst das Gefängnis geweigert hat, ihn zu kaufen. Und auch die Sklaven unten im Süden wollten nichts davon trinken.«
»Er übertreibt. Das weißt du doch genau. Am Anfang

war er begeistert von genau diesem Rum. Und letztendlich hat er ihn ja auch losgekriegt.«
Hermann funkelte Mafalda bitter an. »Ja. Das hat er. Für die Hälfte des vereinbarten Preises. Aber er setzt sich nicht mehr für uns ein. Du weißt, was das bedeuten kann?«
Mafalda bemühte sich um einen heiteren Gesichtsausdruck. »Im schlimmsten Fall wird er sich einen anderen Lieferanten suchen. Nun, das wäre nicht gut, aber ein Weltuntergang wäre es auch nicht. Es gibt noch mehr Rumexporteure in Amerika.«
Hermann sah sie mit solchem Entsetzen an, dass Mafalda den Blick abwenden musste.
»Glaubst du, was du da sagst? Du redest vor dich hin wie ein Waschweib, das es nicht besser versteht. Unsere restlichen Ersparnisse stecken in diesen Hallen. Wenn Carpenter uns fallen lässt, dann sind wir am Ende!« Den letzten Satz brüllte Hermann so laut, dass das Tintenfass auf dem Tisch leise klirrte.
Mafalda sackte zusammen. »Aber was sollen wir denn sonst tun? Ich arbeite Tag und Nacht, überwache das Brennen und Abfüllen, das Lagern und schließlich auch das Verladen auf die Schiffe. Ich erledige die Korrespondenz und die Buchhaltung, zahle den Leuten ihren Lohn.« Sie breitete verzweifelt die Arme aus. »Herrgott, Hermann, was soll ich denn noch alles tun? Du bist der Apotheker. Du musst uns sagen, was an unserem Rum nicht stimmt. Aber du hockst immer nur in deinem Zimmer und brütest vor dich hin. Sag mir, was ich tun soll, und ich tue es. Aber kümmere dich endlich wieder so um die Deinen, wie du es früher getan hast. Der Brennmeister erwar-

tet Anweisungen von mir. Was soll ich ihm sagen? Dass du es nicht wagst, auf die Straße zu gehen? Dass du nicht mehr in deinem Laboratorium arbeitest, weil du mit einem Mal Angst vor dem Feuer hast?«

Es war, als hätte Mafaldas wütender Ausbruch etwas in Hermann berührt. Er sah schuldbewusst zu Boden. Dann sagte er so leise, dass sie es kaum verstehen konnte: »Ich kann nicht, Mafalda. Du weißt es. Ich bin vor zwei Jahren in Trinidad gestorben. Verloren für die Welt.«

Mafaldas Wut verrauchte. Sie sah ihren Mann an und fühlte das größte Mitleid mit dieser armen, geplagten Kreatur, die einst ihre große Liebe gewesen war. Sie eilte zu ihm, hockte sich vor ihn hin, streichelte seine Hände. »Verzeih mir«, flüsterte sie. »Ich weiß, dass das Leben für dich nicht leicht ist. Verzeih mir, Liebster.«

Und Hermann nickte, doch dieses Nicken war von einer so großen Traurigkeit, dass Mafalda in diesem Augenblick klarwurde, dass ihr Mann niemals wieder der Alte werden würde. Er hatte recht. Er *war* vor zwei Jahren gestorben. Und sie war keine Ehefrau mehr, sondern nur noch eine Witwe.

Viertes Kapitel

Mafalda hatte für Hermann eine Droschke gerufen, die ihn nach Hause fuhr. Sie selbst war im Kontor geblieben und brütete über den Papieren. Aber in Wirklichkeit las sie die Zahlen nicht, sondern sie grübelte. Hermann hat recht, dachte sie. Er ist wie tot. Und es sind nicht seine Verletzungen, die ihn getötet haben.

Mafalda kannte Hermann besser, als er dachte. Sie wusste, dass ihm am meisten der Verlust von Titine zu schaffen machte. Aber sie wusste nicht, ob er das, was er getan hatte, bereute. Mafalda seufzte. Wie oft hatte sie an Titine geschrieben? Natürlich nicht direkt an Titine, denn auch Mafalda hatte keine Ahnung, wo sie eigentlich steckte. Sie gab ihre Briefe im Handelskontor Groth, Jessen und Krischak ab, wo die Post von Grazia einmal in der Woche abgeholt wurde.

Wie oft hatte sie Titine nur um ein Wort gebeten. Ein einziges Wort. Nein, Mafalda wusste, dass Titine ihrem Bruder niemals verzeihen konnte. Und auch ihr, Mafalda, konnte sie nicht vergeben. Dabei wusste sie längst nicht alles.

Tränen stiegen ihr in die Augen. Tränen der Verzweiflung und der Mutlosigkeit. »Niemals kann ich gutmachen, was wir angerichtet haben«, murmelte sie vor sich hin.
Ein heftiges Klopfen an der Tür riss sie aus ihren Gedanken.
Sie rief: »Herein«, und der Brennmeister betrat mit ratlosem Gesicht das Kontor.
»Was geschieht mit dem Rum in den anderen Probefässern?«, wollte er wissen. »Der Don hat eine weitere Versuchsreihe angeordnet, aber wir haben keine kleinen Fässer mehr.«
Mafalda nickte und machte dem Mann ein Zeichen, dass er sich setzen sollte.
»Was machen wir falsch?«, fragte sie ihn. »Warum schmeckt den Amerikanern unser Rum plötzlich nicht mehr?«
Der Brennmeister wich ihrem Blick aus, sah auf den Boden, kratzte mit der Schuhspitze unsichtbare Muster in den Teppich. »Ich weiß es nicht«, erwiderte er. »Ich habe keine Ahnung.«
Mafalda legte den Kopf schief und schenkte ihm ihr schönstes Lächeln. »Raul«, sagte sie. »Du musst mir helfen. Du bist der Einzige, der es kann.«
Geschmeichelt senkte der Brennmeister den Blick und versuchte so, die Röte zu verbergen, die ihm in die Wangen geschossen war. »Ich denke, es liegt an der Melasse. Der Rum ist einfach nur so gut wie sein Rohprodukt. Die Zuckerernte war nicht besonders im letzten Jahr. Der Hurrikan hat viele Felder zerstört. Wir müssen Rohrzucker vom Jahr davor einkaufen. Oder wir warten bis zur nächsten Ernte.«

Mafalda nickte. Sie wusste, dass Raul recht hatte. Aber sie hatten nicht mehr genügend Mittel, um neue Melasse zu kaufen.

»Was ist mit einer Mischung? Wenn wir die alte Melasse mit neuer mischen?«

Der Brennmeister schüttelte den Kopf. »Das würde ich nicht machen. Alter Wein in neue Schläuche. Sie verstehen, was ich meine?«

Mafalda nickte. »Ich danke dir, Raul. Wenn dir noch etwas einfällt, dann lass es mich wissen.«

Der Brennmeister erhob sich. »Ich würde Ihnen gern helfen, das wissen Sie. Aber ich fürchte, wir haben wirklich ein Problem. Carpenter wollte noch weitere Fässer aus amerikanischer Eiche liefern, doch bis heute sind keine eingetroffen.«

Mafalda erstarrte. Natürlich! Die Fässer! Sie hatte nicht mehr daran gedacht.

»Du meinst also, selbst wenn wir neue Melasse hätten, bräuchten wir noch Fässer?«

Raul nickte.

Mafalda schenkte ihm noch ein klägliches Lächeln und bedeutete ihm, dass er gehen könne. Raul griff nach der Klinke, und im selben Augenblick klopfte es heftig an der Tür. Ein Bote kam herein, schwitzend und keuchend. Er trug eine schwere Ledertasche über der Schulter. »Ich habe Post. Eine Eilzustellung«, rief er.

Mafalda runzelte die Stirn. »Eine Eilzustellung? Von wem?« Sie spürte, wie sich ein Klumpen in ihrem Bauch bildete. Eilzustellungen in dieser Zeit. Das konnte nichts Gutes sein.

Der Bote kramte in seiner Tasche und förderte schließlich

einen versiegelten Umschlag zutage. »Hier ist er. Persönliche Zustellung.«
Mafalda nahm den Umschlag entgegen. Sie schaute auf die Adresse, die mit Tinte geschrieben war. Hermann Pescador. Dann drehte sie den Umschlag auf die andere Seite und las den Absender. Mister J. C. Carpenter.
Ihre Hand begann zu zittern. Ihr war, als hätte der Brief einen schwarzen Trauerrand, aber das hatte er natürlich nicht. Sie griff nach dem Brieföffner, doch ihre Hand zitterte so sehr, dass sie ihn fallen ließ. Sie schluckte, presste eine Hand auf ihr wild schlagendes Herz. Dann schaute sie sich um, als suche sie nach Hilfe. Doch ihr konnte keiner helfen. Also riss sie den Umschlag entzwei, faltete den Bogen auseinander und las die wenigen Zeilen, die sie erwartet hatte. »Sehr geehrter Herr Fischer, mit Ablauf der derzeitigen Verträge kündigen wir unsere Zusammenarbeit auf. Wir wünschen Ihnen für die Zukunft alles Gute.«
Mafalda starrte auf die Schrift, als hoffe sie, die Buchstaben würden vor ihren Augen verschwimmen, sich neu ordnen und eine andere Mitteilung zum Vorschein bringen. Doch so lange sie auch starrte, es blieb, wie es war. Carpenter hatte ihnen den Laufpass gegeben. Ohne auch nur den geringsten Grund zu benennen. Sie seufzte, legte den Brief zur Seite und erhob sich. Als wüsste sie nicht, was nun zu tun wäre, strich sie sich ihr Kleid glatt und schaute sich im Kontor um. Dann reckte sie das Kinn, griff nach ihrer Handtasche und verließ das Kontor.
Draußen, auf der Straße, wurde sie schier erschlagen vom Lärm, der Hitze und dem Gestank. Vollbeladene Karren rumpelten an ihr vorbei zu den Anlegeplätzen der Schiffe aus Übersee. Ein paar Kinder, staubig und verdreckt wie

räudige Katzen, spielten im Straßengraben. Eine dicke Schwarze kehrte mit entschlossenen Strichen den Bürgersteig, gab einem vorbeilaufenden Botenjungen einen Klaps auf den Kopf, weil er ihr Zusammengekehrtes aufwirbelte. Männer in guten Anzügen, hochgeschlossenen Vatermördern und blankgeputzten Schuhen schwangen ihre Spazierstöcke und hatten wichtige Mienen aufgesetzt. Mafalda schnappte im Vorübereilen ein paar Satzfetzen auf. »Das nächste Schiff legt in einer Woche ab. Zielhafen ist Cadiz in Spanien. Wir müssen uns beeilen, sonst sind die Ladeflächen samt und sonders an andere verkauft.«
Zwei schwarze Hafendirnen in bunten Kleidern mit riesigen Ausschnitten und Blumen im Haar trudelten vorüber. Sie schwangen ihre bestickten Stoffbeutel und lachten derb über einen Fuhrmann, der ihnen nachblickte und dabei sein Pferd außer Acht ließ.
Mafalda sah ihnen nach, wie sie eine wenig vornehme Bar ansteuerten. Als hätte ein Magier seinen Zauberstab geschwungen, war die Straße vor ihr plötzlich leer und verlassen. Selbst die Sonne hatte einen Wolkenschleier wie einen Vorhang vor ihr glühendes Gesicht gezogen.
Wind kam auf und riss an ihrem Kleid, zerrte an ihrem Hut. Am Horizont türmten sich dicke, schwarze Wolken, aus denen es beständig grummelte.
Mafalda war zum Weinen zumute. Sie hätte sich am liebsten auf einen Poller am Hafen gesetzt und sich hemmungslos ihrer Verzweiflung hingegeben. Aber nun wirbelte der Wind allen Schmutz der Straße auf wie ein Kind im Blätterwald. Das Donnern kam näher, wurde eindringlicher. Sie musste sich beeilen, wenn sie trocken

nach Hause kommen wollte, aber es gelang ihr einfach nicht, ein Bein vor das andere zu setzen, einen Schritt nach dem anderen zu tun. Sie blieb stehen, hatte mit einem Mal kein Ziel mehr, keinen Plan, keine Zukunft. Wie festgewachsen stand sie, ließ sich von den letzten, eilig nach Hause Strebenden anrempeln, und als der Regen wie ein Wasserfall vom Himmel prasselte, sie bis auf die Haut durchnässte, da hob sie den Blick hinauf zu den Wolken und flehte stumm um Hilfe.

Sie kam vollkommen durchnässt nach Hause. Das Wasser lief ihr aus den Haaren, aus den Kleidern, hinterließ Pfützen, wo sie ging und stand. Aber so sah niemand, dass sie weinte.

Dolores, das Hausmädchen, das ihnen von Trinidad nach Havanna gefolgt war, schrubbte den Boden trocken, brachte Handtücher. Und Mafalda ließ das Wasser aus ihren Haaren weiter mit dem Wasser aus ihren Augen die Wangen hinunterlaufen. Erst als Hermann nach ihr rief, wischte sie sich das Gesicht trocken, schlüpfte in ein frisches Kleid und betrat sein Arbeitszimmer.

»Wir sollten den Brennmeister entlassen«, erklärte er knapp. »Ich traue diesem Burschen nicht. Wahrscheinlich ist er schuld daran, dass es unserem Rum am gewissen Etwas mangelt.«

Mafalda setzte sich in den Ledersessel, faltete die Hände im Schoß und schwieg, doch Hermann bemerkte es gar nicht. Seit sie das Zimmer betreten hatte, hatte er sie nicht angesehen, hatte ihre Nässe nicht bemerkt, nicht ihre Verzweiflung. Sie seufzte. So ging das nun schon seit zwei Jahren. Er sprach nicht mit ihr, sondern zu dem stillen

Publikum, das sie darstellte. Sie war schmal geworden in den letzten Monaten, aber auch das hatte Hermann nicht interessiert. Manchmal fragte sie sich, ob er es überhaupt merken würde, wenn an ihrer Stelle das schwarze Hausmädchen hier säße.

»Und dieses Kontor ist kein Kontor, es ist nur ein Verschlag. Wir sollten uns nach besseren Räumlichkeiten umsehen. Wenn Mister Carpenter wieder einmal in Havanna ist, würde ich mich schämen, ihn in diesem Kontor empfangen zu müssen.«

»Mister Carpenter kommt nicht«, flüsterte Mafalda.

»Gut, dann kommt er eben derzeit nicht über das Meer, aber das Kontor ist trotz allem eine Zumutung. Ich habe kaum Atem holen können da drinnen.«

Mafalda schluckte. Und mit einem Mal konnte sie ihr Leid nicht mehr länger allein tragen. Sie wollte Hermann vor allen Übeln verschonen, Gott wusste, dass es so war, aber jetzt war ihr, als müsste sie daran ersticken.

»Mister Carpenter kommt nie mehr«, stieß sie hervor.

»Nun, er ist ein mächtiger Mann, hat einigen Einfluss in Miami und New York. Er kann sich nicht um alles selbst kümmern. Ich weiß, wie das ist, das kannst du mir glauben. So wird er eben einen Gesandten schicken. Und ich sage dir, diese Gesandten sind am Ende noch schlimmer als der Chef selbst. Wie auch immer. Wir brauchen neue Räumlichkeiten. Womöglich ist auch unser Wohnhaus nicht mehr repräsentativ genug. Es ist groß, das ist richtig, aber die Gegend ist nicht die beste. Gleich nebenan eine Hafenbar, aus der tagein, tagaus die betrunkenen Matrosen fallen. Von den Mädchen, die an den Hausecken stehen und ihre Brüste vorrecken, als wären sie

Schleppkähne, will ich gar nicht reden. Das Wichtigste aber ist, dass dieses Arbeitszimmer einen neuen Anstrich braucht. Auch der Schreibtisch wird allmählich zu klein. Was sagst du? Soll ich das Zimmer dunkelrot malen lassen oder ziemt sich ein dunkles Grün besser für einen Rumfabrikbesitzer? Zu gern wüsste ich, wie die Bacardís in Santiago ihre Räumlichkeiten haben. Es soll schließlich niemand auf den Gedanken kommen, wir wären schlechter gestellt als diese hinterwäldlerischen Schnapsbrenner.«
Mafalda starrte auf Hermanns Rücken, sah seine Hand, die mit dem Bleistift auf den Tisch klopfte. Sie wusste, sie sollte froh sein, dass er wieder ein kleines bisschen Interesse an seiner Umwelt zeigte, dass er nicht mehr nur dasaß und ins Leere starrte, aber, gütiger Himmel, seine Aktivität kam zu spät. Sie war vergeblich. Mafalda stiegen die Tränen in die Augen, und sie versuchte, sie wegzuzwinkern. Sie wusste, wenn es ihr nicht gelang, wenn sie anfing zu weinen, würde sie nie wieder damit aufhören können.
Da holte sie ganz tief Luft, füllte ihre Lungen bis zur letzten Faser und schrie: »Niemand wird mehr kommen, Hermann. Carpenter hat uns die Zusammenarbeit aufgekündigt. Der Brennmeister wird von selbst gehen, weil wir ihn nicht bezahlen können, und das Kontor werden wir ebenfalls verlieren. Du kannst froh sein, ein Haus wie dieses zu haben. Und wenn du dein Arbeitszimmer neu gestrichen haben möchtest, nur zu, dann musst du selbst den Pinsel schwingen.«
Hatte sie gehofft, Hermann würde herumfahren und sie überrascht ansehen? Hatte sie gehofft, er würde sich zurückverwandeln in den, der er früher war, der jetzt wuss-

te, was zu tun war, der jedes Unglück von der Familie abzuwenden verstand?
Sie wusste es nicht. Aber jetzt, da Hermann sich nicht bewegte, keinen Millimeter, da überkam sie eine abgrundtiefe Verzweiflung. Sie schlug die Hände vor das Gesicht und weinte, wie sie seit ihren Kindertagen nicht mehr geweint hatte.

Fünftes Kapitel

Titine sah ihrem Sohn Aurelio beim Spielen zu. Sie saß an ihrer Nähmaschine, hatte ein Auge auf die Fäden und die Nadel gerichtet, und mit dem anderen Auge wachte sie über ihren Sohn.

Sie konnte ihn nicht anschauen, ohne an Fela erinnert zu werden. Er war so schlank wie er, Aurelios Augen funkelten wie die seines Vaters, wenn auch in einer anderen Farbe, und die sanft-derben Lippen wölbten sich wie bei Fela.

Wo er jetzt wohl ist?, fragte sich Titine. Ein Brief war von Mafalda gekommen, ganz am Anfang, als sie mit Grazia gerade dieses Haus bezogen hatte. Ein Brief, auf dessen Umschlag mit roter Tinte geschrieben stand: »Lies bitte. Es geht um Fela!« Und Titine hatte gelesen. Sie hatte nicht nur gelesen, sondern die Worte leise vor sich hin gesprochen, als gewännen sie dadurch an Glaubwürdigkeit. »Fela ist tot«, stand da. »Wir alle trauern mit dir.« Und Titine hatte gewusst, dass das eine Lüge war, dazu erdacht, sie zurück in die Arme der Familie zu treiben.

Fela war nicht tot. Genauso wenig, wie sie tot war, auch, wenn sie sich so fühlte. Eines Tages würde er sie finden. Eines Tages würde alles gut werden. Und bis dahin blieb sie hier, wartete und nähte in jedes Stoffstück ihre Sehnsucht mit hinein.

Es klopfte an der Werkstatttür. Titine erhob sich und öffnete. Vor ihr stand Cesare, ein Kreole, der in der Nachbarschaft einen Baumwollhandel betrieb.

»Guten Tag, Doña Titine«, grüßte er mit einem Lächeln.

Und Titine lächelte zurück. »Sie sollen mich doch nicht immer Doña nennen«, schalt sie ihn mit einem Lachen. »Es ist lange her, dass ich so genannt wurde.«

Cesare verbeugte sich leicht. »Wenn Sie keine Doña sind, Titine, dann weiß ich nicht, wer eine ist. Hier!«

Er schwang einen Korb in der Hand, randvoll gefüllt mit duftenden Orangen. »Die sind für Sie.«

»Aber Cesare, wir haben schon so oft darüber gesprochen. Das sollten Sie nicht tun.«

»Mich ein wenig um Sie kümmern? Gott im Himmel, sobald ich hier jemanden sehe, der das an meiner statt tut, werde ich leise weinend verschwinden. Aber Sie sind zu blass und zu dünn. Fragen Sie Grazia, Orangen können da Wunder bewirken.« Er zwinkerte ihr übermütig zu.

Titine nahm den Korb und dankte Cesare. Sie ließ es zu, dass er sie bewundernd betrachtete. Ja, dachte sie. Ich bin noch jung, ich bin noch einigermaßen schön. Es gibt durchaus noch Männer, die mich wollen. Dann seufzte sie.

»Was ist?«, fragte Cesare besorgt. »Habe ich Sie erschreckt?«

Titine schüttelte den Kopf. »Nein, das haben Sie nicht. Ich musste nur an etwas denken.«

Cesare setzte sich auf die Bank, die neben der Werkstatttür stand und auf der Titine sich manchmal, das Gesicht der Sonne entgegengestreckt, ausruhte.
»Setzen Sie sich zu mir und erzählen Sie mir, woran Sie gedacht haben.«
Titine schüttelte den Kopf. »Ich habe Arbeit. Heute Nachmittag soll ein Kleid fertig werden. Wenn ich den Tag verplappere, dann schaffe ich es nicht.«
Cesare erwiderte nichts, sondern schlug mit der Hand weiter auf die Bank. »Na, kommen Sie schon. Setzen Sie sich endlich.«
Widerstrebend ließ sich Titine neben Cesare fallen. Er nahm ihre Hand zwischen seine beiden großen, warmen Hände. Es fühlte sich an wie damals, als ihr Vater nach einem Alptraum bei ihr am Bett gesessen hatte.
»Erzählen Sie. Und wenn Sie fertig sind, dann erzähle ich Ihnen auch etwas.«
Titine holte tief Luft. »Der Vater von Aurelio. Ich liebe ihn so sehr. Und es heißt, er ist tot. Aber ich weiß, dass er es nicht ist.«
Cesare nickte. »Sie haben nach ihm suchen lassen?«
Titine schüttelte den Kopf. »Er hat den Ingenio meines Bruders vernichtet, hat ihn selbst zum Krüppel geschlagen. Ich kann ihn nicht suchen. Wenn er gefunden wird, muss er ins Gefängnis.«
»Er ist ein ehemaliger Sklave, nicht wahr?«
»Ja, das ist er. Als ich von ihm schwanger wurde, hat mein Bruder mich entführen lassen. Weg aus Trinidad und hierher nach Havanna. Dann gab es einen Kampf zwischen den Männern, die beide nur knapp überlebten. Das Haus brannte, und Hermann wurde unter

einem Balken begraben, der ihm die Hüfte zerschmettert hat.«

Cesare verstärkte den Druck seiner Hand. »Ihr Liebster hat getan, was ein Mann in einer solchen Situation tun muss.«

»Ich weiß«, erwiderte Titine. »Aber was nützt mir dieses Wissen? Er ist weg, ich bin allein, und Aurelio hat keinen Vater.«

Cesare erging sich nicht in billigen Trostworten, und Titine war ihm dankbar dafür. Er hielt noch immer ihre Hand in der seinen, warm und fest, und für Titine fühlte sich das so gut an wie schon lange nichts mehr.

Erst nach einer Weile brach er sein Schweigen. »Sie sind die Tochter Yewas, der Göttin des Todes. Nein!« Er hob die Hand. »Unterbrechen Sie mich nicht. Jeder hier im Viertel weiß das. Die Menschen beten zu Ihnen, auch wenn Sie das nicht wollen. Haben Sie schon jemals darüber nachgedacht, ob es vielleicht Ihr Schicksal ist, unglücklich zu sein?«

»Wie bitte?« Titine fuhr auf und starrte Cesare fassungslos an.

»Ich meine das nicht böse. Aber es heißt doch, dass die Liebe unsterblich ist. Und Sie sind die Tochter Yewas. Ihre Liebe ist also doppelt unsterblich.«

»Was soll das heißen?« Titine zog die Augenbrauen in die Höhe, aber Cesares Blick ruhte so freundlich auf ihr, dass sie sich sogleich wieder beruhigte.

»Das heißt, dass sich Ihre Liebe niemals erfüllen darf, niemals eine Alltagsliebe mit allen Banalitäten sein darf. Sehen Sie, die meisten großen Lieben sterben einen Tod im Alltag. Und am Ende eines Lebens wissen viele von uns nicht einmal mehr, wie sich die Liebe anfühlt. Ihnen darf

das nicht geschehen, das haben die Götter so bestimmt. Vielleicht dürfen Sie deshalb nicht mit Ihrem Mann zusammen sein. Verstehen Sie, was ich meine?«
Langsam nickte Titine. »Ja, ich verstehe Sie, Cesare. Aber das ist ungerecht. Ich bin nicht die Tochter einer Göttin. Ich bin eine ganz normale Frau mit normalen Wünschen und Träumen, mit Hoffnungen und Bedürfnissen. Und ich möchte einfach so leben wie alle.«
Cesare lächelte. Er beugte sich zu ihr und küsste sanft und ehrfürchtig ihr Haar. »Die Orishas fragen nicht, was wir Sterblichen wollen. Sie sind es, die unser Schicksal bestimmen. Und mit Ihnen haben sie etwas ganz Besonders vor. Das weiß ich so sicher, wie ich weiß, dass morgen früh die Sonne aufgeht.«
Titine schüttelte sich vor Unbehagen.
»Und Sie?«, fragte sie nach einer Weile. »Was ist mit Ihnen? Was wollten Sie mir erzählen?«
Cesare lachte auf. »Das ist nicht wichtig. Wichtig ist nur, dass wir beide hier zusammen sitzen und die Sonne auf uns scheint.«
Titine senkte den Kopf, kratzte mit der Schuhspitze auf dem Boden herum. »Ich würde ihn so gern suchen«, flüsterte sie. »Selbst wenn ich erfahren sollte, dass er doch tot ist, wäre das leichter zu ertragen als diese Ungewissheit. Ich kann nicht leben und nicht sterben, kann mich nicht von Herzen freuen oder mit Tränen trauern. Es ist, als schwebte ich ein Stück über der Erde, unfähig, in den Himmel zu kommen, unfähig aber auch, die Füße fest auf den Boden zu setzen. Oder als hinge ein schwerer Klotz an meinem Bein, ein riesiger Stein, der mich daran hindert, mich von hier wegzubewegen.«

Wieder schwieg Cesare, doch Titine wusste, dass er sie verstanden hatte, denn in seinem Blick stand tiefes Bedauern.

»Vergessen Sie nicht, wir alle sind in der Hand der Orishas. Was immer sie mit uns vorhaben, wir müssen es akzeptieren.«

Mit einem Ruck setzte sie sich gerade hin, straffte die Schultern, reckte das Kinn. »Ich werde ihn suchen«, teilte sie ihm mit.

Cesare schüttelte den Kopf. »Das können Sie nicht. Nicht nur wegen der Orishas. Aurelio ist zu klein. Er braucht seine Mutter noch. Grazia ist zu alt, um ihm all das zu sein, was Sie ihm sind.«

»Trotzdem«, beharrte Titine. »Dann werde ich eben warten, bis er größer ist, und mit ihm gemeinsam nach seinem Vater suchen.«

Cesare wiegte den Kopf leise hin und her. »Haben Sie je von Lazarus gehört?«

»Lazarus?« Titine sah Cesare erstaunt an. »Der Lazarus aus der Bibel? Wie kommen Sie denn jetzt auf den?«

Noch immer hielt Cesare ihre Hand. »Sie selbst haben mich darauf gebracht, als Sie sagten, Sie fühlten sich, als hätten Sie Steine, Felsbrocken an den Füßen.«

Er drehte den Oberkörper, so dass er Titine direkt ins Gesicht blicken konnte. »Lazarus ist von den Toten auferstanden. Und ist es nicht genau das, was Sie sich von Ihrem Liebsten wünschen? Ist es nicht das, was Sie von den Orishas erbitten?«

»Ja, aber … er ist nicht tot, ich würde es fühlen.«

Cesare nickte. »Gut. Er ist nicht tot. Sie wissen es, weil Ihr Herz es Ihnen sagt. Aber auch Vergessene, Versteckte,

Menschen, die für tot gehalten werden, können wieder auferstehen, nicht wahr?«

Titine nickte ernsthaft. »Was wollen Sie mir damit sagen, Cesare?«

»Nun, Lazarus ist der Herr der Leiden. So wie unser Orisha Babalao. Auch er ist der Herr des Leidens.«

»Ja?« Titine wusste noch immer nicht, worauf Cesare hinauswollte.

»Es gibt eine Kirche in der Nähe von Havanna. In El Rincón, rund fünfzehn Meilen von hier entfernt. Sie ist dem heiligen Lazarus und Babalao gewidmet. Es heißt, wer dort hinpilgert, wird von seinen Leiden erlöst.«

»Sie meinen also, ich sollte das tun?«, fragte Titine. »Ich soll nach El Rincón gehen und Babalao ein Opfer bringen?«

Der ältere Mann wiegte den Kopf hin und her. »Babalao oder Lazarus. Wo ist da der Unterschied? Aber Sie sollten nicht einfach nur pilgern und ein Opfer bringen. Der Tag des heiligen Lazarus ist der 17. Dezember. Halb Havanna wird sich an diesem Tag dorthin auf den Weg machen. Manche der Pilger kriechen auf allen vieren die fünfzehn Meilen. Sie binden sich Steine an die Füße. Es heißt, so zu pilgern, ist das größte Opfer für Lazarus und Babalao. Und es heißt außerdem, dass niemand ungeheilt blieb, der dieses Opfer je erbracht hat. Einer meiner Freunde war dort. Oh, er hat gelitten. Kiloschwere Steine hatte er sich an die Füße gebunden. Und ja, er ist damit die ganze Strecke gekrochen. Seine Knie waren blutüberströmt, die Ellbogen bis auf die Knochen abgewetzt. Er ist für seinen kleinen Jungen dorthin gepilgert. Für seinen Jungen, der von einer Droschke überrollt worden war und seither

nicht mehr laufen konnte. Nun, jetzt springt er mit den anderen Kindern herum.«
Titine nickte und lächelte sanft.
»Sie glauben mir nicht? Viele Weiße glauben mir nicht. Aber es ist wahr. In El Rincón kann man sein Leiden abladen.«
»Oh, doch, Cesare. Ich glaube Ihnen. Und wie ich Ihnen glaube. Es gibt mehr Dinge zwischen Himmel und Erde als die, die wir sehen und verstehen können. Und ich danke Ihnen, dass Sie mir von El Rincón erzählt haben.«

Sechstes Kapitel

Jetzt hatte Hermann sich doch umgewandt, starrte seine Frau wütend an. »Ich will nicht, dass du so redest!«, herrschte er sie an.
»Verstehst du nicht?« Mafalda war wieder den Tränen nahe. »Wir sind verloren. Niemand will unseren Rum. Wovon sollen wir leben? Unsere Ersparnisse sind aufgebraucht. Dein ganzes Vermögen ist dahin. Schon jetzt türmen sich die Rechnungen. Ach, Hermann, was soll nur werden?«
Verzweifelt ließ sie die Schultern sinken.
Hermann erhob sich. Er tat es mühevoll, stützte sich dabei auf dem Schreibtisch ab, der unter seinem Gewicht ächzte. Plötzlich rutschte er ab, und Mafalda sprang auf, um ihm zu helfen, doch er wehrte sie mit der Hand ab, wandte sich um und steuerte mit unsicheren Schritten auf den Ledersessel zu. Kurz vor ihr blieb er stehen und hob die Arme, doch der linke schien ihm nicht zu gehorchen. Also riss er nur den rechten hoch, ließ ihn schwer auf Mafaldas Schultern sinken. Seine Hand krallte sich in ihr

Fleisch. Er war von einem Augenblick zum nächsten blass geworden. Sein ohnehin schiefer Mund hatte sich noch mehr verzogen. Noch nie hatte Mafalda ihren Mann so gesehen. Weiß wie ein Geist und mit stahlhartem Glanz in den Augen. Sie hätte ihn gern gefragt, was er hatte, hätte ihn gern in den Sessel gebettet, aber er verkrallte sich so fest in ihr, dass sie sich nicht zu rühren wagte. Schweiß trat ihm auf die Stirn. Er war krank! Merkte er das nicht?
»Ich will nicht, dass du so redest, Mafalda. Hörst du? Hast du mich verstanden? Es wird alles gut werden. So wie immer.« Seine Worte klangen nuschelig, so, als hätte er etwas im Mund, einen Knebel, der sich einfach nicht herunterschlucken ließ.
Mafalda nickte, dann hob sie den Kopf und sah den Mann an, den sie einst geliebt und den sie geheiratet hatte.
»Ach, Hermann«, sagte sie sanft und griff nach seiner Hand, die schwer an seinem Körper herabhing. »Die Zeiten, in denen dir alles geglückt ist, sie sind vorbei.«
»Was willst du damit sagen?« Sein Ton klang trotz allem herrisch, aber Mafalda hörte die Angst heraus, die mitschwang. Die linke Hälfte seines Gesichtes kam ihr plötzlich starr vor, und sie bekam Angst vor seiner Wut, die so mächtig zu sein schien, dass er sich selbst nicht wiedererkannte.
Sie kannte ihn jedoch besser. Er war ein stolzer Mann, der immer gern betonte, dass er es aus dem Nichts heraus zum Zuckerbaron geschafft hatte. Sie wusste genau, wie sehr er sich wünschte, was die anderen in ihm sehen sollten. Stark, unabhängig, geschäftstüchtig, erfolgreich. Und sie wusste auch, dass er es nicht ertragen konnte, der Wahrheit ins Auge zu sehen, weil er meinte, versagt zu

haben. Und ein Versagen kam für Hermann einem Todesurteil gleich. Und dabei musste er nicht so stark tun, nicht für sie, nicht für seine Ehefrau Mafalda. Sie wusste, dass er ängstlich sein konnte, schwach, ungerecht. Sie wusste auch längst, dass er sich nicht verzeihen konnte, Titine verloren zu haben, und auch, dass seine Männlichkeit abhandengekommen war. Wie gern wäre sie aufgestanden, hätte ihn in den Arm genommen und geflüstert: »Ich weiß alles über dich. Bei mir kannst du sein, wie du bist. Ich werde dich trotzdem so sehr lieben, wie ich es noch vermag. Trotz aller Fehler und Schwächen.«

Aber sie schwieg. Denn dieses Eingeständnis würde Hermann noch den letzten Funken Stolz rauben. Also musste Mafalda weiter so tun, als wäre Hermann groß und stark und mächtig und als hätte er alles im Griff und im Blick.

Plötzlich verzog er das Gesicht, Schweiß brach ihm nun am ganzen Körper aus, sein Atem ging hechelnd, die Augen verdrehten sich, so dass Mafalda nur noch das Weiße darin sah. Er fuchtelte mit dem Arm herum, sein gespaltener Mund klaffte auf, Speichel tropfte heraus. Sie erschrak furchtbar.

»Hermann, was ist mit dir?« Mafalda sprang auf, stützte ihn, wollte ihn zu einem Sessel führen, wollte Wasser holen, ihn zu Bett bringen, seine Hand halten und ihm sagen, dass alles, alles gut würde. Doch Hermann hörte sie nicht, sondern japste und stöhnte, als bereitete ihm jeder Atemzug unerträgliche Schmerzen. Dann knickten ihm die Beine weg, eine Lache breitete sich unter seiner Hose aus, sein Kopf sank nach vorn, und er wurde so schwer in ihrem Arm, dass sie ihn nicht mehr halten konnte.

Mafalda rief, nein, sie schrie nach Dolores, schickte das

Mädchen zum nächsten Arzt, während sie ihren bewusstlosen Mann im Arm hielt und ihre Tränen auf sein verzerrtes Gesicht tropfen ließ.

Mafalda kam es wie eine Ewigkeit vor, bis der Arzt kam. Er sagte nur ein Wort, und Mafalda schrie leise auf: »Schlaganfall.« Dann verabreichte er ihm eine Spritze und half Mafalda, ihn in sein Bett zu bringen.

»Er braucht jetzt Ruhe. Sehr viel Ruhe. Jede Aufregung kann ihn das Leben kosten.«

Mafalda nickte. »Wird er wieder gesund?«

Der Arzt hob die Schultern. »Das kann man jetzt noch nicht sagen. Seine linke Seite, sie scheint mir gelähmt. Manchmal gibt sich eine solche Lähmung wieder, manchmal nicht. Es gibt Patienten, die verlieren durch einen Schlaganfall ihre Sprache und können nur noch lallen. Andere erholen sich zur Gänze wieder.«

Mafaldas Blicke hingen am Mund des Doktors, als wolle sie ihn beschwören. Doch der Arzt, ein schon alter Mann, der in seinem Leben sehr viel gesehen hatte, schüttelte den Kopf. »Es wäre vermutlich nicht falsch, sich um eine Pflegerin für ihn zu kümmern. Er war schon vorher kein gesunder Mann mehr.«

Mafaldas Herzschlag setzte für einen Augenblick aus. »Heißt das, heißt das …« Sie wagte es nicht, die Worte auszusprechen.

Der Doktor tat es für sie, Mitleid und Bedauern im Blick. »Es ist wahrscheinlich, dass er das Bett nicht mehr verlassen kann. Er wird gefüttert werden müssen und gewickelt wie ein Kleinkind.«

Er betrachtete Hermann noch einmal und schüttelte aber-

mals den Kopf. Dann legte er Mafalda eine Hand auf die Schulter. »Sie sind noch jung. Und Sie sind schön. Wenn Sie Glück haben, wird er in den nächsten Tagen sterben. Aber versprechen kann ich Ihnen auch das nicht.«
Mafalda wollte empört protestieren, doch die Blicke des Arztes waren so voller Mitleid, dass Mafalda begriff, er wollte nur das Beste für sie.

Siebtes Kapitel

Viele, viele Monate lebte Fela nun schon in den Wäldern. Sein Haar war gewachsen, hing ihm in schmutzigen Flechten bis auf die Schultern. Und auch der verfilzte Bart wurde von Tag zu Tag länger. Manchmal sprach Fela mit sich selbst, um das Sprechen nicht ganz und gar zu verlernen. Es waren keine richtigen Gespräche, die er führte, denn seine Gedanken waren keine richtigen, menschlichen Gedanken mehr, sondern drehten sich vor allem um das Überleben. Und wenn er also mit sich redete, so kommentierte er in erster Linie die Dinge, die er tat.
»So, jetzt gehe ich zum Bach, um etwas zu trinken. Oh, meine Haut brennt. Ich werde die Insektenstiche mit Blättern kühlen. Was für einen Hunger ich habe! Hoffentlich finde ich heute einen Bauernhof mit ein paar freilaufenden Jungschweinen.«
Manchmal beobachtete er aus seinem Versteck heraus ein paar freigelassene Sklaven. Er sah, wie sie in die Berge gingen und essbare Ratten jagten, die mit lautem Quieken zu entkommen suchten. Sie zeigten ihm den Weg zu den

reichhaltigen Kräutern, deren Reste er hernach aus der Erde zog. Niemals aber sprach er mit ihnen, im Gegenteil, er verbarg sich vor ihnen noch besser, zog Zweige und Äste, Blätter und Moos vor den Eingang seiner Grotte.
Manche dieser ehemaligen Sklaven arbeiteten bei den kleinen Bauern auf den Saatfeldern, und wenn sie nach der Arbeit zu ihren Hütten gingen, dann schlich sich Fela auf leisen Sohlen hinunter zu diesen Bauern und stahl, was er in die Finger bekam. Manchmal fand er ein paar Lebensmittel, einen Kanten Brot, ein Stück Speck, ein paar Eier, Orangen oder Maniok. Dabei musste er natürlich aufpassen, dass die Bauern ihn nicht erwischten. Und manchmal ging er auch gar nicht bis hinunter zu den Höfen, sondern blieb am Waldsaum stehen und sah sehnsüchtig auf die Bauernhäuser, die ihm im Vergleich zu den ärmlichen Negerhütten wie Luxushäuser erschienen. Die Häuser waren aus Steinen gemauert und hatten Dächer aus wilden oder einfachen Guano-Palmen. Manchmal, an Samstagen, konnte Fela sie sogar hören. Dann wurde er ganz still, setzte sich unter einen Baum, lauschte und presste die Hand auf sein wild schlagendes Herz, das sich vor schmerzlicher Erinnerung zusammenkrümmte. Die Bauern spielten auf Gitarren und winzigen Ziehharmonikas, sie trommelten auf ausgehöhlten Kürbissen, auf Pauken und hohlen Baumstämmen. Ihre Lieder waren voller Melancholie, und wenn Fela diese Lieder hörte, dann fühlte er sich für kurze Zeit wieder als Mensch. Doch sobald die Musik verklang, die Bauern ihre letzten Tänze beendeten, die Fackeln löschten und in ihre Häuser zurückkehrten, überkam Fela eine so große Sehnsucht nach

diesem einfachen, aber glücklichen Leben, dass er sich im Schutz der Dunkelheit hinunter zu den Häusern schlich und verstohlen durch die Fenster spähte. Er sah die Paare beim Liebesspiel, und sein Herz zerriss beinahe vor Sehnsucht nach diesem Leben, nach seiner Liebsten, nach Titine. Oft saß er dann bis zum Sonnenaufgang unter den Fenstern der Liebenden, als müsste er sie bewachen. Stieg die Sonne am Himmel empor, schlich er sich wie ein geprügelter Hund hinauf in die Berge und weinte bittere Tränen.

Doch sobald der Montag kam, war Fela wieder der Mann ohne Gedanken und Gefühle, einzig gesteuert von seinen Trieben, vom Überlebenswillen. Und im Schatten des Mondes schlich er wieder ins Dorf und stahl von dem Hof, dessen Liebe er kurz zuvor bewacht hatte, ein Ferkelchen, schleppte es zu seiner Grotte, entzündete ein Feuer und briet das Tier. Dann schlug er seine Zähne in das noch heiße Fleisch, riss ganze Batzen heraus, während ihm das Fett von den Lippen in den verfilzten Bart tropfte. Er schlief einen ganzen Tag und noch eine Nacht, wachte auf, aß den Rest des Fleisches und machte sich dann auf den Weg, um Gemüse zu stehlen. Besonders gut schmeckte ihm die Malanga, ein Gemüse, das wild im Wald wuchs und in der Nacht anfing zu glänzen.

Er sammelte auch Tabakblätter, die er sich auf die entzündeten Insektenstiche legte oder seine Schürfwunden damit behandelte. Aber in den kalten Nächten kroch ihm das Wetter in die Knochen, so dass er es an manchen kühlen Tagen nicht einmal schaffte, die Grotte zu verlassen, und mit den Fledermäusen lebte, als wäre er selbst ein Tier. Ging es ihm wieder besser, so streifte er durch den

Wald und sammelte auf den Lichtungen wilde Rosmarinblättchen, aus denen er sich einen Sud kochte.
Wenn die Nächte kühl und später kalt wurden, bereitete er sich in seiner Grotte ein Lager aus Fledermausdreck, wickelte sich in große Bananenblätter, die es doch nicht vermochten, ihn zu wärmen. Einmal erkältete er sich. Der Husten war so stark, dass es ihm beinahe die Brust zerriss und er nächtelang keinen Schlaf fand. Zum Schneuzen benutzte er die Blätter am Wege, doch für den Husten fand er kein Mittel, welches den Schmerz und den Reiz linderte. War es besonders kalt, dann kroch ihm die Kälte sogar in die Augen, die dann zu tränen und zu jucken begannen, so dass er kaum imstande war, sich Nahrung zu besorgen. Dann suchte er nach einer bestimmten Sorte von Blättern, die sich Itamorreal nannten, legte sie in den Abendtau und wischte sich am nächsten Morgen damit die Augen aus, bis sie wieder klar waren und nicht mehr juckten.
Hin und wieder braute sich Fela aus Guaninablättern ein wenig Kaffee. Er zerstieß die Blätter mit einem festen Knüppel, und wenn sie ganz zerbröselt waren, seihte er sie gut durch und trank hernach das Gebräu. Zum Rauchen nahm er sich die Blätter des Macagua-Baumes, die er hübsch rollte und dann anzündete. Um das Feuer zu entfachen, benutzte er Zunder. Im Grunde lebte Fela so frei und unabhängig wie noch nie in seinem Leben. Und obwohl er immer gedacht hatte, dass die Freiheit das höchste Gut wäre, musste er jetzt feststellen, dass ihm so vieles fehlte, dass er selbst an der Sklaverei noch gute Dinge fand. Er war nicht allein gewesen. Da waren die Kameraden, mit denen er sein Leid und seine Freude teilen konn-

te. Mit ihnen gemeinsam hatte er gesungen, gelacht, geflucht und getrauert. Jetzt aber war er allein. Niemanden kümmerte es, was er tat oder unterließ, und es gab auch keinen, um den er sich kümmern konnte.
Irgendwann stellte Fela fest, dass er im Begriff war, den Verstand zu verlieren. Er merkte es nicht nur daran, dass er den Fledermäusen am Abend Lieder vorsang, er spürte es auch, wenn Zweige ihn im Vorübergehen streiften: Er sehnte sich nach den Menschen, nach ihren Worten, ihren Berührungen, nach ihrer Gegenwart. Und am meisten sehnte er sich nach Titine. Er wollte nicht länger als Cimarron im Wald leben, ähnlicher einem Tier als einem Menschen. Er wollte zurück, wollte wieder in Hemd und Hose gehen, wollte sich waschen, das Haar schneiden, den Bart rasieren, in einem Bett schlafen, und wäre es auch noch so ärmlich, wollte in einem Haus schlafen, pfiffe der Wind auch noch so sehr durch die Ritzen und das Dach. Und als er nach einem schweren Husten allmählich wieder gesund geworden war, beschloss er, in die Zivilisation zurückzukehren. Doch das ging nicht von heute auf morgen. Er musste Geduld haben, musste auf eine Gelegenheit warten. Aber wenn Fela eines gelernt hatte, dann war das Geduld.

Achtes Kapitel

Zwei Wochen später hatte sich Hermanns Zustand noch nicht gebessert. Der Doktor wunderte sich. »Die Lähmung des Armes und Beines ist beinahe wieder weggegangen. Auch sein Gesicht ist nicht mehr so verschoben. Er müsste wieder sprechen können, vielleicht sogar aufstehen.«
»Aber er tut es nicht. Er spricht kaum und wenn, dann barsch. Er steht nicht auf. Es ist, als würde er gar nicht mehr leben. Und wenn er sich daran erinnert, dass er doch noch auf dieser Welt ist, dann fährt er mich an, als wäre alles meine Schuld.« Mafalda stand neben dem Doktor an Hermanns Bett und sah auf ihn herab. Sie wusste, dass er jedes Wort gehört hatte, aber so tat, als ginge ihn das alles nichts an. Warum erreichte sie ihn nicht mehr? Warum, in Gottes Namen, hatte er sich noch mehr verschlossen? Hatte sie es denn nicht schon schwer genug? Sie griff nach seiner Hand, streichelte sie, dann wandte sie sich dem Arzt zu. »Was soll ich nur tun?«
Hermann lag da, die Augen geschlossen, als wäre er schon

nicht mehr in dieser Welt. Der Doktor machte mit dem Kopf ein Zeichen, dass er mit Mafalda allein sprechen wolle, und sie ließ Hermanns Hand los und folgte ihm aus dem Schlafzimmer hinunter in den Salon.

»Meine liebe, kleine Frau«, begann der Arzt, rieb sich vor Verlegenheit die Hände. »Ich weiß gar nicht, wie ich es ausdrücken soll.«

»Sie müssen mich nicht schonen«, beruhigte ihn Mafalda. »Ich kann die Wahrheit gut ertragen, nur mit der Ungewissheit lässt sich so schwer leben.«

»Sie sind tapfer, meine Liebe. Das weiß ich, aber das, was ich Ihnen sagen muss, ist trotz aller Tapferkeit schwer zu verarbeiten. Ich vermute nämlich, dass Ihr Mann in eine Art Starre gefallen ist. Eine Starre, die nichts mit seinem körperlichen Zustand zu tun hat.«

Er blickte in die Ferne, und Mafalda konnte sehen, wie er nach Worten suchte. Schließlich sprach er weiter: »Ich kenne so einen Zustand nur aus dem Krieg. Männer, die Schreckliches erlebt haben, geraten in diese Starre. Ihr Geist, verstehen Sie, meine Liebe, schottet sich ab, um nicht mehr das Schreckliche ertragen zu müssen.«

Er nahm einen Schluck Kaffee, den Dolores gebracht hatte. Dann seufzte er. »Ich fürchte, ich kann Ihrem Mann nicht helfen.«

Mafalda war nur halb so erschrocken, wie sie geglaubt hatte. Sie nickte. »Es ist, als wüsste ich es schon, hätte es jedoch nicht glauben können.« Auch sie sah nachdenklich in die Ferne, bevor sie fragte: »Und es gibt nichts, was man dagegen tun kann?«

Der Arzt zuckte mit den Schultern. »Er muss leben wollen. Er muss zurückfinden wollen ins Leben. Tut er es nicht, dann …« Er ließ den Satz ausklingen und schaute Mafalda so voller Mitleid an, dass sie sich unter seinem Blick am liebsten gekrümmt hätte. Dann erhob er sich, reichte ihr die Hand. »Sie sind noch jung. Ihr Leben ist noch nicht vorbei. Überlegen Sie genau, was Sie jetzt tun wollen. Es gibt auch Häuser, Einrichtungen …«

Mafalda hob die Hand, unterbrach den Arzt. »Ich gebe meinen Mann nicht in irgendeine Anstalt, die nur von sabbernden, wimmernden Menschen bewohnt ist. Er bleibt bei mir, und ich werde alles für ihn tun, was ich tun kann.«

Der Arzt nickte. »Ich dachte mir schon, dass Sie das sagen werden. Vielleicht holen Sie sich trotzdem eine Hilfe ins Haus. Wie ich höre, haben Sie schließlich auch noch eine Firma zu leiten.«

Mafalda antwortete nicht. Sie fühlte sich mit einem Schlag so gotterbärmlich allein und verlassen, als wäre sie der einzige Mensch auf der Welt.

Der Doktor nutzte die Gelegenheit, sich zu verabschieden. »Und denken Sie daran, ich komme jederzeit, wenn Sie mich rufen«, erklärte er, dann fiel die Tür hinter ihm ins Schloss.

Mafalda blieb sitzen und starrte vor sich hin ins Leere. Sie hatte begriffen, dass sie nun endgültig Witwe war. Witwe in dem Sinne, dass es keinen Mann mehr gab, der für sie sorgte, der sie schützte, sondern nur noch das Bündel Mensch da oben im Bett, für das sie sorgen musste. Ein Gedanke, verlockend und erschreckend zugleich, bohrte sich durch ihr Hirn. Wenn er doch stürbe, dachte sie. Wenn er doch stürbe. Und zugleich schämte sie sich, schüttelte sich voller Entsetzen für diesen Gedanken, der sich jedoch einfach nicht abschütteln ließ. Wenn er doch stürbe! Dann wäre sie frei. Sie stünde noch immer vor dem finanziellen Ruin, aber sie wäre frei. Keine Schuldgefühle mehr, weil sie gesund und jung war. Keine Hoffnungslosigkeit mehr, dafür Freiheit und das Gefühl, dass ihr wieder alle Wege offen stünden. Sie war eine Gefangene Hermanns. So fühlte sie sich. Und sie war wütend auf ihn, so wütend, dass sie jetzt in Tränen ausbrach. »O Gott«, wimmerte sie. »Ist das mein Leben? Soll es so, wie es jetzt ist, endlos weitergehen?« Die Verzweiflung schüttelte ihren ganzen Körper, doch der Klumpen in ihrem Magen löste sich nicht, im Gegenteil, er drückte ihr so sehr die Luft ab, dass sie glaubte, ersticken zu müssen. Sie hatte gesehen, wie der Arzt sie angeschaut hatte, voller Mitleid, aber hin und wieder einen begehrlichen Blick auf ihre vollen, festen Brüste richtend. Sie könnte wieder heiraten, könnte vielleicht sogar im letzten Moment noch ein Kind bekommen, ein normales Leben führen, würde Hermann sterben. Es wäre doch so einfach. Alle Probleme wären auf einen Schlag gelöst.

Sie merkte kaum, dass sie aufstand und die Treppe zum Schlafzimmer hinaufstieg. Mit einem Mal fand sie sich vor Hermanns Bett wieder. Er schlief. Das ehemals dunkle, nun schon an den Schläfen ergraute Haar hing wirr um seinen Kopf herum. Er hatte den Mund halb geöffnet und stieß seltsame Laute zwischen rissigen, grauen Lippen aus, die an ein Tierchen erinnerten. Speichel hatte sich in seinen Mundwinkeln gebildet. Unter seinen Augen lagen schwärzliche Ringe, und Mafalda wusste, dass unter den Lidern rotgeränderte, milchige Blicke auf jede ihrer Bewegung lauerten. Schmal war er geworden, eingefallen,

faltig, alt. Unansehnlich. Er ließ sich nicht von Dolores waschen, auch von ihr nicht. Nur manchmal, viel zu selten, verlangte er nach einer Schüssel mit Wasser, das noch immer klar und frisch war, wenn sie die Schüssel nach einer Weile wieder holte. Sein Nachthemd war am Kragen speckig, ein Knopf lose, und auch die Bettwäsche gehörte dringend gewechselt. Ein Greis ist er, dachte Mafalda.
Seine Hände, früher hart und manchmal sogar schwielig von der Arbeit, lagen jetzt weiß und weich auf der Bettdecke. Mafalda beugte sich ein wenig über ihren schlafenden Mann. Sein Atem stieg ihr ins Gesicht, und sie verzog das Gesicht vor Widerwillen. Für einen Augenblick, einen winzigen, klitzekleinen, kaum messbaren Augenblick kam ihr der Gedanke, ein Kissen auf dieses faltige, schlecht riechende Gesicht mit den trunkenen, toten Augen zu drücken. Einfach drauflegen und drücken. Doch dann kam ihr dieser Gedanke so ungeheuerlich vor, dass sie aus dem Schlafzimmer rannte. Sie eilte wie besinnungslos durch die Gassen, getrieben von ihrer Schuld und überzeugt, dass jeder Mensch lesen konnte, was auf ihrer Stirn geschrieben stand: »Gattenmörderin.«
Vor einer Kirche machte sie halt, vollkommen außer Atem, rot vom Lauf und vor Scham. Sie betrat die Kirche, und augenblicklich legten sich Ruhe, Kühle und der schwache Geruch nach Weihrauch besänftigend auf ihr Gemüt. Sie fand wieder zu sich, ließ sich auf eine Bank fallen, faltete die Hände und blickte nach vorn zu Jesus am Kreuz. Noch immer ging ihr Atem schnell, aber sie hatte jetzt nicht mehr das Gefühl, zu ersticken. Eine ganze Weile saß sie da, ließ das Halbdunkel und die Stille auf sich wirken, bis auch sie ruhig geworden war. Dann stand

sie auf, bekreuzigte sich, kniete vor dem Altar nieder und betete. Sie betete still, vertraute Gott all ihre Ängste und Zweifel an, ja, selbst die tiefschwarzen Gedanken, die sie am Bett von Hermann gehabt hatte. Und dann schaute sie an Jesus am Kreuz vorbei zu einem Bildnis seiner Mutter Maria, die sanft und gütig auf sie herablächelte. Und Mafalda schöpfte Kraft und Zuversicht unter diesem Blick, ließ sich trösten von einer Frau, die ihren Sohn gekreuzigt gefunden hatte, die ein Leid erfahren hatte, das unermesslich war, und die trotzdem auf allen Bildnissen lächelte. Dann entzündete sie eine Kerze, seufzte noch einmal, bat um Kraft, verließ die Kirche und begab sich auf einen Weg, der sie alles an Kraft, Stolz und Würde kostete, der aber nicht mehr zu umgehen war.

Fela lebte so ganz im Einklang mit der Natur, dass er dort, wo früher Menschen mit ihm gesprochen hatten, nun das Gespräch mit den Bäumen suchte. Er kannte die Geräusche der Bäume, das Sausen und Säuseln der Blätter in der tropischen Hitze, das Wispern und Rascheln und Tuscheln, wenn der Wind aufkam, und das Peitschen, Knarren und Krachen bei einem Hurrikan. Wenn die Sonne stach, legte sich Fela in den Schatten der Bäume, sah in das Blätterdach und betrachtete die Wolken. Oft lag er nun so da und starrte in den Himmel. Seine Zeit als Cimarron ging zu Ende. Er fühlte es. Doch bevor er zurück zu den Menschen ging, musste er wissen, was genau geschehen sollte. Fela brauchte einen Plan. Und dieser Plan wiederum brauchte Zeit. Sollte er hinunter in die Dörfer und sich dort eine Anstellung suchen? Allein auf den Feldern arbeiten, in den Hütten schlafen und sich nach seiner Familie, die er doch hatte, sehnen? Oder sollte er direkt nach Havanna gehen, sich um eine Anstellung als Hausknecht, als Fuhrmann oder als Verlader am Hafen bemühen und dort nach Titine suchen? War er überhaupt noch fähig, ständig unter Menschen zu leben, die ihn mit Verachtung straften, weil er schwarz war? Fela wusste es nicht. Vor seinen Augen stand ein Wunschbild. Er sah sich mit Titine, die ein weißes Kleid trug und einen weißen Sonnenschirm über dem Kopf hielt, um ihre helle Haut vor den stechenden Strahlen der Sonne zu schützen. Sie spazierten durch einen Garten, in dem wundervolle Blumen mit ihren Farben prahlten und die Luft mit milden Düften erfüllten. An der Hand hielt er sein Kind. Wurde es nicht bald zwei Jahre alt? Und er wusste noch immer nicht, ob er einen Sohn oder eine Tochter hatte. Doch das war ihm gleichgültig. Er sah nur dieses Bild, liebte es von ganzem Herzen, trug es in seiner Seele wie einen Schatz. Nach diesem Bild strebte er, einzig danach. Aber wie sollte er Zeit und Muße für einen Spaziergang in wunderbaren Gärten haben, wenn er als Tagelöhner bei den Bauern oder als Schauermann im Hafen schuften musste? Nein, Titine hatte Besseres verdient. Ein Leben nämlich, in dem sie sich um nichts sorgen musste, in dem alles vorhanden war, was sie benötigte. Brauchte sie denn so viel? Fela lächelte bei dem Gedanken. Nein, sicher nicht. Sie war keine von diesen hochnäsigen weißen Weibern, die den ganzen Tag mit Tand und Putz beschäftigt waren. Aber ein schönes Dach über dem Kopf wollte er ihr schon bieten.

Plötzlich wusste er, was zu tun war. Er sprang auf, lief zurück in seine Grotte, holte eine Glasscherbe hervor, die er in der Nähe eines Bauernhofes gefunden hatte. Dann begab er sich zu einem Bach, machte halt an der stillsten und klarsten Stelle und begann, sich mit der Glasscherbe zu rasieren. Für den nächsten Tag hatte er sich vorgenommen, das Haar zu stutzen, dann wollte er seine wenige Wäsche waschen und sich schließlich hinaus aus den Wäldern und zurück ins Leben wagen.

Neuntes Kapitel

Der heilige Lazarus. Titine musste die Bibel holen und nachlesen, was über ihn geschrieben war: Lazarus aus Bethanien war krank geworden und starb. Als Jesus das hörte, eilte er zu seinem Grab, in dem der Tote schon vier Tage lag, und rief: »Lazarus, komm heraus!« Der Tote kam heraus, seine Hände und Füße waren mit Binden umwickelt, sein Gesicht war mit einem Tuch verhüllt. Jesus sagte: »Nehmt ihm das alles ab und lasst ihn nach Hause gehen!«

Sie dachte lange über diese Geschichte nach. Können Tote auferstehen? Können Dinge, die geschehen sind, rückgängig gemacht werden? Kann ein Unglück sich in Glück verwandeln? Sie fragte Grazia.

Die alte Frau lächelte, doch es war ein Lächeln der Verzagtheit. »Du hast es selbst schon so oft erlebt, Titine. Hast du es noch nicht begriffen? Dass Gott oder die Orishas dir ein Kind geschenkt haben, als du wieder Platz hattest für eines in deinem Herzen?«

»Was meinst du damit?«, wollte Titine wissen und zog

ihren Sohn Aurelio auf den Schoß. Sie saßen in dem kleinen Gärtchen hinter ihrem Haus im Schatten eines Orangenbaumes. Es war Ende November, und Titine dachte daran, dass in Trinidad nun die Zuckerrohrernte begann.
»Ich meine damit, dass du alles bekommen und erreichen kannst, wenn du nur den Platz dafür in deinem Herzen hast.«
»Ich habe Platz für Fela. Immer hat er einen großen Platz in meinem Herzen gehabt.«
Grazia zog an ihrer Abendzigarre und stieß den Rauch in einem wunderschönen Ring aus, der nach oben stieg und sich in den Blättern des Orangenbaumes auflöste. »Du hast einen Platz für den Fela, der er war. Aber hast du auch Platz für den, der er jetzt ist?«
Titine zog die Stirn kraus. »Natürlich. Nichts kann mich von ihm trennen.«
Grazia nickte. »Ich weiß, dass du das denkst. Eines langen Tages vor vielen Jahren hast du auch so von Hermann gedacht. Und nun? Man muss vergeben und vergessen. Man muss ständig bereit sein, neu anzufangen. Im Herzen und im Hirn. Erst dann ist man bereit für die Dinge, die sich einem Menschen bieten. Ich denke, die Geschichte deines heiligen Lazarus meint das auch. Das Ende ist nicht immer das Ende. Fast immer ist es auch ein Anfang.«
Titine schwieg eine Weile, sah dem Rauch von Grazias Zigarre hinterher und wiegte den kleinen Sohn auf ihrem Schoß. Nach einer langen, langen Weile ging ein Ruck durch ihren Körper. »Ich werde mich frei machen. Frei machen von allem. Auf den Knien werde ich zur Kapelle des heiligen Lazarus kriechen. Und ich werde mir dazu Steine an die Füße binden.«

Grazia verschluckte sich vor Schreck am Qualm und hustete, ehe sie fragte: »Bist du sicher, dass das der richtige Weg ist?«

Und Titine nickte. »Ja, das ist es. In El Rincón wohnen der christliche Gott und auch die Orishas. Wo, wenn nicht dort, ist der geeignete Ort für eine wie mich?«

Grazia stand auf. Sie ging ins Haus, blieb kurz vor dem Altar ihres Orishas stehen, dann holte sie eine Flasche mit kräftigem Rum aus einem Versteck unter dem Altar hervor, füllte zwei Gläser damit und gab eines davon Titine.

»Du weißt doch, dass ich mir nichts aus Rauschschnaps mache«, sagte die blasse Frau.

Grazia aber lächelte. »Mach Platz für Neues in deinem Herzen. Dies hier ist nicht nur Rum, dies hier ist ein Trank der Orishas.«

Titine lächelte. »Und wenn ich davon betrunken werde?«

Auch darauf wusste Grazia, der man im Viertel nachsagte, sie hätte Zauberkräfte, eine Antwort: »Der Lazarusweg, meine Liebe, ist ein Weg der totalen Erniedrigung. Hier, mit diesem Rum, kannst du einen Anfang machen.«

Titine runzelte erneut die Stirn. »Wieso bringst du Rum mit Erniedrigung in Zusammenhang?«, fragte sie.

Grazia schüttelte ihre rechte Hand, so dass ihre Armbänder daran leise klingelten. »Du verlierst womöglich ein wenig die Kontrolle über deine Gedanken. Ich weiß, nichts fürchtet ihr Europäer mehr. Aber versuch es einfach. Lass die alten Gedanken fahren, schaff dir Platz für neue.«

Zehntes Kapitel

Fela kam aus den Bergen. Er war gewaschen und trug saubere Kleider, sein Haar war geschnitten, wenn man auch auf den ersten Blick sehen konnte, dass da kein Meister die Hand angelegt hatte. Er war barfuß, denn die Schuhe, in denen er damals geflohen war, waren lange schon zerfallen.

Zuerst begab er sich in das nächste Dorf und fragte dort nach Arbeit. Nur für ein paar Tage, nur so lange, bis er sich einen guten Haarschnitt und ein paar Schuhe leisten konnte. Schon der erste Bauer stellte ihn ein, und so arbeitete er vier Wochen lang auf den Feldern, kümmerte sich um die Schweine, sicherte ihre Ställe, so dass niemand mehr einbrechen konnte.

Dann, als er seinen ersten Lohn erhielt, kaufte er sich ein paar einfache Ziegenlederschuhe und ließ sich das Haar bei einem Barbier ordentlich zurechtstutzen. Der Bauer bat ihn, noch ein wenig zu bleiben, er könne ihn gut gebrauchen, aber Felas Pläne duldeten keinen Aufschub.

Er war ungefähr fünfundzwanzig Meilen von Trinidad

entfernt. Mit einem geschnürten Bündel, einem ausgehöhlten Kürbis als Wasserflasche, einem halben Laib Brot und einem Speckkanten machte er sich auf den Weg. Er lief Tag und Nacht. Manchmal nahm ihn ein Karren mit, ein anderes Mal durfte er auf einem Fuhrwerk, das mit Zuckersäcken beladen war, mitfahren. Doch zumeist lief er, schlief nachts unter freiem Himmel, aber stets darauf bedacht, seine neue Kleidung und seine neuen Schuhe zu schonen.

Es dauerte lange, bis er endlich dort angekommen war, wo er früher gelebt hatte: auf dem Ingenio von Hermann Fischer in Trinidad.

Als er den ehemaligen Besitz vor sich liegen sah, hatte er Mühe, gegen die Tränen zu kämpfen. Er hatte sich erkundigt, wusste genau, dass das Land noch immer Hermann und Mafalda gehörte. Aber, großer Gott, wie sah es hier nur aus! Die Felder, früher der Stolz der ganzen Gegend, lagen nach wie vor verbrannt, schwarz und staubig vor ihm. Fela kniete sich nieder, nahm ein wenig Erde zwischen seine Finger, roch daran und ließ sie zu Boden rieseln. Es könnte gehen, dachte er dabei. Es würde unglaublich viel Arbeit kosten, diese Felder wieder urbar zu machen, aber es könnte gehen. Er streichelte mit der Hand sanft über die geschundene Erde, als erbitte er von ihr die Erlaubnis, sich mit ihr beschäftigen zu dürfen.

Dann wandte sich Fela um und ging langsam auf das Verwalterhaus zu. Hier hatte er einst mit Titine die schönsten Stunden seines Lebens verbracht. Hier war er so glücklich gewesen, wie es ein Sklave nur sein konnte. Aber ach, wie sah das Haus aus!

Der Hurrikan hatte die Holzläden von den Fenstern ge-

löst. Die Tür hing schief in den Angeln, und auf dem Dach klafften große Löcher, dafür lagen wohl an die zwei Dutzend Ziegel zerbrochen auf dem Boden. Die Verandamöbel waren umgestürzt und von Wind und Wetter gegerbt. Die Blumenkübel waren zerborsten, vertrocknete Pflanzen hingen über den Rand.
Fela schlug die Hände vor das Gesicht. Ein Glück, dachte er, dass Titine dies nicht sehen muss.
Er ging die drei Stufen hoch bis zur Haustür, achtete dabei darauf, nicht auf abgesplittertes Holz oder Ziegelreste zu treten.
Die Tür ließ sich leicht öffnen. Vom Regen verquollen, war sie ganz von selbst aus dem Schloss gesprungen.
Fela stieß sie mit dem Fuß auf, sie schwang quietschend und knarrend zur Seite, und er trat ein. Als Erstes fiel ihm der Geruch des Hauses auf. Früher herrschte hier immer ein leichtes Aroma von Blütendüften, von Titines feinen Seifen oder dem Bügelwasser ihrer Kleider. Jetzt roch es dumpf und modrig, beinahe so wie in seiner Berggrotte. Auch hier hatten sich Fledermäuse eingenistet, Vogeldreck bedeckte den Boden. Die Dielen waren aufgequollen und aus ihrem Bett gesprungen, die Teppiche wellten sich, die Möbel lagen herum, als hätten Riesen damit Fangen gespielt, auch sie waren zerbrochen, verschlissen. Polsterungen hatten sich durch Stoff gedrängt, das Rosshaar hing heraus, wenn es nicht gleich im Raum umherwirbelte.
Hilflos betrachtete Fela die Verwüstungen. Nein, so schlimm hatte er es sich nicht vorgestellt.
Drüben, das Herrenhaus, war mitsamt dem ganzen Inventar bis auf die Grundmauern abgebrannt. Nur ein paar

verkohlte Steine erinnerten an die einstige Pracht. Vom Verwalterhaus aber hatte Fela geglaubt, dass es noch einigermaßen in Schuss wäre, doch wie sehr hatte er sich getäuscht!

War hier noch etwas zu reparieren? Oder war es besser, auch dieses Gebäude dem Erdboden gleichzumachen, um es schneller an anderer Stelle wieder neu aufzubauen? Für einen Augenblick überkam Fela die Trostlosigkeit. Hatte das alles überhaupt einen Sinn?

Er hockte sich auf den Boden, den Rücken an die Wand gelehnt, und betrachtete noch einmal genau die Verwüstungen. Die Fenster mussten repariert werden, die Türen und Fußböden abgeschliffen und gestrichen, die Wände neu gemalt, das Dach ausgebessert und das ganze Haus vollkommen neu eingerichtet werden. Wie sollte er das alles allein schaffen?

Von draußen waren Schritte zu hören, aber Fela rührte sich nicht. Wer konnte das schon sein? Ein ehemaliger Sklave vielleicht, der einen Weg abkürzen wollte. Niemand sonst würde sich hierher verirren.

»Ich dachte mir, dass ich dich hier finde«, erklang eine Stimme hinter ihm, ein Kopf wurde in der Fensteröffnung sichtbar und sogleich betrat Dr. Andreas Winkler den Raum, baute sich vor ihm auf, lachte über das ganze Gesicht und reichte ihm die Hand.

»Komm auf die Füße, Junge«, sagte er.

Widerstrebend ließ sich Fela hochziehen. »Woher wissen Sie, dass ich hier bin?«, fragte er.

»Sag du zu mir. Du bist kein Sklave mehr, wir sind gleichgestellt. Und nun zu deiner Frage. Seit Tagen höre ich von einem Mann mit einer riesigen Narbe im Gesicht, der die

Straße in Richtung Trinidad geht. Fuhrmänner haben von dir erzählt, Boten, Bauern, die ihr Gemüse zu uns auf den Markt brachten. Ich dachte sofort, dass du es sein müsstest, und war gottfroh darüber, denn ebenso gut hättest du tot sein können.«

Fela schüttelte den Kopf. Die Narbe. Seit Jahren hatte er nicht mehr an die Narbe gedacht. Nicht ein einziges Mal hatte er sie mit dem Finger berührt, sie niemals in einem Spiegel angesehen. Ja, er hatte sie regelrecht vergessen. Jetzt aber tastete er nach ihr, verzog das Gesicht vor Sorge. »Bin ich sehr entstellt?«, fragte er mit ängstlicher Stimme. »Bin ich noch ansehnlich, oder wirke ich wie ein Monster?«

»Ach was! Du siehst sehr männlich aus, gefährlich nach Art der Piraten. Die Weiber stehen auf so etwas, glaub mir.« Er lachte, breitete die Arme aus und zog den sich wehrenden Fela einfach an seine Brust. Er klopfte ihm wohl ein Dutzend Mal auf den Rücken, ehe er ihn wieder losließ. »Und nun sag schon, was hast du in all der Zeit getrieben? Was machst du hier?«

Andreas Winkler trat gegen eine kleine Kommode, die unter seinem Tritt zersplitterte wie ein Zigarrenkistchen. »Wusste ich es doch!«, sagte er, nahm eine Flasche Rum aus dem zerborstenen Schränkchen, zwei Gläser dazu und dirigierte Fela hinaus auf die Terrasse. Dort setzte er sich auf die oberste Stufe, zog den Korken mit den Zähnen aus der Flasche, goss sich und Fela großzügig ein. »Trink, mein Junge, und dann erzähl mir.«

Fela gehorchte. Der Alkohol, an den er nicht gewöhnt war, brannte in seiner Kehle, rann als Feuerstrom den Magen herab und löste seine Zunge. »Ich bin gekommen,

weil ich nicht länger im Wald als Cimarron leben wollte. Mehr als zwei Jahre war ich dort. Das ist genug.«
Er wandte seinen Oberkörper halb dem Arzt zu. »Der Ingenio liegt noch brach, vermute ich, weil er keinen neuen Besitzer hat?«
»Da hast du recht, mein Junge. Don Hermann hat ihn nicht verkauft. Wahrscheinlich hat niemand diese Pflanzung haben wollen. Hier bei uns herrscht noch immer Krieg zwischen den spanischen und den amerikanischen Anhängern. Niemand kauft oder verkauft etwas, weil keiner weiß, was kommen wird. Ich glaube gar, Hermann hat Trinidad mit allem, was es hier gibt, einfach vergessen. Ich habe ihm geschrieben, mehrmals, aber nie habe ich eine Antwort bekommen. Prost!«
Er hatte die Gläser erneut gefüllt und stürzte seines jetzt hinunter.
»Gibt es einen Verwalter, der hin und wieder ein Auge auf den Ingenio hat?«, wollte Fela wissen.
Dr. Winkler schüttelte den Kopf. »Offiziell nicht. Aber ich schaue hier manchmal nach dem Rechten. Wenn du also einen Verwalter brauchst, so wende dich ruhig an mich.«
Zum ersten Mal seit ihrer Begegnung lächelte Fela nun.
»Warum fragst du? Was hast du vor?«, wollte der Arzt jetzt wissen.
Fela richtete sich gerade auf, so dass er den Arzt im Sitzen um einen halben Kopf überragte. »Ich möchte das Verwalterhaus aufbauen, möchte, wenn es denn geht, die Felder urbar machen.«
»Was?« Andreas Winkler sperrte den Mund auf, als hätte er dergleichen Unfug noch niemals gehört.

Aber Fela ließ sich nicht beeindrucken. Er nickte heftig. »Ja, das möchte ich. Ich denke, Don Hermann ist es mir schuldig. Hier, in Trinidad, will ich eine neue Heimat schaffen. Für Titine und für mich.«

»Ach was?« Winkler goss sich auf diesen Schrecken noch einen neuen Schnaps ein. »Und was sagt Titine dazu? Habt ihr nicht auch ein Kind?«

Fela zuckte mit den Schultern. »Ich habe keine Ahnung, was Titine dazu sagt. Ich habe sie länger nicht gesehen als du. Und ja, wir haben ein Kind, aber noch weiß ich nicht, ob es ein Junge oder ein Mädchen ist. Deshalb bin ich hier. Es muss erst alles in Ordnung sein, bevor ich meine kleine Familie nach Hause hole.«

»Verstehe«, erklärte Andreas Winkler. Er deutete mit dem Arm einmal ringsherum. »Und womit willst du anfangen?«

»Mit dem Haus.«

»Da hast du dir ja eine große Aufgabe vorgenommen. Wie willst du das anstellen? Hast du Werkzeuge? Material?«

»Im alten Gerätehaus und in der Zuckermühle wird sich sicher einiges finden, das ich brauchen kann. Zum Glück hat der Brand sie verschont. Vielleicht finde ich auf dem Holzplatz Bretter, mit denen ich die Fensterläden reparieren kann. Wenn mich nicht alles täuscht, finde ich dort auch noch ein paar Ziegel.«

Winkler nickte und nickte. »Und das alles willst du allein schaffen?«

»Aber ja. Ich habe zwei gesunde Hände. Es wird dauern, aber gewartet habe ich nun schon so lange, dass es auf die paar Wochen oder Monate auch nicht mehr ankommt.«

Dr. Winkler erhob sich. Er war sichtlich beeindruckt, das konnte Fela an seinem Gesicht erkennen. Nun hieb er ihm auf die Schulter, so dass Fela zusammenzuckte. »Bist ein Teufelskerl«, lobte Dr. Winkler. »Aber das warst du ja schon immer. Gleich jetzt schicke ich dir meinen Hausknecht. Er soll Werkzeug zusammensuchen und dir bei der Arbeit helfen. Es ist Dezember, ich habe ohnehin nichts für ihn zu tun. Ach ja, und ein halbes Dutzend Männer kann ich dir auch noch schicken. Ich habe mir ein paar Felder gekauft. Die Männer hier haben derzeit nichts zu tun, seit die Zuckerrohrernte mangels Pflanzungen nicht mehr stattfindet.«

Fela schluckte, dann ergriff er beide Hände von Andreas Winkler und drückte sie fest. »Danke. Danke schön. Ich werde alles bezahlen. Aber es wird ein Weilchen dauern. Eines Tages, das schwöre ich beim Leben meines Kindes, werde ich Ihnen alles zurückzahlen, jede einzelne Pesete.«

»Dir.«

»Wie bitte?«

»Dir zurückzahlen.« Noch einmal drückte er fest Felas Hand, dann sprach er: »So sind wir denn also seit heute Geschäftspartner. Und Geschäftspartner sagen einander du. Vergiss das nicht. Und jetzt ran an die Arbeit! Ich werde derweil sehen, ob ich irgendwo noch Setzlinge auftreiben kann. Du willst doch sicher wieder Zucker hier anbauen.« Er hob die Hand zum Gruß, sprang auf sein Pferd und ritt im Galopp auf und davon.

Fela starrte ihm verblüfft nach. Manchmal, dachte er, konnte das Leben viel einfacher sein, als es auf den ersten Blick erschien. Dann krempelte er die Ärmel hoch und machte sich an die ersten Arbeiten. Er riss die kaputten Fensterläden ab, entfernte die schlimmsten Dielenbretter, besorgte sich Werkzeug aus dem Gerätehaus und der Mühle, schleppte halbe Baumstämme zurück zum Verwalterhaus und fühlte sich so glücklich und erfüllt wie damals, als er noch ein angesehener Mann und Sohn des Stammesältesten in Afrika war.

Elftes Kapitel

Mafalda strich durch die Straßen von Havanna wie eine Sünderin. Sie hielt den Blick auf das Kopfsteinpflaster gesenkt, sah nur auf, wenn sie hörte, dass sich eine Droschke, ein Fuhrwerk oder ein Reiter näherte. Sie begab sich in ein Viertel, in das sie noch nie zuvor einen Schritt gesetzt hatte, und was Hermann ihr auch strikt verboten hätte: das Viertel der Ärmsten der Armen. Schon bald hörte das Kopfsteinpflaster auf und machte einem harten, rissigen Staubweg Platz, an dessen Rändern Abfälle verwesten. Es roch nach gegorenen Bananen, nach überreifen Melonen und nach billigem Rum. Die Häuser hatten keine Balkone oder Dachgärten mehr, es waren Katen, oft nur aus einem Raum bestehend, mit offenen Türen, damit der Wind vom Meer die stickige Luft ein wenig verwirbelte. Alte, zahnlose Männer saßen auf kaputten Bänken und Stühlen vor ihren Behausungen und spielten Schach oder Domino. Dicke, schwarze und dunkelhäutige Frauen standen an den Ecken, die stämmigen Arme unter gewaltigen Brüsten verschränkt, und rauchten ungeniert. Dreckige Kinder lärmten und warfen Steine nach einem Hund, der nur noch drei Beine hatte. Überall vor den baufälligen Kirchen hockten Bettler und streckten aggressiv ihre knotigen, verkrümmten Hände vor. Mafalda bemühte sich, das Elend nicht zu sehen, doch sie konnte es riechen, konnte es auf ihrer Haut wie einen klebrigen Film spüren.

Vor einem Haus stand ein junges Mischlingsmädchen und frisierte einer älteren Schwarzen, die auf einem Stuhl vor ihr saß, das Haar. Mit einer einfachen Bürste fuhr sie der Älteren Strich für Strich durch die graue Mähne. Sie summte dabei ein Lied, und die Schwarze hielt den Kopf nach hinten gebeugt und schloss vor Behagen die Augen. Mafalda blieb stehen und beobachtete die Szenerie von weitem. Das Mischlingsmädchen war schön. So schön und ungewöhnlich, dass es in diesem Schmutz und Dreck wie eine seltene Blume blühte. Ihr schmaler Leib wirkte durch einen groben Kittel noch graziler, der schlanke Hals gab ihr etwas Herrschaftliches, und das dunkle Haar glänzte in der Sonne wie gelackt.

Ihr leiser Gesang drang durch das Fluchen der betrunkenen Männer, durch das Kreischen der Kinder und die obszönen Worte der Frauen. Trotz des Elends ringsum wirkte diese Szene so friedvoll und heiter, dass Mafalda einige Zeit brauchte, um weiterzugehen. Als sie kurz hinter dem Mädchen stand, räusperte sie sich. Die Schöne fuhr herum, die Bürste in der Hand und sah Mafalda fragend an.

Mafalda blieb die Luft weg. Noch nie in ihrem ganzen Leben hatte sie ein solches Gesicht gesehen. Ihre Haut war hellbraun, aber ihre Augen strahlten im reinsten

Blau, das Mafalda je gesehen hatte. Sie musste nach Luft schnappen, presste eine Hand auf ihr wild schlagendes Herz.

»Was kann ich für Sie tun, Doña?«, fragte das Mädchen.

Mafalda räusperte sich, trotzdem klang ihre Stimme seltsam belegt, als sie fragte: »Bist du Rafaela?«

Das Mädchen nickte.

»Ich möchte mit der Frau sprechen, bei der du aufgewachsen bist.«

»Mit Anita? Hier ist sie.« Das junge Mädchen lächelte und zeigte dabei gesunde, starke, blendende Zähne, dass Mafalda nur so staunen konnte. Sie war selbst eine schöne Frau, aber die Schönheit des Mädchens war so anders, fast schon überirdisch, dass ihr jedes Mal die Luft wegblieb, wenn sie sie länger anschaute.

Die ältere Frau hatte ihren Namen gehört, wandte sich jetzt mühsam und nicht ohne zu stöhnen in ihrem Stuhl um. Als sie Mafalda sah, erschrak sie. Ihre Augen wurden ganz starr, die Nasenflügel weiteten sich, ihre Lippen begannen zu beben. »Rafaela, geh ins Haus, hörst du?«

Das Mädchen nickte und verschwand.

Mafalda kam näher, blieb vor dem Stuhl der Frau stehen. Die zeigte auf eine kleine Bank. »Setzen Sie sich.«

»Danke.« Mafalda nahm Platz, ließ ihre Blicke über die wunderschönen Blumen schweifen, die davor wuchsen.

»Rafaela. Sie hat ein Händchen für so etwas.«

Mafalda nickte lächelnd.

Dann verschränkte die schwarze Anita ihre Hände im Schoß, schüttelte ihr Haar und sagte leise: »Vor diesem Tag zittere ich seit mehr als zwölf Jahren.«

Mafalda hob die rechte Hand. »Was soll ich sagen? Sie

wussten, dass ich eines Tages kommen würde, um Rafaela zu holen.«

Anita lächelte schief, zeigte dabei schadhafte Zähne. »Und doch kann ich nicht glauben, dass Sie jetzt gekommen sind, um meinen Liebling zu holen. Sie ist noch nicht mal dreizehn.«

Mafalda seufzte. »Ich weiß. Und ich täte es auch nicht, wenn es nicht wichtig wäre. Aber Sie, Anita, wissen selbst, dass Rafaela zu uns gehört. Sie ist die Tochter einer Weißen, einer Deutschen. Sie muss allmählich das Leben führen, das ihr zusteht.«

Anita seufzte, dann fragte sie: »Hat ihre richtige Mutter nie nach ihr gefragt?«

Mafalda wischte die Frage mit einer Handbewegung beiseite. »Ich möchte sie gleich mitnehmen. Sie kann ein paar Sachen packen, nur das Nötigste.«

»Werden Sie ihr sagen, wo sie herkommt, wer ihre richtige Mutter ist?«

Mafalda stutzte. Darüber hatte sie noch nicht nachgedacht. Sie hatte nur einfach Rafaela holen wollen. Rafaela, die sie jetzt so dringend brauchte.

»Wir werden sehen.« Mafalda erhob sich, strich ihr Kleid glatt. »Wenn Sie sie jetzt bitte für mich rufen würden?«

Anita machte keine Anstalten. Stattdessen fragte sie: »Wird sie mich besuchen dürfen?«

»Aber ja, wenn sie das möchte. Jederzeit. Ich weiß, dass Sie ihr wie eine Mutter waren.«

Anita nickte. »O ja, das war ich wirklich.« Wieder schaute sie traurig in ihren Schoß. Dann fiel ihr noch etwas ein. »Das Geld, Doña. Ihr hattet für zwanzig Jahre bezahlt. Beinahe die Hälfte ist noch übrig.«

Mafalda winkte ab. »Behalten Sie es. Als Dank dafür, dass Sie aus ihr ein so wunderschönes, fröhliches Mädchen gemacht haben.«
Anita nickte stolz. »Sie kann alles: kochen, nähen, sticken, backen, waschen, was immer Sie wollen. Ich habe ihr alles beigebracht, was ich von meiner Mutter gelernt habe.«
Ihre Worte waren von so tiefdunkler Traurigkeit durchtränkt, dass es Mafalda kalt den Rücken herunterlief. Sie wusste, dass das, was sie jetzt tat, im Grunde grausam war. Aber sie kannte keine andere Lösung. Anita tat ihr leid, doch das durfte sie in ihrer Lage jetzt nicht kümmern.
»Bitte rufen Sie sie.«
»Darf ich ihr sagen, dass Sie gekommen sind, um sie in Ihre Dienste zu nehmen? Ich möchte nicht, dass sie die Wahrheit so unvermittelt erfährt.«
Mafalda breitete die Arme aus. »Sagen Sie ihr, was immer Sie möchten. Aber rufen Sie sie jetzt bitte.«

Zwölftes Kapitel

In der Bar eines exklusiven Hotels saßen an diesem Abend drei Männer, drei weiße Männer. Einer von ihnen war dick, mit stämmigen Beinen, einem roten Gesicht und einem dröhnenden Lachen. Der andere war im mittleren Alter, seine Miene war ein wenig hochmütig, und er war der Einzige, der sich nicht beständig den Schweiß von der Stirn wischte, sondern im Gegenteil kühl und ein wenig unbeteiligt wirkte.

Der dritte Mann, der Jüngste der Runde, war groß, schlaksig sogar. Sein Gesicht war weiß, doch das Haar war so dunkel wie das der Einheimischen. Er trug es glatt nach hinten gekämmt und hatte es mit Haaröl gebändigt. Sein Schnurrbart war gut getrimmt, am auffallendsten aber waren seine Hände. Lang, schmal, weiß, feingliedrig und doch kräftig mit elegant manikürten Nägel, die selbst im Halbdunkel der Bar noch glänzten. Er trug einen Anzug, der perfekt passte und von hervorstechend guter Qualität war. Auch sein Hemd schmiegte sich an den muskulösen Oberkörper, als wäre es ihm direkt auf die Haut genäht worden.

Jeder der Männer hatte ein Whiskeyglas vor sich stehen, das jedoch noch unberührt war. Die beiden Männer im mittleren Alter schienen darauf zu warten, dass der Jüngere endlich das Glas erhob, doch der ließ sich Zeit damit. Seine Blicke schweiften durch die Bar, in der zu dieser Stunde nur Männer saßen, verweilten bei den gepolsterten Sesseln, den kleinen Marmortischen und landeten schließlich bei der Bar selbst, die ganz aus Holz war und von jahrelanger Benutzung glänzte.

Mit dem Kinn wies er auf eine Runde von offensichtlichen Geschäftsmännern, die laut lachten und nun zwei der schwarzen Mädchen, die sich bisher im Hintergrund gehalten hatten, zu sich winkten. Einer von ihnen packte ein Mädchen fest um die Hüften und zog es auf seinen Schoß. Das Mädchen kreischte und ließ sich dann lachend fallen, kitzelte den Mann am Kinn und kreischte wieder über dessen komische Miene. Die andere stand mit hängenden Armen neben dem Tisch und blickte die Männer mit dem Ausdruck leiser Verachtung an. Einer von ihnen griff nach ihr, doch sie entzog sich mit einer leichten Drehung. Der Mann wieherte, versprühte dabei einen Nebel von Speichel. »Jetzt komm her, du Katze, zier dich nicht länger.« Aber das Mädchen blieb stehen, lächelte ein wenig und warf ihr langes Haar nach hinten, so dass die großen goldfarbigen Ringe in ihren Ohren leise klingelten. Der Barmann hörte auf, die Flaschen zu sortieren, und beobachtete das Mädchen mit zusammengekniffener Miene. Dann warf er den Lappen, den er in der Hand hielt, wütend auf den Tresen, klappte einen hölzernen Laden auf und winkte das Mädchen zu sich.

»Aufgepasst, jetzt wird es spannend.« Der Jüngere wies

mit einer Kopfbewegung auf den Barmann und das Mädchen. Die beiden Älteren drehten sich um, und alle beobachteten, wie der Barmann erzürnt auf das Mädchen einredete, es grob am Arm packte und ein wenig schüttelte. Irgendwann nickte das Mädchen. Der Barmann ließ sie los, und Augenblicke später saß sie doch auf dem Schoß des weißen Geschäftsmannes.

»Haben Sie das gesehen?«, fragte der Jüngere seine Begleiter.

Der Stämmige nickte. »Was ist daran so außergewöhnlich? Solcherlei Szenen spielen sich allabendlich in allen Bars dieser Welt ab.« Er zuckte mit den Schultern und sah begehrlich auf sein Glas, das noch immer von der Kälte des Eises beschlagen war.

»Ja, das ist wohl wahr«, sinnierte der junge Mann. »Aber haben Sie sich je gefragt, wie das für die Mädchen sein mag?« Er kicherte, aber so leise, dass es kaum zu hören war. »Ich glaube, das ist die Hölle. Das Schlimmste, was einem passieren kann. Man ist kein Mensch, man ist nur noch ein Ding. Was man denkt und fühlt, interessiert niemanden.« Wieder kicherte er.

Der andere Mann mit dem hochmütigen Gesicht schaute peinlich berührt auf die Barwand, an der sich unzählige Flaschen türmten, und schwieg.

»Was sagen Sie zu dieser kleinen Szene?«, fragte der Jüngere.

Der Hochmütige verzog den Mund. »Ich mag diese Dinge nicht. Sie sind niedrig und von unglaublicher Banalität.«

»Diese Dinge?« Der Jüngere lachte auf. »Sie meinen, die Nutten und wie mit ihnen umgegangen wird? Kommen

Sie, Groth, tun Sie doch nicht so. Ich weiß genau, dass auch Sie schon bei Huren gewesen sind.«
Der letzte Satz kam ein wenig schneidend und scharf. Groth setzte zu einer Erwiderung an, doch dann ließ er es bleiben. Beschämt betrachtete er die junge Frau, die mit zusammengepressten Knien auf dem Schoße des Mannes hockte.
»Aber nicht so«, erklärte Groth mit dem Ausdruck von verletztem Stolz. »Niemals so.«
Der stämmige Mann mit dem roten Gesicht lachte dröhnend und stieß Groth mit dem Ellbogen in die Seite. »Ich habe schon immer gewusst, dass Sie in Wahrheit ein Schwerenöter sind, Groth, auch, wenn Sie immer den Gentleman heraushängen lassen.«
»Wie auch immer. Ihre Frau, mein lieber Groth, wäre sicher *not amused*, wenn sie wüsste, dass da eine war, die für Sie mehr war als nur eine einfache Hafennutte. Wie alt ist eigentlich das Kind, das Sie mit ihr haben?«
Groths Kopf schnellte nach oben. Mit zusammengekniffenen Augen fixierte er den Jüngeren. »Woher wissen Sie …?«
»Ach, kommen Sie, Groth. Was ist schon dabei?«
»Woher wissen Sie das?« Groth ließ nicht locker, doch plötzlich fiel er in sich zusammen. »Das ist jetzt auch schon gleichgültig.«
»So würde ich das nicht sehen, Groth«, fuhr der Jüngere fort. »Ich denke, wenn diese heimliche Verbindung ans Tageslicht kommt, wird Ihnen das gehörige Unannehmlichkeiten bereiten. Zumal Sie ja Ihr Testament so geändert haben, dass Ihr Kuckuckskind auch seinen Anteil bekommt. Ich möchte nicht wissen, was Ihre Frau und

Ihre Kinder sagen, wenn sie hören, dass sie ihr Erbe mit einem Hurensohn teilen müssen.«
»Reden Sie nicht so!« Groth war blass geworden. Seine Kiefer mahlten aufeinander.
Der Jüngere lächelte, nahm jetzt endlich sein Whiskeyglas in die Hand, schüttelte es ein wenig, so dass die Eiswürfel darin klirrten. »Auf gutes Gelingen!«, sprach er und trank den ersten Schluck.
Groths Augen sprühten Funken. Er wirkte, als würde er dem Jüngeren am liebsten an den Hals springen, doch er beherrschte sich mühsam, erwiderte aber den Toast des anderen nicht, während Mister Carpenter wohlig aufstöhnte. »Na, endlich. Auf gutes Gelingen!«
Die Männer tranken. Groth blickte über den Glasrand hinweg auf den jungen Mann. Er fixierte ihn derart, dass seine Blicke eigentlich Löcher in das Gesicht des anderen brennen müssten. Der ließ das Glas sinken, bedachte Groth mit einem miesen Lächeln und sagte: »Lasst uns endlich zum Geschäft kommen. Ich habe nicht ewig Zeit.«

Schweigend lief Rafaela hinter Mafalda her. Ihr Gesicht war von Traurigkeit gekennzeichnet. Sie seufzte ab und zu, doch sobald Mafalda sich nach ihr umwandte, zwang sie sich ein Lächeln auf die Lippen. Schließlich fragte sie: »Was genau wird meine Aufgabe in Ihrem Haus sein?«
Mafalda zögerte, doch dann entschied sie, dass der rechte Augenblick noch nicht gekommen war. »Ich habe einen kranken Mann. Du sollst seine Gesellschafterin sein. Kannst du lesen und schreiben?«
Das Mädchen nickte. »Aber ja. Ich war auf einer guten Schule.«

Ich weiß, dachte Mafalda. Ich habe sie schließlich bezahlt.
»Hat sie dir Spaß gemacht, die Schule?«
Rafaela nickte. »Gesellschafterin. Was habe ich da zu tun?«
Mafalda zuckte mit den Schultern. »Mein Mann ist nicht nur krank, er ist auch müde. Lebensmüde. Nichts macht ihm mehr Spaß. Du könntest ihm aus der Zeitung vorlesen, mit ihm Schach spielen, ihn bei einer Ausfahrt mit der Droschke begleiten.«
Das Mädchen blieb stehen. »Aber ich kann noch mehr als das«, sagte sie. »Ich kann kochen, putzen, waschen, backen, ja, ich kann sogar die einfache und die doppelte Buchführung.«
»Das ist gut zu wissen«, teilte Mafalda ihr mit. »Und jetzt komm. Es ist schon spät.« Sie deutete auf den Himmel, wo schwarze Wolkentürme zu sehen waren. »Die Zeit der Hurrikane ist angebrochen. Ich möchte nicht, dass wir in einen Sturm geraten.«
Es war, als hätte der Wind genau auf Mafaldas Worte gewartet. Von einem Moment auf den anderen kam er auf, wirbelte den Staub von der Straße wie eine Fontäne in die Luft. Die Kronen der Bäume bogen sich, die Blätter rauschten, hölzerne Fensterläden wurden energisch gegen Hauswände geschlagen. Ein Pfeifen und Ächzen und Stöhnen lag in der Luft, Gegenstände wurden hochgehoben und ein paar Meter weiter plötzlich wie ungeliebtes Spielzeug fallen gelassen. Von einer Leine riss sich die Wäsche los, segelte über Büsche und Zäune. Eine Frau rief nach ihren Kindern, Katzen flüchteten ins schützende Innere der Häuser. Vor ihnen wurde ein Holztisch umgestoßen, ein Schachbrett und die Figuren landeten im Dreck.

Mafalda griff nach Rafaelas Hand und zog sie mit sich. Überall in den Straßen begannen die letzten Vorbereitungen zum Schutz gegen den Sturm. Männer nagelten Bretter vor die Fenster, Frauen sammelten alles ein, das noch herumlag. Mafalda dachte daran, dass ihr Haus noch vollkommen ungesichert war, und wusste zugleich, dass Hermann bestimmt keinerlei Anweisungen gegeben hatte.
Doch das war nicht das Schlimmste. Das Schlimmste von allem war, dass sie morgen zu Joachim Groth gehen musste. Sie würde ihm erzählen müssen, dass Mister Carpenter alle Verträge gekündigt hatte, und sie musste ihn fragen, nein, ihn anbetteln, wenn es nicht anders ging, um weiterleben zu können. Sie seufzte während des Laufens, und zum zweiten Mal schlich sich eine gnadenlose Wut auf Hermann in ihre Gedanken. Grob packte sie Rafaela beim Handgelenk und zerrte sie hinter sich her. Sie merkte nicht einmal, wie sich ihre Schritte beschleunigten. Sie war getrieben von Wut auf den Mann, der ihr einst den Himmel auf Erden versprochen und nun die Hölle für sie geschaffen hatte.

Auch in der Bar bemerkte man die ersten Spuren des Hurrikans. Die Fensterläden schlugen vor und zurück, die Tür knallte zu, die Mädchen auf den Schößen der Männer starrten ängstlich nach draußen.
Der Barmann aber entspannte sich sichtlich. Seine Miene zeigte höchste Befriedigung. Er wandte sich an die Männer, die am Tisch saßen. »Meine Herren, wir haben noch Zimmer frei. Sichere Zimmer. Nur für den Fall, dass Sie es nicht mehr nach Hause schaffen.« Er deutete mit dem Finger nach draußen. »Schon jetzt besteht Lebensgefahr.«

Wie um seine Worte noch zu unterstreichen, knarrte es ungeheuerlich. Das Knarren und Knarzen übertönte das Tosen des Sturmes, und die Gäste sahen, wie sich gegenüber der Bar auf einem kleinen Platz eine hochgewachsene Palme bis zum Erdboden bog, um dann mit heftigem Getöse zu zersplittern.
Auch Groth blickte besorgt nach draußen. Gerade lief eine junge Frau vorüber. Sie hatte die Schultern hochgezogen, hielt mit der einen Hand ihren Hut, mit der anderen ihr Kleid, an dem der Sturm wie ein ungeduldiger Liebhaber riss. Sie stemmte sich mit aller Kraft gegen den Sturm, doch sie kam keinen Schritt vorwärts. Gleich hinter ihr lief ein Mädchen, hielt sich geduckt im Schatten der Hauswände. Irgendwo fielen Ziegel zu Boden, und das Mädchen sprang erschrocken zur Seite. Sofort erkannte Groth, wer die junge Frau war. Er erschrak, wandte sich um und versuchte, die Aufmerksamkeit der anderen Männer in die entgegengesetzte Richtung zu lenken. Doch es war zu spät.
Carpenter zeigte mit dem Finger nach draußen. »Da ist sie doch!«, rief er aus und lachte, als der Wind ihr unter die Röcke fuhr und sie so hoch wehte, dass sie das Gesicht verdeckten und die Frau im Dunkeln stehen ließen.
»Das ist sie?«, fragte der Jüngere, stand auf und trat nahe an das Fenster, um den Kampf der Frau gegen den Sturm aus nächster Nähe zu betrachten.
Groth seufzte und nickte. »Ja, das ist sie.«
Der Jüngere leckte sich über die Lippen. Ein grausames Lächeln umspielte seinen Mund. »Sie ist noch immer schön, nicht wahr?«
Groth nickte erneut, und auch Carpenter leckte sich die

Lippen. »Ein Zuckerpüppchen ist sie«, sagte er. »Nicht mehr jung und unerfahren, sondern reif und üppig wie die Früchte der Insel. Es muss ein Vergnügen sein, sie auf dem Schoß zu halten.«

Groth fuhr herum. »Schweigen Sie!«, herrschte er Carpenter an. »Halten Sie den Mund. Ich dulde nicht, dass Sie auf die Art über diese Frau sprechen.« Er war wütend, hatte die Hände zu Fäusten geballt.

Aber Carpenter haute ihm seine schwere, grobe Hand mächtig ins Kreuz. »Jetzt stellen Sie sich nicht so an, Groth. Wir sitzen alle in einem Boot. Sie haben von Anfang an bei unserem Spiel mitgemacht. Mittendrin aussteigen können Sie nicht. Nicht mehr. Mitgefangen, mitgehangen. Stimmt es nicht, Rick?«

Der jüngere Mann, Rick, starrte noch immer aus dem Fenster und auf die Frau und das Mädchen.

»Halt den Mund, Carpenter!«, brummte er beinahe freundlich. Dann drehte er sich um, schlenderte zurück an die Bar, stellte sich neben Groth. »Wer ist das Mädchen?«, fragte er.

Groth schüttelte den Kopf. »Ich habe keine Ahnung. Ihr Hausmädchen ist schwarz. Diese da aber ist eher ein Mischling«, log er.

Rick tippte den Finger auf Groths Brust. »Finden Sie heraus, wer sie ist.« Dann sah er über Groths Kopf hinweg an die Wand der Bar und nickte mit diesem teuflischen kleinen Lächeln. »Kann sein, dass wir sie gut brauchen können. Kann sein, dass mein Plan noch besser ist als gedacht.« Er hielt eine Streichholzschachtel in der Hand, und als Groth sah, wie er sie mit seinen kräftigen Fingern zermalmte, bekam er Angst.

Dreizehntes Kapitel

Mafalda erwachte am nächsten Morgen früh. Sie fühlte sich wie zerschlagen. Die ganze Nacht über hatte der Sturm geheult, hatte schwere Regentropfen gegen ihre Fenster schlagen lassen. Zweige waren durch die Luft gefahren, und der Wind hatte sich selbst durch die geschlossenen Holzläden Zutritt zu ihrem Schlafzimmer geschaffen, hatte die Vorhänge gebläht, an ihnen gerissen und die Asche aus dem Kamin geweht. Dabei hatte er geheult wie ein Wolfsjunges, das nach seiner Mutter schrie. Es war nicht der erste Hurrikan, den Mafalda erlebte, aber es war der erste, bei dem sie ganz allein war. Seit Hermanns Schlaganfall hatte sie das gemeinsame Schlafzimmer verlassen und war in ein eigenes Zimmer gezogen. Früher hatte Hermann sie in seinen Armen gehalten, hatte ihr beruhigende Worte ins Ohr geflüstert. Gemeinsam hatten sie dem Sturm gelauscht und versucht, ihm geflüsterte Fetzen abzutrotzen. Jetzt lag sie allein im Getose der Welten und fühlte sich so einsam und verlassen, dass sie kaum atmen konnte, wenn sie daran dachte. Doch zum Glück war Rafaela nun hier. Sie hatte ihr die Kammer neben Hermanns Schlafzimmer eingerichtet und sich Mühe gegeben, es dem Mädchen so behaglich wie möglich zu machen.

Jetzt war der Sturm vorüber, der Regen rann leise und gleichmäßig vom Himmel und brachte ein klein wenig Abkühlung. Mafalda sah auf ihre Uhr und erschrak. Sie hatte länger geschlafen, als sie gedacht hatte, wenn auch nicht so lange, wie sie es eigentlich gewohnt war. Hastig sprang sie aus dem Bett, wusch sich, kleidete sich an und trank in aller Eile den Kaffee, den Dolores ihr hingestellt hatte. Dann ging sie zu Hermann, um zu sehen, ob er schon wach war. »Guten Morgen, mein Lieber. Hast du gut geschlafen?«

Mafalda fand, er sah noch elender aus als gestern. Sein Gesicht zeigte eine wächserne Blässe, die sie nur einmal bei einem Sträfling gesehen hatte, der jahrelang nicht an der frischen Luft gewesen war. Seine Augen waren rot geründert. »Wie geht es dir? Hast du gut geschlafen?«, wiederholte sie.

Hermann hob die Hand ein wenig und ließ sie wieder fallen, als wäre er zu allem anderen zu kraftlos.

Mafalda strich ihm das Haar aus der Stirn. »Ich habe Dolores gebeten, ein Bad für dich zu richten.«

Hermann verzog den schiefen Mund noch mehr, sein halbes Lid flatterte, und Mafalda schien es, als würde selbst seine Narbe vor Unwillen zucken.

»Doch«, erklärte sie energisch. »Du wirst dich heute baden. Dolores wird dir helfen. Ich habe eine Gesellschafterin für dich besorgt. Du wirst sie doch nicht in diesem Zustand kennenlernen wollen?«

Hermann drehte sich unwillig in seinem Bett, hob dabei die Decke ein wenig hoch, und Mafalda wich vor dem sauren, schalen Geruch, der darunter hervorstieg, zurück.
Hermann sah sie an, als verlangte sie von ihm mehr, als er leisten konnte. Doch Mafalda zeigte sich unnachgiebig. Sie begab sich zu seinem Schrank, legte frische Unterwäsche, ein Hemd und eine bequeme Hose für ihn heraus. »Ich gehe jetzt zur Handelsgesellschaft Groth, Jessen und Krischak. Vielleicht weiß Groth Rat, mit wem wir in Zukunft noch Geschäfte machen können. Unsere Barmittel sind beinahe erschöpft. Wenn nicht bald etwas geschieht, haben wir nicht einmal mehr das Brot auf dem Tisch. Du wirst deinen Teil dazu beitragen.« Sie hörte selbst, dass ihre Stimme bei den letzten Worten schrill geworden war, und sofort stürzten ihr die Tränen aus den Augen. Sie weinte über ihre Verzweiflung, aber auch darüber, dass sie Hermann so barsch angesprochen hatte. Gleich legte sie eine Hand auf seinen Arm. »Verzeih mir, Liebster. Ich wollte dich nicht anfahren.«
Für einen Augenblick hatte sie das Gefühl, dass ihre Worte in sein Inneres gedrungen waren. Sein Blick war weich, nicht mehr so hart, wenn auch so weit weg. Er sah sie an, wie er sie früher angesehen hatte. Ja, er hob sogar die andere Hand, als wolle er sie damit streicheln, doch kurz über ihrer Haut ließ er sie wieder fallen. Sie hätte diese Berührung jetzt so dringend gebraucht. Diese Berührung, einen liebenvollen, freundlichen Blick und ein gutes Wort. Ein einziges gutes Wort nur, das ihr das Gefühl gab, er hörte sie, er sah sie, er nahm sie wahr. Doch schon waren Hermanns Augen wieder erloschen, waren kalt

und grau wie Asche, und Mafalda wusste, dass ihre Hoffnungen umsonst gewesen waren.

Joachim Groth hatte schlecht geschlafen. Immer wieder hatte er sich von einer Seite auf die andere geworfen, darauf bedacht, seine Frau nicht zu stören, die leise und sanft atmete. Als es hell wurde, hatte er sich auf seinen Ellbogen gestützt und seine Frau angesehen. Sie waren seit zwanzig Jahren verheiratet, und es war keine Liebes-, sondern eine Vernunftehe gewesen. Er hatte Marianne immer als Selbstverständlichkeit in seinem Leben betrachtet. Was immer auch geschah, sie würde morgens neben ihm liegen. Jetzt sah er sie an, etwas, das er seit vielen Jahren nicht mehr getan hatte, genau so, wie man ein Möbelstück, das man täglich benutzt, einen Sessel etwa, nicht mehr sieht. Sie ist alt geworden, dachte er mit plötzlich aufkommender Zärtlichkeit. Ihr Haar war dünn und spröde geworden. Feine Linien zogen sich durch ihr Gesicht, das noch immer dieselbe zarte Haut hatte wie früher. Nur, dass sie jetzt wirkte wie kostbares altes Papier, zu wertvoll, um darauf zu schreiben. Er hob die Hand, um mit dem Finger die feinen Linien, die sich von der Nase bis zu den Mundwinkeln zogen, nachzuzeichnen, doch dann ließ er es. Er hatte sie schon so lange nicht mehr berührt. Jahre schon nicht mehr.
Marianne stöhnte im Schlaf leise auf. Ihre Lider flatterten, und Joachim Groth hatte Angst, sie würde aufwachen, doch sogleich beruhigte sie sich wieder und nahm die sanften, stillen Atemzüge auf. Ihr Mund, noch nie besonders voll, war mit den Jahren schmaler geworden. Das war Groth bisher nicht aufgefallen. Sie kam ihm mit

einem Schlag so verletzlich und kostbar vor wie chinesisches Porzellan, und für einen Moment überrollte ihn die Reue wie eine schwarze Welle. Ich hätte mehr auf sie achten sollen, dachte er voller Bitternis. Ich hätte mit ihr reden sollen, sie ansehen müssen. Sie ist nicht nur die Mutter meiner Kinder, verdammt, sie ist meine *Frau*, mein Weib, vor Gott und den Menschen mir anvertraut. Jetzt, da die Gefahr bestand, dass er sie verlor, aus eigener Schuld verlor, konnte er den Gedanken, sie niemals mehr zu sehen, kaum ertragen. Marianne war ihm immer eine gute Frau gewesen. Sie hatte wenig Ansprüche, schalt nicht mit ihm, sondern begegnete ihm allzeit mit derselben Freundlichkeit und demselben Lächeln. Seit Jahr und Tag. Sie hatte sich hervorragend um die beiden Kinder gekümmert, hatte anständige, starke Menschen aus ihnen gemacht. Und sie war für ihn da gewesen, wann immer er sie gebraucht hatte. An seinem Bett hatte sie gewacht, als er krank gewesen war. Sie hatte ihm unaufgefordert zugehört, sobald er den Mund aufmachte. Marianne. Wie hatte er all das, was sie für ihn war, so vergessen können? Stattdessen hatte er sich hin und wieder in den Hafenspelunken herumgetrieben, hatte sich auslachen lassen von den Huren, ausnutzen und ausnehmen. Er zahlte für ein Kind, von dem er sich nicht sicher war, ob es auch tatsächlich seins war. Zwar zeigte es ein Muttermal an derselben Stelle, an der seine beiden ehelichen Kinder es auch hatten, aber reichte allein das zum Beweis? Und nun drohte alles aufzufliegen. Wie würde Marianne reagieren? Würde sie ihre Koffer packen, nach Deutschland zurückkehren und ihn hier allein lassen?
Groth konnte nicht anders, er schluchzte auf, als er daran

dachte. In diesem Augenblick schlug Marianne die Augen auf. Sogleich lächelte sie ihn an, mit diesem stets gleichen Lächeln, das er vergessen hatte, obwohl er es täglich sah, und das ihm jetzt so ungeheuer wertvoll erschien.
»Guten Morgen, mein Lieber«, sagte Marianne und wischte sich eine Haarsträhne aus der Stirn.
»Guten Morgen.« Groth staunte, dass seine Stimme heute so rauh klang.
»Hast du gut geschlafen?« Marianne sah ihn an. Sie sah ihn wirklich an. Ihr Blick schweifte über sein Gesicht, mit leichter Besorgnis und stiller Freude.
Ja, dachte Groth, sie freut sich, mich zu sehen. Auch ich bin alt geworden, faltig, hässlich, aber sie sieht mich noch immer so an wie vor zwanzig Jahren. Für sie bin ich keine Zumutung. Keiner, der so alt und hässlich ist, dass er Geld zahlen muss für jeden Kuss, für jede noch so flüchtige Zärtlichkeit. Ein warmes Gefühl durchflutete ihn, ein Gefühl der Dankbarkeit und Zuneigung. Am liebsten hätte er sie in den Arm genommen, aber, verdammt, er hatte tatsächlich vergessen, wie sich das anfühlte, jemanden nicht bitten und betteln zu müssen, sondern sich einfach, wie jeder normale Mann, an die Weichheit und Wärme einer Frau schmiegen zu können.
»Ich habe gar nicht geschlafen, meine Liebe«, antwortete er auf die Frage seiner Frau.
»Oh, das tut mir leid. Was geht dir im Kopf herum? Sind es die Gedanken, die dir den Schlaf rauben? Das Geschäft?«
Sie blickte ihn an, als wollte sie es tatsächlich wissen. Er schüttelte den Kopf. »Mach dir keine Sorgen. Es gibt kein Problem, das sich nicht lösen ließe.«

Und jetzt wagte er es doch. Joachim Groth hob die Hand und streichelte seiner Frau die Wange.
Überrascht blickte sie ihn an. »Bist du sicher, dass du nichts hast?«
»Ja, das bin ich. Mir ist nur gerade aufgefallen, wie sehr ich dich liebe.« Er sagte es leise, aber er wusste, dass Marianne ihn verstand. Sie verstand ihn immer.
»Das freut mich, mein Lieber«, erwiderte sie. »Das freut mich sehr.« Und dann hob sie die Hand, zögernd und leicht zitternd, und strich ihm über das Gesicht, so sanft und warm, dass Groth die Augen schließen musste, um nicht in Tränen auszubrechen.

Rafaela wachte auf und war glücklich. Das war jeden Morgen so. Sie freute sich auf den Tag, sie freute sich am wispernden Geräusch des Regens, an dem leisen Wind, der ihre Vorhänge bauschte. Wie hatte Anita oft zu ihr gesagt: »Kind, worüber freust du dich nur den ganzen Tag? Dass du auf der Welt bist und nicht runterfällst?« Und dann hatte Anita gelacht und ihr einen Kuss auf die Stirn gegeben.
Jetzt fiel Rafaela ein, dass sie Anita heute nicht sehen würde. Ein leises Ziehen in der Herzgegend wischte ihr für einen Augenblick das Lächeln vom Gesicht. Sie sprang auf, sah sich in ihrem neuen Zimmer um. Die Vorhänge waren mit einem bunten Muster bedruckt. Auf dem Dielenboden lag ein weicher Flickenteppich, wie er in Kuba üblich war. Ein Teller mit Orangenschalen stand auf einer kleinen Kommode und sorgte für einen frischen Duft im Zimmer. Neugierig öffnete Rafaela die Schranktüren. Mafalda, ihre neue Herrin, hatte ihr gestern erklärt, dass

in diesem Schrank Kleider für sie hingen. Kleider, die früher einmal ihr, Mafalda, gehört hatten und die Rafaela passen müssten.
Die Kleine stieß einen Ruf der Überraschung aus. Behutsam, als könnte sie etwas zerbrechen, befühlte sie die feinen Stoffe, betrachtete die kostbaren Stickereien, freute sich an den bestickten Knöpfen. Für mich?, dachte sie. Ist das wirklich alles für mich?
Sie nahm einen seidenen Unterrock aus einer Schublade und presste ihre Wange an den kühlen, glatten Stoff.
Sie streifte ihr Nachthemd ab, füllte die Schüssel des Waschgeschirrs mit kaltem Wasser, roch mit geschlossenen Augen an der Seife und wusch sich. Dann schlüpfte sie in ein gelbes Kleid, dessen Stoff sich wie eine zweite Haut an ihren Körper schmiegte. Rafaela drehte und wendete sich, ließ den Stoff um ihre Beine schmeicheln, hätte sich zu gern in einem Spiegel bewundert, doch in ihrem Zimmer war keiner. Sie fühlte sich älter, als sie war, sie fühlte sich unglaublich weiblich. Mit hochgerecktem Kopf verließ sie ihr kleines Zimmer und begab sich in die Küche. Dort traf sie Mafalda, die Dolores gerade Anweisungen gab, ein Bad für Hermann zu richten.
»Spielst du Schach?«, fragte sie Rafaela.
Das Mädchen nickte. »Ich bin nicht gut, ich bin nicht schlecht. In unserer Straße gelte ich als normale Spielerin.« Sie kicherte. »Die alten Männer wollten zwar nie mit mir spielen; ich war ihnen zu langweilig.«
Mafalda lächelte. Das glaubst auch nur du, dachte sie. Dann betrachtete sie Rafaela. »Das Kleid steht dir gut. Ich hoffe, die anderen Sachen gefallen dir auch.«
»Oh, ja.« Das Mädchen strahlte. »Noch nie in meinem

Leben habe ich so wundervolle Kleider besessen.« Dann wurde sie ernst. »Was soll ich heute tun, Herrin?«
»Herrin?« Mafalda blickte überrascht auf. »Ich möchte nicht, dass du mich so nennst. Du bist nicht einfach nur eine Angestellte. Sag Mafalda zu mir.«
Rafaela knickste und sagte: »Jawohl, Herrin, äh, Mafalda.« Verlegen hob sie den Blick.
Mafalda winkte ab. »Du wirst dich noch daran gewöhnen. Nicht alles an einem Tag.« Dann sah sich Mafalda um und fragte schließlich Dolores: »Brauchst du Hilfe?«
Das schwarze Hausmädchen nickte. »Sie könnte mir helfen, den Herrn zu baden.«
»Nein, das wird sie nicht!« Mafalda hatte die Worte beinahe geschrien. Sie bemerkte es, als sie die aufgerissenen Augen der beiden sah. Sie räusperte sich, fasste sich an die Kehle. »Nun, sie ist den ersten Tag da. Ich denke, sie sollte sich erst einmal mit dem Haushalt hier vertraut machen. Vielleicht kann sie dir später beim Kochen helfen, wenn sie das möchte. Und am Nachmittag werde ich sie mit dem Herrn bekannt machen.«
Mafalda sah die beiden an, als würde sie deren Einverständnis erwarten. Dann klatschte sie in die Hände, lachte freudlos auf und sprach: »An die Arbeit. Es wird ein langer Tag werden.«
Sie nahm sich ein dünnes Tuch, schlang es um ihre Schultern und verließ das Haus. Vor der Tür blieb sie stehen und sprach ein kurzes Gebet. Es regnete noch immer, und der Himmel hatte sich hinter einer grauen Wolkenmasse versteckt, doch die Luft war klar und rein. Mafalda atmete tief durch, dann machte sie sich auf den Weg zum Handelshaus Groth, Jessen und Krischak.

Joachim Groth empfing sie wie immer in seinem Arbeitszimmer. Mafalda fand, dass er schlecht aussah. Er schien um Jahre gealtert. Unter den Augen lagen tiefe, dunkle Schatten, der Mund wirkte verkniffen, das Haar an seinen Schläfen war grau geworden. Er umarmte sie mit der gewohnten Herzlichkeit, doch Mafalda spürte sein Gewicht auf ihren Schultern, als er sie im Arm hielt.
»Setzen Sie sich. Was kann ich Ihnen anbieten?«, fragte er.
»Nichts. Vielen Dank. Ich bin gekommen, Don Joachim, um Sie um einen Gefallen zu bitten.«
»Ich tue, was ich kann. Das wissen Sie«, versprach Groth.
Mafalda schluckte. Sie war eine stolze Frau, der es schwerfiel, andere um etwas zu bitten. Doch in ihrer Situation blieb ihr nichts anderes übrig. »Mister Carpenter hat sämtliche Verträge für den Rum gekündigt«, erklärte sie.
»Aus welchem Grund?« Groth schien nicht im mindesten verwundert.
Mafalda hob die Schultern. »Ich weiß es nicht. Ich weiß gar nichts. Die Melasse, die wir geliefert bekommen, ist schlecht. Und Mister Carpenter hat uns nicht einmal die versprochenen Fässer aus amerikanischer Weißeiche geschickt, die für letzten Monat avisiert waren.« Sie senkte den Kopf und fühlte, wie das Blut der Scham ihre Wangen rot färbte. »Sie sind bezahlt, die Fässer.« Dann blickte sie auf. »Nicht, dass das wichtig wäre. Es ist nur so, dass ich einfach nicht mehr weiterweiß. Was soll ich tun, Don Joachim?«
Groth lehnte sich zurück und stieß einen tiefen Seufzer aus. »Die Zeiten sind schlecht«, erklärte er. »Auch wir haben Kunden verloren. Dazu die unsichere Lage auf der Insel.« Er brach ab und betrachtete Mafalda, und ihr schien, als sähe sie Mitleid in seiner Miene.

Mafalda nickte. Natürlich wusste sie, dass im Inneren der Insel der Kampf gegen die Spanier und Amerikaner tobte. Es war der Kampf von José Martí, der für die Unabhängigkeit der Insel die Waffen führte. Früher hatte sich Mafalda brennend dafür interessiert. Sie hatte sogar die Kämpfer Martís mit Geld unterstützt. Doch das war alles so unwichtig geworden, seit Hermann nicht mehr Hermann war und sie so viel zu tun und zu entscheiden hatte.
»Haben Sie schon einmal daran gedacht, nach Deutschland zu gehen?«, fragte er. »Don Hermann würde dort vielleicht genesen. Zumindest aber müssten Sie sich nicht mit den Dingen herumschlagen, mit denen Sie es hier zu tun haben.«
Mafalda schüttelte den Kopf. »Deutschland. Was sollen wir dort? Ich bin Portugiesin, spreche die Sprache Deutschlands nicht. Und Hermann … nun … er wird mir keine große Hilfe sein können. Nein, ich fürchte, das kommt nicht in Frage.«
»Sie hätten dort viel weniger Sorgen. Ich weiß, dass Hermann Geld auf einer deutschen Bank liegen hat. Es ist nicht mehr allzu viel, aber für den Anfang sollte es reichen. Denken Sie noch einmal darüber nach.«
Mafalda war erstaunt, dass Groth über Hermanns Finanzen informiert war. »Ist es nicht möglich, das Geld hierher nach Kuba zu holen?«, wollte sie wissen.
Groth schüttelte den Kopf. »Es ist fest angelegt. Auszahlbar vor der vereinbarten Zeit nur in Deutschland. So hat es Don Hermann seinerzeit bestimmt. Er wollte einen Notgroschen haben. Und er hat immer betont, dass er eines Tages zurück nach Deutschland gehen würde. Deshalb diese Verfügungen.«

Mafalda bat jetzt doch um ein Glas Wasser. Doch noch ehe das Hausmädchen das Getränk brachte, schüttelte sie energisch den Kopf. »Wir können nicht nach Deutschland gehen. Titine ist hier. Wir versuchen seit Jahren, Kontakt zu ihr aufzunehmen, aber es gelingt uns nicht. Hermann würde niemals ohne seine Schwester die Insel verlassen. Und dabei ist es gleichgültig, ob sie mit uns spricht oder nicht.« Sie knetete ihre Hände im Schoß. Schließlich straffte sie ihre Schultern und blickte Joachim Groth direkt ins Gesicht. »Ich bin gekommen, Don Joachim, um Sie um Ihre Hilfe zu bitten. Wir brauchen Melasse. Bitte leihen Sie uns etwas Geld. Sie wissen, dass Sie es wiederbekommen. Sie selbst haben mir gesagt, dass noch Geld in Deutschland liegt. Bitte, helfen Sie uns.«
Groth wich zurück und presste eine Hand auf seinen Bauch, als hätte er große Schmerzen. Er schwieg, starrte vor sich hin auf seinen Schreibtisch. Erst nach einer schier endlosen Weile sah er auf. »Gehen Sie nach Deutschland. Ich bitte Sie, Mafalda. Verlassen Sie das Land. Ich kann Ihnen Schiffspassagen besorgen. In vier Tagen legt ein Dampfschiff ab, das sie nach Hamburg bringen kann.«
Mafalda legte den Kopf schief. »Warum sind Sie so erpicht darauf, dass wir das Land verlassen? Trauen Sie mir nicht zu, die Manufaktur auch ohne Hermann führen zu können?« In ihren Augen blitzte Zorn.
Groth hob die Hände. »Nein, nein, das ist es nicht. Bitte glauben Sie mir. Wenn ich jemandem zutraue, eine Rumfabrikation gut zu führen, dann sind Sie das. Aber ich kann Ihnen nicht helfen. Gehen Sie nach Deutschland zurück. So bald als möglich.«
»Warum? Warum drängen Sie mich so, Don Joachim?«

Groth schwieg.
Mafalda suchte in Groths Gesicht nach einer Antwort auf ihre Frage, doch es war nur schmerzvoll verzogen, als würde er mehr unter seiner Absage leiden als Mafalda selbst.
»Sie wollen mir kein Geld leihen? Habe ich Sie da richtig verstanden?«
Groth breitete die Arme aus. »Ich kann nicht, meine Liebe, so gern ich es auch täte.«
Zu gern hätte Mafalda nach dem Grund gefragt, doch das Gesicht des Kaufmannes verbot so eine Frage.
»Kein Geld? Keine Melasse? Und ich denke, Sie würden auch nicht noch einmal für uns mit Mister Carpenter sprechen? Sehe ich das richtig?«
Groth zuckte unter ihren klaren Worten zusammen. Dann aber nickte er. »Ich kann nichts für Sie tun. Gar nichts.«
Mafalda stand auf. »Ich habe es nicht erwähnen wollen, Don Joachim. Aber Hermann und Titine haben Ihren Kindern das Leben gerettet. Sie stünden auf ewig in ihrer Schuld, das haben Sie selbst oft genug beteuert, wenn Sie uns in Trinidad besucht hatten. Was ist jetzt mit Ihrer Schuld? Können Sie wirklich zusehen, wie wir unsere Existenz verlieren?«
Diese Worte hatten Mafalda beinahe allen Stolz gekostet. Mit vor Verlegenheit hochrotem Gesicht stand sie vor dem Handelsherrn.
Groth hockte hinter seinem Schreibtisch wie ein gefällter Baum. Verzweifelt streckte er wieder die Arme aus. »Ich kann nicht. So gern ich auch wollte, ich kann einfach nicht«, sagte er. Dann holte er seine Geldbörse aus der

Rocktasche, entnahm ihr alle Scheine und streckte sie Mafalda entgegen. »Da! Nehmen Sie das. Ich weiß, es ist nicht das, was Sie wollten, aber mehr kann ich einfach nicht für Sie tun. Gehen Sie auf das Schiff. Kehren Sie nach Deutschland zurück. Ich lege Ihnen diese persönliche Bitte ans Herz. Hören Sie auf mich.«

Mafalda schenkte dem Handelsherrn einen Blick, in dem sich ihre gesamte Verachtung gesammelt hatte. Sie würdigte die Scheine keines Blickes. Stattdessen hob sie den Kopf, verneigte sich kurz vor Groth und sagte: »Nun, wenn Sie nichts tun wollen, dann kann ich Sie nicht dazu zwingen. Ich hoffe nur, Sie bekommen eines Tages, was Sie verdienen.« Dann verließ sie mit gestrafften Schultern das Zimmer. Sie hörte nicht mehr, wie Groth mit dem Kopf auf die Schreibtischplatte sank und hemmungslos zu weinen anfing.

Vierzehntes Kapitel

Titine begab sich auf die Plaza de Armas. Sie trug ein sackartiges Kleid, aber weder Schuhe noch Strümpfe. Dafür in jeder Hand einen Korb, der mit je einem mächtigen Stein gefüllt war. Als sie am Rande des Platzes angekommen war, wuchtete sie die Steine, von denen jeder an die zwanzig Pfund wog, aus den Körben. Dann umwickelte sie die Steine mit einem haltbaren Strick und befestigte diesen Strick jeweils an ihrem linken und an ihrem rechten Knöchel.

Eine weiße Frau, die sich mit einem Fächer ein wenig Luft zuwedelte, hielt ihr blütenweißes Seidenkleid ein wenig gerafft, so dass der Stoff nicht mit dem Schmutz der Straße in Berührung kam. Dann fragte sie: »Was tun Sie da?«

»Ich werde nach El Rincón pilgern«, erwiderte Titine freundlich.

Die Weiße schüttelte den Kopf. »Aber um Himmels willen, aus welchem Grund denn? Sie sind eine Weiße. Wenn Sie Buße tun wollen, so gehen Sie zur Beichte und stiften

Sie hernach ein paar Kerzen. Das, was Sie hier vorhaben, ist nur etwas für die Schwarzen. Die kriechen wie Tiere auf dem Boden, sind ja selbst beinahe welche. Kommen Sie, meine Liebe, ich helfe Ihnen auf.«

Die Frau machte Anstalten, nach Titines Arm zu fassen, aber Titine rief: »Lassen Sie mich! Verschwinden Sie! Und reden Sie nicht über Dinge, von denen Sie keine Ahnung haben!«

Die Frau wich zurück, schnappte empört nach Luft, ließ einige wenig damenhafte Flüche über Titine regnen, dann wandte sie sich ab und stapfte wütend davon. Ein alter schwarzer Mann, ein Bettler, hatte die Szene beobachtet. Er kam nun näher, nahm von seinem Handgelenk eine Kette mit Holzperlen und reichte sie Titine. »Die Götter mögen Sie schützen, meine Liebe!«, sagte er. »Ich wünsche Ihnen, dass Sie auf der Pilgerfahrt erfahren, was Sie wissen möchten. Sie haben sich Großes vorgenommen. Geben die Götter, dass Sie es schaffen.«

»Danke!« Titine sah den Mann voller Wärme an. Diese Worte hatte sie gerade jetzt dringend gebraucht. Denn erst hier, am Rande des belebtesten Platzes von Havanna, war ihr klargeworden, was es hieß, die fünfzehn Meilen bis zur Kirche des heiligen Lazarus auf Händen und Knien zu kriechen. Niemals hatte sie bisher auf den Boden unter ihren Füßen geachtet, doch jetzt sah sie ihn. Schwarze Käfer versuchten, unter ihr Kleid zu krabbeln. Der Boden selbst war von dem Ausgespuckten der Männer bedeckt. Grünlicher Schleim, manchmal sogar mit Blut durchsetzt, wartete darauf, von ihren Knien berührt zu werden. Titine zuckte zusammen und musste an sich halten, um sich nicht vor Ekel zu schütteln.

Eine immer größere Menschenmenge versammelte sich um sie herum. Titine wagte kaum, nach oben zu schauen. Das hatte sie nicht gewollt. Nein, das nicht. Sie wollte keine Aufmerksamkeit erregen, sondern einfach nur die Dinge tun, von denen sie glaubte, dass sie getan werden mussten. Mühsam kroch sie die ersten Meter, aber sie konnte nicht verhindern, dass klagende, schmerzerfüllte Laute aus ihrer Kehle drangen. Ein junger Mann, ein Mischling, nahm einen der Steine um Titines Bein hoch. Sie wollte ihn wütend anfahren, doch er sagte zu ihr: »Lassen Sie mich einen Teil Ihrer Last tragen. Nur ein kleines Stück. Einer trage des anderen Last. So sagt man doch bei Ihnen, nicht wahr?« Und diese einfache Geste war es, die Titine die Tränen in die Augen trieb, die sie den Dreck nicht mehr erkennen ließ, die sie vorwärtstrieb, immer weiter von dem Platz entfernte.

Den Zuschauern wurde langweilig. Sie hatten genug gesehen. Die Schwarzen zuckten mit den Schultern und spuckten auf den Boden. Wenn eine Weiße sich so schinden wollte, bitte sehr. So kam sie jedenfalls wenigstens nicht dazu, einen Schwarzen zu quälen.

Die weißen Frauen und Männer wandten sich beschämt ab, dankten Gott still dafür, dass sie diese Verrückte nicht zu ihren Freunden zählten. Eine weiße Frau überlegte laut, ob sie einen Priester holen sollte. Einen Priester oder einen Arzt oder sonst jemanden, der diesem beschämenden Schauspiel ein Ende bereitete, aber dann ging sie doch mit ihrem Mann, spülte zum Essen den letzten Gedanken an die Frau mit einem Schluck gekühlten Weißwein herunter und hatte schon vergessen, was sie erlebt hatte. Nur einmal noch, an einem Abend zwei Tage später, auf einer

Cocktailparty, da erzählte sie von der verrückten weißen Frau und lachte und schüttelte noch einmal verwundert über so viel Irrsinn den Kopf.

»Und?« Rick Woolf saß im einzigen Herrenclub von Havanna und trank Whiskey, obwohl es erst später Vormittag war. Ein ganz in Weiß gekleideter schwarzer Kellner säuberte im Hintergrund leise die Aschenbecher und ordnete die Tageszeitungen, die in Holzhaltern steckten. Ihm gegenüber war Joachim Groth tief in den dunklen Ledersessel gesunken. Seine Füße scharrten über das blankgewienerte Parkett, und sein Blick suchte Halt an den mit dunkelrotem Stoff bespannten Wänden. Sein Gesicht war lang und bleich, unter seinen Augen lagen tiefe Schatten.
»Was und?«, fragte er. »Ich habe alles getan, was Sie mir aufgetragen haben. Sie war da, ich habe sie fortgeschickt. Fertig.«
Woolf beugte sich ein wenig nach vorn und fixierte Groth aus zusammengekniffenen Augen. »Kann sein, dass Ihnen das zusetzt«, fauchte er. »Aber ich möchte Sie doch daran erinnern, mit wem Sie hier sprechen. Ich bin keiner Ihrer Angestellten. Sie haben zu tun, was ich sage. Und zwar sofort. Und danach haben Sie mir Rechenschaft abzulegen. Haben Sie das verstanden, oder muss ich deutlicher werden?«
Groth zuckte leicht zusammen. Seine Augen weiteten sich, doch dann ließ er sich gleichgültig in die weichen Lederpolster zurücksinken. Er hob leicht die Hand, als wolle er sagen: »Machen Sie doch, was Sie wollen.« Doch er tat es nicht.
»Was wollen Sie wissen?«, fragte er stattdessen.

»Alles. Wann kam sie? Wie hat sie ausgesehen? Was hat sie gesagt? Was gefragt? Was erzählt? Und ich möchte wissen, was Sie geantwortet haben. Auf jede einzelne Frage möchte ich Ihre Antwort hören. Selbst auf die Frage nach der Uhrzeit.«

Groth seufzte und verzog leicht den Mund. Er hatte Kopfschmerzen, seine Augen brannten vor Müdigkeit, sein Gehirn fühlte sich an wie ein Termitenhügel. Nervös tippte er mit seiner Schuhspitze immer wieder auf den Boden. »Sie kam am Morgen und erzählte mir, dass Mister Carpenter die Verträge gekündigt hat. Sie sagte auch, er hätte die versprochenen Fässer nicht geliefert. Sie wären am Ende, bräuchten Geld. Ich antwortete, dass ich nichts für sie tun könnte. Das war alles. Der ganze Besuch hat keine zehn Minuten gedauert.«

»Wie hat sie ausgesehen?«, wollte Woolf wissen.

Groth zuckte mit den Schultern. »Was glauben Sie wohl? Müde hat sie ausgesehen. Wie eine Frau, die große Sorgen hat. Ihre Augen waren ganz klein und ein wenig geschwollen, als hätte sie die ganze Nacht über geweint.«

»Und Sie haben ihr wirklich keine Hilfe angeboten?« Woolf betrachtete abschätzend Groths Gesicht.

Der Kaufmann schüttelte den Kopf. »Ich wollte immer ein guter Mensch sein«, erwiderte er leise und wie zu sich selbst. »Ich habe es versucht, Gott ist mein Zeuge. Aber dass Sie mich zwingen, einer Frau Schaden zuzufügen, das zehrt an meinen Kräften.«

Woolf winkte den Kellner heran. »Zwei Whiskey, aber flott«, bestellte er, dann wandte er sich wieder an Groth. »Sie irren sich, mein Freund. Nicht ich habe Sie in diese Lage gebracht. Sie selbst waren es.« Er lehnte sich zurück und grinste. »Oder war ich es vielleicht, der sie gezwungen hat, sich von dieser Hure ein Kind andrehen zu lassen? Und war ich es, der Sie dazu gebracht hat, die einträglichen Verträge mit Deutschland zu kündigen und sich ganz und gar auf einen einzigen amerikanischen Kunden zu konzentrieren?«

Groth nickte. »Ich weiß selbst, welche Schuld ich auf mich geladen habe. Und ich trage schwer daran, das können Sie mir glauben. Aber einer jungen Frau die gesamte Existenz zu rauben, sie mit offenen Augen in den Ruin zu treiben, nein, Mister Woolf, das ist eine Sache, die ich nicht länger mitmachen werde.«

»Ach so? Und was wollen Sie tun?«

Groth räusperte sich. »Ich habe ihr Geld angeboten, damit sie nach Deutschland zurückkehren kann. Weg von hier, weg von Ihnen. Auf dem nächsten Schiff habe ich noch ein wenig Platz. Wenn Mafalda Fischer wollte, könnte sie schon übermorgen mit ihrem Mann Kuba verlassen.«

Woolf sprang auf. Der Kellner kam im selben Moment und wollte die Whiskeygläser abstellen. Woolfs Hand geriet unter das Tablett, so dass die Gläser in hohem Bogen durch die Luft flogen. »Du Trampel!«, schrie Woolf und versetzte dem Schwarzen eine so heftige Maulschelle, dass dessen Kopf zur Seite flog.

»Ich bitte um Entschuldigung, Don. Sogleich werde ich Ihnen neue Gläser bringen!« Der Mann hielt sich die Wange, duckte die Schultern und eilte verängstigt nach hinten, um seinen Schaden wiedergutzumachen.

Groth konnte sich ein Grinsen nicht verkneifen, doch als er in Woolfs Augen sah, dunkel und lodernd vor Hass, da wurde er still. Angst befiel ihn, kroch als kalter Schweiß über seinen Rücken, legte sich als Ring um seine Brust, der ihn kaum atmen ließ.

Rick Woolf betrachtete Joachim Groth noch immer, dann zog er seinen Rock gerade. »Ich denke, Groth, wir haben nichts mehr miteinander zu bereden«, sagte er und ging grußlos davon.

Joachim Groth sah ihm nach, bis die geölte Holztür hinter ihm ins Schloss fiel, dann atmete er hörbar auf. Er war erleichtert und hatte dennoch Angst. Er wusste, jetzt hatte er in Rick Woolf einen Feind. Einen mächtigen Feind, der ihn zerstören konnte, wenn er nur wollte. Und Groth war sich sicher, dass er genau das vorhatte. Aber gleichzeitig war er erleichtert. Alles würde gut werden. Er würde sich wieder im Spiegel ansehen können. Ja, das würde er. Und mit seiner Frau würde er reinen Tisch machen. Er würde ihr von der Geliebten erzählen, von dem kleinen schwarzen Jungen, dessen Blut zur Hälfte das seine sein sollte. Und dann? Ja, und dann? Sollte er nach Deutschland zurückkehren? Groth wusste es nicht. Er hatte keine Ahnung, wie es mit dem Handelshaus Groth, Krischak und Jessen weitergehen sollte, aber eines wusste er: Er würde wieder ein anständiger Mensch werden. Zwar hatte er Geld wie Heu, aber er war noch nie zuvor so unglücklich gewesen. Wie gerne würde er alles, was er hatte, mit vollen Händen weggeben, nur um sich wieder mit Freude und Stolz im Spiegel betrachten zu können.

Mit einem Lächeln griff er nach dem Glas und trank von dem Whiskey. Und lange, lange hatte ihm ein Getränk nicht mehr so gut geschmeckt. Er stellte das Glas ab und wollte sich erheben, da fiel ihm etwas ein. Er hatte Rick

Woolf niemals gefragt, warum es dem Amerikaner so wichtig war, Hermann Fischer und dessen Familie zu zerstören. Aber war das wirklich so? Ging es Woolf um die Fischers? Oder war er einfach nur ein Mann, dem es Vergnügen bereitete, andere in den Ruin zu treiben? Egal. Jetzt war er, Joachim Groth, wieder ein anständiger Bürger, und er beschloss, auf dem Heimweg den Fischers einen Besuch abzustatten.

Fünfzehntes Kapitel

Mafalda strich durch die Straßen, als wüsste sie nicht, wohin. Und eigentlich war es auch so. Zu Hause hielt sie es nicht aus. Gleich nach dem Aufwachen und Anziehen begab sie sich jeden Morgen in das Zimmer ihres Mannes. Meist schlief er noch. Dann stand sie an seinem Bett und sah zu, wie ihm die Speichelfäden aus dem offenen Mund rannen und im Kissen versickerten. Manchmal grunzte er, manchmal brabbelte er unverständliche Laute vor sich hin. Wenn sie ehrlich zu sich sein würde, müsste sie zugeben, dass sie sich vor ihm ekelte. Aber Mafalda hielt die Wahrheit für ein überschätztes Gut. Wem nutzte sie schon? O nein, sie verdrängte diese angewiderten Gedanken, weil sie ihren Mann einfach nicht widerlich finden wollte. Es gehörte sich nicht für eine Ehefrau. Und es würde ihr die Zukunft keineswegs versüßen. Vielleicht wurde er ja wieder gesund. Und dann? Dann musste sie ihn so lieben, wie sie ihn früher geliebt hatte. Ekel, wenn auch nur in der Erinnerung, war da der falsche Partner an ihrer Seite. Manchmal schloss sie die Augen, um seinen erbärmlichen Anblick nicht ertragen zu müssen. Und dann rief sie nach Rafaela. Das Mädchen kam. Sie kam mit einem Lächeln auf dem Gesicht, wischte lächelnd den Speichel von Hermanns Kinn, öffnete lächelnd die Fensterläden und lächelte noch immer, wenn Hermann endlich erwachte und der Welt einen Blick größter Trübsal schenkte. Sie trat an sein Bett, strich ihm mit zwei Fingern sanft die wirren Haare aus der Stirn und fragte ihn lächelnd, wie es ihm ging. Natürlich bekam sie keine Antwort, aber Rafaela schien eine junge Frau zu sein, die keine Antworten brauchte, wenn sie auch so sah, was vor sich ging.

Sie half Hermann, sich aufzurichten, sie wusch ihn, putzte ihm die Zähne, sie fütterte ihn, setzte ihn in einen Sessel, und dann las sie ihm vor oder spielte mit ihm Schach.

Mafalda konnte das nicht. Es fehlte ihr an Zeit, an Geduld. Sie hatten kein Geld mehr, keine Aufträge, nichts. Heimlich hatte sie darüber nachgedacht, Joachim Groths Vorschlag anzunehmen und nach Deutschland zu gehen. Aber, großer Gott, was sollte sie dort? Das Land war ihr fremd, die Sprache kannte sie nicht. Wie sollte sie dort Geschäfte führen? Nein, dann lieber hierbleiben und immer wieder aufs Neue versuchen, etwas zu finden, mit dem sich Geld verdienen ließ. Ohne es gewollt zu haben, fand sich Mafalda vor der Rumfabrik wieder. Das Gebäude lag still, die Türen und Fenster waren fest geschlossen, die Läden vorgeklappt. Mit ihrem großen Schlüssel öffnete sie die Tür und betrat die Fabrik. Durch einen Holzladen drang ein wenig Sonnenlicht, und Mafalda sah, wie im Lichtstrahl der Staub tanzte. Sehr viel Staub. Ansonsten war es still. Beinahe totenstill, wären da nicht die Mäuse gewesen, die wispernd durch die Halle huschten. In einer Ecke standen gefüllte Zuckersäcke, aus denen nun dünne Rinnsale des kubanischen Goldes rieselten. Die Kupferkessel glänzten nicht, dafür hatte sich eine Staubschicht auf ihnen gebildet. Mafalda wollte das nicht sehen. Dieses Elend, das ihr Leben so verändert hatte. Sie wandte sich um und betrat das Kontor. Auch auf dem Schreibtisch hatte sich Staub gebildet. Mafalda setzte sich auf den Stuhl, stützte die Ellbogen auf den Tisch und brauchte ihre ganze Kraft, um nicht in Tränen auszubrechen. Dann aber weinte sie doch. Ein Schluchzen schüttelte ihren Körper, so heftig, dass ihre Schultern bebten wie im Schüttelfrost. Lange weinte Mafalda, so lange, bis sie keine Tränen mehr hatte und ganz erschöpft war. Doch so müde und verzweifelt sie sich auch fühlte, sie war eine Kämpferin. Ihr Blick fiel über die dicken Geschäftsbücher, über die Kladden, in denen in doppelter Buchführung alle Ein- und Ausgaben verzeichnet waren. Und mit einem Schlag packte sie eine unglaubliche Wut. Sie wusste nicht genau, auf wen sie so wütend war. Auf Hermann? Auf Titine und Fela? Auf Mister Carpenter? Joachim Groth? Ganz egal. Sie schlug mit der Faust so heftig auf den Tisch, dass das Tintenfass umkippte, aber der Inhalt ergoss sich nicht über die Papiere, die Tinte war längst schon eingetrocknet. Die Wut rann wie ein loderndes Feuer durch ihre Adern, ließ ihren Atem schneller gehen, das Herz rascher schlagen. Plötzlich hielt sie nichts mehr hier drinnen. Ich hole mir meine Welt zurück, dachte sie. Mafalda wusste nicht, ob sie diese Worte gedacht, geflüstert oder geschrien hatte, aber sie wusste, dass es genau das war, was sie wollte, wenn sie auch nicht wusste, was sie als Nächstes tun würde. Wie ein Wirbelwind drehte sie sich einmal um sich selbst und stürmte aus der Fabrik. Sie hetzte die Straßen entlang, noch immer nicht wissend, wohin. Aber Mafalda war eine gläubige Frau. Tief in ihrem Herzen war sie davon überzeugt, dass ein Gott, dass die vielen Götter der Kubaner, über sie wachten.

Ohne sich dessen bewusst zu sein, fand sie sich plötzlich in der Bar des größten Hotels wieder. Es ziemte sich natürlich nicht für eine Frau ihres Standes, allein in eine Bar zu gehen, doch das war ihr ganz egal. Sie stellte sich an die Theke, schnippte ungeduldig mit den Fingern, und als der schwarze Barkeeper auf sie aufmerksam wurde, da fragte sie: »Wie viele Sorten Rum haben Sie im Angebot?«

Der Barkeeper drehte sich um und betrachtete die Wand hinter sich, die auf endlosen Regalen bis hoch zur Decke mit Flaschen gefüllt war. »Ich weiß es nicht genau, gnädige Frau. Zehn oder vielleicht zwölf? Warum möchten Sie das wissen?«

»Weil ich alle ausprobieren werde.«

»Jetzt?« Der Barkeeper betrachtete sie erstaunt.

»Ja. Jetzt und hier.«

Der schwarze Mann sagte kein Wort, bestaunte Mafalda noch immer.

»Na los, machen Sie schon. Ich habe nicht ewig Zeit«, bestimmte sie und wedelte mit der Hand.

»Ganz, wie Sie wünschen, Doña«, erwiderte der Mann, der sich nur langsam von seiner Verblüffung erholte. »Womit wollen Sie beginnen?«

»Geben Sie mir bitte zuerst die Rumsorten von der Fami-

lie Bacardí. Ach ja, und dann hätte ich gern noch ein Blatt Papier und einen Stift.«
Der Mann schluckte. »Sehr wohl, Doña.« In Windeseile füllte er vier Gläser und legte einen kleinen Block und einen Bleistift vor Mafalda auf die Theke.
Mafalda leckte sich die Lippen, die vor Aufregung ganz trocken geworden waren. Dann zeigte sie auf eines der Gläser. »Fangen Sie an. Erzählen Sie schon. Was ist das für ein Rum?«
Der Barkeeper griff nach der Flasche. »Bacardi-Rum, 1865.«
Mafalda notierte das auf ihrem Zettel, dann griff sie nach dem Glas und trank den Rum in einem Zug. Sie schmeckte nach, verzog ein wenig das Gesicht. »Er brennt«, stellte sie fest. »Bestimmt ist er nur einmal gebrannt. Ein Zeug für arme Leute. Wer, in aller Welt, trinkt so etwas?«
Der Barkeeper lächelte. »In den letzten Jahren sind ein paar Chinesen ins Land gekommen. Als billige Arbeitskräfte. Einige von ihnen trinken diesen Rum besonders gern.«
Mafalda schüttelte den Kopf. »Bestimmt, weil er billig ist.«
Der Barkeeper verzog keine Miene.
Mafalda wies auf das nächste Glas. »Was ist das für einer?«
»Auch ein Bacardi. In Eichenfässern gelagert. Etwas älter als der erste.«
Wieder hob Mafalda das Glas und goss das Getränk hinunter. »Hm, schon besser, aber noch immer nicht gut. Er brennt nicht ganz so stark, aber der Abgang ist viel zu scharf.«

Sie warf ein paar Notizen auf das Papier. »Wer trinkt das?«
»Die chinesischen Vorarbeiter. Und manchmal die normalen Habañeros, wenn sie auf dem Weg von der Arbeit auf einen Drink hier haltmachen.«
Mafalda schüttelte den Kopf. »Fusel. Nichts als Fusel. Unserer war besser. Das nächste Glas, bitte.«

In einem ledernen Clubsessel in einer versteckten Nische saß ein Mann und las in der Zeitung. Immer mal wieder ließ er das Blatt sinken und betrachtete das, was an der Theke vor sich ging. Dann rief er einen Kellner zu sich.
»Ja, Don?«
»Die Frau da an der Theke. Was macht sie da?«
Der Kellner schüttelte den Kopf. »Nun, Don, ich weiß es nicht.«
»Dann finden Sie es heraus, verdammt.«
»Jawohl, Don.« Der Kellner verneigte sich und wollte sich auf den Weg machen, aber der Mann hielt ihn am Arm fest. »Ist sie öfter hier?«
»Die Dame an der Bar?«
»Sehen Sie hier sonst noch eine Frau, die offensichtlich keine Hure ist?«
»Nein, Don.«
»Was nein?«
»Ich verstehe nicht, Don.«
Der Mann verdrehte ungeduldig die Augen. »Ist sie öfter hier, ja oder nein?«
»Ich habe diese Dame hier noch nie gesehen«, erklärte der Kellner.
Der Mann wedelte ungeduldig mit der Hand. »Und jetzt

machen Sie voran. Ich will wissen, was genau sie hier treibt.«
Während der Kellner an die Theke eilte, ließ der Mann die Zeitung sinken und musterte die Frau von oben bis unten. Sein Blick weilte auf ihrem nachlässig frisierten Haar, auf dem ein wenig abgetragenen Kleid und blieb schließlich an den Schuhen hängen, deren Absätze leicht abgelaufen waren. Sie hielt den bestickten Stoffbeutel über ihrem Arm, während sie schrieb.
Der Mann lächelte zufrieden und sprach leise vor sich hin: »Na bitte, wer sagt es denn. Mafalda Fischer hat schon bessere Zeiten gesehen. Der Verfall macht sich allmählich bemerkbar. Aber noch habe ich sie nicht da, wo ich sie haben will.«
In diesem Augenblick eilte der Kellner zurück zu Rick Woolf. »Mein Herr, die Dame probiert sämtliche Rumsorten im Angebot durch.«
Woolf grinste. »Sehr schön. Dann sorgen Sie bitte unauffällig dafür, dass ihr der Barmann immer einen doppelten statt einem einfachen Rum einschenkt. Ich übernehme selbstverständlich die komplette Rechnung.« Er hob einen Finger an die Lippen und funkelte den Kellner drohend an. »Aber kein Wort zu der Dame. Wenn sie mit ihrer Rumprobe fertig ist, wird sie ohnehin nicht mehr in der Lage sein, für irgendetwas zu bezahlen.« Und leiser fügte er hinzu: »Eine gute Gelegenheit, ihr meine Rechnung unterzuschieben.«
»Don?« Der Kellner beugte sich ein wenig nach vorn, weil er die letzten Worte seines Gastes nicht verstanden hatte.
Rick Woolf aber wedelte ungeduldig mit der Hand. »Was

wollen Sie denn noch hier? Verschwinden Sie. Wenn ich einen Wunsch habe, werde ich Sie rufen, verstanden?«

»Sehr wohl, Don.« Der Kellner eilte beflissen davon, und Rick Woolf streckte seine langen Beine genüsslich aus, zündete sich eine Havanna-Zigarre an und wirkte, als erwarte er heute Abend noch eine sehr angenehme Vorstellung.

Sechzehntes Kapitel

Titine war nun schon einige Tage unterwegs. Die Steine, die sie mit Kälberstricken an ihren Fußgelenken befestigt hatte, hatten tiefe Wunden in ihr Fleisch geschnitten. Sie kroch auf allen vieren, ihre Knie waren beide wund gescheuert, die Ellbogen hatten von den kleinen Steinen auf dem Weg blutige Risse, die bei jeder Bewegung wie Feuer brannten. Doch Titine bemerkte die Schmerzen kaum. Am Anfang waren sie da gewesen, hatten sich in ihr Denken und Fühlen gegraben, aber mittlerweile hatte sie sich an all das gewöhnt. Eine tiefe Ruhe war über sie gekommen, und sie fühlte sich mit der Welt und mit den Menschen ziemlich ausgesöhnt. Aber noch lagen etliche Meilen bis zur Kirche des heiligen Lazarus vor ihr.

Die Menschen, die sie traf, waren so freundlich, dass Titine vor Rührung oft mit den Tränen kämpfen musste. Da war die alte Frau gewesen, die ihr am Abend eine kühlende Salbe auf die wunden Stellen gestrichen hatte, oder der junge Mann, der ein ganzes Stück des Weges neben ihr gelaufen war und ihr immer wieder Wasser und Früchte angeboten hatte. Und da war der alte schwarze Mann in der weißen Kleidung eines Babalaos, eines Santeria-Priesters, der sie gesegnet hatte. Nie musste sie Hunger oder Durst leiden, immer war jemand zur Stelle, der etwas Brot, ein wenig Fleisch, Früchte oder Wasser, Guarapo oder einen stärkenden Sud für sie hatte. Ihr weißes Kleid hing in Fetzen, aber Titine fühlte sich nicht nackt und abgerissen, sondern sie wurde mit jedem neuen Tag stärker. Einige, die mit ihr aufgebrochen waren, hatten bereits aufgegeben, weil die Knie zu sehr schmerzten, die Knöchel wund lagen. Aber sie gab nicht auf. Und es machte den Eindruck, als würden die Leute, die sie unterwegs traf, das wissen. Immer wieder hörte sie, wie sie tuschelten. »Eine Weiße, die nach El Rincón pilgert. Eine Weiße, die das Zeichen der Yewa trägt.« Ehrfürchtig klangen diese Worte, und mit Ehrfurcht wurde sie behandelt. Sie war die einzige Weiße, hatte sie erfahren, die jemals so nach El Rincón gegangen war. Weiße pilgerten normalerweise in hübschen Kleidern, mit bequemen Schuhen und weißen Sonnenschirmen diesen Weg entlang. Am Abend legten sie sich in die weichen Betten der luxuriösen Pilgerpensionen, standen am Morgen ausgeruht auf und lustwandelten weiter. Sie aber kroch wie die Schwarzen auf allen vieren, ließ ihr Blut auf die Straße tropfen, die von unzähligen schwarzen Füßen festgetreten war. Sie aß, was man ihr brachte, trank, was vorhanden war. Und sie klagte nicht, weinte nicht, schrie nicht. Die Schwarzen betrachteten sie stolz. »Sie ist eine von uns«, hörte Titine eine Frau sagen, doch die Nachbarin unterbrach sie: »Nein, sie ist keine von uns. Sie steht über uns, ist ein Liebling der

Götter. Schau sie nur an, sieh die hellen Augen, das Haar, das wie ein Heiligenschein aussieht. Sie trägt die Zeichen der Yewa. Am Ende ist es wirklich die, von der es in Havanna heißt, sie sei einer Orisha ähnlicher als einem Menschen.«

Am Abend bei Sonnenuntergang fanden sich am Straßenrand die schwarzen Pilger ein und verbrachten gemeinsam die Nacht. Wenn es still geworden war und nur das fahle Mondlicht die Gesichter zu blassen hellen Scheiben färbte, erzählte ein jeder seine Geschichte. Eine junge Frau hatte abgetrieben. Seither besuchte sie das tote Kind jede Nacht. Nun wollte sie zum heiligen Lazarus, damit ihr totes Kind Ruhe fand. Ein anderer robbte auf den Knien, um Gott dafür zu danken, dass seine Frau von einer tödlichen Krankheit genesen war. Und wieder ein anderer, ein junger schwarzer Mann, hatte sich auf den Leidensweg gemacht, um die Liebe einer Frau zu erringen.

An diesem Abend war Titine an der Reihe.

»Was soll ich euch sagen?«, fragte sie. »Hat nicht jeder Mensch in seinem Leben genug Gründe angesammelt, um ein paar Tage lang tief demütig zu sein?«

Der junge Mann lachte. »So leicht kommst du uns nicht davon. Wir alle haben erzählt, was uns bewegt, diese Tortur auf uns zu nehmen. Nun sprich du.«

Titine schluckte. Etwas in ihr sträubte sich, über Fela zu sprechen. Sie hatte das Gefühl, dass sie in Tränen und Verzweiflung ausbrechen würde, sobald sie seinen Namen in den Mund nahm. Andererseits hatten die Mitpilger ihre Geschichten auch unter Tränen berichtet. Und die Zuhörer waren voller Verständnis gewesen. Es herrschte eine besondere Atmosphäre unter ihnen. Obwohl jeder Einzelne seinen Weg tagsüber allein zurücklegte, waren sie innerhalb kurzer Zeit zu einer Familie zusammengewachsen. Zu einer Familie, die einander nahe war. So nahe, wie es Titine früher einmal mit Hermann gewesen war. Früher.

»Du weinst ja«, sagte die junge Frau neben ihr und streichelte ihren Rücken. »Lass alles raus, komm, wein dich aus.«

Es war, als hätte gerade diese Aufforderung alle Dämme in Titine zum Einsturz gebracht. Die Tränen rannen wie reißende Bergbäche über ihre Wangen, ihre Schultern bebten, die Lippen zitterten. Und obwohl sie es kaum glauben konnte und auch nie gedacht hätte, weinte sie jetzt um Hermann. Um ihren Bruder, der ihr einst so viel bedeutet und der sie so tief verletzt und verraten hatte.

»Ich hatte einen Bruder«, stammelte sie, als sie sich endlich ein wenig beruhigt hatte. »Er war der stärkste, klügste, tapferste Mann, den man sich denken konnte. Ich habe ihn bewundert. Er war alles für mich. Vater, Bruder, Freund. Es gab niemanden, den ich mehr bewundert habe, dem ich mehr vertraut habe. Mit ihm bin ich vor Jahren aus Deutschland auf die Insel gekommen.«

»Und weiter?«, wollte der junge Mann wissen, der wegen seiner Liebsten hier war.

»Wir liebten uns, wie nur ein Bruder und eine Schwester, die keine Eltern mehr hatten, einander lieben können. Wir wohnten auf seinem Ingenio, auch, als er geheiratet hatte. Seine Frau wurde zu meiner Freundin, und ich dachte, wir könnten bis an das Ende unserer Tage glücklich sein.«

»Was ist dann geschehen?«, wollte der Mann wissen, dessen Frau überraschend genesen war.

Titine zuckte mit den Schultern. Schon wieder drängten sich die Tränen in ihre Augen, schon wieder war ihre Kehle wie zugeschnürt. »Ich habe mich verliebt«, erzählte sie mit leiser Stimme. »In einen Sklaven. Wir haben ein Kind zusammen. Fast drei Jahre ist der Junge schon.«
»Und dein Mann?«
Titine schlang die Arme um sich, weil ihr mit einem Schlag so kalt war, als wäre sie von einer Eisschicht überzogen. »Mein Liebster und mein Bruder. Sie hatten Streit. Es gab einen Kampf, bei dem beide verletzt wurden, danach brannte der Ingenio ab. Ich habe meinen Bruder seit dieser Zeit nicht mehr gesehen.«
»Was hat er getan, dein Bruder?«, fragte die junge Frau.
Titine konnte nur flüstern: »Er wollte nicht, dass ich ein Kind von einem Sklaven bekomme; er wollte nicht, dass wir heiraten. Fela war ihm nicht gut genug. Er hat mich nach Havanna entführt.«
»Und wo ist dein Fela jetzt?«
Titine konnte kaum sprechen. »Ich weiß es nicht«, hauchte sie. »Vielleicht ist er tot, vielleicht lebt er noch. Ich hoffe, er ist in die Wälder gegangen, ein Cimarron geworden. Er kann nicht zurück in die Dörfer und Städte, die Polizei würde ihn gefangen nehmen, oder die Soldaten würden ihn töten, sobald sie erführen, dass er einen Weißen beinahe zum Krüppel geschlagen hat. Deshalb gehe ich zum heiligen Lazarus. Ich gehe, damit Fela nach Hause zu mir und zu unserem Sohn kommen kann.«
»Und was ist mit deinem Bruder?« Die junge Frau hatte einen Arm um Titines Schultern gelegt und zog sie dicht zu sich heran, während sie ihr die Hand streichelte.
»Ich habe gehört, er ist sehr krank. Aber ich kann ihm

einfach nicht verzeihen. Mein Herz ist ganz klein und eng, wenn es um Hermann geht. Ich bin hier, damit auch wir eines Tages vielleicht wieder zueinanderkommen können. Ich wünsche mir so sehr, ihm verzeihen zu können. Doch das geht erst, wenn ich Fela wiederhabe.« Plötzlich richtete sie sich kerzengerade auf. »Versteht ihr?«, fragte sie und wunderte sich selbst darüber, wie laut ihre Stimme klang. »Versteht ihr? Er hat mir Fela genommen. Ich kann ihm nicht vergeben, bevor ich meinen Liebsten wiederhabe. Gesund wiederhabe. Erst, wenn wir die Familie sind, die wir immer sein wollten, kann ich meinen Frieden mit Hermann machen.«
Die anderen schwiegen. Die junge Frau streichelte weiterhin Titines Hand, der junge Mann reichte ihr einen Becher mit verdünntem Rum. Niemand sagte ein Wort. Es war, als wüssten sie alle, dass billiger Trost hier keine Hilfe sein würde. Titine hatte wieder angefangen zu weinen. Behutsam bettete die junge Frau sie auf ein Lager aus Blättern und Gras und hielt ihre Hand, bis sie endlich eingeschlafen war.

Als Mafalda aufwachte, fiel ihr zuerst der widerliche Geschmack in ihrem Mund auf. Es schien, als würde sie auf alten, stinkenden Putzlappen herumkauen. Vorsichtig öffnete sie ein Auge, stöhnte und schloss es wieder. Ihr Kopf schmerzte zum Gotterbarmen. Kleine Männer schwangen hinter ihrer Stirn riesige Hämmer. Auch in ihrem Magen rumorte es. Vielleicht, dachte Mafalda, hätte ich nicht das ganze Rumangebot auf einmal ausprobieren sollen. Sie stöhnte abermals, presste eine Hand auf ihre Stirn und die andere auf ihren Bauch und versuchte, sich

an den Ablauf des gestrigen Abends zu erinnern. Sie hatte getrunken, hatte die ganze Palette der Bacardí-Rums durchprobiert und dabei festgestellt, dass ihr Pescador-Rum um Längen besser war. Dann kamen ein paar andere Sorten, deren Namen sie jetzt nicht mehr wusste, die sie aber aufgeschrieben hatte. Rum von den Nachbarinseln, Rum aus Haiti und dem dominikanischen Teil der Insel. Dieser war süßlicher gewesen, irgendwie gefälliger, aber Mafalda hatte nicht herausfinden können, was genau das andere an diesem Rum war. Auch jetzt dachte sie darüber nach. Irgendwann war ein Mann zu ihr an die Theke gekommen, ein Mann mit dem Gesicht eines Jünglings. Aber er war ihr älter vorgekommen, reifer, erfahrener sogar als sie selbst. Er hatte sich neben sie gestellt und ein wenig mit ihr gesprochen. Worüber, das wusste Mafalda nicht mehr. Sie hatte ihm auch gar nicht richtig zugehört, war viel zu beschäftigt mit ihren Notizen gewesen.
Der Barkeeper hatte im Laufe des Abends Spaß an ihrem Experiment gefunden. Einmal hatte er einen Bacardí-Rum mit zerstoßenen Minzeblättern versetzt, und Mafalda hatte davon getrunken und es hatte ihr köstlich geschmeckt. Ein anderes Mal hatte der Mann hinter der Theke ein paar Limonenscheiben in das Getränk getan, und auch diese Mischung hatte Mafaldas Gefallen gefunden. Sie erinnerte sich noch genau daran, dass der fremde junge Mann, der irgendetwas Herrisches an sich hatte und den Barkeeper bei Gott nicht freundlich behandelt hatte, verlangt hatte, in ein Glas Rum sowohl Minze als auch Zitrone zu geben. Dann hatte er aus einer Zuckerdose, die auf einem Tisch stand, zwei Löffel des braunen Rohrzuckers gegeben – und Mafalda mit dieser Mischung

zum Kichern gebracht. Zum Glück hatte sie alles aufgeschrieben. Und sie würde weiterhin alles ausprobieren, was ihr in Verbindung mit Rum gut und schmackhaft vorkam. Papayaschnitze in Rum? Ananasstücke in Rum? Ananassaft? Gemischt mit Papayasaft?
Mafalda drehte sich auf die Seite – und stöhnte herzhaft auf. Die Männer mit den Hämmern, die hinter ihrer Stirn ein neues Zuhause gefunden hatten, gingen ihrer Arbeit gerade mit neuem Elan nach.
Am liebsten hätte Mafalda nach Rafaela gerufen, sich von ihr einen kühlen Essiglappen auf die Stirn legen lassen, und wäre für den Rest des Tages im Bett geblieben. Aber nein, das konnte sie nicht tun. Sie müsste Dolores, dem Hausmädchen, Anweisungen für das Mittagessen geben, die Bett- und Tischwäsche musste gewaschen werden, und sie selbst hatte sich vorgenommen, heute einen Teil ihres Schmuckes zu versetzen, damit sie morgen Dolores auf den Markt zum Einkaufen schicken konnte.
Vorsichtig öffnete Mafalda ein Auge. Irgendetwas war anders. Sie öffnete auch das zweite Auge – und musste einen kleinen Aufschrei unterdrücken. Sie lag in einem fremden Zimmer und in einem fremden Bett! Wo war sie? Vorsichtig, um die Männer hinter ihrer Stirn nicht zu neuen Höchstleistungen anzustacheln, drehte sie sich auf die andere Seite und erschrak noch gewaltiger als je zuvor. Das Bett neben ihr war zerwühlt. Jemand hatte neben ihr geschlafen! Wo war sie? Wo war derjenige, der im Nachbarbett gelegen hatte? Behutsam schlug sie die Bettdecke zurück und stieß einen kleinen Schrei der Überraschung aus. Sie war nackt! Splitterfasernackt. Schnell stand Mafalda auf, bedeckte, obwohl sie ganz allein im Raum war, die

Brüste und ihren Schoß mit den Armen und sah sich verzweifelt um. Wo war sie? Was war geschehen in der letzten Nacht? Und, verdammt, wo waren ihre Kleider?
Es klopfte kurz und energisch an der Tür, dann wurde die Klinke heruntergedrückt und der junge, herrische Mann von gestern trat ins Zimmer.
Mafalda sprang schnell zurück in ihr Bett und zog die Decke hoch bis zum Kinn. »Wo bin ich?«, fragte sie und konnte nicht verhindern, dass ihre Stimme einen kläglichen Klang hatte.
»Wo schon?« Rick Woolf zuckte mit den Schultern. »Im Hotel Imperial natürlich. Hast du vergessen, wo dein Arbeitsplatz ist?«
Mafalda verstand nicht. »Mein Arbeitsplatz?«, fragte sie.
Der Mann verzog angewidert das Gesicht. »Genau das ist das Problem mit euch Nutten. Kaum nimmt man euch mit aufs Zimmer und schmeißt euch nach dem Fick nicht gleich wieder raus, denkt ihr schon, wir wollen mehr von euch als nur eure Titten und den Schoß.« Die Worte waren grob und gehässig gewesen.
»Was?«, fragte Mafalda fassungslos nach und schloss die Augen bei der Erinnerung an die billigen, kränkenden Worte. »Denken Sie vielleicht, ich bin eine Prostituierte?«
Der Mann stellte ein silbernes Kännchen, aus dem es verführerisch nach starkem, schwarzen Kaffee roch, hart auf den Tisch. »Was bist du sonst? Eine Gräfin vielleicht?« Er lachte roh auf. »Und jetzt mach, dass du von hier wegkommst. So gut warst du auch wieder nicht.«
»Wie bitte?« Mafalda klappte vor Fassungslosigkeit die Kinnlade herunter. »Haben Sie mich etwa angerührt?«
Jetzt klang das Lachen des Mannes boshaft. »Angerührt«,

äffte er sie nach. »Du bist doch keine Prinzessin. Ich habe dich gefickt.«

Mafalda schluckte. Für einen Augenblick wurde ihr schwarz vor Augen. Dann sagte sie leise: »Das glaube ich nicht.«

»Du warst stinkbesoffen und bist mir regelrecht auf den Schoß gekrochen. Weißt du nicht mehr, wie du gequiekt hast, als ich dir noch in der Bar unter den Rock gegangen bin?«

»Was?« Es gab im Augenblick kein anderes Wort, das Mafalda einfiel.

Der Mann kicherte. »Der Barkeeper hat zugeguckt, wie ich dir zwei Finger reingeschoben habe. Deine Augen sind ganz glasig gewesen. ›Besorg es mir, besorg es mir!‹, hast du gewimmert.«

»Oh, nein, das glaube ich nicht.«

»Frag den Barkeeper, du Schlampe, wenn du nicht glaubst, dass du dich wie eine läufige Hündin aufgeführt hast. Du selbst hast meine Hand genommen und sie gegen deinen heißen Schoß gedrückt. Ich wollte dich nicht. Es entspricht nicht meinem Stil, mit einer Nutte zu verkehren, aber du warst einfach zu aufdringlich. Und schließlich bin ich auch nur ein Mann.«

Mafalda hielt die Augen geschlossen. Unter ihren Lidern quollen Tränen hervor. Noch nie in ihrem ganzen Leben hatte sie sich so erniedrigt gefühlt.

Sie hörte, wie der Mann sich in einen der beiden Sessel setzte, die vor dem Fenster standen. Sie wollte weg, nichts als weg von hier. Auf der Stelle.

»Wo sind meine Kleider?«, fragte sie leise und so beschämt wie nie zuvor.

Woolf sah gelangweilt aus dem Fenster. »Was weiß denn

ich? Ich habe keine Ahnung.« Er drehte sich zu ihr um und sah ihr mit solcher Verachtung ins Gesicht, mit Hohn und Häme, dass ihr ganz schlecht wurde. Fast hätte sie die folgenden Worte nicht über die Lippen gebracht: »Bitte, besorgen Sie mir etwas zum Anziehen. Einen Kittel, wie die Küchenmädchen ihn tragen, oder ein Kleid der Zimmermädchen.«

»Ach?« Das hämische Grinsen wurde breiter. »Ein Kleid will die Doña von mir?« Dann verschwand das Grinsen, sein Gesicht wurde hart, die Augen waren dunkel und tief wie Brunnen. »Ich denke nicht daran, etwas für dich zu tun.«

Er holte eine Geldbörse aus seiner Tasche und warf ihr eine halbzerissene Dollarnote auf die Bettdecke. »Hier, das ist dein Lohn. Gut warst du nicht gerade, wenn auch unersättlich. Für alles andere bist du selbst zuständig.« Noch einmal maß er sie mit einem Blick, in dem außer Verachtung dieses Mal auch eine ungeheure Genugtuung zu lesen war. »Verschwinde von hier. Na los, mach endlich.«

Er griff nach der Bettdecke und zog sie weg, so dass Mafalda gänzlich nackt und bloß vor ihm lag. Sie schrie auf, versuchte vergeblich, ihren Körper zu verdecken.

»Großer Gott«, stöhnte der Mann. »Erst jetzt sehe ich, wie *alt* und *hässlich* du bist.« Er bückte sich nach der Dollarnote, die vom Bett gefallen war, und steckte sie zurück in seine Börse. »Du hast recht, du bist nicht einmal einen Dollar wert.«

Dann nahm er die Bettdecke und warf sie über Mafalda, als wäre sie ein besonders widerlicher Anblick, der nur zu schnell von den Blicken der normal empfindenden Menschen verborgen werden musste.

»Ich gehe jetzt«, erklärte der Mann. »In fünf Minuten komme ich wieder. Bis dahin bist du verschwunden. Wenn nicht, so lasse ich dich vom Portier nackt auf die Straße setzen. Hast du das verstanden?«

Mafalda nickte.

Der Mann hob noch einmal drohend den Finger, dann verließ er das Zimmer.

So schnell sie konnte, sprang Mafalda aus dem Bett. Ihre Gedanken waren von dem, was sie gerade gehört hatte, vollkommen gelähmt. Hastig sah sie sich im Zimmer nach etwas um, das sie um ihre Blöße wickeln konnte. Sie riss einen Schrank auf, fand darin eine Aktenmappe. Obwohl all ihre Sinne auf Flucht ausgerichtet waren, sprang ihr ein Name auf einem Schriftstück direkt in die Augen. Es war ein Briefbogen, den sie nur zu gut kannte. Der Bogen von Mister Carpenter. Mafalda hatte keine Zeit zum Lesen. Sie riss ein Laken vom Bett, wickelte sich darin ein, stopfte so viele der Unterlagen wie möglich unter ihr provisorisches Kleid, dann verließ sie das Zimmer, hastete über die Dienstbotentreppe und fand sich schließlich vor der Küche des Hotels wieder.

Nervös sah sie sich nach allen Seiten um. Es schien ihr beinahe wie eine weitere Strafe Gottes, als endlich ein Mann auftauchte. Trotz ihrer Kopfschmerzen erkannte sie einen der Kellner aus der Bar wieder. Er ging an ihr vorbei, als wäre an ihr nichts Ungewöhnliches, und grüßte sie sogar freundlich. Mafalda aber, der mittlerweile alles egal war, hielt ihn am Arm fest.

»Verzeihen Sie, wissen Sie vielleicht, wo meine Kleider sind?«, fragte sie und wurde über und über rot dabei.

Der Kellner betrachtete sie voller Mitleid und schüttelte

den Kopf. »Nein, Doña, das weiß ich nicht. Kann ich Ihnen sonst irgendwie behilflich sein?« Ohne auf ihre Antwort zu warten, trat er zu einem Schrank, öffnete ihn und holte die Uniform eines Zimmermädchens heraus. »Ziehen Sie das an«, sagte er. »Und bitte, bringen Sie mir die Uniform zurück. Ich würde sonst großen Ärger bekommen.«

»Morgen!«, versprach Mafalda. »Gleich morgen früh. Ich komme zum Dienstboteneingang.«

Dann schlüpfte sie in die Uniform, verbarg die Papiere in einer Tasche und verließ eilig das Hotel.

Siebzehntes Kapitel

Es klopfte immer energischer an der Haustür, so dass Rafaela, die schon mehrfach nach Dolores gerufen hatte, schließlich selbst nach unten zur Tür lief. Die Störung kam im ungünstigsten Augenblick, denn gerade war sie dabei gewesen, Don Hermann das Haar zu schneiden. Wie immer knurrte er auch dieses Mal, sobald die Schere seinem Kopf zu nahe kam, aber wenigstens schlug er nicht nach ihr, wie er es sonst manchmal tat. Heute war sein Gesicht nur so von Wut verzerrt gewesen, dass sie ihn lange hatte sanft streicheln müssen, um die Zornesfalten zu glätten. Gerade erst war Hermann bereit gewesen, Rafaela an sich heranzulassen. Und ausgerechnet da musste es so heftig klopfen und ausgerechnet da musste Dolores zum Einkaufen gegangen sein.
Rafaela öffnete die Tür. Vor ihr stand ein Mann, der ein Paket in der Hand hielt. »Diese Sendung ist für Don Hermann Pescador persönlich«, sagte er.
Rafaela streckte die Arme nach dem Paket aus. »Ich nehme es für ihn in Empfang, ich bin seine Gesellschafterin.«

Der Mann, der nicht wie ein Paketbote ausschaute, sondern die Uniform eines Hotels trug, schüttelte den Kopf. »Die Sendung soll Don Hermann persönlich übergeben werden.«

Rafaela seufzte und öffnete die Tür. »Kommen Sie herein, die Treppe hoch und dann die zweite Tür links. Klopfen Sie, bevor Sie eintreten. Ich werde mit Ihnen gehen.«

Der Bote tat, was Rafaela ihm aufgetragen hatte.

Hermann saß auf dem Stuhl, einen Umhang zum Schutz der Kleider über den Schultern. »Was wollen Sie?«, bellte er und ließ keinen Zweifel daran, dass er sich über alle Maßen gestört fühlte.

»Ich habe ein Paket für Sie und Anweisungen, dabei zu bleiben, wenn Sie es öffnen.«

»Von wem ist das?« Hermann machte nur so viele Worte wie unbedingt nötig. Da er nur selten sprach, klang seine Stimme kratzig und rauh, die Worte als Folge des Schlaganfalls ein wenig undeutlich.

Der Bote schluckte. »Das kann ich Ihnen nicht sagen.«

Hermann wedelte mit der Hand. »Dann nehmen Sie Ihr verfluchtes Paket und verschwinden Sie. Ich brauche nichts, habe nichts bestellt.«

Der Bote schluckte. »Ein Amerikaner aus dem Hotel Imperial hat es mir gegeben. Ich soll es unter allen Umständen loswerden.«

Hermann knurrte und wandte sich ab.

»Bitte, Don. Nehmen Sie es an und quittieren Sie mir den Empfang. Ich werde sonst meine Arbeit verlieren. Was soll ich dann tun? Ich habe vier Kinder und eine kranke Frau.«

Hermann öffnete den Mund, doch Rafaela legte ihm sanft

und beschwichtigend eine Hand auf die Schulter. »Bitte, Don Hermann, Sie sind ein Mann mit Stil. Stürzen Sie den armen Boten nicht ins Unglück.«

»Geben Sie mir den Wisch. Wo soll ich unterschreiben?«

Noch immer knurrte er wie ein äußerst gereizter Hund.

Der Bote schüttelte den Kopf. »Sie sollen das Paket erst öffnen.«

Rafaela eilte zum Schreibtisch, holte eine Schere. »Soll ich das für Sie tun?«, fragte sie sanft.

Ein erneutes Knurren war die Antwort.

Rafaela zerschnitt die einfache Schnur und schlug das Papier auseinander. Dann starrte sie verwundert auf den Inhalt und fragte laut: »Aber was soll das denn bedeuten?«

»Zeig her!« Hermann machte Anstalten, sich aus seinem Stuhl zu erheben. Mit großer Mühe stützte er die Hände auf die Lehnen und zwang seinen Körper nach oben. Er war so lange nicht mehr allein gelaufen, dass ihm jetzt die Knie einbrachen. Sofort kam Rafaela, drückte Hermann zurück auf den Stuhl, brachte ihm das Paket und legte es ihm in den Schoß.

Hermann starrte darauf und schüttelte den Kopf. »Was soll das? Das sind die Kleider meiner Frau. *Das ist die Unterwäsche meiner Frau!*«

Der Bote erschrak nun selbst. Als Hermann ihn anherrschte: »Was hat das zu bedeuten?«, zuckte er nur lahm mit den Schultern und stammelte: »Der Amerikaner hat gesagt, Ihre Frau hätte diese Dinge bei ihm im Zimmer vergessen.«

Er hielt Hermann die Quittung unter die Nase und verschwand, sobald er die Unterschrift hatte.

Hermann ließ die Kleider fallen und blickte anklagend auf Rafaela. »Wo ist meine Frau?«, fragte er drohend.
Rafaela schluckte. »Ich habe die Doña heute noch nicht gesehen«, stammelte sie.
»Dann such sie. Sie soll zu mir kommen. Und zwar *sofort!*«
Wie der Blitz wirbelte Rafaela aus dem Zimmer, und Hermann konnte hören, wie sie ein um das andere Mal Mafaldas Namen rief. Kurz darauf kam sie zurück. »Niemand hat die Doña seit gestern Nachmittag gesehen. Ihr Bett war unberührt, sagt Dolores. Und zum Frühstück ist sie auch nicht erschienen. Niemand weiß, wo sie im Augenblick ist.«
Hermann nickte. Sein Gesicht war aschfahl geworden. Wütend riss er sich den Umhang von der Schulter und herrschte Rafaela an: »Ich will allein sein. Ich muss nachdenken. Und wenn sie kommt, dann will ich sie sofort sehen. Hast du mich verstanden?«
Rafaela biss sich auf die Unterlippe. »Es kann alles eine Verwechslung sein«, sagte sie leise. »Wir sollten abwarten, was die Doña zu sagen hat.«
»Halt den Mund«, brüllte Hermann, und Rafaela zuckte unter der Wucht seiner Worte zusammen. »Die Sache mit den Kleidern ist eindeutig genug. Mehr Beweise brauche ich nicht. Und jetzt geh!«
Flugs verließ Rafaela das Zimmer. Und Hermann sackte auf dem Stuhl zusammen und brach in bittere Tränen aus.

Zur selben Zeit erschien ebenfalls ein Bote im Sitz der Handelsniederlassung Groth, Jessen und Krischak. Auch er hatte ein Paket bei sich, welches er nur Joachim Groth auszuhändigen hatte.

Der Kaufmann, gewarnt und im höchsten Maße misstrauisch seit den letzten Ereignissen, ließ das Paket von dem Boten höchstselbst öffnen. Darin fand er einen kleinen Zettelblock mit Notizen über sämtliche Rumsorten, die es auf der Insel zu kaufen gab. Obendrein noch ein paar Gedanken zur Veredelung – und eine Haarspange, die er vor Jahren einmal höchstselbst Mafalda zum Geburtstag geschenkt hatte.
»Was soll das?«, herrschte er den Boten an. »Von wem stammt das?« Groth hatte natürlich auf den ersten Blick die Handschrift Mafaldas erkannt.
Der Bote schluckte. »Ein Amerikaner hat mir aufgetragen, Ihnen die Sendung zu überreichen. Er hat gesagt, ein Zettel liege bei.«
Hastig durchwühlte Joachim Groth die Sendung. Ganz unten fand er einen zerfransten Zettel. »Hier können Sie sehen, mit wem Sie Geschäfte gemacht haben. Studieren Sie die Rum-Notizen genau. Mafalda Fischer hat sich viel Arbeit damit gemacht.«
Obwohl der Zettel ohne Unterschrift war, wusste Joachim Groth auf der Stelle, von wem er war und auch, was er zu bedeuten hatte. Das Paket war eine offene Drohung und bedeutete, dass Groth alles verlieren würde – genau wie die Fischers – wenn er sich nicht an die Abmachungen hielt. Und die Abmachungen besagten klar und deutlich: keine Hilfe, keine Unterstützung für die Fischers.
»Mist!«, fluchte er leise vor sich hin. »Mist und verdammter Mistkerl.«
Groth ließ sich in seinen Schreibtischstuhl sinken, stützte das Kinn in die Hände und dachte darüber nach, was Rick Woolf mit den Fischers vorhatte. Es lag auf der Hand,

dass er sie hasste. Aber Groth konnte sich beim besten Willen keinen Grund dafür vorstellen und schon gar keinen, der den Amerikaner dazu bewog, nicht nur den Besitz der Familie zu zerstören, sondern ganz hinterhältig und leise auch deren gesamtes Leben. Dann aber fiel sein Blick auf Mafaldas Notizen. Sorgfältig las er Wort für Wort, wenn auch ihre Schrift zusehends unleserlicher wurde. Mit einem Mal stieß er einen überraschten Pfiff aus. »Das ist es«, murmelte er vor sich hin. »Das könnte es sein. Ob Mafalda wohl weiß, welchen Schatz sie da gehoben hat?«

Wieder versank er in stummes Grübeln. Er vermutete, dass Mafalda keine Ahnung davon hatte, dass ihre flüchtig hingekritzelte Idee womöglich das Potenzial zu einem Goldregen in sich trug. Sie hatte Rezepte notiert, die sie wohl mit dem Barkeeper ausprobiert hatte. Rezepte, die es in keiner Bar der Stadt zum Kosten gab. Rezepte, in denen der gesamte Reichtum der Insel – Rum, Zucker, Früchte – vereinigt waren. Sollte er darüber mit ihr sprechen? Aber was, wenn Rick Woolf davon erfuhr? Schließlich war der Mann nicht dumm. Bestimmt hatte er Mafaldas Notizen mit Gewissenhaftigkeit gelesen. Und die Möglichkeit, irgendwo Geld zu verdienen, witterte er meist schon mit dem linken Nasenflügel. Wenn der Amerikaner erfuhr, dass sich Groth mit Mafalda zusammentat, würde er auch ihn vernichten wollen. Allerdings hatte er nicht mehr alle Möglichkeiten dazu, die er früher gehabt hatte. Und das Beste daran war, dass Woolf nichts davon wusste. Joachim Groth erinnerte sich noch genau an einen Abend vor ein paar Wochen, als er seiner Frau beichten musste, dass Rick Woolf ihn erpresste.

»Meine Liebe«, hatte er das Gespräch begonnen und seiner Frau Marianne, die ihm gegenüber auf einem Sofa Platz genommen hatte, schuldbewusst zugelächelt. »Meine Liebe, ich muss dir etwas gestehen.«
Marianne war nicht erschrocken bei diesen Worten, ihre Augen hatten sich nicht verdunkelt, die Mundwinkel waren nicht herabgefallen. »Was liegt dir auf der Seele?«, hatte sie nur gefragt.
Joachim Groth hatte geseufzt. »Ich hatte eine Geliebte. Wir haben zusammen ein Kind. Aber geliebt habe ich immer nur dich.«
Marianne war ruhig geblieben. Sie hatte an ihrem Likörglas genippt und ihn mit mütterlicher Nachsicht betrachtet. Dann hatte sie gesagt: »Aber natürlich hattest du eine Geliebte. Jeder richtige Mann braucht hin und wieder ein wenig Abwechslung. Du bist nicht der Erste, der durch so etwas Vater geworden ist. Dein Sohn ist übrigens ganz reizend.«
»Was?« Joachim Groth glaubte, sich verhört zu haben. »Du weißt davon?«
»Aber ja. Natürlich.«
»Und … und woher weißt du …?« Er fand kaum Worte, denn die Scham durchglühte ihn bis zur letzten Faser seines Leibes.
Marianne lächelte noch immer. »Ich bin eine kluge Frau, Joachim. Auch das war ein Grund dafür, dass du mich geheiratet hast.«
»Es hat dir also niemand gesagt?«
»Ach, woher denn?« Marianne winkte amüsiert ab. »Ich habe es selbst bemerkt. Eines Tages habe ich euch zusammen gesehen. An dem alten Ceiba-Baum in der Nähe des

Hafens. Ich fand, dass das Mädchen sauber und anständig aussah, deshalb habe ich mir keine Sorgen gemacht.«

»Sie ist eine Prostituierte.«

»Na und? Sollte sie deshalb nicht sauber und anständig sein? Sie kümmert sich ausgezeichnet um den kleinen Jungen. Er ist wirklich gut geraten. Ich hoffe, du unterstützt sie ein wenig.«

Wenn Joachim Groth bisher Achtung vor seiner Frau gehabt hatte, so wuchs sich diese Achtung nun in grenzenlose Hochachtung aus. »Marianne, ich weiß nicht, was ich sagen soll.«

»Nun, viel gibt es dazu nicht zu sagen, mein Lieber. Ich habe nie etwas vermisst. Und du hast dich auch in dieser Beziehung als Mann von Charakter und Größe erwiesen. Was will eine Frau mehr?«

»Du bist mir nicht böse?«

Sie blickte ein wenig zur Seite. »Böse? Was heißt schon böse? Jede Frau wird alt. Und die meisten Frauen erfahren es vom eigenen Ehemann, wenn es so weit ist. Traurig war ich. Sehr traurig sogar. Aber nicht über dich, sondern eher über den Lauf des Schicksals. Denn ich fühlte mich noch nicht alt, dachte, ich stehe noch in der Blüte meines Lebens. Du hast mich eines Besseren belehrt, und letztendlich bin ich dir dafür sogar dankbar.«

Joachim Groth, Handelsherr, Besitzer zahlreicher Unternehmungen, Herr über mehr als vierzig Angestellte, fühlte sich wie ein kleiner Junge, dessen Mutter bei einer Schandtat noch einmal Gnade vor Recht ergehen ließ. Dann schüttelte er den Kopf und verbarg das Gesicht in seinen Händen, damit Marianne die Tränen nicht sehen konnte. Nach einer Weile hatte er sich wieder beruhigt.

Marianne hatte den Stickrahmen zur Hand genommen und gab vor, nichts von den Tränen ihres Mannes bemerkt zu haben.
Er lächelte schwach, wirkte aber doch erleichtert. »Weißt du, ich werde erpresst«, erzählte er weiter. »Ein Amerikaner, mit dem ich ungezählte Verbindungen eingegangen bin, hat mir gedroht, dir alles über mein uneheliches Kind zu verraten, wenn ich nicht endlich die Fischers fallen lasse.«
Marianne zog die Stirn kraus. »Warum solltest du nicht mehr mit Hermann und Mafalda arbeiten?«
Groth schüttelte den Kopf. »Wenn ich das nur wüsste. Glaub mir, ich habe keine Ahnung. Ich weiß nur, dass dieser Amerikaner die beiden vernichten will.«
»Und du?«, hatte Marianne gefragt. »Was willst du?«
»Da muss ich nicht lange nachdenken. Die Fischers haben unseren Kindern das Leben gerettet. Wir stehen in ihrer Schuld. Aber das ist es nicht. Ich mag Hermann, Mafalda und Titine. Ja, ich würde sie sogar als Freunde bezeichnen.«
»Dann bleib einfach, was du bist«, hatte Marianne erwidert. »Ein Mann nämlich mit Anstand, Stil und Charakter.«
Als er jetzt an dieses Gespräch zurückdachte, musste er lächeln. Marianne hat natürlich recht, überlegte er. Mein Herz zieht es zu den Fischers und weit weg von Rick Woolf. Hat es jemals geschadet, auf sein Herz zu hören?
Er erhob sich, als er den Entschluss gefasst hatte, und bestellte seinen Sekretär zu sich ins Arbeitszimmer. »Ich möchte einen Termin mit Mafalda und Hermann Fischer, wenn es seine Gesundheit denn erlaubt. Einen Termin so

rasch wie möglich. Bitte gehen Sie doch zu ihrem Haus und fragen Sie nach, wann ich ihnen meine Aufwartung machen kann.«

Als sich die Tür hinter seinem Sekretär schloss, war Joachim Groth so erleichtert, dass er den besten französischen Cognac aus dem Schrank holte, den er eigentlich nur für ganz besondere Gelegenheiten aufbewahrte. Er goss sich ein großzügiges Glas davon ein und trank mit großem Behagen.

Achtzehntes Kapitel

Mafalda atmete auf, als sie endlich ihr Haus erreicht hatte. Sie öffnete leise die Tür und schlich auf Zehenspitzen die Treppe hinauf zu ihrem Zimmer. Auf dem Gang oben traf sie Rafaela. Das Mädchen sperrte den Mund auf, doch Mafalda trat rasch zu ihr und legte ihr die Hand auf die Lippen. »Pst!«, flüsterte sie. »Kein Wort!«
Rafaela nickte mit weit aufgerissenen Augen. Im Arm trug sie Mafaldas Kleider. Mafalda sah sie, dann zog sie Rafaela hinter sich her und schloss die Tür.
»Was hast du da im Arm? Sind das etwa meine Kleider?«, fragte sie.
»Ja, Doña Mafalda. Und der Don hat mich beauftragt, ihm sofort Bescheid zu geben, wenn Sie nach Hause kommen.« Rafaela leierte die Worte wie auswendig gelernt herunter, dann aber betrachtete sie mit gelindem Entsetzen die Zimmermädchenuniform, in der Mafalda noch immer steckte. »Ist etwas passiert?«, fragte sie schüchtern.
Mafalda biss sich auf die Unterlippe und schüttelte ener-

gisch den Kopf. »Nichts ist passiert. Gar nichts. Überhaupt nichts.« Sie spürte, wie ihr die Tränen in die Augen stiegen und ein Schluchzen ihr fast die Brust zerriss. Sie deutete auf ihre Kleider, doch sie war nicht in der Lage, Rafaela zu fragen, wie diese hierher ins Haus gekommen waren. Rafaela verstand sie trotzdem. »Ein Bote hat sie gebracht. Don Hermann musste den Empfang quittieren. Ein Amerikaner aus dem Hotel Imperial hat sie schicken lassen mit der Anmerkung, Sie hätten die Kleider in seinem Zimmer vergessen.« Sie fragte nichts, doch in ihrem Gesicht standen tausend Fragezeichen.

Da konnte Mafalda nicht mehr an sich halten und brach in Tränen aus. Sie warf sich auf ihr Bett, erstickte die wilden Schluchzer in ihrem Kissen. Rafaela setzte sich neben sie, strich ihr sanft über den Rücken, sprach kein Wort dabei.

Als Mafalda sich langsam wieder beruhigt hatte, sagte Rafaela: »Ich bereite Ihnen am besten ein schönes Bad vor. Und bis das Wasser heiß ist, denke ich, könnten Sie einen kräftigen Kaffee gut gebrauchen.«

Mafalda nickte und drückte dankbar Rafaelas Hand. »Sag Hermann nichts davon«, bat sie.

Rafaela nickte. »Ich werde leise wie ein Mäuschen sein. Aber irgendwann wird er Sie sehen wollen. Sehr bald schon, denke ich.«

»Ich werde zu ihm gehen. Noch heute. Aber zuvor muss ich erst noch etwas erledigen.«

Rafaela stand auf. »Darf ich Ihre Kleidung richten? Ich meine …« Sie zeigte mit dem Finger auf das zerknitterte Bündel.

Beinahe hätte Mafalda genickt, doch dann antwortete sie:

»Hol dir die Kleider nachher, wenn ich im Bad bin. Du brauchst sie nicht zum Waschen geben, ich will sie nicht mehr sehen. Am besten wird es sein, du wirfst sie einfach weg. Und jetzt geh und hab Dank für alles.«
Rafaela nickte, stutzte, als wolle sie noch etwas sagen, doch dann eilte sie zur Tür und ließ Mafalda allein.
Kaum war Rafaela weg, stürzte sich Mafalda auf ihr Kleid. Sie untersuchte es, prüfte den Sitz jedes einzelnen Knopfes, roch an ihrer Unterwäsche. Dann atmete sie leise auf, setzte sich in ihren Sessel und überlegte. Was ist gestern Nacht geschehen?, fragte sie sich nicht zum ersten Mal an diesem Tag. Habe ich wirklich mit diesem Mann geschlafen? Habe ich mich tatsächlich so aufgeführt, wie er es gesagt hat? Sie schloss die Augen und zwang sich, den gestrigen Abend in ihre Gedanken zu locken. Sie sah sich selbst an der Bar des Hotels sitzen, mit dem Barkeeper sprechen, sich Notizen machen. Dann war der Amerikaner dazugekommen. Sie hatte ihn nicht gemocht. Vom ersten Blick an hatte sie ihn nicht gemocht. Er hatte etwas Bedrohliches ausgestrahlt, etwas, das ihr Angst machte. Er war so herrisch gewesen, hatte ihr den Rum, den er bestellt hatte, nahezu aufgenötigt. Und er hatte sich ungeniert über ihre Aufzeichnungen gebeugt, hatte gelesen, was ihn nichts anging.
War er am Ende auch so mit ihr umgegangen? Hatte er sich am Ende etwas genommen, was sie ihm freiwillig nicht gegeben hätte? Verdammt! Sie wusste es einfach nicht, sie konnte sich bei Gott an nichts erinnern.
Behutsam strich sie mit der Hand über ihren Schoß, als könnte eine Berührung ihr verraten, was ihr die Erinnerung vorenthielt. Aber sie spürte nichts. Da war kein

Schmerz, kein Nachhall von Lust, da war schlichtweg nichts. Trotzdem konnte sie die unfassbare Scham, die sie seit dem Aufwachen nicht mehr losließ, auch jetzt nicht beiseitedrängen. Noch immer konnte sie auf der Stelle in Tränen ausbrechen, wenn sie daran dachte, wie sehr der Amerikaner sie gedemütigt hatte. Noch nie hatte sie so etwas Schreckliches erlebt. Selbst die Schläge ihres ersten Mannes, Don Alvaro, waren dagegen Akte von Würde gewesen.

Mafalda schlug die Hände vor das Gesicht, doch sie zwang die Tränen zurück. Nein, sie durfte nicht länger weinen. Davon wurde nichts besser. Ganz tief holte sie Luft, dann fasste sie einen Entschluss.

In diesem Augenblick brachte Rafaela ihr den Kaffee, und nachdem Mafalda das starke Gebräu genossen hatte, konnte sie allmählich wieder klar denken. Nach dem Bad zog sie sich ihre besten Kleider an, legte den Schmuck an, den ihr Hermann zur Hochzeit geschenkt hatte, und frisierte ihr Haar so streng es ging. Dann hüllte sie die geborgte Uniform in Papier, beauftragte Rafaela, sie zurückzubringen, und machte sich auf den Weg ins Hotel Imperial. Sie musste sich zwingen, doch es gelang ihr, die Bar mit hocherhobenem Kopf zu betreten. Der Barkeeper lächelte ihr zu.

Kurz blickte sich Mafalda um, doch außer zwei weißen Männern, die in aller Ruhe Schach spielten, war die Bar zu dieser frühen Stunde leer.

»Wie geht es Ihnen?« Der Barkeeper behandelte Mafalda mit demselben Respekt wie gestern. Sie dankte ihm mit einem Lächeln dafür. Dann trank sie ein Glas Guarapo und fragte ihn: »Bitte, sagen Sie mir, was gestern geschehen ist. Ich kann mich an manches nicht mehr erinnern. Bitte helfen Sie mir.«

Der Barkeeper schüttelte den Kopf. »Es ist mir nicht gestattet, über andere Gäste zu sprechen«, sagte er und wies mit dem Kopf zur Decke.

»Ich verstehe. Der Amerikaner hat Sie zum Schweigen verurteilt. Wie viel hat er Ihnen gezahlt?«

Mafalda kramte nach ihrer Geldbörse.

Der Barkeeper schüttelte den Kopf. »Lassen Sie das Geld bitte stecken, Doña«, sagte er leise. »Man hat mich angewiesen, Sie nicht mehr in die Bar zu lassen. Trinken Sie Ihren Guarapo aus und dann gehen Sie.«

Mafalda erschrak. Schon wieder eine Erniedrigung. Noch nie war sie irgendwo hinausgeworfen worden! Und schon wieder stiegen ihr Tränen in die Augen.

»Es ist nicht Ihre Schuld.« Der Barkeeper flüsterte diese Worte.

»Bitte!«, flehte Mafalda. »Ich muss wissen, was gestern Nacht geschehen ist.«

»Gehen Sie! Sonst verliere ich meine Arbeit. In einer halben Stunde habe ich Pause. Ich werde an der Iglesia Parroquial del Espíritu Santo, an der Kirche des Heiligen Geistes, auf Sie warten.«

Mafalda sah das Gehetzte im Blick des Barkeepers. Sie nickte, erhob sich und verließ rasch die Bar. In der Lobby meinte sie, den herrschsüchtigen Amerikaner an der Rezeption auszumachen, doch sie nahm sich nicht die Zeit, diesen Eindruck zu bestätigen.

Eine Weile schlenderte sie durch die Straßen, vermied es dabei aber, den Entgegenkommenden in die Augen zu schauen. Noch immer war sie voller Scham und meinte, die Ereignisse der letzten Nacht stünden ihr ins Gesicht geschrieben. Sie hatte ihren Mann betrogen, hatte ihm Hörner aufgesetzt. Ihrem kranken Mann. Sie war eine Hure. Schlimmer noch, denn Huren verdienten mit solchen Dingen ihren Lebensunterhalt, ernährten ihre Kinder und alten Eltern. Sie aber hatte wohl einfach so mit dem Amerikaner geschlafen. Weil sie betrunken war. Weil sie unglücklich war. War das nicht viel schlimmer, die größte Hurerei, die es überhaupt gab? Sie hatte keine Ahnung, wie sie Hermann jemals wieder unter die Augen treten sollte. Für das, was sie getan hatte, gab es keine Entschuldigung. Und es war ganz und gar gleichgültig, ob sie sich erinnern konnte oder nicht.

Sie hatte keine Ahnung, was Hermann gedacht hatte, als der Bote ihm das Kleiderpaket gebracht hatte, aber sie wusste, dass er ein stolzer Mann war. Ein stolzer Mann, der keinen Fehltritt verzeihen würde. Wieder brach sie in Tränen aus. Nun aber weinte sie nicht um sich, sondern um Hermann, der nach seiner geliebten Schwester nun auch noch die Ehefrau verloren hatte.

Neunzehntes Kapitel

Noch einen Tag! Nur noch einen Tag, dann würde sie endlich, endlich die Kirche des heiligen Lazarus erreicht haben. Titine war am Ende ihrer Kräfte. Die Stricke hatten tiefe Wunden in ihre Knöchel gerissen, die Haut an Knien und Ellbogen war bis auf die Knochen abgeschürft. Sie war mager geworden, die Rippen traten einzeln hervor. Und doch war sie so glücklich wie zuletzt vor drei Jahren. Es schien, als hätten die körperlichen Schmerzen und die immense Anstrengung ihrem Geist zu neuer Klarheit verholfen. Sie hatte so viel Zeit zum Nachdenken gehabt. Nicht bewusst, dazu waren die Mühen und die Qualen zu groß gewesen. Eigentlich hatte sie sogar den Eindruck gehabt, überhaupt nicht denken zu können. Sie hatte sich gefühlt wie ein Tier. Schritt vor Schritt, einatmen, ausatmen, das linke Knie eine Handbreit nach vorn schieben, den Mund vor Schmerz verziehen, dann den linken Ellbogen nachsetzen, sich hier den Schmerz verbeißend, eine Handbreit mit dem rechten Knie nach vorn, dann mit dem rechten

Ellbogen. Kurz ausruhen, Atem schöpfen und wieder den linken Ellbogen nach vorn schieben. Nur selten hielt sie inne, um ihren Durst mit einem Schluck Wasser zu stillen. Längst hatte sie aufgehört, nach den wilden Hunden zu schlagen, die an ihr schnupperten und versuchten, das verklebte Blut von ihrer Haut zu lecken. Längst beachtete sie auch die Käfer auf dem Weg nicht mehr, nicht die Insekten, die an ihrer Haut saugten, die Spinnen, die sich in ihrem Haar ein Nest bauten. Sie wusste, dass sie stank, aber sie hatte keine Kraft, sich darum zu scheren. Ihr Haar hing ihr in wirren Strähnen auf dem Rücken, ihre Fingernägel waren abgebrochen, die Haut von Hitze und Staub rissig und ausgetrocknet. Sie fühlte sich zurückgeworfen auf die niedersten Instinkte, einem Tier ähnlicher als einem Menschen. Doch all das störte sie nicht. Sie hatte eine Mission. Sie musste eine Schuld begleichen, musste Gott und die Götter gnädig stimmen.

Nur noch einen Tag, dann war sie am Ziel. Nur noch einen einzigen Tag, dann konnte sie endlich die Stricke zerschneiden, mit denen die Steine an ihre Knöchel gebunden waren.

Ein einziger Tag nur noch. Aber Titine fühlte sich, als läge zwischen ihrem Leben vor dem Pilgerweg und jetzt ein ganzes Menschenleben. Sie war von Erkenntnissen schier überschüttet worden. Sie hatte erkannt, dass auch sie Schuld hatte an allem, was geschehen war. Und wenn sie das Geschehene auch nicht ungeschehen machen konnte, so wollte sie doch dafür sorgen, dass in der Zukunft kein größeres Unheil mehr passierte.

Bis zu diesen Tagen hatte Titine immer geglaubt, alle

Menschen wären so wie sie, hätten ähnliche Charaktereigenschaften, die gleichen Werte und Vorstellungen, dasselbe Bild von der Zukunft. Hier, auf der Straße, mit den Steinen an den Füßen, hatte sie begriffen, dass nicht alle Menschen waren wie sie. Es gab Fleißige und Faule, Stolze und Demütige, Kluge und weniger Kluge. Manch einem reichte es aus, sich nur hin und wieder einmal satt essen zu können, andere konnten das Leben kaum ertragen ohne eine gehörige finanzielle Absicherung. Die einen suchten ihr Leben lang nach der großen Liebe, die anderen wollten Macht, und wieder andere wollten im Grunde nichts als ihre Ruhe.
Sie hatte sich geschämt, als ihr bewusst geworden war, dass sie die Menschen allesamt über einen Kamm geschert hatte. Sie hatte viel über Hermann nachgedacht. Über die Schuld, die er auf sich geladen hatte, als er aus Versehen das Elternhaus in Brand gesteckt hatte, bei dem Vater und Mutter umgekommen waren. Sie hatte nicht nachempfinden können, was eine so große Schuld aus einem Menschen machte. Auch jetzt konnte sie es noch nicht, doch sie hatte gelernt, zu akzeptieren, dass es so war. Und sie hatte viel über Fela nachgedacht. In seiner Heimat war er ein angesehener Mann mit einer großen Zukunft gewesen. Hier, auf der Insel, hatte man ihn geschlagen und gedemütigt, ihn nicht besser behandelt als einen räudigen Köter. Wie behielt ein Mensch unter solchen Bedingungen seine Würde, seinen Stolz? Titine wusste nun, dass diese beiden Dinge in Felas Leben die wichtigsten Dinge waren und dass eine Liebe ohne Würde und Stolz, ohne Achtung und Respekt für ihn nicht lebbar war. Sie hatte auf ihrem Pilgerweg viel über sich gelernt, und dieses

Wissen hatte ihr geholfen, die anderen besser zu verstehen. Nun, wenn sie am Abend in der Kirche des heiligen Lazarus eine Kerze anzünden würde, würde sie zugleich ein Licht für ein neues Leben anzünden. Der Weg hatte Blut, Schweiß und Tränen gekostet. Und er würde sich gelohnt haben. Das zumindest versprach sich Titine an dieser Stelle, im Staub und Dreck krauchend.

Ungeduldig blickte sich Mafalda nach allen Seiten um. Die halbe Stunde war längst vergangen, doch der Barkeeper war noch nicht erschienen. Hatte er sie nur zur Kirche gelockt, um sie loszuwerden? War sie erneut von einem Mann betrogen worden? Beinahe stiegen ihr abermals Tränen in die Augen. Seit den Vorfällen der gestrigen Nacht war sie so dünnhäutig geworden, dass der geringste Anlass ausreichte, sie zum Weinen zu bringen. Sie zog ein Spitzentaschentuch aus ihrem Ärmel und wischte sich unauffällig über die Augen, als sie endlich den Barkeeper an einer Ecke auftauchen sah. Er ging an ihr vorbei in die Kirche und machte ihr ein heimliches Zeichen, ihm in eine stille Seitenkapelle zu folgen.
»Danke, dass Sie gekommen sind«, flüsterte Mafalda.
»Keine Ursache, aber ich fürchte, ich kann Ihnen nicht viel helfen.«
»Erzählen Sie mir bitte trotzdem, was gestern passiert ist.«
»Woran erinnern Sie sich noch?«
»An nichts mehr nach dem vierten Rum.«
Mafalda sah trotz des Zwielichtes, dass der Barkeeper ein wenig lächelte.
»Es ist nicht Ihre Schuld. Der Amerikaner hat mir befoh-

len, Ihre Gläser doppelt zu füllen. Er war laut, hat dafür gesorgt, dass alle Gäste der Bar Sie gesehen haben.«

»Und?«

Der Barkeeper zog die Schultern ein wenig hoch. »Es waren viele angesehene Geschäftsleute unter den Gästen. Einige kannten Sie wohl. Sie haben den Kopf geschüttelt.«

»Großer Gott!« Mafalda war noch bleicher geworden. »Die ganze Stadt hält mich jetzt für eine Trinkerin.«

Der Barkeeper schüttelte den Kopf. »Nein, Doña, in dieser Hinsicht müssen Sie sich keine Sorgen machen. Einer war da, der den anderen überzeugend erzählt hat, dass Sie eine respektable Frau sind. Er war sehr nachdrücklich.«

»Wer war das?«

Der Barkeeper hob die Schultern. »Ich weiß es nicht. Ein Deutscher jedenfalls.«

»Und weiter?«

»Irgendwann hat der Amerikaner Sie beim Arm gepackt und versucht, Sie aus der Bar zu schleifen. Sie haben sich gewehrt, aber er hat Ihnen gedroht, und so sind Sie mit ihm gegangen.«

»Er hat mir gedroht? Aber womit denn? Ich hatte den Mann vorher noch nie gesehen.«

Wieder zuckte der Barkeeper mit den Schultern. »Ich weiß es auch nicht, Doña. Er nannte einen Namen. Und bei diesem Namen sind Sie ganz still geworden. So still, dass der Amerikaner Sie schließlich hinausführen konnte.«

»Ein Name?«

»Ja. Für mich klang es nach dem Namen einer Frau.«

»Bitte nennen Sie mir diesen Namen.«

»Genau habe ich ihn nicht verstanden. Ich glaube, er lautete Christin.«

Mafalda runzelte die Stirn. »Christin? Ich kenne keine Frau, die so heißt. Christin? Hat er wirklich Christin gesagt?«
»Christin oder etwas Ähnliches.«
Mit einem Mal fiel es Mafalda wie Schuppen von den Augen. »Könnte der Name vielleicht Titine geheißen haben?«
Das Gesicht des Barkeepers leuchtete auf. »Ja, Sie haben recht, das war der Name.«
Mit einem Schlag war Mafalda hellwach. Ihre Kopfschmerzen waren wie weggeblasen. »Woher kannte er den Namen? Ich habe ihn doch sicher nicht genannt.«
»Nein, Doña, das haben Sie nicht. Aber Sie haben einen gehörigen Schrecken bekommen, als der Amerikaner ihn aussprach.«
Mafalda drehte ihren Körper so, dass sie dem Barkeeper ins Gesicht schauen konnte. »Wer ist der Mann? Was hat er noch gesagt oder gefragt?«
»Es war viel zu tun gestern Abend. Ich habe wenig gehört von dem, was er gesagt hat. Aber er schien Sie zu kennen, er nannte Sie beim Vornamen, sprach von einem Ingenio in Trinidad, der Ihnen einmal gehört hatte. Und eben von Titine und von dem Mann, mit dem Sie verheiratet sind.«
»Er hat von Hermann gesprochen?«
»Ja, so hieß er wohl.«
»Was hat er über ihn gesagt?«
»Nicht viel, wohl nur dass Hochmut vor dem Fall kommt.«
Mafalda war vollkommen ratlos. Da war ein Amerikaner, der sie betrunken gemacht hatte und wer weiß, was noch alles, der Hermanns und Titines Namen kannte und sogar

von dem Ingenio wusste. Was hatte das zu bedeuten? Wer, in aller Welt, war dieser Mann? Gut, darum würde sie sich später kümmern. Doch zunächst war eine andere Frage für sie tausendmal wichtiger.

»Sagen Sie«, begann sie zögernd und spürte, wie ihr das Blut in die Wangen schoss. »Hat mich der Amerikaner mit auf sein Zimmer genommen? Habe ich dort übernachtet?«

Der Barkeeper senkte den Blick und nickte. »Ja, das haben Sie wohl. Zumindest hat das Zimmermädchen berichtet, dass das Schild ›Bitte nicht stören‹ die ganze Nacht an der Tür hing und dass heute Morgen beide Betten zerwühlt waren. Außerdem waren Ihre Kleider in einem Schrank dort.«

»Es ist also wahr.« Mafalda musste schlucken.

»Hören Sie, ich muss zurück zu meiner Arbeit. Das, was Ihnen gestern geschehen ist, kann jedem passieren. Sie sollten sich nicht allzu viele Gedanken darum machen.«

Was weiß der schon?, dachte Mafalda, doch sie lächelte den Mann an. »Mir ist klar, dass Sie in Eile sind, aber bitte sagen Sie mir doch noch schnell, was Sie über den Amerikaner wissen.«

Der Barkeeper wand sich. »Wir dürfen nicht über unsere Gäste sprechen. Es ist verboten. Ich könnte meine Arbeit verlieren.«

Mafalda spürte, wie sie die Geduld verließ. »Dann sagen Sie mir wenigstens das, was Sie dürfen.«

»Er ist Amerikaner. Aber er kommt nicht aus Miami, wie die meisten, die das Hotel besuchen. Er wohnt in New York. Und er ist reich und mächtig. Die Kaufleute in Havanna drängen sich danach, mit ihm Geschäfte zu machen. Und die Mädchen umschwärmen ihn, werfen sich ihm geradezu an den Hals. Er ist jung, er ist reich, was will man mehr? Ich habe sogar beobachtet, wie die Mütter ihren Töchtern den Ausschnitt vergrößern, nur damit der Amerikaner sie endlich beachtet. Und er tut es, das kann ich Ihnen versichern. Er lässt nichts und keine anbrennen. Jeden Abend schnappt er sich ein Mädchen, vorzugsweise aus der besseren Gesellschaft. Und jeden Morgen kommt ebendieses Mädchen weinend aus seinem Zimmer die Treppe herunter. Manche haben blaue Flecke, andere zerbissene Lippen. Aber glauben Sie etwa, Doña, das würde die Mädchen von ihm abhalten? Im Gegenteil. Kaum ist es Abend, da sitzen sie wieder alle in der Bar.« Er blickte sie an, schüttelte den Kopf dabei. »Sie sind anders, Doña. Das hat jeder sehen können. Sie wollten nicht mit ihm gehen, Sie haben sich ihm nicht an den Hals geworfen.«

Er unterbrach sich kurz, räusperte sich, dann sprach er weiter: »Ich verstehe sie nicht, diese Mädchen aus gutem Hause und ihre Mütter. Sie wissen, dass er ihnen weh tut, doch sie können nicht von ihm lassen. Geht es denen denn nur um das Geld?«

Mafalda zuckte mit den Achseln. »Man sagt, dass gefährliche Männer besonders anziehend wirken«, erklärte sie. »Vielleicht glauben die Mädchen, sie könnten ihn ändern und dabei reich und glücklich werden. Ich habe allerdings noch nie eine Frau getroffen, die aus einem gewalttätigen Mann ein sanftes Lamm machte.«

»Vielleicht haben Sie recht«, entgegnete der Barkeeper. »Vielleicht ist es das Gefährliche, Raubtierhafte an ihm, das den Frauen gefällt.«

Er stand auf, reichte Mafalda die Hand. »Es tut mir leid«, sagte er. »Ich wünschen Ihnen alles Gute.«

Zwanzigstes Kapitel

Hermann saß in seinem Stuhl und fühlte sich nicht länger wie gelähmt. Eine ungeheuerliche Wut loderte in seinem Blut. Mafalda hat mich betrogen!, dachte er fassungslos, doch seine Wut richtete sich erstaunlicherweise nicht gegen sie, sondern in erster Linie gegen sich selbst. Es ist meine Schuld, dachte Hermann. Alles ist meine Schuld. Ich hatte ihr ein Leben ohne Sorgen versprochen, aber ich habe nichts davon halten können. Wir haben den Ingenio durch meine Schuld verloren. Wir haben Titine durch meine Schuld verloren. Und dann habe ich sie noch mit der Rummanufaktur ganz allein gelassen. O mein Gott, ich habe sie allein gelassen. Auch als Mann.

Er hievte sich schwerfällig aus seinem Stuhl, schleppte sich zu einer kleinen Kommode aus Kirschholz, öffnete die oberste Schublade und entnahm ihr einen Handspiegel. Schaudernd betrachtete er sein Gesicht. Die hässliche Narbe, die ihn zu einem Monster machte, die viel zu langen Haare, der düstere Blick, die missmutigen Falten neben seinem Mund. Erschüttert legte er den Spiegel zurück und schob die Schublade mit einem kräftigen Ruck zu. Ein Zittern überlief ihn, Schauer rannen über seinen Rücken. Aber es waren keine Schauer der Schwäche, sondern Schauer der Scham und des Zornes über sich selbst. Ich bin ein Monster, dachte er. Ein Monster, das man nicht lieben kann. Von Glück kann ich sagen, dass Mafalda mich bisher nicht verlassen hat. Ich habe ihr nur Unglück gebracht. Das Schlimmste von allem aber ist, dass ich ihr in den letzten Jahren ein so schlechter Ehemann gewesen bin. Nie habe ich sie in den Arm genommen, ihr nie gesagt, wie schön sie ist, wie sehr ich sie liebe und brauche. Ich habe ihr in all den Jahren kein Kind schenken können, und in den letzten Jahren habe ich es noch nicht einmal mehr versucht. Alles, alles habe ich auf ihre Schultern geladen.

Von Reue geschüttelt, kehrte er schleppend zu seinem Stuhl zurück. Je länger er über sich und seine Ehe nachdachte, umso schlimmer erschien ihm das, was er Mafalda angetan hatte. Kaum konnte er es fassen, dass sie trotz allem bei ihm geblieben war. Er selbst war es, der sie in die Arme eines anderen getrieben hatte. Mafalda traf keine Schuld, und er konnte von großem Glück sagen, wenn sie sich nicht längst für diesen anderen entschieden hatte. Doch das durfte nicht geschehen. Wer war er schon ohne seine Frau? Ein Nichts, ein Niemand.

Hermann hatte in seinem Leben schon so viel Leid und Unglück erfahren, dass er wusste, dass Jammern und Klagen nichts half. Er griff nach der Glocke und rief damit nach Rafaela.

Das junge Mädchen stürzte herein und verkündete kleinlaut: »Don Hermann, die Herrin ist noch nicht zurück. Es tut mir sehr leid. Brauchen Sie sonst etwas?«

Hermann blickte auf. Zum ersten Mal betrachtete er Rafaela. Nicht als Gesellschafterin oder als Pflegerin, sondern als Mensch. Er sah ihre haselnussbraune Haut, das wilde und doch so gepflegte, glänzende Haar, ihre schmale, gerade Nase, die üppig-sinnlichen Lippen. Am auffallendsten waren jedoch ihre Augen. Sie waren so blau wie ein Bergsee in den Alpen. Blau und klar … und … so bekannt. Ein Stich fuhr Hermann durch das Herz, ein scharfer, höllisch schmerzender Stich, als er begriff, wessen Augen er in Rafaelas Gesicht erblickte. Es waren die Augen von Titine. Doch die braune Haut Rafaelas brachte sie auf eine andere Art zum Leuchten. Ein Leuchten wiederum, das er bei Fela immer gehasst hatte. Sie ist schön, dachte er. Schön und gut. Und auch bei ihr habe ich mich nie bedankt.

»Setz dich einen Moment zu mir«, befahl er.

»Ja, Don Hermann.«

Rafaela zog einen kleinen Schemel dicht an seinen Stuhl und sah ihn fragend an.

»Ich habe mich nie bei dir für deine Güte und Hilfe bedankt. Das möchte ich jetzt tun. Seit du im Haus bist, scheint die Sonne für mich ein wenig heller.«

»Oh!« Rafaela wurde über und über rot und schlug vor Verlegenheit die Hände vor das Gesicht. »Alles, was ich getan habe, habe ich gern getan«, erwiderte sie leise.

Hermann legte den Kopf leicht schief. Da war etwas in ihrem Tonfall, in ihrer Haltung, das ihm bekannt vorkam. Aber konnte das sein? Nein. Seine Nerven mussten ihm einen Streich spielen. Rafaela war einzigartig, genau, wie Titine es gewesen war. Unmöglich konnte dieses schokoladenbraune Mädchen mit Titine Ähnlichkeit haben. Die

Augen, die Nase, die Haare, alles war anders als bei seiner Schwester. Und doch! Irgendetwas war an dem Mädchen, das ihn an Titine erinnerte.
»Kann ich noch etwas für Sie tun, Don?«, fragte Rafaela. »Möchten Sie vielleicht einen Kaffee? Oder wollen wir Schach spielen?« Sie lächelte. »Ich glaube, mit dem Schneiden der Haare quäle ich Sie an einem anderen Tag wieder.«
»Bin ich ein Monster?«
Für Rafaela kam diese Frage so überraschend, dass sie erschrak. »Wie bitte?«
»Ich habe dich gefragt, ob ich ein Monster bin«, wiederholte Hermann mit einer Sanftheit, die er schon fast vergessen hatte.
Rafaela sah ihn an und erkannte, dass er eine aufrichtige Antwort erwartete. Sie überlegte, was sie sagen sollte, doch schon platzte es aus ihr heraus: »Sie sind kein Monster, Don Hermann, und Sie waren niemals eines. Zumindest nicht, seit ich Sie kenne. Sie waren krank, sind es noch. Krankheiten verändern die Menschen, lassen sie oft hart und bitter werden. Aber das ist verständlich.«
Hermann nickte. »Dachte ich es mir doch. Ich war also unleidlich, ungerecht und habe dich und die anderen im Hause schlecht behandelt.«
Wieder erkannte Rafaela, dass der Don die Wahrheit hören wollte. Und so schlecht sie auch ausfallen würde, er würde ihr nicht böse sein.
»Sie hatten gute und schlechte Tage, Don Hermann. Aber ich habe immer sehr gern mit Ihnen Schach gespielt.«
Hermann verstand. »Es tut mir leid«, sagte er leise. »Großer Gott, Mädchen, du weißt gar nicht, *wie* leid mir das

alles tut. Aber ab heute wird das Leben hier anders werden. Ich bitte dich, dass du mir das Haar schneidest. Und danach möchte ich gern ein Bad nehmen, frische Wäsche anziehen, denn ich werde einen Spaziergang machen.«
Rafaela riss die Augen auf. »Aber Don Hermann, sind Sie dazu nicht viel zu schwach?«
Hermann lächelte, und zum ersten Mal sah sein Gesicht dabei nicht wie die Fratze eines Monsters aus. »Kann schon sein, dass ich noch schwach bin. Aber Schwäche, meine liebe Rafaela, ist das Letzte, was ich mir jetzt leisten kann. Ich würde mich freuen, wenn du mir bei allem hilfst. Besonders aber würde ich mich freuen, wenn du mich auf meinem Spaziergang begleiten würdest.«

Mafalda wusste nicht mehr, wie sie zum Hafen gekommen war, aber plötzlich fand sie sich auf einem Stein wieder. Ihre Kopfschmerzen waren zurückgekehrt, und die Gedanken wirbelten darin herum wie Ameisen in ihrem Nest. Da war ein Fremder, der viel über sie und ihre Familie wusste. Und der sie womöglich vergewaltigt oder zumindest zu Dingen gebracht hatte, die sie bei klarem Verstand nie und nimmer zugelassen hätte. Eine Nacht nur, ein paar trunkene Stunden nur hatten ausgereicht, um aus einer anständigen Frau eine Hure zu machen. O mein Gott, was soll ich nur tun?, fragte sich Mafalda und schlug die Hände vor das Gesicht. Die Scham brannte noch immer wie ein Höllenfeuer in ihr, doch mittlerweile hatte sie keine Tränen mehr. In ihr herrschte eine eisige Leere, und die Frage, wohin sie nun gehen sollte, brachte sie fast um den Verstand. Zurück nach Hause? Zurück zu Hermann? Niemals! Was sie ihm angetan hatte, war nicht mehr gutzumachen. Vor den Augen der ganzen Stadt hatte sie ihm Hörner aufgesetzt. Der Barkeeper selbst hatte gesagt, dass viele der angesehenen Bürger sie dabei beobachtet hatten, wie sie betrunken am Arm des Amerikaners aus der Bar und hinauf in dessen Zimmer geschwankt war. Ein paar Stunden hatten genügt, um ihr ohnehin schon schweres Leben vollkommen zu zerstören. Jetzt saß sie hier, hatte keine Ehre mehr und keinen einzigen Peso in der Tasche. Allmählich dämmerte der Abend heran, und Mafalda wusste nicht, wohin sie gehen sollte. Also blieb sie einfach sitzen.

Von weitem hörte sie Lärm, aber sie war zu erschöpft und verzweifelt, um sich umzudrehen. Der Lärm, schien ihr, kam von der Kapelle El Templete. Stand dort nicht der Wunderbaum? Befand sich dort nicht eines der Heiligtümer der Habañeros? Der alte Baum, der Ceiba-Baum, der seit Jahrhunderten schon seine mächtige Krone schützend über die Menschen breitete? Es hieß, genau vor ihm wäre vor über dreihundertfünfzig Jahren die erste katholische Messe auf der Insel gelesen worden. Und die meisten Männer und Frauen glaubten bis heute daran, dass der Ceiba-Baum Wunder wirkten konnte. Jedes Jahr im Dezember standen die Gläubigen in langen Schlangen vor ihm und warteten geduldig darauf, an die Reihe zu kommen, den Baum anfassen und umarmen zu können.

Mafalda überlegte. Es war Dezember. Genau, der 17. Dezember war heute. Der Tag des heiligen Lazarus. An diesem Tag pilgerten zahlreiche Kranke zu den Wallfahrtskirchen, um den heiligen Lazarus beziehungsweise den Gott Babalao Aye um Heilung ihrer Leiden zu bitten.

Mafalda hatte keine körperlichen Leiden, doch ihre Seele

war krank. So krank wie nie zuvor in ihrem Leben. Wahrscheinlich war der heilige Lazarus nicht der richtige Heilige, zu dem sie beten sollte, aber heute war sein Tag, und gerade heute brauchte Mafalda dringender als jemals zuvor die Fürsprache eines Heiligen und des Gottes Babalao Aye obendrein.

Mühsam rappelte sie sich auf. Jeder Schritt fiel ihr schwer. Sie wagte es nicht, den Blick zu heben, aus Angst, sie könnte jemandem begegnen, der etwas über die letzte Nacht gehört hatte. Jemand, in dessen Blick sie Verachtung und Abscheu lesen würde, oder, schlimmer noch, Hohn und Spott.

Mafalda achtete nicht darauf, dass der Saum ihres guten Kleides über den Dreck auf der Straße schleifte. Sie achtete auch nicht auf die Haarsträhnen, die sich aus ihrer Frisur gelöst hatten. Sie dachte gar nichts. Nur daran, dass der Ceiba-Baum nun ihre einzige Hoffnung sein würde. Die Hoffnung, auf ihre drängendste Frage, nämlich, was sie tun sollte, wohin sie gehen könnte, eine Antwort zu bekommen.

Einundzwanzigstes Kapitel

»Mist! Verdammter, verfluchter Mist!« Rick Woolf fluchte so laut, dass die Nachbarn an die Zimmerwände klopften, doch davon ließ er sich nicht stören. Im Gegenteil: Er wummerte zurück an die Wand und brüllte einige Schimpfworte.

Mister Carpenter saß in einem Sessel und betrachtete gelangweilt seine Fingernägel. »Ich weiß gar nicht, warum du dich so aufregst. Du hast doch alles, was du wolltest. Der Ingenio ist in Rauch aufgegangen, Hermann Fischer ist ein gesundheitliches Wrack, seine Frau auf immer entehrt. Also, was willst du noch?«

Rick Woolf riss sich zusammen. Er atmete einmal ganz tief durch, dann richtete er seine Kleidung, strich sich über die Spitzen seines imposanten Backenbartes, von dem Carpenter allerdings glaubte, dass er angeklebt sei.

»Ja, was will ich?« Rick Woolfs Stimme klang gefährlich leise. »Ich will sie vernichten. *Vernichten*, verstehst du?«

Carpenter nickte bedächtig. »Das hast du ja nun getan. Also, was willst du noch?«

Woolf ließ sich in einen Sessel plumpsen und machte Carpenter ein Zeichen, ihm ein Glas Rum einzugießen. Er trank, leckte sich die Lippen, dann sagte er: »Es war so einfach. Viel zu einfach. Es hatte gerade angefangen, Spaß zu machen, da war es schon wieder vorbei. Großer Gott!« Er warf den Kopf nach hinten, als hätte er Nasenbluten. »Mafalda. Es war so einfach, viel zu einfach, viel, viel zu einfach. Sie ist von selbst in die Bar gekommen. Es war kein Problem, sie abzufüllen und dann auf mein Zimmer zu schleppen.«

»Hast du sie mit Gewalt entehrt?«, wollte Carpenter wissen.

»Das geht dich nichts an. Wichtig ist sowieso nicht das, was wirklich passiert ist, sondern nur das, was die anderen Leute glauben. Du!« Er zeigte mit dem Finger auf Carpenter, der erschrocken seine Fingernägel fahren ließ. »Du wirst dafür sorgen, dass jeder in dieser verdammten Drecksstadt weiß, was Mafalda Fischer für eine Hure ist.«

Carpenter nickte träge. »Ich muss nur zwei oder drei Leuten etwas erzählen, dann wissen es die anderen ohnehin fünf Minuten später. Du ahnst ja gar nicht, wie die Gerüchteküche hier funktioniert. Der amerikanische Geheimdienst könnte noch etwas lernen.«

»Fasel nicht. Was ist mit Groth? Hat er das Paket bekommen? Hat er sich schon gemeldet?«

Carpenter schüttelte den Kopf.

»Warum nicht? Vor Angst müsste ihm doch jetzt die Hose schlottern.«

»Ich weiß es nicht, Rick. Es ist noch früh am Abend. Vielleicht kommt er noch. Bestimmt sogar kommt er noch. Er

will seine Familie mit einem übereilten Aufbruch nicht beunruhigen. Du wirst schon sehen.«
»Was ist mit der Fischer-Hure? Hat ihr Mann sie schon verprügelt?«
»Woher soll ich das denn nun schon wieder wissen? Rick, du verlangst wirklich zu viel. Wenn wir Glück haben, hat er sie rausgeschmissen. Wenn nicht, dann haben sie die nächsten zwanzig Jahre Streit. Ich weiß nicht, was schlimmer ist.«
»Gut.« Rick Woolf stand auf und ging zum Fenster. Stumm schaute er auf die Plaza Vieja hinunter. »Es reicht noch nicht«, murmelte er leise vor sich hin. »Es reicht mir einfach noch nicht. Es war zu einfach, es ging zu schnell. Ich werde noch mehr tun müssen. Erst, wenn sich jeder, der Fischer heißt oder mit den Fischers irgendwie verbunden ist, vor Angst in die Hosen macht, wenn er meinen Namen hört, wenn sie vor mir auf Knien kriechen und mich um Vergebung bitten werden, erst dann ist es genug.«

Nach dem Bad, der Rasur und dem Haarschnitt fühlte sich Hermann wie ein neuer Mensch. Er zog sich die saubere Kleidung an, ließ sich von Rafaela ein wenig dabei helfen. »Ist meine Frau nach Hause gekommen?«, fragte er.
Rafaela schüttelte den Kopf. Mittlerweile machte sie sich Sorgen um die Doña. Nur kurz etwas erledigen wollte sie, doch das war Stunden her. Sie hatte so schrecklich ausgesehen. Und sie war so verzweifelt und aufgewühlt gewesen. Rafaela war jung, aber nicht dumm. Sie hatte sich Gedanken darüber gemacht, dass Mafalda und ihre

Kleider getrennt voneinander hier eingetroffen waren. Am Anfang hatte sie an einen Liebhaber geglaubt. Aber welcher Liebhaber schickte die Sachen der Liebsten an deren Ehemann? Und welcher Liebhaber ließ die Liebste in solch abgrundtiefer Verzweiflung zurück? Nein, es musste etwas passiert sein. Etwas Furchtbares. Rafaela hatte nicht lange gebraucht, um an eine Vergewaltigung zu denken. Nun, Kuba war eine katholische Insel. Es stand einem Ehemann ohne weiteres zu, seine Frau in so einer Situation zu verstoßen. Denn wer trug Schuld daran, wenn er vergewaltigt wurde? Natürlich die Frau. Sicher, so sagten die Priester, hatte sie Zeichen gesetzt. Und selbst, wenn dem nicht so war, so wussten doch alle, dass den Frauen der Schoß doch Tag und Nacht vor Lust kochte. Die Männer reagierten einfach nur nach ihrer natürlichen Bestimmung darauf. Das wusste jedes Kind.
Sollte sie dem Don etwas von ihren Befürchtungen sagen? Und dann? Würde er die Herrin verstoßen? Rafaela wusste es nicht, deshalb hielt sie vorsichtshalber den Mund. Aber sie hatte sich vorgenommen, bei dem anstehenden Spaziergang Augen und Ohren offen zu halten.
»Wohin gehen wir?«, fragte sie den Don.
Hermann stand an seinem Schreibtisch, hielt ein Billett in der Hand. »Groth hat geschrieben und bittet, uns besuchen zu dürfen. Nun, ohne meine Frau werde ich ihn nicht empfangen. Ich denke, er will etwas Geschäftliches besprechen. Mafalda hat sich in den letzten Jahren darum gekümmert. Ich brauche sie an meiner Seite.«
Rafaela nickte. »Also gehen wir die Doña suchen?«
Hermann sah auf. »Wie kommst du darauf? Denkst du, das sollten wir tun? Warum? Ist sie in Gefahr?«

Rafaela wusste nicht, was sie antworten sollte. Deshalb senkte sie den Kopf und murmelte leise: »Ich weiß nur, dass Doña Mafalda eine anständige Frau ist. Eine durch und durch anständige Frau mit einem großen Herzen.«
Hermann zog die Augenbrauen in die Höhe. »Ich weiß das«, erwiderte er. »Ich weiß es jetzt und habe es immer gewusst.«
Mehr wurde über dieses Thema nicht gesprochen.
Sie wollten gerade das Haus verlassen, als es drängend an der Tür klopfte. Kurz darauf führte Dolores Joachim Groth in Hermanns Arbeitszimmer.
»Ich freue mich sehr, dich auf den Beinen zu sehen«, sagte er, stützte dabei eine Hand auf die Lehne des Stuhles, der vor dem Schreibtisch stand.
»Ich wollte gerade einen kleinen Spaziergang machen«, erklärte Hermann und fragte weder, was der Kaufmann wollte, noch bot er ihm einen Platz an.
»Vielleicht kann dein Spaziergang warten. Wir müssen reden, Hermann.«
Hermann ließ seinen Blick ungeduldig umherschweifen. »Es passt mir im Augenblick nicht, Joachim. Bitte hab Verständnis dafür. Ich muss weg.«
Groth lächelte. »Du suchst Mafalda, nicht wahr? Ich wette, auch du hast heute eine Sendung aus dem Hotel Imperial bekommen.«
Hermanns Mund klappte auf. »Woher weißt du das?«
»Weil ich ebenfalls eine Sendung erhalten habe.«
Jetzt erinnerte sich Hermann an die Gebote der Höflichkeit. Er deutete auf den Stuhl, und Groth setzte sich, dann gab Hermann Dolores Anweisungen, ein paar Getränke zu bringen. Als das Hausmädchen und Rafaela das Ar-

beitszimmer verlassen hatten, fragte Hermann: »Was weißt du?«
Groth lehnte sich zurück. »Ich weiß nicht, wie ich es dir erklären soll, Hermann. Ich fühle mich schuldig und schäme mich für mein Schweigen. Rick Woolf, der Amerikaner, in dessen Namen Mister Carpenter Geschäftsbeziehungen ausgehandelt hat, steckt hinter allem, was euch in den letzten beiden Jahren passiert ist.«
»Rick Woolf? Habe ich den Namen schon einmal gehört?«
Groth schüttelte den Kopf. »Ich glaube nicht. Er hat Carpenter als Strohmann vor alle seine Aktivitäten geschoben. Woolf hat euch eine Weile dazu benutzt, eure Ersparnisse in diese Rummanufaktur zu stecken. Als ihr das getan hattet, kündigte er eure Verträge. Mit purer Absicht. Zuvor hatte er mit Carpenters Hilfe dafür gesorgt, dass ihr euren Trinidader Zucker nur an einen einzigen Kunden liefert. Natürlich Rick Woolf.«
Hermann riss die Augen auf. »Ich verstehe nicht. Warum hat er das getan?«
Groth zuckte mit den Achseln. »Ich habe wirklich keine Ahnung, ich weiß nur, dass er euch vernichten will.«
»Und das weißt du schon ziemlich lange, nicht wahr?«
»Ja. Zu meiner Schande muss ich gestehen, dass ich darüber informiert war.« Er rutschte bis ganz nach vorn auf die Stuhlkante. »Ich konnte euch nicht warnen, konnte euch nicht helfen. Woolf hat auch mich erpresst. Er hatte mich in der Hand, hat gedroht, mich ebenso zu ruinieren, wie er es mit euch getan hat.«
Hermanns Gesicht verschloss sich. »Und warum sitzt du nun hier? Willst du dich an meinem Unglück weiden?«

Seine Stimme klang rauh. Er hatte so lange nicht wirklich geredet, dass ihn heute die wenigen Sätze schon anstrengten. Er griff sich an die Kehle und räusperte sich.
»Ich bin hier, weil ich noch immer weiß, was gut und richtig ist. Ich bin hier, weil du das Leben meiner Kinder gerettet hast und ich deshalb auf ewig in deiner Schuld stehe.«
»Und was willst du?«
»Wie ich schon sagte, habe ich heute eine Sendung aus dem Hotel Imperial bekommen.« Er kramte in seiner Rocktasche und förderte einige engbeschriebene Zettel zutage. »Mir scheint, Mafalda war in diesem Hotel an der Bar, um die auf der Insel erhältlichen Rumsorten zu testen. Anbei sind auch einige Vorschläge, wie man Rum veredeln kann oder wie man aus ihm Cocktails mischt.« Groth wedelte mit den Zetteln ein wenig herum. »Diese Notizen sind Gold wert.«
»Sind sie das wirklich, wenn du sie von diesem Amerikaner bekommen hast? Und überhaupt: Wer ist er? Was hat er gegen uns? Und vor allem, was hat er mit meiner Frau gemacht? Und wenn diese Rezepte, wie du sagst, Gold wert sind, warum hat Rick Woolf sie dann aus der Hand gegeben?«
»Diese Fragen kann ich dir nicht beantworten, Hermann. Ich weiß nicht, was Rick Woolf gegen euch hat. Er kommt aus New York, und ich habe keine Ahnung, woher er euch kennen kann. Und ich weiß auch nicht, was er mit den Rezepten vorhat. Wahrscheinlich hat er keine Verwendung dafür, will dir und mir aber zeigen, was wir hätten erreichen können, wenn Rick Woolf nicht unser Feind, sondern unser Freund gewesen wäre. Aber das ist

jetzt alles nicht so wichtig. Ich denke, wir sollten uns lieber Gedanken darüber machen, wie wir weiter verfahren wollen. Ihr müsst eure Manufaktur wieder eröffnen. Ich habe einen Plan, den ich gern mit euch beiden diskutieren möchte.« Er lehnte sich zurück und blickte Hermann fragend an, aber Hermann erhob sich.

»Es tut mir sehr leid, Joachim. Heute kann und will ich nicht mit dir reden. Du hast mir gerade erzählt, dass du mich betrogen hast. Gleichzeitig machst du mir ein Angebot. Was soll ich davon halten?«

Groth nickte. »Ich verstehe, dass du wütend, aufgeregt und ein wenig durcheinander bist. Wir können dieses Gespräch auch später noch fortsetzen. Das heißt natürlich nur, wenn du möchtest und wenn du beschließt, zu versuchen, mir noch einmal zu vertrauen.«

»Geh jetzt, Joachim. Ich muss mich um Mafalda kümmern. Sie ist das Wichtigste in meinem Leben. Erst lange danach kommt der Rum, kommen die Manufaktur und die Geschäfte. Ich melde mich bei dir.«

Groth seufzte und erhob sich. »Ich verstehe dich, Hermann. Ich verstehe dich wirklich. Aber ich bin aus freien Stücken zu dir gekommen, habe dir selbst erzählt, was ich getan beziehungsweise unterlassen habe. Ich bin gekommen, um dir zu zeigen, dass du mir vertrauen kannst.«

»Ja, ja, ja.« Hermann wedelte ungeduldig mit der Hand. »Ob das reicht, weiß ich nicht, aber jetzt habe ich wirklich keine Zeit mehr.«

Er griff nach einer kleinen Tischglocke und läutete. Beinahe im selben Augenblick betraten Dolores und Rafaela das Zimmer.

Hermann deutete auf Dolores. »Bitte, sei so freundlich

und geleite Don Groth hinaus.« Und zu Rafaela gewandt: »Ist mein Hut ausgebürstet?«
Das Mädchen nickte und reichte ihm seine Kopfbedeckung.
»Gut, dann lass uns aufbrechen.« Sein Blick blieb an seinem Schreibtisch hängen. Am Rande der Tischplatte stand ein Kalender. »Welcher Tag ist heute?«, fragte er.
Groth blieb stehen. »Wieso? Es ist der 17. Dezember.«
Hermann lächelte. »Dann weiß ich auch, wohin wir jetzt gehen werden.«

Zweiundzwanzigstes Kapitel

Verloren stand Mafalda in der Schlange. Allein, verlassen und verloren. Die Leute um sie herum sprachen, schwatzten, lachten. Ein paar junge Mädchen sangen, ein junger Mann spielte dazu auf der Gitarre. Es herrschte beinahe Volksfeststimmung, doch Mafalda erreichte sie nicht. Sie blickte starr nach unten auf ihre Fußspitzen und betete, dass niemand sie ansprach. Hin und wieder wurde sie angerempelt, zwei Mal bot ihr jemand etwas zu trinken an, doch Mafalda schüttelte nur stumm den Kopf, ohne den Blick zu heben. Die Zeit, die es dauerte, bis sie endlich den Ceiba-Baum erreicht hatte, erschien ihr unendlich lange und zugleich viel zu kurz. Was sollte sie tun, wenn sie den Baum umarmt, ihm ihre Sorgen und Ängste, ihre Scham und ihre Verzweiflung in die Rinde geflüstert hatte? Wohin sollte sie dann gehen? Sie wusste es noch immer nicht, und es sah auch nicht so aus, als ergäbe sich urplötzlich eine Möglichkeit. Doch dann war sie endlich an der Reihe. Sie trat vor, hatte das Bedürfnis, sich vor dem Baum zu verneigen, doch sie ließ es, um die

vielen anderen Menschen hier nicht auf sich aufmerksam zu machen. Sie sah auch nicht die alte Frau, die, ein kleines Kind an der Hand, soeben am Baum gewesen war und nun in einer kleinen Entfernung wartete, ohne Mafalda aus dem Blick zu lassen.
Schließlich legte Mafalda beide Hände an die zerfurchte, alte Rinde des Baumes und schloss die Augen. Sogleich wurde sie ruhiger, ihr Atem, gerade noch stoßweise und hektisch hervorgestoßen, beruhigte sich, auch ihr Herz kam zur Ruhe, die Gedanken standen still. Mafalda hatte das Gefühl, dass sie hier, an diesem Baum, Schutz und Geborgenheit fand. Hier war sie weder gut noch schlecht. Hier war sie einfach nur ein Mensch. Sie hörte wie aus weiter Ferne, dass die Nachstehenden ihr zuriefen, sie möge sich beeilen, aber sie reagierte nicht darauf. Sie stand hier, und ihre Arme flossen wie von selbst nach links und nach rechts, umfingen den Baum, ohne ihn umschließen zu können. Mafalda schmiegte ihre rechte Wange an die rauhe, von der Sonne noch warme Rinde. »Ich bin ganz allein«, flüsterte sie dem Baum zu. »Ich habe Angst, weil ich so große Schuld auf mich geladen habe. Kannst du mir helfen?« Der Baum raschelte leise mit seinen Zweigen, und Mafalda glaubte, darin ein Zeichen der Götter zu erkennen.
Eine junge Frau schlug ihr derb auf die Schulter. »Jetzt machen Sie schon hin. Wir haben lange genug gewartet. Der Baum ist für alle da.«
Mafalda wandte sich um, wagte es zum ersten Mal seit Stunden wieder, einem anderen Menschen ins Gesicht zu blicken. »Verzeihen Sie«, bat sie. »Ich bin sofort fertig.« Noch ein letztes Mal schmiegte sie ihre Wange an den

harten Stamm, murmelte ein Dankeschön, das tief aus ihrem Herzen kam, und gab dann den alten, ehrwürdigen, zaubermächtigen Ceiba-Baum frei. Sie trat zur Seite, langsam und ohne den Baum aus den Augen zu lassen, und stieß dabei beinahe gegen eine alte kreolische Frau.
»Entschuldigung«, murmelte sie verwirrt und wagte es, der Frau ins Gesicht zu blicken. Aber was sie sah, verschlug ihr die Sprache. Nur kurz huschte ihr Blick zurück zu dem Baum. Hast du sie mir geschickt?, fragte Mafalda in Gedanken, doch der Baum antwortete nicht.
»Wir kennen uns, nicht wahr?« Die alte Kreolin schenkte Mafalda ein freundliches, liebevolles Lächeln. Sie tippte dem kleinen Jungen auf die Schulter und forderte ihn auf: »Sag der Doña guten Tag, Aurelio.«
»Guten Tag.« Der kleine Junge lächelte schüchtern.
»Augenblick!« Mafalda trat näher und sah dem Kleinen gerade ins Gesicht. »Ist das etwa …?«
Die Frau nickte. »Ja, Doña Fischer, das ist Aurelio. Der Sohn von Titine und Fela.«
»O mein Gott.« Mafalda wurde glühend rot vor Scham und musste die Augen schließen. »Es tut mir alles so leid. Es tut mir alles so unendlich leid.«
Sie fühlte sich mit einem Mal so schwach, die Beine so zittrig, der Atem so flach, dass sie fürchtete, auf der Stelle umzufallen. Zugleich fiel ihr ein, dass sie heute den ganzen Tag noch nichts gegessen und nur sehr wenig getrunken hatte.
Grazia fing sie auf, als sie zu stürzen drohte. »Was ist mit Ihnen, Doña?«, fragte sie besorgt.
»Nichts. Nur ein kleiner Schwächeanfall.«
Aber Grazia war eine Frau mit großer Lebenserfahrung und Menschenkenntnis. Sie brachte Mafalda zu einer

Bank, hieß Aurelio, auf die fremde Frau ein wenig zu achten. Schon nach wenigen Minuten war sie wieder da, bei ihr ein Droschkenkutscher. »Wir fahren jetzt erst einmal zu uns nach Hause«, erklärte sie Mafalda, die schwer atmend, aber mit fragender Miene auf sie schaute. »Und dann erzählen Sie mir, was vorgefallen ist.«

Mafalda wollte sich wehren. Es schien ihr unerträglich, heute auch noch Titine unter die Augen treten zu müssen. Titine, die sie so schmählich verraten hatte. Ja, sie hatte nicht verhindert, dass Hermann Titine und Fela trennte. Im Gegenteil, sie hatte an Titines Entführung vom Ingenio nach Havanna mitgewirkt. Sie hätte sich um die Schwägerin kümmern müssen. Doch das hatte sie versäumt, als Hermann mit zerschlagenen Gliedern und zerstörter Seele in die Hauptstadt gekommen war. Irgendwann war Titine verschwunden, hatte nur einen Brief hinterlassen. Mafalda kannte noch heute jedes Wort darin: »Liebe Mafalda«, hatte Titine ihr geschrieben. »Ich kann nicht mehr mit Euch leben; ich will nicht mehr mit Euch leben. Ihr, Hermann und Du, Ihr wart meine Familie. Eine Familie, die ich über alles liebte. Fast so sehr wie Fela. Aber Ihr? Habt Ihr mich je geliebt? Ich weiß es nicht, Mafalda. Ich bin so unendlich traurig über das, was geschehen ist. Jetzt habe ich niemanden mehr, dem ich vertrauen kann. Nur einen Menschen gibt es noch auf der Welt, dem ich mein Herz offenbaren kann, ohne befürchten zu müssen, dass er mir das Liebste nimmt, das ich habe. Zu diesem Menschen gehe ich jetzt. Ich werde Dir nicht sagen, wer es ist, wo der Mensch wohnt. Wenn Du Kontakt zu mir suchst, dann wende Dich an Joachim Groth. Eine kleine Weile noch werde ich mich hin und wieder bei ihm melden. Ich wünsche Dir das Leben, Mafalda, das Du verdienst. Such nicht nach mir, denn ich habe aufgehört, Hermann und Dich als meine Familie zu betrachten. Titine.«

Mafalda hatte geweint, als sie den Brief eines Morgens in Titines Zimmer gefunden hatte. Und sie war sogleich zu Joachim Groth geeilt und hatte dort erfahren, dass auch er nicht wusste, wo Titine steckte. Es gab da einen alten Mann, Cesare, der wohl wusste, wo sie war, doch der schwieg wie ein Grab, erklärte sich auch nur zögernd bereit, Nachrichten zu übermitteln. Und Mafalda war damals beinahe froh darüber gewesen, nichts mehr von Titine zu hören. Die Reue darüber, dass sie geholfen hatte, eine schwangere Frau von ihrem Liebsten zu trennen, brannte so tief in ihr, dass sie am liebsten die Augen, Ohren und vor allem ihre Gedanken davor verschloss.

Doch jetzt, am schlimmsten Tag ihres Lebens, hatte die Vergangenheit sie eingeholt.

Und jetzt begriff sie auf der Stelle, dass Titine die ganze Zeit über bei Grazia gewesen war. Sie, Mafalda, hätte es wissen, hätte es erraten können, aber sie hatte jeden Gedanken an die schwangere Schwägerin verdrängt. Oh, wie egoistisch und hartherzig war sie gewesen! Oh, wenn sie doch die Zeit zurückdrehen könnte!

»Ich … ich kann nicht …«, stammelte sie und weigerte sich, die Kutsche zu besteigen.

»Ich werde Sie nicht zwingen«, erwiderte Grazia. »Obwohl ich glaube, dass Sie gerade jetzt Hilfe sehr nötig hätten.«

»Aber Titine. Sie wird mir niemals verzeihen können. Ich schäme mich so, dass ich ihr unmöglich unter die Augen treten kann.«

Grazia lächelte, aber es war kein fröhliches Lächeln. »Sie haben Fehler gemacht. Aber das haben wir alle schon in unserem Leben. Titine ist nicht mehr die, die sie einmal war. Auch sie hat Schweres durchgemacht. Wollen Sie auf immer mit ihr entzweit bleiben?«

Grazia hatte so ruhig und freundlich mit ihr gesprochen, ihr dabei verständnisvoll den Arm gestreichelt, dass Mafalda, die eigentlich geglaubt hatte, keine Tränen mehr zu haben, nun zu weinen begann.

»Tränen sind keine Lösung«, sagte die alte Frau leise und hielt dabei den kleinen Aurelio fest an der Hand. »Die Menschen sind dazu geschaffen, miteinander zu reden. Deshalb haben die Götter uns die Sprache gegeben. Jetzt steigen Sie schon ein. Oder haben Sie ein anderes Ziel?«

»Nein«, schluchzte Mafalda, die sich nackt und bloß, so bar allen Schutzes und aller Verstellung fühlte wie noch nie zuvor in ihrem Leben. Und weil sie tatsächlich nicht wusste, wohin sie sollte, stieg sie trotz ihrer Schuld und ihrer Scham in die Droschke ein. Ein wenig Ruhe, dachte sie. Ich brauche nur ein wenig Ruhe und vielleicht einen Happen zu essen. Dann werde ich sofort wieder gehen. Ich werde mich bei Titine entschuldigen, werde, wenn es sein muss, auf Knien vor ihr rutschen, und dann werde ich gehen, ganz gleichgültig, wohin der Weg mich dann führt.

Die Droschke setzte sich in Bewegung, kam nur langsam in der Menschenmenge voran.

Ich werde in ein Kloster gehen, beschloss Mafalda, während sie, den Blick in den Schoß gerichtet, noch immer vor Reue brannte. Ich bin nicht gemacht für das Leben, ich bringe nur Unglück. In die Wälder werde ich gehen, vielleicht bis in die Sierra Madre. Womöglich finde ich ein

Kloster, das mich aufnimmt. Dort kann ich mich für den Rest meines Lebens in Reue und Demut üben. Ich werde eine gute Nonne werden. Ich werde versuchen, alles wiedergutzumachen, was ich angerichtet habe.

»Da ist sie! Sehen Sie nur, Don Hermann, da in der Droschke fährt sie!« Rafaelas Stimme schallte laut und aufgeregt durch die Gasse.

Hermann, der noch so schwach war, dass er langsam auf einen Stock gestützt gehen musste, drehte sich gemächlich um. »Von wem sprichst du?«, fragte er.

»Die Doña. Ich habe die Doña in einer Kutsche fahren sehen. Eine ältere Frau saß bei ihr.«

Hermann blickte in die Richtung, in die Rafaela ungeduldig zeigte, doch da war keine Droschke. Nur eine Gruppe von älteren Frauen stand an einer Ecke zusammen.

»Wo denn?«, fragte er noch einmal.

Rafaela wedelte verzweifelt mit der Hand. »Die Droschke. Gerade ist sie um die Ecke gebogen.«

Hermann legte Rafaela beruhigend eine Hand auf die Schulter. Sie waren nur noch zwei Straßen vom Ceiba-Baum entfernt, und die Menschen drängten sich auf den Gehsteigen. »Die Doña in einer Kutsche?« Er schüttelte den Kopf. »Das kann nicht sein. Hier sind so viele Menschen. Du musst dich getäuscht haben, Rafaela. Was soll die Doña in einer Droschke?«

Das Mädchen verstummte. Hermann stützte sich auf ihren Arm und bat: »Lass uns weitergehen. Ich bin sicher, wir finden die Doña am Ceiba-Baum. Schließlich gehen alle Habañeros heute dorthin. Und auch ich habe guten Grund, bei den Göttern um gut Wetter zu bitten.«

Dreiundzwanzigstes Kapitel

»Ich hatte so fest geglaubt, dass ich sie hier treffe.« Hermanns Stimme klang vor Enttäuschung ganz rauh.

Rafaela erwiderte zögernd: »Vielleicht war sie es doch, da in der Kutsche.«

»Unsinn. Wo soll sie denn hin? Sie kennt kaum jemanden in Havanna. Wer soll sie denn in einer Droschke mitnehmen?«

Rafaela antwortete nicht, doch sie machte sich ihre eigenen Gedanken.

Auch in den nächsten Tagen tauchte Mafalda nicht auf. Sie kam nicht nach Hause, war auch nicht in der Manufaktur anzutreffen. Allmählich machte sich Hermann Sorgen. Seine »Auferstehung«, wie er seine plötzliche Genesung bei sich nannte, hatte ihn verändert. Vielleicht war es auch die Krankheit, die ihn verändert hatte, egal, die Hauptsache war, dass er nun über viele Dinge in seinem Leben anders dachte als noch vor wenigen Wochen. Mafalda. Ihr galten die meisten seiner Gedanken. Großer Gott, wo war sie nur? Er kannte sie gut und lange genug,

um zu wissen, wie sie sich fühlen musste. Ach, wenn sie doch nur wüsste, dass er ihr alles, alles verzeihen konnte und sein größter Wunsch es war, dass sie ihm alles verzieh? Doch wie sollte er ihr dies sagen, wenn er doch nicht wusste, wo sie war?
Und dann war da noch Titine. Oh, er hatte schlecht an ihr gehandelt. Auch wenn er es aus Liebe getan hatte. Auch bei ihr musste er sich entschuldigen. Aber wie, wenn er nicht wusste, wo er sie finden konnte? Und zum Schluss dachte er auch an Fela. Ob er noch lebte? Hermann würde alles, was er jetzt noch besaß – und das war wirklich nicht viel – hergeben, um ungeschehen machen zu können, was er getan hatte. Er würde so gern mit Fela sprechen, würde ihm so gern erklären, dass er erst jetzt begriffen hatte, wie groß die Macht der Liebe doch war. Oh, er hatte so vieles in seinem Leben falsch gemacht. Und er hatte alle Warnzeichen ignoriert. Es ist merkwürdig, dachte er jetzt, ich war so unglücklich, als ich noch glücklich war. Und jetzt, da ich unglücklich bin, bin ich so glücklich wie schon lange nicht mehr. Ich bin so voller Hoffnungen und Pläne und tief in meinem Herzen weiß ich, dass alles wieder gut werden kann.
Er ordnete ein paar Papiere auf seinem Schreibtisch, dann rief er nach Rafaela. »Kannst du bitte einen starken Kaffee aufbrühen? In wenigen Minuten wird Joachim Groth hier sein. Wir haben einiges zu besprechen, und es wäre gut, wenn wir dazu ein wenig Stärkung hätten.«
Rafaela lächelte ihn an, und Hermann konnte dieses Lächeln inzwischen genießen. Er sah zu gern in ihr feingeschnittenes Gesicht mit den wunderschönen blauen Augen. Doch Hermann erblickte in Rafaela keineswegs das

Weib, die junge Mulattenschönheit, sondern er sah in ihr etwas, das sein Herz ganz weich machte. Beinahe hatte er väterliche Gefühle für sie. Zumindest aber sorgte er dafür, dass es ihr an nichts fehlte. Ja, sogar neue Kleider hatte er ihr gekauft. Weiße Kleider. Nicht nur, weil diese so wundervoll zu ihrer dunklen Haut passten, sondern vor allem, weil es Rafaelas Wunsch gewesen war, sich wie eine Santeria zu kleiden.

»Sofort, Don«, antwortete das Mädchen. »Soll ich auch ein Tablett mit kleinen Speisen herrichten?«

Wieder lächelte Hermann und nickte. »Ja, sehr gern. Es gibt niemanden, der das so gut könnte wie du.«

Der Kaffee war gerade serviert, als Joachim Groth im Hause Hermanns eintraf. Er rieb sich gutgelaunt die Hände und ließ sich in einen der Sessel fallen, deren Bezüge schon etwas abgenutzt waren. »Hast du noch einmal über meinen Vorschlag nachgedacht?«

Hermann nickte. »Natürlich habe ich das. Sehr gründlich sogar, obwohl ich schon sagen muss, dass ich mir zunächst überhaupt nicht vorstellen konnte, eine Bar in Havanna zu eröffnen, eine Bar zudem, in der wir unseren eigenen Rum verkaufen.«

Joachim Groth lächelte. »Und wie stehst du jetzt dazu?«

»Die Idee gefällt mir mit jedem Tag besser. Und ich bin sicher, dass auch Mafalda Gefallen daran fände. Wir könnten die Manufaktur wieder in Betrieb nehmen. Ein Teil des Gebäudes ließe sich wohl als Bar verwenden. Der Hafen ist nicht weit entfernt, und in der Gegend ringsum treffen sich viele verliebte Paare. Wir könnten neue Sorten ausprobieren, könnten Mixgetränke kreieren, ach, was sage ich, wir könnten endlich alle zusammen an einem Projekt arbeiten.«

Groth nickte. »Wie ich sehe, bist du inzwischen Feuer und Flamme.«

»Aber ja. Dolores könnte die Küche der Bar übernehmen, obwohl ich natürlich nicht vorhabe, Speisen anzubieten. Nur ein paar Schälchen mit Nüssen und andere Kleinigkeiten. Vielleicht ein paar Kuchen oder Kekse. Rafaela könnte die Gäste bedienen, wenn sie das möchte. Und Mafalda würde ich gern die Herrschaft über die Bar überlassen. Es muss wundervoll für sie sein, ihre eigenen Getränke zusammenzustellen. Ich selbst würde als Kellner arbeiten und …«

»Stopp! Stopp! Stopp! Hermann, nicht so schnell. Du bist mit deinen Gedanken schon weit vorausgeeilt. Du bist ein Handelsmann, ein Geschäftsmann, bist nie etwas anderes gewesen. Warum willst du deine Talente vergeuden, indem du Gästen volle Rumgläser auf den Tisch stellst?«

Hermann breitete die Arme aus und lachte über das ganze Gesicht. »Weil ich die Frauen nicht alleine in einer Bar lassen kann. Es wird immer Männer geben, die sich Dinge herausnehmen, die eines Gentlemans nicht würdig sind. Es muss unbedingt ein Mann in der Nähe sein.«

Joachim Groth lehnte sich zurück und zündete sich eine Cohiba-Zigarre an. »Ich bin froh, dass du deinen alten Enthusiasmus wiedergefunden hast, Hermann. Wirklich froh. Aber wir dürfen nicht vergessen, dass wir Feinde haben. Wir müssen klug zu Werke gehen.«

»Und du hast schon ein paar Ideen dazu, wie ich dich kenne.«

»Sagen wir so: Ich habe mir Gedanken gemacht. Auf der

Insel tobt noch immer dieser unselige Krieg zwischen den Spaniern und den Amerikanern. Die Amerikaner sind nicht sonderlich beliebt im Land, die Spanier stehen nur wenig besser da. Ich habe mich unter den Schauerleuten am Hafen umgehört, den Weibern auf dem Markt, unter den Handwerkern und den anderen einfachen Leuten. Wissen wollte ich, was sie denken.«

»Wieso?«, fragte Hermann.

Groth zog wieder an seiner Zigarre. »Weil sie unsere Kundschaft sind.«

Hermann verzog das Gesicht, als hätte er auf einen Essigschwamm gebissen. »Die einfachen Leute? Ich dachte eher an eine richtige Bar. Mit einer Kapelle an den Wochenenden und einer spiegelglatten Tanzfläche.«

»Ich weiß«, erklärte Groth. »Aber so weit ist es noch nicht. Havanna wird sich nicht an uns anpassen, sondern wir uns an die Gegebenheiten der Stadt. Die Insulaner brauchen einen Ort, an dem sie unter sich sein können. In den Hotels hocken die Amerikaner, in den vornehmen Clubs der Stadt die Spanier aus Europa. Die sind versorgt. Die besser gestellten Kubaner aber haben im Augenblick keine feste Einrichtung, in der sie sich amüsieren können. Sie sind es aber, die nachher, wenn der Krieg vorüber ist, auf der Insel bleiben und ihre Geschicke bestimmen.«

Hermann nickte. »Ich verstehe, du hast vollkommen recht. Was werden wir also als Nächstes tun?«

»Wir müssen einen Teil der Manufaktur umbauen, so dass eine Bar entsteht. Ich stelle mir einen Raum vor, der vom Fasskeller nur durch ein paar Balken abgetrennt ist, so dass die Gäste sehen können, wo ihr Rum lagert. Wir müssen die Wände verputzen, wir brauchen Tische, Stühle, eine Theke, Geschirr und natürlich einen Grundstock an Rum. Ich schlage vor, dass ich mich um die Ausstattung kümmere, während du zusiehst, dass deine Manufaktur wieder ausreichend Rum produziert. Die Mittel, die du dafür brauchst, kann ich vorerst zur Verfügung stellen. Was meinst du, Hermann, ist das in deinem Sinne?«

Hermann nickte. Sein Gesicht zeigte einen zufriedenen Ausdruck. Oder beinahe, denn etwas Wichtiges fehlte ihm noch zum Glück, zum Mut, den er brauchte, um seine Zukunft wieder in die eigenen Hände nehmen zu können.

»Ich muss Mafalda finden«, erklärte er. »Das hat Vorrang vor allem. Erst, wenn sie da ist, kann ich arbeiten. Ich brauche ihre Hilfe beim Rum, vor allem aber brauche ich ihre Hilfe beim Leben.« Er senkte den Blick, denn es war ihm sichtlich peinlich, so offen über seine Gefühle zu sprechen. »Ich habe schon alles versucht, habe überall nachfragen lassen. Dolores hat sich auf dem Markt erkundigt, aber niemand weiß etwas von Mafalda.« Er blickte auf, hielt die rechte Hand so fest mit der linken umklammert, dass die Fingerknöchel weiß hervortraten.

Groth streckte seine langen Beine aus. »Dann gib doch eine Anzeige auf.«

»Eine Anzeige?«

»Natürlich. Eine Zeitungsanzeige. Lass in die Zeitungen hineinschreiben, dass du sie suchst. Und am besten nimmst du dafür Zeitungen, die im ganzen Land gelesen werden. Wenn du willst, kannst du dabei sogar drei Fliegen mit einer Klappe schlagen. Such nach Mafalda, nach Titine und nach Fela.« Groth machte eine kleine nachdenkliche Pause, ehe er weitersprach: »Wenn mich nicht meine ganze Menschenkenntnis täuscht, dann verspreche ich dir, dass du damit Erfolg haben wirst. Denn selbst wenn Titine, Mafalda und Fela die Zeitung nicht lesen, so kennen sie sicher Leute, die die Anzeige gesehen haben. Und außerdem unterstreichst du mit so einer Aktion die Ernsthaftigkeit deines Tuns.«

Vierundzwanzigstes Kapitel

Mafalda erwartete mit großer Bange Titines Rückkehr von ihrer Pilgertour zum heiligen Lazarus. Eigentlich hatte Grazia mit Aurelio dorthin fahren und Titine gleich an der Kirche in Empfang nehmen wollen, doch Titine hatte eine Nachricht an Grazia geschickt. Sie wolle nicht, schrieb sie, dass Aurelio seine Mutter mit zerschundenen Gliedern sah. Sie wolle lieber noch ein paar Tage in einer einfachen Herberge bleiben, um die Pilgerreise zu verarbeiten und sich zu erholen.

Grazia hatte selbstverständlich diesen Wunsch akzeptiert, doch nun war es an der Zeit, dass Titine nach Hause kommen sollte. Cesare holte sie auf einem Eselskarren ab. Seit zwei Stunden schon war er unterwegs, und Mafaldas Sorge wurde von Minute zu Minute größer.

»Sie wird mich nicht hier haben wollen«, vermutete sie. »Vor allem nicht nach dem, was sie gerade durchgemacht hat.«

»Unfug.« Grazia winkte ab. »Sie hat sich verändert. Jeden verändert das Pilgern zum heiligen Lazarus. Du wirst sehen, alles wird gut.«

Mafalda lächelte, doch sie war ganz und gar nicht von Grazias Worten überzeugt. Die alte Kreolin hatte sie so freundlich und herzlich aufgenommen, dass Mafaldas Seele sich wie gestreichelt gefühlt hatte. Gleich am ersten Abend hatte sie erzählt, was ihr widerfahren war. Aber kein Vorwurf war über Grazias Lippen gekommen, im Gegenteil. Sie hatte Mafalda weinen lassen, hatte sie beruhigt und getröstet und anschließend ein Santeria-Ritual abgehalten, das Mafaldas Schuldgefühle mildern sollte. Anschließend hatte sie ihr ein Bad mit reinigenden Kräutern bereitet, damit Mafalda sich nicht länger beschmutzt fühlen sollte.

Mafalda kannte die Macht der Santerias. Sie hatte ein wenig Angst gehabt vor dem, was Grazia vorhatte. Doch später, als die alte Frau schließlich gemeinsam mit ihr eine Stoffpuppe nähte, hatte sie sich sicher gefühlt.

»Hasst du ihn?«, hatte Grazia gefragt.

Mafalda hatte genickt. »Natürlich. Der Amerikaner hat mein Leben zerstört. Er hat mir die Tugend geraubt, die Würde und den Stolz.« In dem Augenblick, als sie diese Worte aussprach, musste sie an Fela denken. Das hatte sie seit ewiger Zeit nicht mehr getan, doch nun stand ihr der Sklave so deutlich vor Augen, als stünde er auch in Wirklichkeit dort.

»Vielleicht wirkt die Magie nicht«, hatte sie zaghaft geantwortet. »Schließlich habe auch ich mitgeholfen, einem Mann den Stolz und die Würde zu nehmen.«

Aber Grazia hatte den Kopf geschüttelt. »Du vergleichst Äpfel mit Birnen, mein Kind. Wenn die Zeit reif ist, wirst du deinen Fehler wiedergutmachen. Aber jetzt geht es erst einmal um dich. Was möchtest du ihm gern antun?«

»Ich … ich … ich weiß nicht. Habe ich denn das Recht, einem anderen Menschen etwas anzutun?« Mafalda war von den Ereignissen der letzten Zeit so verunsichert, dass sie das Gespür für das Richtige und Falsche verloren glaubte.
Grazia blickte sie mitleidig an. »Natürlich hast du das Recht. Man sollte keinem Menschen etwas Schlechtes antun. Und doch tut man es. Jeden Tag. Mal mit Absicht, mal ohne. Mal bemerkt man es, mal nicht. Der Amerikaner aber, der hat sich an dir vergangen. Das geht über das normale Maß an Bosheit hinaus. Er muss bestraft werden. Ich werde aufpassen, dass du nicht über das Ziel hinausschießt. Also, woran soll er leiden?«
Mafalda kniff die Augen zusammen. »Er war ein schöner, junger, herrischer Mann. Er war stolz und hochmütig. Ich möchte, dass er seinen Stolz verliert.«
Grazia blickte skeptisch. »Seinen Stolz? Seinen Hochmut? Hast du bedacht, dass diese beiden Sachen vielleicht Dinge sind, mit denen er sich schützen will? Vielleicht hat auch er in seinem Leben schlimme Dinge erfahren.«
Mafalda zuckte mit den Schultern. »Hat er auf mich Rücksicht genommen? Nein, das hat er nicht.« Mit einem Mal kam die Wut in ihr hoch. Sie biss die Zähne aufeinander, ihre Wangen röteten sich, die Augen funkelten vor gerechtem Zorn. »Er soll leiden«, presste sie hervor. »Er soll seine Männlichkeit verlieren. Er soll seine Schönheit verlieren. Alles soll er verlieren.«
Grazia reichte Mafalda ein paar Nadeln, die eigens für diese Zeremonie hergestellt worden waren. »Da, nimm und stich sie in die Puppe. Denk dabei, dass er es wäre, den du verletzt.«

Mafalda riss Grazia die Nadeln beinahe aus den Händen. Ganz fest hielt sie die erste, ließ sie über die Leibesmitte der Puppe schweben. Aber sie stach nicht zu.
»Was ist?«, fragte Grazia. »Hat dich der Mut verlassen? Willst du dich nicht mehr rächen?«
»Doch!«, erwiderte Mafalda mit fester Stimme, aber sie konnte nicht verbergen, dass ihre Hand zitterte.
Schließlich legte sie die Nadel weg. »Ich kann es nicht«, sagte sie. »Ich kann nicht auf diese Weise Rache an ihm üben. Von Angesicht zu Angesicht soll er mir gegenüberstehen. Dann werde ich ihm sein teuflisches, herrisches Grinsen aus dem Gesicht schlagen. Von Angesicht zu Angesicht. Aber nicht so, nicht heimlich.«
Grazia nahm Mafalda in den Arm und drückte sie fest an sich. »Nichts anderes habe ich von dir erwartet«, sagte sie leise. »Diese Magie ist schwarze Magie. Du brauchst so etwas nicht. Ich wollte auch nur erreichen, dass du deine Scham ablegst und stattdessen Wut bekommst. Wie ich sehe, ist dir das gelungen.«
Verblüfft machte sich Mafalda los. »Du hast recht. Mir geht es plötzlich viel besser.« Und dann breitete sie die Arme aus, drehte sich einmal um sich selbst, fröhlich wie lange nicht. Dann aber straffte sie die Schultern, reckte das Kinn und sagte: »Ich danke dir, Grazia. Jetzt bin ich auch bereit, Titine gegenüberzutreten.«
Wieder nickte die alte Frau. »Das ist gut so, denn Cesare ist gerade vorgefahren.«
Mafalda schluckte und wurde ein wenig blass. Doch schon öffnete sich die Tür, und Titine betrat das Zimmer.
»Mama!«, rief Aurelio und stürzte auf Titine zu.
Und Titine nahm den Jungen auf den Arm, bedeckte sein

Gesicht mit Küssen, streichelte seine Arme, seinen Rücken, sein Haar, ehe sie ihn, mit Tränen in den Augen, behutsam wieder auf den Boden setzte.

Mafalda hatte zugesehen und war zutiefst gerührt. Wie konnte ich nur damals Titines erstes Kind, das kleine Mädchen, von seiner Mutter fortreißen?, fragte sie sich. Nein, es hilft nicht, wenn ich sage, ich tat es mit bester Absicht. Was ich tat, war grausam.

In diesem Augenblick entdeckte Titine ihre Schwägerin. Nur einen Lidschlag lang schien sie überrascht, dann breitete sie die Arme aus. »Mafalda, ich freue mich so, dich zu sehen.«

Mafalda glaubte, sich verhört zu haben. »Wirklich?«, fragte sie unsicher. »Ich dachte, du musst mich hassen.« Dann aber ließ sie sich von Titine in den Arm nehmen, ließ sich von ihr festhalten und schwor sich, die Schwägerin nie wieder allein zu lassen.

Später, nach dem Abendessen, saßen die beiden Frauen vor dem Haus auf einer Bank, während Grazia den kleinen Aurelio zu Bett brachte.

»Kannst du mir verzeihen, dass ich dich nach Havanna und weg von Fela gebracht habe?«, fragte Mafalda.

»Vergeben und vergessen«, erwiderte Titine. »Weißt du, auf der Pilgerreise hatte ich genügend Zeit zum Nachdenken. Auch ich habe Fehler gemacht. Damit meine ich nicht Fela. Ich habe ihn immer geliebt, liebe ihn jetzt mehr denn je, und die Sehnsucht nach ihm zerreißt mir das Herz. Doch ich ließ es zu, dass Hermann für mich sorgte. Hermann und natürlich auch du, Mafalda. Ihr habt mir stets geholfen. Mit allen Sorgen konnte ich zu euch kommen. Ich war schwach, unselbständig und gab mich hilflos. Ich ließ zu, dass ihr so viele Entscheidungen für mich getroffen habt. Versäumt habe ich auch, über meine Gefühle zu sprechen. Wie konntet ihr wissen, was für mich gut und richtig ist, wenn ich euch über meine Wünsche im Unklaren gelassen habe? Nein, Mafalda, ich habe dir nichts zu verzeihen.« Noch einmal zog sie die Schwägerin an sich und drückte sie herzlich und warm.

In Mafaldas Herz blühte das Glück. Sie war so froh, dass Titine ihr verziehen hatte, jetzt, da alles ausgesprochen war, dass sie diesen Augenblick der Ruhe und des Friedens um keinen Preis gefährden wollte.

Etwas aber gab es noch, das Mafalda auf der Seele lag. Etwas, über das Titine nicht mit einer Umarmung hinweggehen konnte, doch dieses Etwas musste warten.

»Sag«, bat Mafalda leise. »Kann ich ein wenig bei euch bleiben? Ich weiß sonst nicht, wohin.« Und dann berichtete sie Titine, was alles vorgefallen war, angefangen von Hermanns Schlaganfall, dem Bankrott der Rummanufaktur bis hin zu der Nacht mit dem Amerikaner.

Und Titine lauschte aufmerksam, unterbrach Mafalda nicht, nahm nur hin und wieder ihre Hand und streichelte sie. Als Mafalda zum Ende gelangt war, sprach sie: »Selbstverständlich kannst du bei uns bleiben, so lange du willst. Aber ich habe während meiner Pilgerei so viel nachgedacht und neue Entschlüsse gefasst. Mein Leben soll so nicht weitergehen. Ich werde Fela suchen, werde …« Sie stockte und schluckte, ehe sie weiterredete: »… ich werde wohl auch Hermann aufsuchen. Er ist mein Bruder, und ich habe ihn sehr vermisst.«

Sie legte den Arm um die Schulter der Schwägerin und drückte sie leicht an sich. »Ich kann verstehen, dass du jetzt noch verletzt bist, aber eines Tages musst du dich den Dingen stellen. Man kann nicht davonlaufen, am wenigsten vor sich selbst.«

Und Mafalda nickte, weil sie wusste, dass Titine nur allzu recht hatte, doch noch fehlten ihr die Kraft und der Mut.

Fünfundzwanzigstes Kapitel

Wo ist sie hin?« Die Stimme von Rick Woolf klang schrill und gellte Carpenter in den Ohren.
»Woher soll ich das wissen?«, fragte der gleichgültig und säuberte dabei seinen linken Daumennagel. »Sie ist weg, ist entehrt, zerstört. Was willst du noch? Vielleicht hat sie sich umgebracht oder ist in ein Kloster gegangen.«
»In ein Kloster?« Rick Woolf wurde blass. Seine Kiefer mahlten, und Carpenter sah, dass er seine Zähne so fest aufeinanderbiss, dass das Kinn ganz angespannt war.
»Ja, in ein Kloster. Natürlich. Was, in aller Welt, erschreckt dich daran so?«
Rick Woolf ließ sich in einen Sessel fallen. Seine Blicke huschten aufgeschreckt durch das Hotelzimmer. Das große Doppelbett war zerwühlt, und ein zerrissenes seidenes Nachthemd zeugte davon, dass der Amerikaner die Nacht nicht allein verbracht hatte. Vor dem Bett knüllten sich maßgeschneiderte Hemden übereinander. Schuhe lagen einzeln daneben, eine Socke hing über dem Lampenschirm. Auf dem Tisch, der sich neben dem Sessel befand,

standen zwei leere Champagnerflaschen und eine Flasche Rum, noch zu einem Viertel gefüllt. Der Aschenbecher quoll über von Zigarren und Zigarettenstummeln, und im ganzen Raum herrschte stickige Luft, gefüllt noch mit den Aromen der Nacht.

»Hörst du mir überhaupt zu? Hey!« Carpenter klopfte mit der flachen Hand auf den Tisch.

»Was?« Rick Woolf blickte Carpenter an, ohne ihn zu sehen.

»Ich wollte wissen, was an einem Kloster so furchtbar wäre. Ich stelle mir das jedenfalls traumhaft vor. Umgeben von lauter keuschen Jungfrauen, die wunderbare Lieder singen, keine Widerworte geben und sich ansonsten um das Seelenheil sorgen, ich sage dir, ich würde auf der Stelle eine Nonne heiraten. Vorausgesetzt, sie ist jung und knackig.«

»Halt die Schnauze!«, schrie Rick Woolf so laut, dass Carpenter das Lachen im Hals stecken blieb. »Du hast ja keine Ahnung, wovon du da redest.«

Carpenter ließ sich von Rick Woolf nicht einschüchtern. »Aber du, was?«, fragte er giftig nach.

Woolf schien mit einem Schlag in seinem Sessel zu schrumpfen. Sein Gesicht wurde grau, die Augen wurden so dunkel und leer wie Brunnenschächte. »Ich weiß, wie es in einem Kloster zugeht, mein Lieber. Ich weiß mehr darüber, als ich je wissen wollte. Und du tust gut daran, nicht mit mir darüber zu streiten.«

Carpenter grinste noch immer. »Jetzt mach dir mal nicht gleich ins Hemd. Du tust ja gerade so, als hättest du selbst in einem Kloster die schrecklichsten Dinge erlitten.«

Rick Woolf fixierte Carpenter mit einem Blick, der den

Dicken tief in den Sessel drückte. »Ist ja schon gut, ist ja schon gut«, winselte Carpenter. »Ich hab's nicht so gemeint.«
Woolf ließ seinen Blick nicht von ihm, dann hob er einen Finger, zeigte auf Carpenters Brust und sagte langsam und mit einem gefährlichen Zischen: »Sprich. Nie. Wieder. In. Meiner. Gegenwart. Über. Ein. Kloster.« Er funkelte Carpenter noch einmal wütend an, dann griff er zu der Zeitung, die auf dem Tisch lag. Er las zerstreut, doch dann ließ er die Zeitung sinken. »Das glaube ich nicht«, stieß er hervor und lachte ein schepperndes Lachen. »Das gibt es doch gar nicht. Diese Leute sind wie Katzen. Sie haben sieben Leben!«
»Was ist denn los?«, fragte Carpenter, der eigentlich beleidigt sein wollte, doch nun ließ ihn die Neugier seine Kränkung vergessen.
»Hier!« Woolf reichte die Zeitung über den Tisch. »Lies selbst.«
Carpenter griff nach dem Blatt und las laut vor: »Dringend gesucht. Folgende Personen werden gebeten, sich bitte umgehend bei Hermann Pescador in Havanna zu melden: Titine Pescador, Mafalda Pescador und der ehemalige Sklave Fela.
Ich, Hermann Pescador, möchte mich schon jetzt in aller Öffentlichkeit bei den oben gesuchten Personen entschuldigen. Der Aufruf soll dazu dienen, Menschen, die sich lieben und getrennt worden sind, wieder zu vereinen. Wer Hinweise zum Aufenthalt von Titine und Mafalda Pescador sowie zu Fela machen kann, erhält eine Belohnung.«
Carpenter legte die Zeitung auf den Tisch und starrte mit

großen Augen auf die Anzeige, die eine halbe Seite einnahm. »Das ist ja beinahe schon romantisch. Irgendwie rührend, oder?«

»Quatsch! Rührend! Dass ich nicht lache. Da pfeift jemand auf dem letzten Loch und greift noch zu den allerniedrigsten Mitteln.«

Carpenter lehnte sich zurück. »Na, wenn du das so siehst, dann hast du dein Ziel ja endgültig erreicht. Alle Fischers sind miteinander zerstritten, haben kein Geld und keinen Einfluss, keine Familie und wahrscheinlich auch keine Freunde mehr. Wenn ich mir vorstelle, dass mir das passiert, ich glaube, ich würde mir das Leben nehmen. Was willst du mehr, Rick?«

Der Amerikaner lehnte sich zurück und schlug die Beine übereinander, so dass der rechte Knöchel auf dem linken Knie zu liegen kam. Er betrachtete angelegentlich seinen Schuh, strich ein unsichtbares Stäubchen davon weg. »Ja, man könnte sagen, dass ich erreicht habe, was ich erreichen wollte. Aber es fühlt sich irgendwie nicht wie ein Sieg an. Noch ist nicht aller Tage Abend, noch sind die Fischers nicht vor mir auf den Knien gekrochen.«

Carpenter schluckte und räusperte sich, als wäre seine Kehle staubtrocken. »Es reicht, Rick. Du hast meiner Meinung nach jetzt schon viel zu viel Zeit und Energie auf die Fischers verschwendet. Lass uns nach New York zurückkehren. Dort warten die Geschäfte, der Whiskey, die Frauen. Lass es gut sein.«

Woolf sprang auf. Seine Augen funkelten wie Schlangenaugen. »Ich bestimme, wann es genug ist, hast du mich verstanden? Und ich finde, dass es noch nicht reicht. Ich werde sie vernichten. So, wie sie mich vernichtet haben!«

Überrascht blickte Carpenter auf. »Wie sie dich vernichtet haben?«, fragte er und rutschte in seinem Sessel hin und her. »Was, in aller Welt, können die Fischers dir denn angetan haben?«

Er beugte sich vor, seine kleinen, rotgeränderten Schweinsäuglein blitzten vor Aufregung, aber Rick Woolf hatte sich schon wieder beruhigt. »Nichts haben sie mir angetan. Es ist alles in Ordnung. Kümmer dich lieber um deinen Kram. Und was New York angeht: Vielleicht hast du recht. Vielleicht sollten wir erst einmal wieder nach Hause fahren. Wenigstens über Weihnachten. Ich glaube, diese Hitze hier bekommt mir auf Dauer nicht. Die seltsamsten Gedanken gehen mir im Kopf herum.«

Sechsundzwanzigstes Kapitel

Cesare klopfte an die Tür, als stünde das Haus in Flammen.

»Was ist denn los?«, fragte Grazia, nachdem sie ihm geöffnet hatte.

Cesare schwenkte eine Zeitung in der Hand. »Habt ihr das gelesen? Sagt, wisst ihr schon, was heute in der Zeitung steht?«

Grazia schüttelte den Kopf. »Wir erhalten keine Zeitung. Die Neuigkeiten erfahren wir auf dem Markt. Was steht denn drin?«

Cesare konnte vor Aufregung kaum sprechen. Er wühlte in den Blättern herum, bis er die richtige Seite gefunden hatte. Mit dem Zeigefinger tippte er so heftig auf eine halbseitige Anzeige, dass das Papier beinahe zerriss. »Da steht es. Das müsst ihr lesen. Es geht um euch, um Mafalda und Titine!«

Grazia nahm ihm die Zeitung aus der Hand und las, was da geschrieben stand. Dann drehte sie sich zum Haus, legte eine Hand seitlich an den Mund und rief nach ihren Mitbewohnerinnen.

Mafalda kam als Erste. Sie trug den kleinen Aurelio auf dem Arm, der noch vom Schlaf warm war und sich die Äuglein rieb. »Ist etwas passiert?«, fragte sie und setzte das Kind ab.

Wortlos reichte ihr Grazia die Zeitung.

Mafalda las stumm. Nur ihre Schultern bebten, die Lippen erbleichten und zitterten, der Busen wogte auf und nieder. Ihre Atemstöße kamen rasch und heftig, und Grazia stützte Mafalda vorsorglich und führte sie zu der Bank. Aber da kam nun auch schon Titine angerannt, das Haar noch feucht.

Grazia nahm Mafalda die Zeitung aus der Hand und reichte sie Titine. Und Titine las, dann brach sie in Tränen aus, umarmte Grazia und sagte immer wieder leise: »Oh, Grazia, ich bin so glücklich. Vielleicht wird jetzt doch noch alles gut.«

»Hast du schon eine Reaktion auf deine Anzeige gehört?«, fragte Joachim Groth, als er am nächsten Morgen bei Hermann vorbeischaute.

»Nein«, erwiderte Hermann und versuchte, nicht allzu niedergeschlagen zu sein. »Wahrscheinlich lesen sie alle keine Zeitung. Es kann dauern, bis jemand sie auf die Anzeige anspricht. Wenn überhaupt.«

»Jetzt lass mal nicht den Kopf hängen, mein Lieber«, tröstete Groth ihn. »Ich zumindest bin schon dreimal darauf angesprochen worden. Einer meiner Agenten aus Santiago de Cuba rief mich an und fragte, ob es sich um die Fischers aus Trinidad handelt. Dann kam noch ein Sekretär meines Kontors und behauptete, er habe Mafalda am 17. Dezember am Ceiba-Baum gesehen. In Begleitung einer älteren kreolischen Frau. Na ja, wer weiß, ob das stimmt. Nun, und zum Schluss blickte das Hausmädchen auf die Zeitung. Sie kann weder lesen noch schreiben, aber die Bilder erkennt sie wenigstens. Sie sagte mir, dass sie einmal ein Kleid gekauft habe von einer Frau, die eine verblüffende Ähnlichkeit mit Titine habe. In einem Viertel nahe dem Friedhof soll das gewesen sein, aber ich glaube ihr nicht, sie ist eine dumme Gans.«

»Willst du mich damit etwa trösten?« Hermann musste wider Willen über Groths Geschichten lächeln. »Ach, was soll's. Sie werden sich melden. Habe ich in einer Woche noch nichts gehört, so werde ich wieder eine Anzeige schalten. Und in der Woche darauf noch eine und immer so weiter, bis ich sie alle gefunden habe. Mein Gott, diese Insel ist ja nun wirklich nicht groß. Es kann nicht sein, dass drei Leute einfach so verschwinden. Aber du bist sicher nicht hier, um mir von der Anzeige zu erzählen, oder?«

»Nein, das bin ich nicht.« Groth bückte sich und holte aus einer schwarzen, ziemlich großen Ledertasche einige Papierrollen hervor. »Schau her, ich habe mit einem Innenarchitekten gesprochen. Nicht mit einem Studierten, aber mit einem Mann, der jahrelange Erfahrungen hat. Hier siehst du unsere Ideen für die Bar.«

Neugierig drehte Hermann die Blätter zu sich um. Er studierte sie eine Weile, nickte hin und wieder, machte »Ah!« und »Oh!« und lehnte sich dann in dem Stuhl zurück. Seine Miene drückte höchste Befriedigung aus. »Du meinst also, wir sollten auf der einen Seite der Barräume die Wände ausbrechen lassen und durch sehr hohe Glasfenster ersetzen? Wie in einer Kirche?«

Groth nickte. »Ich weiß, das hört sich jetzt komisch an, aber ich schwöre dir, dass du damit die Helligkeit, den Charakter der Insel, der Ingenios gut einfängst.«
»Das sehe ich ebenso. Deine Idee gefällt mir ausgesprochen gut. Vielleicht sollten wir aber das Glas weglassen. Es ist beinahe immer so warm, dass man draußen sitzen kann. Die wenigsten Häuser haben Glas in den Fenstern. Ich denke eher an ein paar gewaltige Holzläden, die man nach Ausschankschluss vorlegen kann und die zugleich schützend wirken, wenn sich wieder einmal ein Hurrikan über der Insel austobt.«
»Gut.« Groth war einverstanden. »Dann bestelle ich den Glaser ab und dafür einen Tischler. Was sagst du zu den anderen Zeichnungen?«
Hermanns Blick war in die Ferne geschweift, er selbst in tiefe Nachdenklichkeit versunken. Er sprach, ohne auf Joachim Groths Frage einzugehen: »Am besten wäre es, wenn die ganze Bar etwas von der Atmosphäre eines Ingenios hätte. Durch den Einblick in den Fassraum ist ja bereits ein Anfang gemacht. Wie aber wäre es, wenn wir draußen, vor der Rummanufaktur, ein paar Quadratmeter Zuckerrohr anbauen?«
Groth schüttelte den Kopf. »Das ist neumodischer Schnickschnack. Geeignet vielleicht für die Staaten oder das europäische Festland, wo kein Mensch weiß, wie Zuckerrohr aussieht. Aber wir leben hier im Lande des Zuckers. Nein, der Gedanke gefällt mir nicht besonders.«
»Vielleicht hast du recht. Und doch mag ich es, wenn ich Pflanzen um mich habe. Das lockert die Atmosphäre ein wenig auf. Für eine Bar ist dieser Punkt besonders wichtig.«

»Dann stell ein paar Kübel mit Oleanderblüten in die Ecken und bring die eisernen Kerzenleuchter so an der Wand an, dass ihr Lichtschein auf die Pflanzen fällt. Nun aber sag mir endlich, was du von der Theke hältst!«

Hermann setzte eine Miene auf, die nicht zu deuten war. Er blickte zu Groth, der unruhig wie ein kleiner Junge auf seinem Stuhl zappelte. Dann brach Hermann in Gelächter aus, erhob sich und schlug dem Kaufmann so heftig ins Kreuz, dass dieser nach Luft schnappte. Dabei rief er lauthals: »Die Bar in Form eines Fuhrwerkes, das auf dem Ingenio das Rohr von den Feldern zur Zuckermühle bringt. Das ist wunderbar! Das ist originell, das ist einzigartig. Ich bin begeistert.«

Auch Groth entspannte sich sichtlich. Er deutete auf die kleine Flaschensammlung auf der Anrichte. »Meinst du nicht, dass das ein Grund für ein Gläschen ist?«

»Wann sonst, wenn nicht jetzt«, bestätigte Hermann, öffnete ein geheimes Fach und holte daraus seinen Whiskey hervor, den er vor Jahren einmal von Carpenter geschenkt bekommen hatte. Die beiden Männer tranken sichtlich zufrieden. Dann stellte Hermann sein Glas ab. »Wann können die Handwerker anfangen?«, fragte er.

»Wann du willst. Du brauchst nur einen Ton zu sagen, dann wird der Wandputz angemischt.«

Hermann biss sich kurz auf die Unterlippe. »Für den Rum brauche ich etwas Zeit. Jedoch haben wir noch einige Fässer auf Lager. Wir müssen also nicht auf die neue Ausbeute warten.«

Wieder schweifte Hermanns Blick durch den Raum. Dann fragte er: »Ich würde gern so bald es geht eröffnen. Was meinst du, wie lange die Handwerker für alles brauchen?«

Groth wiegte den Kopf hin und her. »Acht Wochen, vielleicht zwei, drei Wochen mehr, alles in allem. Dann sind auch die Möbel gefertigt, die Tische und die Stühle. Bis dahin werden auch die Gläser und das Geschirr, das ich in Deutschland geordert habe, eingetroffen sein. Ich denke also, es wäre realistisch, den Eröffnungstermin auf den 10. März zu setzen.«

»Der 11. März muss es sein«, erklärte Hermann nachdrücklich.

»Warum der 11. März?«

»Es ist der Geburtstag von Mafalda«, sagte Hermann. »Ich könnte mir kein schöneres Geschenk für sie ausdenken.«

Siebenundzwanzigstes Kapitel

Morgen«, beschloss Titine. »Morgen werden wir wirklich zu Hermann gehen. Einmal muss es sein, Mafalda, du kannst die Begegnung nicht länger hinauszögern.«

Mafalda seufzte. Sie wusste, dass Titine recht hatte, und im Grunde sehnte auch sie sich so sehr nach Hermann, dass es ihr beinahe die Brust sprengte. Aber zuvor musste sie noch eine Beichte ablegen. Und diese Beichte würde ihr alles an Mut abverlangen, was sie derzeit aufbrachte. Seit Tagen schon wartete sie auf eine Möglichkeit, um mit Titine zu sprechen, aber immer wieder ließ sie die Gelegenheit verstreichen. Großer Gott, sie hatte solche Angst, Titine alles zu gestehen, dass ihr schlecht wurde, wenn sie nur daran dachte.

»Was ist mit dir?«, fragte Titine. »Du bist mit einem Mal so blass.«

Mafalda schluckte. Jetzt musste es sein. Jetzt oder nie. »Setz dich zu mir auf die Bank«, sagte sie leise. »Es gibt da noch etwas, das ich dir sagen muss.«

Titine hob fragend die Augenbrauen, aber sie setzte sich, legte die Hände in den Schoß und wartete.
»Erinnerst du dich an damals, als du zum ersten Mal schwanger warst?«, fragte sie, gab sich aber die Antwort gleich selbst. »Natürlich erinnerst du dich. Wie auch nicht? Du hast eine Tochter zur Welt gebracht, und … und …« Sie brach ab, rang die Hände, sandte flehende Blicke zum Himmel.
»Was und?« Titine spannte den Körper an, als hätte sie schon jetzt Angst vor dem, was sie gleich hören würde.
»Wir sagten dir, dass deine Tochter tot wäre, gestorben bei der Geburt. Hermann und ich dachten, dass es das Beste für dich und das Kind wäre.« Wieder brach sie ab, rang stumm nach Worten.
»Und?« Titines Ton klang angestrengt und ein wenig ängstlich.
Mafalda griff vorsichtig nach Titines Hand, aber Titine entzog sie ihr. »Und?«, fragte sie erneut.
»Das Mädchen ist nicht gestorben«, flüsterte Mafalda und wagte es dabei nicht, ihrer Schwägerin in die Augen zu sehen. »Ich habe sie zu guten Leuten gebracht, die sie aufgezogen haben. Sie hatte alles, was sie zum Leben brauchte. Ja, sogar eine gute Schulbildung haben wir ihr ermöglicht.«
Vorsichtig blickte sie Titine an. Was hatte sie erwartet? Dass Titine aufsprang, sich die Haare raufte, auf die Brüste schlug und in lautes Wehklagen ausbrach? Dass sie der Schwägerin ins Gesicht schlug und sie aus dem Haus warf? Sie wusste es nicht, sie wusste nur, dass das, was jetzt geschah, schlimmer war als alles, was sie sich vorgestellt hatte. Titine saß neben ihr, starr und stumm

wie ein Fisch, und ließ große Tränen in ihren Schoß tropfen.
»Verzeih mir, bitte, wenn du kannst«, flüsterte Mafalda. »Wir wollten dir und dem Kind nichts Böses. Wir wollten nur, dass alles so bleibt, wie es damals war. Ich weiß, dass wir schwere Schuld auf uns geladen haben. Ich weiß, dass wir das niemals wiedergutmachen können …«
Behutsam kroch Titines Hand hinüber, griff nach Mafaldas Hand und drückte sie fest. Dann brach Titine in offenes, herzhaftes Weinen aus und flüsterte dabei ununterbrochen: »Ich habe es gewusst. Ich wusste immer, dass sie nicht tot ist. O mein Gott, oh, alle Götter, ich danke euch so sehr.«
Dann drehte sie ihren Oberkörper Mafalda zu und sagte mit gepresster Stimme: »Erzähl mir von ihr. Alles. Lass nichts aus.«
»Sie heißt Rafaela«, begann Mafalda. »Und sie ist wunderschön, klug und von einem so freundlichen Wesen, dass sich jeder in ihrer Gegenwart wohl fühlt. Sie lebt bei uns, also bei Hermann, ist seit dem Schlaganfall seine Gesellschafterin. Sie allein vermag es, Hermann ein Lächeln ins Gesicht zu zaubern.«
»Weiß sie, wer sie ist?« Titines Stimme klang kläglich dünn.
Mafalda schüttelte den Kopf. »Nein. Wir haben ihr nichts gesagt. Wir wollten den richtigen Zeitpunkt abwarten. Sie liebt die Leute, die sie aufgezogen haben. Wir wollten nicht noch mehr zerstören.«
»Rafaela«, flüsterte Titine und lächelte schmerzlich. »Rafaela. Wer hat sie so genannt?«
Mafalda schluckte. »Ich war das. Ich habe sie auf den Na-

men Rafaela taufen lassen, weil du mir einmal sagtest, dass du dein Ungeborenes so nennen wolltest, wenn es ein Mädchen würde.«

Titine nickte, regte sich kaum und wurde doch von den Empfindungen des Augenblicks regelrecht durchgeschüttelt. »Lass mich allein«, bat sie schließlich. »Ich brauche jetzt ein wenig Zeit für mich.«

Mafalda erhob sich. Es zerriss ihr das Herz, wenn sie Titines Qual sah. Oh, was hatte sie ihr nur angetan! Was für ein herzloser Mensch war sie gewesen, obgleich sie es doch nur gut gemeint hatte. Oh, wenn sie es doch rückgängig machen könnte! Sie würde einen Arm oder ein Bein dafür geben.

Sie räusperte sich, doch Titine sah nicht auf. »Geh jetzt!«, wiederholte sie nur.

»Einen Satz noch: Hermann weiß nicht, dass Rafaela seine Nichte ist. Aber auch ohne dieses Wissen liebt er sie, wie ein Onkel seine Nichte lieben sollte.« Mit diesen Worten ging sie.

»Nun, wie steht es?« Joachim Groth hatte gerade die Rummanufaktur betreten und sah sich erstaunt um. »Meine Güte, du musst geschuftet haben wie ein Ochse. Die Handwerker sind vollkommen erschöpft.«

Hermann lachte. »Und das tut mir nicht einmal leid. Schau nur, wie es hier aussieht. Ist es nicht wunderschön? Die schönste Bar, die du je gesehen hast?«

Groth sah sich um. Zwei Wände waren eingerissen, der Putz angemischt, aber noch nicht aufgetragen, der Boden an manchen Stellen aufgebrochen. Es sah aus wie nach einem Hurrikan, von Schönheit keine Spur. Aber Her-

mann, das erkannte Joachim Groth, sah mit den Augen der Phantasie.
Groth nickte. »Da hast du recht, und ich hätte auch niemals gedacht, dass du so schnell vorankommen würdest. Morgen ist Weihnachten. Bis zur Eröffnung wird alles perfekt sein.«
»Fast alles«, erklärte Hermann.
»Du meinst Mafalda, nicht wahr?«
»Ja, ich habe noch immer nichts von ihr gehört. Und morgen ist der Heilige Abend.«
Groth zuckte mit den Achseln. »Sie werden sich melden. Alle drei. Du wirst sehen.«
Hermann hob die Hände. »Wenn ich nur wüsste, was ich tun soll! Ich habe sogar Geschenke gekauft. Die goldene Taschenuhr meines Vaters habe ich dafür versetzt. Mafalda soll ein neues Umschlagtuch erhalten, für Titine habe ich weiße Atlasschuhe besorgt, die liebte sie als Kind schon. Sogar an Rafaela habe ich gedacht. Sie bekommt ein Silberkettchen mit einem Kreuz daran.«
Er klang so traurig, dass Groth den Kopf senkte. Dann sagte der Kaufmann: »Wir erwarten dich jedenfalls in unserem Haus. Wir werden in diesem Jahr Weihnachten feiern wie zu Hause in Deutschland. Meine Frau hat schon die Gans gefüllt. Wir würden uns freuen, wenn du unser Gast wärst. Und bring bitte Rafaela mit.« Wenn er erwartet hatte, dass sich Hermanns Gesicht nun entspannte, so sah er sich getäuscht. Mit hängenden Schultern stand er da wie ein Kind, das auf dem Jahrmarkt seine Eltern verloren hatte.
Groth drehte seinen Hut in der Hand. »Ich muss gehen. Du weißt schon, meine Frau hat noch einige Aufgaben für mich. Wir erwarten dich also morgen. Bis dahin.«

»Auf Morgen«, sagte Hermann leise und hob grüßend die Hand. Dann aber, kaum war die Tür hinter Joachim Groth ins Schloss gefallen, begann er mit der Arbeit. Er schuftete wie ein Brunnenputzer und ging erst nach Hause, als jeder seiner Knochen schmerzte.

In New York legte unterdessen ein Schiff an, das von Havanna aus in See gestochen war. Gleich zuvorderst verließen zwei Männer das Schiff und stiegen in eine vornehme Kutsche, die am Kai bereits auf sie wartete.
»Wie froh ich doch bin, wieder zu Hause zu sein«, meinte Carpenter. »Obwohl mir die Wärme auf der Insel gutgetan hat. Mein Gott, ich hasse den Winter in New York, wenn der Wind durch die Straßen pfeift und die Schneeflocken waagerecht fliegen, dass man meinen könnte, man wäre im tiefsten Sibirien.«
»Du brauchst dich gar nicht erst an die Kälte gewöhnen«, erwiderte Rick Woolf. »Schon bald werden wir nach Kuba zurückkehren.«
Carpenter blickte Woolf von der Seite her an. Dann sprach er endlich die Worte aus, die ihm schon so lange auf der Seele brannten: »Nein, Rick, ich werde nicht nach Kuba zurückkehren. Meine Arbeit dort ist getan. Die Interessen, die du jetzt noch dort verfolgst, sind wohl eher privater Natur. Es hat mir zugesetzt, wie du mit diesen Leuten, diesen Fischers, umgegangen bist. Aber nach der Vergewaltigung war bei mir Schluss. Theodor, sagte ich nach dieser Nacht bei mir. Theodor, das ist nicht mein Geschäft. Ich bin Handelsagent, bringe Geschäftspartner zusammen und dergleichen mehr. Ein Mensch aber ist kein Geschäft, und so bin ich auch nicht dafür zuständig.

Verstehst du, Rick? Wenn du mich in Geschäften brauchst, bin ich nach wie vor für dich da. Aber ich möchte nichts mehr mit den Fischers auf Kuba zu tun haben.« Ganz offensichtlich fiel es ihm schwer, diese Sätze auszusprechen, denn auf seine Stirn traten Schweißperlen und seine Hände zitterten leicht.
»Gut«, war alles, was Rick Woolf darauf zu erwidern hatte. »Dann werde ich dir Nachricht senden, wenn ich etwas für dich zum Verhandeln habe. Ich aber werde spätestens im März nach Kuba zurückkehren. Meine Aufgabe dort ist noch nicht erfüllt.«
Carpenter seufzte. »Noch immer habe ich keinen blassen Schimmer, was die Fischers dir eigentlich angetan haben, um einen so großen Zorn zu erregen. Aber es geht mich auch nichts an. Ich bitte dich als Freund, der es gut mit dir meint: Überleg dir gut, ob du in dieser Hinsicht so weitermachen willst wie bisher. Du hast diese Familie genug bestraft. Lass es nun gut sein und wende dich deinen Geschäften zu. Dieser Zorn vergiftet dich am Ende sonst noch ganz und gar.«
Woolf zuckte die Schultern. »Ich danke dir, Theodor. Du hast mir große Dienste erwiesen. Aber in der Angelegenheit auf Kuba wirst du mich nicht mehr beraten, dafür brauche ich jemanden, der mehr Arsch in der Hose hat als du. Nun sind wir gleich bei deinem Zuhause angelangt. Ich wünsche dir also ein wundervolles Weihnachtsfest und ein gesundes neues Jahr.«
Obwohl Rick Woolf nichts dergleichen gesagt hatte, wusste Carpenter, dass er hiermit entlassen war. Doch das machte ihm nichts aus, im Gegenteil, er fühlte sich unendlich erleichtert. So erleichtert, dass er Rick Woolf

herzlich die Hand reichte und mit guten Wünschen überschüttete. Dann hielt schon die Droschke, der Kutscher lud Carpenters Gepäck ab und fuhr weiter, während Carpenter noch lange auf dem schneebedeckten Bürgersteig stand, der Kutsche nachsah und wusste, dass er Rick Woolf nie wiedersehen würde.

Achtundzwanzigstes Kapitel

Titine lebte nun schon so viele Jahre auf der Karibikinsel, doch wenn Weihnachten vor der Tür stand, geschahen mit ihr zwei Dinge. Zum einen packte sie das Heimweh. Sie erinnerte sich wehmütig an die Weihnachten zu Hause, als ihre Eltern noch lebten. Sie konnte sich sogar noch den Duft des Weihnachtsbaumes, der Plätzchen und der gebratenen Gans in Erinnerung rufen. Sie hörte das stille Fallen des Schnees, sah das Glitzern der Eiskristalle im Mondlicht, hörte die Schellen der Schlitten klingeln.

Und zum anderen wunderte sie sich seit Jahren darüber, wie auf Kuba Weihnachten gefeiert wurde. Europäisch irgendwie und doch ganz anders. Manche Leute schmückten Palmenwedel mit Orangen und glitzerndem Papier, einige hängten sogar Strohsterne an die Bäume. Strohsterne, die, wie Titine dachte, eigentlich Schneeflocken nachempfunden sind. Schneeflocken. So etwas hatten die Einheimischen noch nie gesehen. Welche Bedeutung könnten also für sie Strohsterne haben? Einige steckten sogar Kerzen an die Palmen, und obwohl Titine auch das karibische Weihnachten schätzte, bei dem es an manchen Orten Brauch war, vor der Messe im Meer zu baden, so hatte dieses Fest doch nichts, rein gar nichts mit den erhebenden Gefühlen zu tun, die sie in Deutschland immer ergriffen hatten. Auch die Weihnachtslieder fehlten ihr. Es gab zwar einige, die ins Spanische übersetzt worden waren, aber *Leise rieselt der Schnee* klang in der Karibik einfach nicht so, wie es zu Hause klang. Heute nun war Weihnachten. Sie war aufgeregt. Aufgeregt wie schon lange nicht mehr. Mafalda und sie hatten beschlossen, am Nachmittag zu Hermann zu gehen. Sie hatten sogar ein paar kleine Geschenke für ihn gekauft. Doch Titines Herz klopfte. Sie hatte ein wenig Furcht vor dieser Begegnung, denn sie wusste, auch wenn sie ihm alles verziehen hatte, so würde ihr Verhältnis niemals wieder das alte werden. Und Fela fehlte. Oh, wie sehr ihr Fela fehlte! Er war Aurelios Vater, er musste doch sehen, wie sich der Kleine über eine neue Trommel freute. Wenn Titine daran dachte, musste sie mit den Tränen kämpfen.

Mafalda betrat das Zimmer, und Titine wischte sich mit einem Taschentuch über das Gesicht. »Und, bist du fertig?«, fragte Titine die Schwägerin.

Mafalda zog ein betrübtes Gesicht. »Meinst du wirklich, wir sollten heute zu ihm gehen? Ich habe ihm Hörner aufgesetzt. Es kann nicht sein, dass er mir das verziehen hat. Zumal er die Umstände nicht kennt.«

Titine setzte sich auf die Bettkante, zog Mafalda neben sich. »Ich verstehe dich«, sagte sie. »Aber wir zögern die Begegnung schon eine ganze Weile hinaus. Meinst du nicht, dass das Weihnachtsfest, das Fest des Friedens und der Liebe, ein geeigneter Zeitpunkt wäre?«

Mafalda sah auf ihren Schoß und knüllte ein Taschentuch in ihren Händen. »Was ist, wenn er nicht da ist? Wenn er in der Kirche ist? Oder eingeladen?«

Titine griff nach Mafaldas eisiger Hand. »Wir wissen, wann Hermann in die Kirche geht. Er tut es immer um Mitternacht, zur Mitternachtsmesse. Diese Gewohnheit wird er nicht abgelegt haben. Und wer sollte ihn einladen? Du hast selbst gesagt, dass ihr in den letzten Jahren kaum Kontakt mit anderen hattet.«

Mafalda saß weiter starr da und wirkte so hilflos wie ein Kind.

Plötzlich sprang Titine auf: »Denkst du, mir fällt das alles leicht?«, fragte sie sanft. »Aber wir müssen es tun. Meinst du, es würde dir besser zumute sein, wenn ich oder wenn wir gemeinsam heute Morgen zu Joachim Groth gehen würden? Wenn überhaupt jemand eine Ahnung hat, wo Hermann heute Abend sein könnte, dann am ehesten er. Außerdem wird er vielleicht wissen, wie es Hermann in den letzten Tagen ergangen ist. Immerhin bist du nun schon seit einer Woche nicht mehr zu Hause gewesen.«

Mafalda hob den Blick. Ein leiser Hoffnungsschimmer glomm in ihren Augen. »O ja, das ist eine gute Idee. Lass uns gleich zu Don Joachim gehen. Zwar hat er mich in der letzten Zeit nicht gerade wie eine Freundin behandelt, aber die ganzen Jahre zuvor war er uns sehr nahe. Wir könnten ein Geschenk für ihn vorbeibringen. Was meinst du? Dann sehen wir nicht wie Bittsteller aus.«

Titine lächelte. »Ich habe noch einige selbstgebastelte Strohsterne da. Ob er sich darüber freuen würde? Ob es ihn an die alte Heimat erinnert?«

»Ganz gewiss. Lass uns gleich aufbrechen.«

Neunundzwanzigstes Kapitel

Fela hatte geschuftet wie ein Tier. Tagsüber nagelte, klopfte, mauerte, hämmerte und zimmerte er, bis er bei Sonnenuntergang vollkommen erschöpft auf sein Lager sank. Andreas Winkler hatte Wort gehalten. Er hatte ihm ein halbes Dutzend Männer geschickt, die sich inzwischen mühten, die Zuckerrohrfelder wieder urbar zu machen. Sogar zehn Dutzend Setzlinge hatte er aufgetrieben. Das war nicht viel, war nicht mehr als ein Tropfen auf den heißen Stein, aber für Fela war es ein Zeichen der Hoffnung, ein Neubeginn.

Er hatte die Fensterläden repariert, ein paar Dielenbretter ausgebessert, die Löcher im Dach gestopft und die Wände im Schlafzimmer neu geweißt. Außerdem hatte er sich bemüht, die anderen Zimmer so wohnlich wie möglich zu machen.

Der erste Eindruck hatte getäuscht. Das Verwalterhaus war nicht so marode, wie es ihm am Anfang erschienen war, aber es blieb noch einiges zu tun. Die Korbmöbel auf der Veranda mussten repariert und gestrichen werden, in der Küche musste nach dem Herd gesehen werden und viele Dinge mehr.

»Sag mal, machst du eigentlich nie Pause?«

Fela fuhr herum und blickte geradewegs in Dr. Winklers strahlendes Gesicht. »Nur, wenn ich zu müde zum Arbeiten bin.«

»Isst du wenigstens hin und wieder etwas?« Der Arzt betrachtete besorgt Felas sehnigen Oberkörper, an dem nicht ein einziges Gramm Fett hing.

Fela lächelte. »Dank dir und deiner wunderbaren Köchin werde ich nicht verhungern. Das Essen, das mir deine Männer jeden Tag bringen, schmeckt köstlich. Richte der Köchin meinen Dank aus. Wenn ich nicht schon vergeben wäre, würde ich mich um sie bewerben.«

Dr. Winkler lachte. »Oh, dann würdest du mir aber immens ins Gehege kommen. Die Köchin mit all ihren Vorzügen gehört mir, und denk nicht einmal im Traum daran, von ihr mehr zu erhoffen als gutes Essen. Aber im Ernst: Wie geht es voran?«

Winkler setzte sich auf den Verandastuhl, den Fela gerade frisch geleimt hatte, und sah sich um. »Das Haus wirkt von außen schon wieder richtig freundlich. Du hast die Läden repariert, die Tür hängt nicht mehr in der Angel, der Boden ist glatt wie ein Tanzparkett. Sogar die Löcher im Dach sind verschwunden. Was willst du tun, wenn du fertig bist?«

Fela kratzte sich am Kopf und setzte sich auf die Verandastufen. »Ich weiß es, ehrlich gesagt, nicht. Ich möchte zu Titine, muss sie finden, das weiß ich. Aber ich habe keine Ahnung, wie das gelingen kann.«

Andreas Winkler holte eine Zeitung aus seiner Rocktasche: »Dann lies mal, was hier steht.«

Fela runzelte misstrauisch die Stirn, nahm dann die Trinidader Zeitung und las darin Hermanns Anzeige.
Verblüfft riss er die Augen auf. »Glaubst du, er meint das ernst?«, fragte er den Arzt.
Dr. Winkler nickte. »Ich denke schon. Es ist viel passiert. Die Dinge ändern sich, die Menschen ändern sich.«
»Du meinst also, ich sollte nach Havanna fahren?«
»Willst du denn?«, fragte Dr. Winkler zurück.
Fela verzog das Gesicht. »Ich habe keine große Lust, Hermann Fischer wiederzubegegnen. Bisher glaubte ich sogar, dass die Insel zu klein ist für uns beide. Aber jetzt denke ich nur an Titine und an mein Kind, das ich noch nicht einmal kenne. Das Leben wird weder leichter noch fröhlicher, wenn man auf Rache sinnt. Hermann ist mir inzwischen egal, aber um Titine zu finden, würde ich alles tun.« Er grinste ein wenig. »Außerdem ist es noch immer sein Ingenio. Zumindest fragen müsste ich ihn, ob ich hierbleiben darf.«
Dr. Winkler stand auf, zog seinen Rock glatt. »Dann ist die Sache wohl geklärt.«
»Ich verstehe nicht.« Fela blickte den Arzt misstrauisch an.
»Ganz einfach, du fährst nach Havanna. Mit dem nächsten Zug. Es ist noch früh am Tage. Wenn alles gutgeht, bist du am Abend in der Hauptstadt.«
»Nein!« Fela schüttelte energisch den Kopf. »Nein. Das ist zu früh. Viel zu früh. Hier ist noch nicht alles fertig. Die Felder, wir brauchen noch mehr Setzlinge, ich muss das Rohr erst auf dem Halm sehen. Und das Kinderzimmer ist auch noch nicht fertig.«
»Du hast also Angst«, stellte Andreas Winkler fest und

grinste über das ganze Gesicht. »Dachte ich es mir doch. Stark und mutig genug, zwei Jahre allein in den Wäldern zu leben, aber zu feige, um allein nach Havanna zu fahren.«

»Du verstehst das nicht, Andreas. Ich möchte für Titine ein Zuhause schaffen. Und für unser Kind.«

Dr. Winkler betrat das Haus, schlenderte in die Küche, schaute in den Salon. »Du hast recht, es ist noch einiges zu tun, aber ich bin sicher, dass Titine zwar eine ungewöhnliche Frau ist, aber nicht so ungewöhnlich, dass sie die Auswahl der Vorhänge einem Mann überlassen will.«

Hilflos hob Fela beide Hände. »Das Kinderzimmer. Wir brauchen ein Bett, ein wenig Spielzeug.«

Andreas Winkler wandte sich um, packte Fela bei den Schultern und führte ihn zum Fenster. »Siehst du den Karren dort?«

Fela nickte.

»Darauf ist das Bett von unserem Jüngsten. Er ist inzwischen zehn und findet, er sei alt genug für ein Erwachsenenbett. Ein wenig Spielzeug ist auch dabei, dazu ein kleiner Tisch und zwei kleine Stühle. Mehr braucht dein Kind fürs Erste nicht. Außerdem hat mein Weib ein wenig Wäsche zusammengepackt. Nur das Nötigste, bis ihr euch eingerichtet habt.«

»Aber … aber …«, stammelte Fela. »Aber wie soll ich das jemals alles bezahlen?«

Andreas Winkler lachte. »Die wundervolle Köchin und ich schenken euch diese Dinge zu Weihnachten. Doch im Grunde bringe ich dir das alles aus purem Eigennutz. Wir haben euch vermisst hier. Wie froh wäre ich, wenn Titine und du hier wieder heimisch werden würdet. Wir sehnen uns geradezu nach einer guten Nachbarschaft. Und ewig wollte ich auch nicht auf den Ingenio aufpassen. Also bedank dich, pack deine paar Sachen, dann bringe ich dich zum Zug.« Er holte seine Uhr, die an einer langen Kette hing, aus seiner Tasche und blickte darauf. »Du solltest dich beeilen, falls du nicht doch zu feige bist.«

Dreißigstes Kapitel

Das Haus der Kaufmannsfamilie Groth glänzte schon am hellen Vormittag in weihnachtlich-karibischem Glanz. In den Fenstern standen Nussknacker aus dem Erzgebirge, in der Eingangshalle war eine riesige Krippe aufgebaut, und im Patio waren die Bäume und Sträucher mit allerlei kleinen geschnitzten Figuren, Blechengeln und Silberfäden behangen. Das Dienstmädchen trug eine frisch gestärkte Schürze und hatte Mehlstaub im Gesicht. Im ganzen Haus roch es nach Zimtsternen, Vanillekipferln und Mürbeteigplätzchen.

Groth kam aufgeräumt auf Mafalda und Titine zu. Er strahlte über das ganze Gesicht, als er die beiden Frauen erblickte. »Was für eine wundervolle Weihnachtsüberraschung!«, rief er aus. »Wenn das so weitergeht, dann fange ich wieder an, an das Christkind zu glauben. Kommt herein, meine Lieben, immer herein.«

Er umarmte Titine, hielt sie an den ausgestreckten Armen von sich und überschüttete sie mit Komplimenten.

Bei Mafalda zögerte er kurz, und schon hatte die junge

Frau das Gefühl, auch er hielte sie für eine entehrte, schandbare Frau. Dann aber ergriff er ihre beiden Hände und sagte leise zu ihr: »Ich habe gehört, was Ihnen geschehen ist. Bitte glauben Sie mir, Sie tragen nicht die geringste Schuld. Rick Woolf ist ein Schwein. Und Sie sind und bleiben eine Frau von großer Würde und mit großem Stolz.«

Verblüfft blickte Mafalda ihn an, und Joachim Groth zog auch sie jetzt in seine Arme und sagte: »Sie glauben gar nicht, wie froh ich bin, dass Sie gekommen sind. Ich stehe tief in Ihrer Schuld. Aber jetzt hat der Weihnachtsengel Sie und Ihre Schwägerin hergesandt. Dafür danke ich Gott auf Knien.«

Mafalda verstand gar nichts mehr. Sie hatte befürchtet, Groth würde ihr im schlimmsten Falle die Tür weisen, doch er führte sie sanft am Arm in den Patio und beauftragte das Dienstmädchen, heiße Schokolade mit Zimt und einen Teller mit Plätzchen zu bringen.

Dann saßen sich die drei schweigend gegenüber. Schließlich war es Groth, der das Wort ergriff: »Ich bin so froh, dass Sie beide gekommen sind. Am liebsten würde ich Sie gar nicht wieder fortlassen. Trotzdem frage ich mich, ob ein besonderer Anlass Sie zu mir geführt hat.«

Titine schluckte. Sie saß kerzengerade auf ihrem Stuhl, die Hände ordentlich im Schoß gefaltet. Sie wirkte stark. Nicht mehr wie das junge, etwas unsichere Mädchen, das sie in Trinidad gewesen war. »Wir kommen, Don Joachim, in erster Linie wegen der Anzeige meines Bruders. Ich nehme an, Sie wissen davon?«

Groth nickte. »Ich habe sogar geholfen, sie zu formulieren.«

»Und Sie sind sicher, dass er seine Worte ernst meint?« Titine sah dem Kaufmann gerade und aufrecht ins Gesicht.
»Ich kann verstehen, dass es Ihnen nicht leichtfällt, Ihrem Bruder und Ehemann wieder zu vertrauen. Aber ich kann Ihnen versichern, dass er sich innerhalb einer Woche geändert hat. Ja, man kann sagen, sein ganzes Leben hat er innerhalb einer Woche umgekrempelt.«
Mafalda runzelte die Stirn. »Was meinen Sie damit, Don? Es geht ihm doch gut, oder?«
Groth lehnte sich zurück. »Ich denke, seit Jahren ging es ihm nicht besser. Er ist ins Leben zurückgekehrt.«
»Wie das?« Mafalda wusste noch immer nicht, was sie von Groths Worten halten sollte.
»Darf ich offen sprechen?«
»Ich bitte Sie darum.«
»Vor einer Woche also erhielt Hermann ein Paket mit Ihren Kleidern. Es kam aus dem Hotel Imperial. Auch ich erhielt ein solches Paket, unter anderem war Ihre Haarspange darin, Mafalda. Ich wusste, wer der Absender war. Rick Woolf. Ein Mann, mit dem ich Geschäfte gemacht hatte, der mir viel Reichtum gebracht hat. Doch der Preis, den ich dafür zu zahlen hatte, war sehr hoch. Er hat mich erpresst. Das ist der Grund dafür, meine liebe, verehrte Mafalda, warum ich Sie unbedingt nach Deutschland schicken wollte. Ich hatte Angst um Sie, dachte, nein, ich wusste es beinahe, dass Rick Woolf Sie ins Unglück stürzen wollte. Nicht zu Anfang. Erst in den letzten Wochen habe ich seine wahren Beweggründe erkannt. Zuerst freute ich mich sogar über die guten Geschäfte, die er über Mister Carpenter mit Hermann aus-

gemacht hatte. Erst nach und nach wurde mir klar, dass etwas anderes hinter diesen Geschäften stand. Ich begriff erst vor einer Woche zur Gänze, dass er die Fischers vernichten will.«

Mafalda schüttelte den Kopf. »Aber aus welchem Grund denn? Ich kannte den Mann doch gar nicht. Ich habe ihm nichts getan.«

»Nun, den Grund kenne ich auch nicht. Aber die beiden Pakete aus dem Hotel gaben den Ausschlag. Ich habe mich nicht länger erpressen lassen. Sie können es ruhig wissen. Ich habe ein Kind mit einer Prostituierten. In all den Jahren habe ich diesen Fehltritt, der übrigens sehr gut gelungen ist, meiner Frau nicht beichten können. Und so hatte Woolf mich in der Hand. Aber nun weiß Marianne alles. Sie hat mir verziehen und mir damit den Weg frei gemacht, wieder ein anständiger Mensch zu werden. Aber ich will Sie nicht länger mit meinen Geschichten langweilen. Kommen wir also zu endlich zum Grund Ihres Besuches, zu Hermann.«

Er blickte zu Titine, die noch immer kerzengerade auf ihrem Stuhl saß, und von ihr zu Mafalda, die vor Aufregung ihr Taschentuch in den Händen knüllte.

»Wie gesagt, auch Hermann bekam ein Paket. Und dieses Paket war für ihn so etwas wie eine Rückkehr ins Leben.«

»Wie bitte? Wie das?« Jetzt rutschte Mafalda aufgeregt auf ihrem Stuhl hin und her.

»Er begriff, wie er mir erzählte, dass er Sie, meine liebe Mafalda, seit Jahren sträflich vernachlässigt hatte. Sie trugen die gesamte Last auf Ihren schmalen Schultern. Er sprang regelrecht aus dem Bett, wenn man so sagen darf, rief nach Rafaela und machte sich sogleich auf den Weg, um Sie zu suchen. Es war ihm gleichgültig, was mit Rick Woolf geschehen war. Er hatte nur einen Gedanken: Sie, meine Liebe. Er suchte Sie zusammen mit Rafaela in der ganzen Stadt. Doch nirgends waren Sie zu finden. Nicht am Ceiba-Baum, nicht in der Rummanufaktur, nicht in der Kirche. Hermann war am Boden zerstört. Er gab sich die Schuld an allem, was geschehen war. Während seiner Krankheit hatte er viel Zeit zum Nachdenken, und ich bin fest davon überzeugt, dass auch Hermann sich verändert hat. Nur ein einziger Wunsch bewegt ihn derzeit: seine Familie – und dabei schließt er Fela ausdrücklich mit ein – wieder vereint zu sehen.«

Während dieser Worte waren sowohl Titine als auch Mafalda Tränen in die Augen getreten. Die Frauen wussten nicht, was sie sagen sollten. Die Rührung hatte sie verstummen lassen. Joachim Groth ließ ihnen eine kleine Weile, um sich zu sammeln, ehe er vorschlug: »Heute Abend findet in diesem Haus ein kleines, sehr familiäres Weihnachtsessen statt. Nur meine Frau, meine Kinder, Hermann und natürlich Rafaela werden anwesend sein. Es wäre mir eine große Ehre und besondere Freude, wenn auch Sie beide dazukämen. Und natürlich wäre es ganz und gar wunderbar, wenn Sie, liebe Titine, auch Ihr Kind mitbrächten. Es müsste jetzt bald drei Jahre alt sein, nicht wahr?«

Titine konnte nur nicken. Die Gefühle tobten so stark in ihr, dass sie keine Worte fand. »Es … es ist ein Junge. Er heißt Aurelio«, stammelte sie.

»Dann freue ich mich sehr darauf, den kleinen Aurelio endlich kennenzulernen«, erklärte Joachim Groth und fuhr fort: »Gehe ich recht in der Annahme, dass auch die Kreolin Grazia zu Ihrem Haushalt zählt?«

Titine nickte abermals nur.

»So würden meine Frau und ich mich glücklich schätzen, auch sie auf unserem kleinen Fest begrüßen zu dürfen.«

Einunddreißigstes Kapitel

Fela fühlte sich ein wenig unwohl in dem feinen Anzug aus hellem Leinen, den er von Andreas Winkler geborgt hatte. Die Weste saß ihm etwas zu schlotternd, der gestärkte Kragen des Hemdes kratzte ihn am Hals. Er fuhr mit dem Zug nach Havanna und sah die ganze Zeit über aus dem Fenster, doch er nahm weder die Landschaft noch die Mitreisenden wahr.

Stattdessen quälten ihn mit einem Mal die schrecklichsten Ängste. Was wäre, wenn Titine gar nicht mehr mit ihm leben wollte? Sie war eine so schöne Frau. Es konnte gut möglich sein, dass sie einen anderen Mann kennengelernt hatte. Er zumindest hatte sich nicht gerade zu seinem Vorteil entwickelt. Die Narbe, die er gleich Hermann im Gesicht trug, verunstaltete ihn. Er selbst fand sich so abstoßend, dass er es nur schwer ertrug, sich in einem Spiegel zu betrachten. Im Wald war dieser Makel kein Hindernis gewesen. Doch nun, da er sich wieder unter Menschen bewegte, bemerkte er die vielen Blicke und die vor Widerwillen verzogenen Mienen der anderen Leute.

Doch selbst wenn Titine ihn noch liebte, würde sie dann mit ihm nach Trinidad gehen wollen? Oder gefiel ihr das Leben in der Stadt so gut, dass sie sich nicht mehr vorstellen konnte, auf dem Land zu leben?
Und Hermann. Was würde er sagen, wenn er erfuhr, dass er versuchte, den Ingenio wieder auf die Beine zu bringen? Fela hatte eigenmächtig gehandelt, das wusste er. Doch solange niemand Rechenschaft für sein Tun gefordert hatte, fühlte er sich auf dem rechten Weg. Jetzt sah die Sache anders aus, denn immerhin bewohnte er ein Haus, das ihm nicht gehörte, und bepflanzte Felder, deren Eigentümer er nicht war.
Aber was hätte er sonst tun sollen? Er musste doch für Titine und das Kind ein Heim schaffen, ehe er sich überhaupt zu ihr wagen durfte. Würde ihm Hermann das verzeihen? Würde er einverstanden sein, dass Fela seinen Ingenio bewirtschaftete? Oder war die Anzeige eine Falle, um Fela nun doch noch an die Polizei auszuliefern? So viele Fragen, so wenige Antworten. Eines aber wusste Fela ganz genau. Er würde erst zu Joachim Groth gehen und in Erfahrung bringen, ob ihm von Hermann Unheil drohte. Es konnte, es durfte nicht sein, dass er so kurz davor war, seine geliebte Frau und sein Kind zu sehen, um dann doch noch im letzten Augenblick wie ein Schwerverbrecher verhaftet zu werden.
Trotz aller Befürchtungen und aller Ängste brannten in seinem Herzen eine stille Vorfreude und eine große Hoffnung. Er würde Titine wiedersehen, das fühlte er. Zumindest aber würde er Havanna nicht eher verlassen, als bis er sie und sein Kind gefunden hatte.
Es dämmerte bereits, als der Zug den Bahnhof von Ha-

vanna erreichte. Fela stieg aus, nur einen kleinen Pappkoffer mit ein wenig Wäsche in der Hand. Noch nie hatte er so viele Menschen auf einem Haufen gesehen. Der Bahnsteig war schwarz davon. Überall lagen sich die Leute in den Armen, dazwischen boten Gepäckträger lauthals ihre Dienste an. Er schritt langsam den Bahnsteig entlang, wusste nicht, in welche Richtung er sich wenden sollte. Schließlich hatte er sich aus dem Gebäude gekämpft und hielt Ausschau nach einem Kutscher. Er würde diesen nur nach dem Weg fragen, mehr nicht, denn das Geld, das ihm der Arzt vorgestreckt hatte, musste ja noch für eine Unterkunft und ein wenig Verpflegung reichen.

Fela bemerkte, dass die meisten Menschen um ihn herum in festliche Kleider gehüllt waren. Alle Kirchen hatten ihre Türen geöffnet, Weihrauchduft wehte durch die Straßen. Sollte er jetzt noch zu Joachim Groth gehen? Andreas Winkler hatte ihm erzählt, dass Weihnachten das christliche Fest der Familie und der Liebe war. Durfte er bei so etwas stören? Andererseits konnte er sicher sein, dass Groth an diesem Abend bestimmt zu Hause war. Er würde nicht lange bleiben. Er würde sich nicht einmal ins Haus bitten lassen. Groth sollte ihm nur sagen, ob Hermanns Anzeige ein Vorwand war, um ihn zu suchen und einsperren zu lassen. Er wollte nur einen einzigen Satz von dem Kaufmann hören. Dann würde er sogleich wieder verschwinden und das Fest der Familie nicht länger mit seiner Anwesenheit stören.

Er stand noch immer auf dem Platz vor dem Bahnhof und überlegte, ob er sich nicht zuerst ein kleines Zimmer in einer billigen Pension suchen sollte. Doch dann verwarf er diesen Gedanken wieder. Am Ende würde ihm noch der Mut abhandenkommen. Er hatte so lange gewartet, jetzt zählte plötzlich jede Minute.

Er trat auf einen Kutscher zu und fragte ihn, ob er das Handelshaus Groth, Jessen und Krischak kannte.

Der Mann nickte. Dann erklärte er Fela den kurzen Weg, der nur durch zwei schmale Gassen führte, über einen mit Palmen bestandenen Platz und schließlich bis zu einer Kirche, die dem Haus des Handelsherrn gegenüberstand. Lange verharrte er vor der Kirche und blickte auf das buntgeschmückte Haus gegenüber. Ein Hausbote entzündete gerade die Gaslaternen neben der Eingangstür. Er hielt kurz inne, rieb sich frohgemut die Hände, dann ging er zurück in das Innere, und Fela fühlte sich wie ein Eindringling, obwohl er noch keine Anstalten gemacht hatte, zu klopfen. Er stand nur da und schaute und bemerkte nicht einmal, dass er allmählich die Aufmerksamkeit der anderen Leute auf sich zog. Ein weißes Paar ging vorüber. Die dicke Frau, an deren Fingern zahlreiche Ringe protzten, starrte ihm ungeniert ins Gesicht und verzog angewidert den schmalen Mund. »Siehst du den schwarzen Halunken, Bodo?«, fragte sie ihren Mann mit vor Aufregung quiekender Stimme. »Ich bin sicher, er führt Übles im Schilde. Sieh nur, wie er auf das Haus des Kaufmanns glotzt. Bestimmt plant er einen Überfall.«

Der weiße Mann blieb stehen, sah sich nach Fela um, doch der bemerkte noch immer nichts davon, sondern blickte sehnsüchtig auf das geschmückte Haus und fragte sich wohl zum hundertsten Male, ob es recht wäre, den Weihnachtsfrieden dort mit seinem Anliegen zu stören.

»Warte hier«, befahl der weiße Mann seiner dicken Gattin. »Ich hole einen Polizisten.«

»Aber du kannst mich doch nicht einfach hier mit diesem Verbrecher stehen lassen …«, greinte das dicke Weib, doch ihr Ehegatte war schon um die nächste Ecke verschwunden.
Jetzt fuhr eine Kutsche vor das Handelshaus. Sie hielt direkt vor dem Eingang, der Kutscher sprang ab, öffnete den Schlag, und Fela sah nur, dass einige Personen ausstiegen. Doch bevor er sie erkennen konnte, waren sie schon im Haus verschwunden, die Kutsche rollte gemächlich davon. Er seufzte. Sollte er es jetzt wagen? Wenn, dann musste er sich sputen, bevor die Familie beim Festmahl saß. Vielleicht konnte der Kaufmann Groth einen Augenblick Zeit für ihn aufbringen, während seine Gäste sich auszogen und ihre Getränkewünsche äußerten. Er atmete noch einmal tief durch, spannte seinen Körper und wollte gerade den ersten Schritt auf die Straße setzen, als hinter ihm plötzlich ein Ruf ertönte: »Halt! Stehen bleiben!« Fela wollte den Ruf ignorieren, doch schon wurde er an beiden Schultern gepackt, wurden ihm die Füße weggetreten, so dass er hart auf dem Boden aufschlug. Ein Polizist kniete auf seinem Rücken, bog ihm die Arme nach hinten, so dass Fela schmerzerfüllt aufschrie.
»Was suchst du hier, du Strolch? Was hast du Übles vor?«
Fela wusste nicht, wie ihm geschah. Er stammelte: »Ich wollte dem Kaufmann Groth einen Besuch abstatten.«
Der Polizist lachte schallend auf und wandte sich an das biedere Paar, das neugierig danebenstand und selbstgerecht auf Fela herabschaute. »Haben Sie das gehört? Er wollte dem Kaufmann einen Besuch abstatten. Er reist in Geschäften, der feine Herr. Los, hoch jetzt, du kommst

mit. Kannst einer Gefängniszelle deinen Besuch abstatten. Das fehlte noch, dass gute und anständige Bürger an Weihnachten belästigt werden!«

Der Polizist stieg von seinem Rücken und zerrte ihn nach oben. Dann fesselte er Felas Hände mit einem Strick und stieß ihn vor sich her.

Fela war wie erstarrt. Er sagte kein Wort, wusste keine Entschuldigung hervorzubringen. Alles in ihm war plötzlich so schwarz und leer. Eine grenzenlose Trostlosigkeit befiel ihn, schlimmer noch als damals im Wald. Er bekam einen kräftigen Stoß in den Rücken, taumelte ein paar Schritte, ehe er sich wieder gefangen hatte.

Alles war verloren. Alles war vorbei. Die Polizei würde nicht lange brauchen, bis sie herausgefunden hatte, was vor Jahren auf dem Ingenio geschehen war. Sie würden Hermann Fischer ausfindig machen, und der würde sich vor Freude kaum halten können, dass er Fela nun endlich los war. So kurz vor dem Ziel war er gewesen. So kurz nur. Und jetzt das! Am liebsten hätte Fela geflucht, um sich geschlagen, doch er war gefesselt und im Übrigen fehlte ihm die Kraft. Es war, als wäre alle Stärke, aller Mut im Straßendreck vor der Kirche versickert. Er sah nicht die Leute, die stehen blieben und ihn unverhohlen anstarrten. Er hörte die Kutsche nicht, die an ihm vorüberrumpelte, er hörte nicht einmal, wie sie anhielt, ein Mann heraussprang und über die Straße auf den Polizisten zueilte.

»He, was machen Sie da?« Erst jetzt hörte Fela die Stimme, die auf den Polizisten eindröhnte. »Lassen Sie den Mann los. Sofort. Auf der Stelle.«

Fela kam die Stimme bekannt vor, aber er war zu müde,

zu verzweifelt, um auch nur den Kopf zu heben. Am liebsten wäre er auf dem Pflaster zusammengebrochen und einfach gestorben.

»Ich bringe diesen Halunken auf die Wache«, erwiderte der Polizist. »Gehen Sie aus dem Weg, Sie stören eine polizeiliche Maßnahme.«

»Was wird ihm vorgeworfen?«, wollte die fremde Stimme, die Fela doch so vertraut schien, wissen.

»Man hat beobachtet, wie er das Haus des Kaufmanns Groth ausspioniert hat. Wahrscheinlich hat er einen Überfall geplant.«

Jetzt hörte Fela schallendes Gelächter. »Er? Einen Kaufmann ausrauben? Niemals! Machen Sie den Mann endlich los, bevor Sie sich gehörigen Ärger einhandeln.«

Der Polizist brummte etwas, machte aber keine Anstalten, die Fesseln zu lockern. Stattdessen fragte er: »Wer sind Sie eigentlich und was wissen Sie über diesen Deckskerl?«

Die bekannte Stimme wurde barsch, sprach im Befehlston: »Bei diesem Herrn hier handelt es sich um meinen Schwager. Er steht mit Kaufmann Groth in Geschäften und wird überdies zum Weihnachtsfestmahl in seinem Haus erwartet. Wenn Sie das nicht glauben, so können wir Groth gern dazuholen. Er wird Ihnen meine Angaben bestätigen und hernach dafür sorgen, dass Sie die längste Zeit Polizist in dieser Stadt gewesen sind.«

Fela hörte diese Worte. Er verstand jedes davon, und doch konnte er sich einfach keinen Reim darauf machen. Was ging hier vor? Wer war der Mann, der sich für ihn verwandte? Oh, wenn er doch nicht so müde wäre. Er zwang sich dazu, den Kopf zu heben. Und da blickte er

genau in das Gesicht, das er sich jahrelang vorgestellt hatte. Es war das Gesicht von Hermann Fischer.
Der wartete, bis der Polizist ihm endlich die Stricke abgenommen hatte. Dann reichte er Fela die Hand und sagte leise und ernst: »Willkommen, Fela. Willkommen in Havanna und willkommen in der Familie.«

Zweiunddreißigstes Kapitel

Sie saßen an einem Seiteneingang der Kirche auf den Stufen. Sie saßen nebeneinander, der schwarze Mann mit der grässlichen Narbe im Gesicht und der weiße Mann mit der grässlichen Narbe im Gesicht, und schwiegen.
Es hätte so viele Worte gegeben, die sie sich sagen könnten, aber die beiden Männer brauchten keine Worte. Mit Hermanns Satz: »Er ist mein Schwager«, war alles gesagt. Der Rest waren Kleinigkeiten, über die man sich einigen würde. »Er ist mein Schwager«, das hieß: Verzeih, was ich dir angetan habe. Das hieß aber auch: Du bist Mitglied der Familie, bist mir gleichgestellt, bist ein Mann wie ich. Und mehr brauchten die Männer in diesem Augenblick nicht. Also saßen sie einfach nur da, blickten auf die Steine vor sich, bewegten hin und wieder die Füße, lockerten die Schultern.
Es dauerte eine ganze Weile, bis sich Hermann erhob. Er streckte Fela seine Hand hin und sagte: »Ich habe vorhin nicht gelogen. Mit keinem Wort. Und es ist auch wahr, dass du im Hause Groth erwartet wirst.«

Und Fela nickte, ließ sich von Hermann hochziehen. Dann standen sie voreinander, maßen sich mit Blicken, schließlich schlugen sie sich gegenseitig auf die Schultern und gingen einträchtig nebeneinander über die Straße zu Groths Haus.

Das Dienstmädchen öffnete ihnen. »Der Don hat mir aufgetragen, Sie in den kleinen Rauchsalon zu führen«, sagte sie. »Dort sollen Sie sich an der Bar nach Herzenslust bedienen. Er wird gleich zu Ihnen kommen.«

Hermann nickte und dirigierte Fela durch das Haus in den kleinen Salon. Dort goss er ihnen beiden einen kräftigen Schluck Rum ein, gab Fela ein Glas, stieß mit ihm an und sagte: »Auf die Zukunft.«

Und Fela nahm das Glas, sprach: »Auf die Zukunft«, und dann stürzten beide Männer das Getränk mit einem Zug hinunter.

Sie hatten die Gläser gerade abgesetzt, als Joachim Groth sich zu ihnen gesellte. Er begrüßte Fela warmherzig, als wäre er ein alter Freund und nicht etwa ein ehemaliger Sklave. »Das Essen ist gleich so weit. Was meint ihr? Sollten wir den Damen zuvor noch etwas Gesellschaft leisten, oder gibt es noch etwas, das wir besprechen müssen?« Er lächelte dabei, blickte von Fela zu Hermann und zurück. Schließlich schüttelte Hermann den Kopf.

»Gut, dann gehen wir zu den Damen.«

Fela zögerte. »Ich würde lieber hierbleiben«, sagte er. »Ich bin nicht gemacht für die feine Kunst des Redens. Und ich möchte auch nicht bleiben. Ich bin gekommen, um nach Titine zu fragen. Sobald ich eine Antwort habe, verlasse ich das Haus und störe nicht länger.«

Groth trat zu dem Schwarzen, legte ihm einen Arm um

die Schulter. »Du störst nicht, mein Junge. Und ich will dir gern alle deine Fragen beantworten. Doch zuvor müssen wir den Damen unsere Aufwartung machen. Das gehört sich so, und wir werden das Weihnachtsfest gewiss nicht durch Unhöflichkeit trüben.«

Fela seufzte und nickte. Dann ließ er Hermann den Vortritt und folgte Joachim Groth zum Salon der Damen. Vor der Tür atmete er einmal ganz tief ein und aus. Dann trat er als Letzter ein, blieb wie angewurzelt auf der Schwelle stehen, konnte nicht sprechen, sich nicht bewegen. Aber in seinen Augen stand alles, was er nicht in Worte fassen konnte. Seine Blicke waren fest auf Titine gerichtet, und Titine schaute auf Fela, als wären ihre Blicke mit Fäden aneinandergeknüpft. Dann aber sprang sie aus dem Sessel, stürzte in Felas Arme und hielt ihn so fest, als wollte sie ihn nie wieder loslassen. Sie flüsterte seinen Namen, umfasste sein Gesicht mit ihren Händen.

Hermann aber kniete unterdessen vor Mafalda, die es nicht wagte, aufzuschauen. Sie hielt die Hände im Schoß, biss sich auf die Unterlippe, um das Beben, das in ihrem Inneren wütete, unter Kontrolle zu bringen. Niemand bemerkte, dass Joachim Groth still und leise den Salon verlassen hatte.

»Mafalda, verzeih mir. Ich weiß, dass ich dir in den letzten Jahren kein Ehemann gewesen war. Doch jetzt, das verspreche ich dir, wird alles anders.«

Und Mafalda ließ es zu, dass er ihre Hand ergriff, und fragte ihrerseits: »Kannst du mir denn verzeihen?«

Da nahm Hermann ihr Gesicht in beide Hände, bedeckte es mit Küssen und flüsterte dabei: »Ich hatte und habe keinen Grund, an deiner Tugend zu zweifeln. Was immer auch geschehen ist, es kann nicht deine Schuld gewesen sein.«

An diesem Punkt schloss Joachim Groth leise die Tür. Hier wurde er nicht mehr gebraucht. Er begab sich in den Patio, in dem unter den geschmückten Palmen seine Familie und die anderen Gäste warteten: seine Frau Marianne, seine beiden Kinder, die mittlerweile erwachsen waren, Grazia und Rafaela.

Marianne sah ihn fragend an, und Joachim Groth winkte beruhigend ab. »Es ist alles in Ordnung. Sie liegen sich in den Armen.«

Rafaela, auf deren Schoß der kleine Aurelio saß, seufzte vernehmlich.

»Was ist, meine Liebe?«, fragte Marianne Groth freundlich und fuhr sogleich fort: »Es ist wunderschön, sie beide so zusammen zu sehen. Ich bin beinahe versucht, eine Ähnlichkeit zwischen ihnen zu entdecken. Wenn ich es nicht besser wüsste, so würde ich glauben, sie wären Geschwister.«

Rafaela seufzte noch einmal tief auf und erwiderte leise: »Es ist schön, zu sehen, wie eine Familie wieder zusammenfindet. Und ja, ich habe Aurelio vom ersten Augenblick an geliebt. Nur zu gern hätte ich auch Geschwister gehabt.«

»Sie sind allein aufgewachsen?«, fragte Marianne.

»Ja, das bin ich. Eine wunderbare Frau hat mich großgezogen. Doch meine richtigen Eltern habe ich nie kennengelernt. Die Frau, bei der ich wie eine eigene Tochter aufgewachsen bin, hat mir nie gesagt, dass sie nicht meine

richtige Mutter ist, aber ich habe gehört, wie zwei Nachbarinnen sich darüber unterhalten haben.«
Sie drückte Aurelio an sich, und Joachim Groth meinte, in ihren schönen, strahlend blauen Augen, die denen von Aurelio aufs Haar glichen, Tränen schimmern zu sehen. Da hielt er es nicht mehr aus. Er wandte sich an Grazia, die dieser Szene aufgewühlt, aber stumm beigewohnt hatte. »Ist es nicht an der Zeit?«, fragte er sie.
Die alte Kreolin lächelte. »Es ist nicht unsere Aufgabe, Don Joachim. Schritt für Schritt und nichts übereilen, so kommt man am schnellsten vorwärts.«
Aber Groth, ein Mann, der seine Empfindungen im Allgemeinen gut zügeln konnte, war zu gerührt über die Dinge, die an diesem Abend stattfanden. Er trat auf Rafaela zu. »Bitte, ich möchte Ihnen jemanden vorstellen«, sagte er. »Sie können Aurelio ruhig mitnehmen.«
Er geleitete Rafaela am Arm hinaus, klopfte zaghaft an die Tür des Salons, öffnete sie und schaute in vier von ihren Gefühlen überwältigte Gesichter. Titine lehnte an Felas Brust, die Arme um seine Hüfte geschlungen, während Hermann noch immer vor Mafalda kniete, den Kopf nunmehr in ihrem Schoß.
Groth war es nur wenig peinlich, die Traulichkeit zu stören. Er legte den Arm um Rafaela, schob sie vor sich und sagte: »Es ist mir eine besondere Ehre, euch jemanden vorzustellen: Rafaela, die Tochter von Titine und Fela.«
Rafaela fiel die Kinnlade herunter. Sie wankte, als würde sie sogleich stürzen, doch Fela, ihr Vater, sprang auf sie zu, schloss sie in seine Arme, drückte sein Gesicht in ihr Haar und flüsterte: »Ich dachte nicht, dass du noch lebst, mein Kind. Aber jetzt fühle ich mich wie der reichste und

glücklichste Mensch, der jemals auf Erden gelebt hat.« Und dann ließ er seine Tochter kurz los, nahm Aurelio auf den Arm, bedeckte sein kleines Gesichtchen mit Küssen, bis der Bube zu weinen anfing, zog Titine in den anderen Arm, versuchte schließlich, seine ganze kleine Familie auf einmal in die Arme zu schließen, und dabei lachte und weinte er abwechselnd.

Hermann und Mafalda standen dabei, waren zuerst verlegen, wussten nicht, wohin mit Händen und Füßen und Blicken und Tränen und Lachen, aber dann packte Hermann seine Frau bei der Hand, wirbelte sie herum und küsste sie vor aller Augen.

Dreiunddreißigstes Kapitel

Das Festmahl war ein Festmahl der besonderen Art. Im ganzen Speisezimmer, das eher einem Saal glich, brannten Kerzen. Sie standen in silbernen Kandelabern auf dem Tisch, in einzelnen Ständern in den Fenstern und auf den Kommoden, hingen in schmiedeeisernen Leuchtern an der Wand. Die Tafel bog sich unter den köstlichsten Speisen. In der Mitte thronte eine Gans, vom Hausherrn kunstvoll tranchiert, daneben standen Schüsseln mit Bohnen, Tomaten, Kürbisgemüse, dazu gab es Maniok und Reis und zum Dessert Früchte und kleine Kuchen.

Doch außer der Familie Groth wusste wohl kaum einer, was er da aß. Immer wieder griffen Hände über den Tisch, um sich fest zu drücken. Die Blicke richteten sich nicht auf den eigenen Teller, sondern auf die, die man liebte. Die Augen der Frauen glänzten stärker als das geputzte Silber, die Münder waren röter als die Granatäpfel auf dem Tisch, und die Worte sprudelten wie winzige Wasserfälle über die Lippen. Es musste noch so viel gesagt

werden, so viel berichtet, so viel erzählt, das wohl jeder meinte, den Rest des Lebens damit beschäftigt zu sein. Doch als der Tisch abgeräumt war, gab es eine Bescherung.
»Eine Bescherung?«, rief Titine aus. »Aber ich habe doch gar keine Wünsche mehr. Heute ist der glücklichste Tag meines Lebens.«
Doch Hermann, der sich auf diesen Abend vorbereitet hatte wie auf nichts zuvor in seinem Leben, trat vor. Als Erstes übergab er seiner Frau eine Urkunde.
Behutsam rollte Mafalda das Papier auseinander. Sie las, und noch während sie das tat, entfuhren ihr kleine Schreie. Dann fiel sie ihrem Mann um den Hals, aber auch dort hielt es sie nicht. »Wisst ihr, was das ist?«, fragte sie mit vor Aufregung geröteten Wangen. »Wollt ihr wissen, was das ist?«
Die anderen nickten.
Mafalda drehte das Papier um und sagte: »Das ist die Urkunde über die Genehmigung zum Betreiben einer Bar in Havanna. Einer Bar, die den Namen ›Mafaldas Bar‹ trägt.«
Und als alle Beifall klatschten, da klatschte auch Mafalda vor Freude in die Hände, wollte ihrem Mann, den sie wieder so liebte wie am ersten Tag, einen Kuss auf die Wange drücken, doch Hermann war noch nicht fertig. Er hielt eine weitere Rolle in der Hand, an der unten ein Siegel befestigt war. Mit dieser Rolle wandte er sich an Fela. »Dies ist eine Schenkungsurkunde. Hiermit und ab sofort, seid ihr, Fela und Titine, die Eigentümer vom Trinidader Ingenio, der nun endlich auch einen Namen hat, einen Namen, mit dem wohl alle Anwesenden eigene Erfahrungen verbinden. ›L'Esperanza‹ soll der Ingenio hei-

ßen und uns alle immer daran erinnern, wie viel Kraft und Stärke in uns steckt.«

Fela war sprachlos. Er glaubte sich einer Ohnmacht nahe. In der letzten Stunde war so viel passiert, dass seine Seele Mühe hatte, den Ereignissen zu folgen. Innerhalb von Minuten hatte er seine geliebte Frau wiedergefunden, sich mit dem Schwager versöhnt und seine beiden Kinder kennengelernt. Er fand keine Worte, stand einfach nur da und wusste nicht, wohin mit den Armen, mit den Beinen, mit den Gefühlen. Schließlich aber trat er vor, umarmte Hermann linkisch und sagte leise, fast unhörbar: »Danke. Ich danke dir von Herzen, Bruder.«

Und Hermann flüsterte zurück: »Du schuldest mir keinen Dank. Du schuldest mir nichts, gar nichts.«

Danach wurden die übrigen Geschenke ausgetauscht, doch jeder hielt seine Gabe irgendwie verloren in den Händen, weil so viel Wichtigeres sich zugetragen hatte, weil so viel passiert war, weil das Glück und der Weihnachtsfrieden wahrhaftig im Hause des Kaufmannes Groth Einzug gehalten hatten. Es dauerte sehr lange, bis sich alle einigermaßen beruhigt hatten. Dann saßen sie im Patio, ließen sich von der Meeresbrise die erhitzten Gesichter kühlen, waren noch immer klopfenden Herzens, aber so weit, dass sie einander zuhören konnten. Worte flogen hin und her, Berichte wurden ausgetauscht, einer fiel dem anderen ins Wort, Gelächter hallte über den Tisch, nur Rafaela saß stumm da, lächelte zwar, wirkte jedoch, als würde ihr irgendetwas auf der Seele brennen.

Schließlich nahm Mafalda sie zur Seite. »Was ist mit dir? Wächst dir das alles über den Kopf? Möchtest du dich einen Augenblick ausruhen?«

Rafaela schüttelte den Kopf. Dann holte sie aus ihrem bestickten Beutel einige engbeschriebene Papiere.
»Was ist das?«, fragte Mafalda leise.
»Es sind die Unterlagen, die du aus dem Hotel Imperial mitgebracht hast. Sie steckten in der Schürzentasche der Zimmermädchenuniform.«
»Was für Unterlagen? Wovon sprichst du?« Mafalda starrte Rafaela verständnislos an. Sie war mit anderen Gedanken so fest in der Gegenwart und in der Zukunft verankert, dass ihr die Vergangenheit Millionen Jahre zurückzuliegen schien.
»Unterlagen eben. Ich habe sie nicht gelesen.«
»Zeig sie mir bitte.«
Rafaela drückte ihrer Herrin, die nun auf einmal ihre Tante war, die Papiere in die Hand.
Mafalda setzte sich und las. Dann riss sie die Augen auf, presste eine Hand vor den Mund und flüsterte schließlich: »Aber das gibt es doch nicht. Das kann ich gar nicht glauben. Doch ja. Es liegt auf der Hand. Ich hätte schon viel eher darauf kommen müssen.«
»Was ist?«, fragte Rafaela vorsichtig.
Mafalda erhob sich, strich sich das Kleid glatt, hielt die Papiere so fest in ihrer Hand, dass die Knöchel ganz weiß wurden.
»Komm mit zu den anderen«, sagte sie. »Du wirst es gleich erfahren.«
Sie stellte sich an den Tisch, an dem Hermann saß, nahm ein Glas und ließ einen feinen Silberlöffel dagegen schellen. Dann sagte sie leise und feierlich, als würde sie ein großes Geheimnis lüften: »Ich weiß jetzt, wer Rick Woolf ist. Der Mann, der so viel Leid und Elend über uns ge-

bracht hat, ist …« Sie verstummte, ließ ihre Blicke über die Anwesenden schweifen, fand gespannte Erwartung darin.

Sie seufzte tief auf und sagte dann: »Rick Woolf ist niemand anders als der kleine Richard Demmel, Sohn von Wilma aus Deutschland, den wir als Jungen in ein Kloster gegeben haben.«

»Was?« Hermann sprang auf, riss ihr beinahe die Papiere aus der Hand. »Das kann doch gar nicht sein.«

Doch dann las er selbst, was auf dem Lebenslauf stand, der durch Zufall in Mafaldas Hände geraten war.

ANHANG

Quellenverzeichnis

Einleitungstext zum zweiten Teil:
Alexander von Humboldt, *Kuba-Werk,* Kingston, 2001

Einleitungstext zum dritten Teil:
Barbara Baumgartner, GEO *Special Kuba,*
März 2009

Literaturnachweis

Miguel Barnet
Der Cimarron
Die Lebensgeschichte eines entflohenen Negersklaven aus Kuba
Suhrkamp 1999

Tamara Gottschalk
Alexander von Humboldt und die Sklaverei auf Kuba
Studienarbeit, München o. J.

Adolf Hoeffler
Vereinigte Staaten Kuba
Tagebuch vom 9. Januar 1851 – 22. August 1852
Frankfurt 1995, Privatbesitz

Alexander von Humboldt
Kuba-Werk
Kingston, 2001

Matthew Parker
The Sugarbarons
Family, Corruption, Empire and War
Hutchinson, London 2011–10–31

Michael Zeuske
Schwarze Karibik, Sklaven, Sklavereikultur und Emanzipation
Zürich o. J.

Barbara Baumgartner
GEO Special
Kuba
März 2009

Roble de Olor
Film von Rigoberto Lopez, 2006

Internet:
www.matices.de/17/17skuba.htm